高等院校公共管理系列教材

华东政法大学课程和教材建设委员会

主　任：叶　青
副主任：曹文泽　顾功耘　刘晓红　林燕萍　唐　波
委　员：刘宪权　吴　弘　刘宁元　程金华　杨正鸣　余素青
　　　　范玉吉　张明军　何　敏　易益典　杨忠孝　丁绍宽
　　　　王　戎　孙黎明　何益忠　金其荣　贺小勇　徐永康
秘书长：唐　波（兼）

经济发展与劳动就业（第二版）

黄安余 著

北京大学出版社
PEKING UNIVERSITY PRESS

图书在版编目(CIP)数据

经济发展与劳动就业/黄安余著.—2版.—北京:北京大学出版社,2016.5
(高等院校公共管理系列教材)
ISBN 978-7-301-26943-5

Ⅰ.①经… Ⅱ.①黄… Ⅲ.①经济发展—关系—劳动就业—中国—高等学校—教材 Ⅳ.①F124 ②D669.2

中国版本图书馆CIP数据核字(2016)第032584号

书　　　名	经济发展与劳动就业(第二版) Jingji Fazhan yu Laodong Jiuye
著作责任者	黄安余　著
责 任 编 辑	杨丽明　王业龙
标 准 书 号	ISBN 978-7-301-26943-5
出 版 发 行	北京大学出版社
地　　　址	北京市海淀区成府路205号　100871
网　　　址	http://www.pup.cn
电 子 信 箱	sdyy_2005@126.com
新 浪 微 博	@北京大学出版社
电　　　话	邮购部 62752015　发行部 62750672　编辑部 021-62071998
印 刷 者	三河市北燕印装有限公司
经 销 者	新华书店
	730毫米×980毫米　16开本　19.25印张　346千字 2008年1月第1版 2016年5月第2版　2023年1月第4次印刷
定　　　价	44.00元

未经许可,不得以任何方式复制或抄袭本书之部分或全部内容。
版权所有,侵权必究
举报电话:010-62752024　电子信箱:fd@pup.pku.edu.cn
图书如有印装质量问题,请与出版部联系,电话:010-62756370

目 录

第一章 导论 (001)
第一节 经济发展范畴界定 (001)
第二节 劳动就业范畴界定 (019)
第三节 发展与就业的关系 (026)
第四节 理论方法与研究框架 (034)

第二章 经济增长与就业 (037)
第一节 经济增长界定 (037)
第二节 我国粗放型经济增长考察 (045)
第三节 我国经济增长方式的转变 (054)
第四节 经济增长与就业的关系 (066)

第三章 经济转型与就业 (076)
第一节 经济转型理论 (076)
第二节 我国经济的全面转型 (084)
第三节 经济转型与就业的关系 (100)

第四章 二元经济结构与就业 (118)
第一节 二元经济结构理论 (118)
第二节 我国二元经济结构状况 (127)
第三节 我国二元结构下的就业困境 (139)
第四节 我国二元结构下的就业歧视 (144)

第五章 劳动力市场与就业 (157)
第一节 劳动力市场及其分割 (157)
第二节 我国劳动力市场多元分割 (166)
第三节 我国劳动力市场分割的影响与对策 (177)
第四节 我国城乡统筹就业的发展目标 (182)

第六章　人力政策与就业 …………………………………………（196）
　　第一节　我国人口控制政策 ………………………………（197）
　　第二节　我国人力开发政策 ………………………………（207）
　　第三节　人力政策与就业的关系 …………………………（218）

第七章　区域经济发展与就业 ……………………………………（226）
　　第一节　台湾地区经济发展与就业 ………………………（226）
　　第二节　香港特区经济发展与就业 ………………………（241）
　　第三节　澳门特区经济发展与就业 ………………………（257）
　　第四节　上海经济发展与就业 ……………………………（268）

结束语：以科学发展观统筹发展与就业 …………………………（285）

主要参考文献 ……………………………………………………（294）

后记 ………………………………………………………………（304）

第一章
导　论

经济增长是任何一个政府都追求的发展目标,因为没有经济持续增长,就难以实现经济发展、社会进步和人的全面发展。这是唯物史观生产力论和经济基础决定论的主体思想。然而,另一种较为普遍存在的现象是,伴随着经济高增长的却是就业低增长甚至无增长。就业问题也成为经济发展进程中颇为棘手的难题,制约着经济增长和经济发展。可见,经济发展与劳动就业关系密切,对这一课题进行研究的现实意义是不言而喻的。笔者认为,在对整个课题展开研究之前,有必要对经济发展和劳动就业的范畴,以及两者的辩证关系给予论证,以便对相关概念进行界定;在此基础之上,再对我国经济发展和就业问题进行探讨。

第一节　经济发展范畴界定

一、经济发展的概念

(一) 经济发展的基本内涵

所谓经济发展,是指一个国家或地区从不发达状态向发达状态转变的过程,不仅仅是指国民财富在规模上的增长,还包括社会、经济、政治结构的逐步高级化,民众生活水平和质量的改善,文化水平的提高,分配的公平化,充分就业,人均寿命的延长,等等。经济发展的主要内涵有三大方面:一是国民经济总量的持续增长和扩张,例如国民生产总值(GNP)、国内生产总值(GDP)、人均国民生产总值等指标的变化;二是社会、经济结构性转变,例如城乡人口结构、产业结构、就业结构、社会阶层结构、收入分配结构等的深刻变化,并逐步走向合理化;三是社会、经济质量的改善,例如生活质量改善、生态环境良好、经济增长注重效益性、人的素质提高、人力资本积累等。① 由此可见,经济发展是一个多维度的概念,包含多重目标。这些目标并不具有天然的相容性,在有些目标之间往往存在着难以解决的矛盾。

美国经济学家托达罗认为:"'发展'既是一种物质现实,又是一种精神状态:通过社会的、经济的和制度过程的某些综合,社会取得了美好生活的手段。不管这种美好生活包含什么内容,所有社会的发展最少必须具备以下三个目标:第一,增加能够得到的诸如食物、住房、健康和保护等基本生活必需品的数量,并扩大它们的分配。第二,提高生活水平。除了获得更高的收入外,还应提供更多的工作,更好的教育,并对文化和人道主义给予更大的重视。所有这些不但用来增进物质福利,还用来产生个人和国家更大程度的自尊。第三,通过把人们从奴役和依附中解放出来,来扩大个人和国家在经济和社会方面的选择范围。这种奴役和依附不仅与其他人和民族国家有关,而且与无知和人类痛苦的力量有关。"②

(二) 发展观的动态考察

唯物辩证法认为,无论是自然界、人类社会还是人的思维都是在不断地运动、变化和发展的,事物的发展具有普遍性和客观性。发展的实质就是事物的前进和上升,是新事物代替旧事物。因此,我们必须坚持用发展的观点看问题。所谓发展观,是指一定时期经济与社会发展的需求在思想观念层面的聚焦和反映,是一个国家在发展进程中对发展以及如何发展的总体和系统的看法。确立何种发展观,是世界各国面临的共同课题,它也是伴随各国经济社会的演变进程而不断完善的。

随着发展中国家建设实践的丰富,人们对发展问题的认识逐步深化,发展观同样经历了不断修正和嬗变的过程。半个多世纪以来,人类先后形成了以下四种发展观:

第一种,发展就是经济增长。20世纪50年代,国内外学术界曾将经济增长和经济发展等同看待,把财富增长速度视为衡量经济发展的基本尺度。部分发展中国家曾经片面追求经济增长,强调储蓄增长和资本积累在经济增长中的作用,力求国民生产总值赶上发达国家,从而忽略了社会经济结构、政治经济体制、社会文化状况等方面的发展。为了筹集工业化建设资金,它们有的大举借债,背上了沉重的外债包袱;有的采取了高积累政策,导致人民生活水平降低,造成社

---

① 参见周天勇主编:《新发展经济学》,经济科学出版社2001年版,第3页。
② 转引自齐良书编著:《发展经济学》,中国发展出版社2002年版,第22—23页。

会矛盾尖锐、贫富差距悬殊、政局动荡不安。经济学家将这种状况称为"有增长而无发展"。

第二种，发展就是经济增长和社会变革同步进行。20 世纪 60 年代，人们在肯定经济增长是发展的基础上，更多地注意到发展过程中质的变化，认为发展不仅仅是国内生产总值的增长，而且还包括经济、文化和社会的发展。虽然这时的发展观没有考虑到后代发展空间问题，但它比单纯追求经济增长的发展观更全面和成熟，表明人们的发展观开始由单一性、片面性向多元性和全面性转变。①

在此阶段，人类发展观的主要内容是：发展是建立在经济增长基础之上的社会结构变迁的过程，是经济增长和社会变革的统一，是发展中国家的社会制度、经济体制和社会组织形式从传统向现代转型，实现社会结构要素（经济、政治、文化、社会）和谐发展的过程。强调社会变革的发展观是一种历史性进步，但是其局限性在于，没有考虑到自然条件和资源环境对发展的约束和制约。

第三种，发展要追求合理性和可持续性。20 世纪 70 年代，在部分发展中国家，单纯的经济增长模式遭到了挫折和失败，南北差距的扩大、世界范围的能源危机和生态危机出现了。② 人们逐渐认识到，虽然经济有所增长，但是社会问题并不可能随之全部解决，在经济增长过程中，如果不能妥善处理经济增长与减少贫困、改善收入分配、增加就业等之间的关系，甚至会因为增长而加剧各种社会矛盾。例如，有些国家虽然实现了经济增长，但却出现了资源消耗过度、污染严重等问题。1972 年，国际环保会议提出了"可持续发展"的概念，人类对经济发展的认识从而更加深化了。一方面，经济学家将收入分配、消除贫困和满足基本需求引入发展范畴之中。如果人均收入提高了，但贫富差距在扩大，就不能说经济实现了发展；如果人均收入提高了，但收入低于能够满足最低生存需求的人口数量没有减少，也不能说这个经济实现了发展。另一方面，将"人民有能力做什么和处于什么状态"引入发展范畴之中，从人的能力扩展角度审视经济发展。③ 经济发展的最终目标是以人为本，改善人们的生存条件，扩大人们的选择余地，而不仅仅是增加社会财富。

第四种，发展既是以人为中心，又是社会综合发展。20 世纪 80 年代，可持续发展问题逐渐引起学术界和政府的重视，因为工业化造成了全球范围的生态失衡；现代化农业增加了产量，但也存在巨大风险，大量化学物质的使用，不但导

---

① 参见史及伟、杜辉：《中国式充分就业与适度失业率控制研究》，人民出版社 2006 年版，第 303 页。
② 参见王义祥编著：《发展社会学》，华东师范大学出版社 2004 年版，第 12 页。
③ 参见叶静怡编著：《发展经济学》，北京大学出版社 2003 年版，第 31 页。

致土壤肥力下降,而且化肥、农药的残留物对人类的健康构成了潜在的危害;人口增长过快对土地等自然资源构成压力,出现了严重的土地肥力和森林退化。因此,环境污染不再是发达国家独有的现象,发展中国家的环境问题日益突显。人们认识到,经济发展的后劲与环境质量、自然资源之间存在密切关系,健康的环境质量能够使经济平稳、持续发展。从 1990 年开始,联合国开发计划署每年发布一份《人类发展报告》,该报告更加注重人类发展指数。与传统的发展观不同,人类发展指数超越了经济方面,在经济与道德、效率与公平、工具与目的、眼前与长远、局部与全部的关系上,力求沟通、平衡与和谐。

作为发展中大国,我国长期存在着经济、环境和社会不协调发展问题。经过长期探索,中共十六届三中全会提出了科学发展观,并将其内涵概括为:"坚持以人为本,树立全面、协调、可持续的发展观,促进经济社会和人的全面发展。"[①]它包含如下要点:第一,发展必须是全面的,全面推进经济、政治、文化建设,促进物质文明、政治文明和精神文明的协调发展。第二,发展是协调的,要统筹城乡发展、区域发展、经济社会发展、人与自然和谐发展、国内发展和对外开放,推进生产力和生产关系、经济基础和上层建筑相协调,推进经济、政治、文化建设各个方面相协调。第三,发展必须是可持续的,要促进人与自然的和谐,实现经济发展和人口、资源、环境相协调,保证资源永续利用,保证代代持续发展。第四,发展必须坚持以人为本,以最广大人民根本利益为本,努力实现人的全面发展。"要始终把实现好、维护好、发展好最广大人民的根本利益作为党和国家一切工作的出发点和落脚点"[②],要从人民群众的根本利益出发谋发展、促发展,不断满足人民群众日益增长的物质文化需要,切实保障人民群众的经济、政治和文化利益,让发展的成果惠及全体人民、惠及子孙后代。

中共十七大报告指出:必须坚持把发展作为党执政兴国的第一要务。发展,对于全面建设小康社会、加快推进社会主义现代化,具有决定性意义。要牢牢扭住经济建设这个中心,坚持聚精会神搞建设、一心一意谋发展,不断解放和发展社会生产力。更好实施科教兴国战略、人才强国战略、可持续发展战略,着力把握发展规律、创新发展理念、转变发展方式、破解发展难题,提高发展质量和效益,实现又好又快发展,为发展中国特色社会主义打下坚实基础。努力实现以人

[①] 《〈中共中央关于完善社会主义市场经济体制若干问题的决定〉辅导读本》,人民出版社 2003 年版,第 3 页。
[②] 胡锦涛:《高举中国特色社会主义伟大旗帜,为夺取全面建设小康社会新胜利而奋斗》,人民出版社 2007 年版,第 15 页。

为本、全面协调可持续的科学发展,实现各方面事业有机统一、社会成员团结和睦的和谐发展,实现既通过维护世界和平发展自己、又通过自身发展维护世界和平的和平发展。

二、增长是经济发展的基础

(一) 增长与发展的联系与区别

首先,经济发展理论和经济增长理论存在区别。经济发展理论,主要研究包括增长在内的全面的经济现代化过程,特别是经济、社会结构的高级化过程。而经济增长理论,研究的重点是国民经济量的动态变动过程,主要是指一定时期内国民经济商品、劳务总量和人均量的增长,用国民生产总值、国民收入总量增长和人均增长表示。①

其次,经济发展和经济增长的关系十分密切。一方面,经济增长是经济发展的基础,经济发展必须建立在经济增长的基础上,同时得到经济增长的支持。没有国民财富的增加,没有人均收入的增长,减少贫困人口和提高国民生活水平就会成为奢望。事实上,没有经济增长,就不可能有经济发展。另一方面,有经济增长,不一定就有经济发展。因为经济增长并不能保证收益在这个经济体中的全体人口中分配,不能保证贫困人口的减少;国民收入增长的过程不一定同时也是结构转换的过程,因此,经济增长不等于经济发展。如果由于制度设计等方面的原因,经济增长导致收入分配的不平等,出现了长期的两极分化,这表明经济增长并没有带来相应的经济发展,反而出现了"有增长无发展"的局面。经济发展反映了一个经济体的质量、结构和制度的根本性变化。

(二) 增长及其衡量的局限性

改革开放以来,我国经济增长速度较快。1979 至 2012 年,GDP 年均增长率为 9.8% 左右。与日本、韩国、新加坡在经济起飞时期相比,我国经济增长率和新加坡相近,高于日本 2 个百分点。我国经济较高的增长率使经济总量快速上升,1978 年,GDP 达到 3645 亿元左右;1986 年,首次超过 1 万亿元;2012 年,达到 51.89 万亿元。② 钱纳里的研究结论是,人均 GDP 在 200 至 400 美元之间为工业化初始阶段;在 400 至 1500 美元之间为工业化中期阶段;在 1500 至 3600 美元之间为工业化后期阶段。按照这种划分,我国已步入了工业化中期阶段。

从消费需求看,城镇居民已从以家电消费为主进入住房、汽车、旅游、教育、

---

① 参见周天勇主编:《新发展经济学》,经济科学出版社 2001 年版,第 47 页。
② 参见国家统计局编:《中国统计年鉴——2013》,中国统计出版社 2013 年版,第 5 页。

保健等多个消费热点并存的阶段。这种消费具有带动面宽、持续期长的特征。农村消费尚处于从温饱向家电消费的过渡期。由于农村人口众多，消费扩大对经济增长推动力较大。从外贸看，外商在华直接投资不断增加，从1985年的47.60亿美元，上升至2012年的1132.98亿美元。[①] 我国已成为发展中国家中吸引外资的大国。

随着经济全球化的发展，要准确地判断哪些产值属于哪个国家，变得更加困难。在衡量经济增长的数量概念时，人们多倾向使用GDP指标。GDP指标对反映经济增长的状况和程度是有意义的，但有五个缺陷：一是难以真实反映国与国之间经济增长水平的差距。在进行比较时，要考虑核算体系和统计口径的差异，并将不同货币单位的GDP数值按照汇率折算成统一的货币单位，通常是美元。但汇率只能反映贸易品的价格，而无法反映非贸易品的价格。二是不能反映社会问题及其变化状态，例如社会保障问题，甚至还会掩盖收入分配差距等重要社会问题。三是不能反映经济增长的成本，特别是资源消耗、环境污染、生态失衡、人口膨胀等。四是不能说明民众实际享受的社会福利水平，因为经济发展的最终目标是促进人的全面发展。五是不能反映非市场性家务劳动，而这对民众生活是必不可少的。经济发展程度不同的国家，家务劳动的市场化程度截然不同。一般来说，发达国家家务劳动市场化程度比较高，而发展中国家家务劳动市场化程度比较低。不管家务劳动市场化程度高低，这些劳动本身都是存在的，但由于GDP只计算市场化的家务劳动，从而导致经济发展程度不同的国家，其GDP具有一定程度的不可比性。为弥补这一指标的不足，联合国研究机构提出了两个新指标：一个是综合发展指标，包括16项内容，反映得比较全面；另一个是联合国开发署在每年《人类发展报告》中使用的人类发展指数。

三、结构转变是发展的内涵

推动结构转换是发展的内涵和方向。"对于单个人来说，发展往往是内在的。但是对于一个民族国家来说，发展最明显的表现则是结构的变化。所以发展社会学和发展经济学都把结构的变迁作为发展的方向。"[②]如果从这个角度观察，改革开放以来，我国社会、经济结构发生了较大的变化。

---

① 参见国家统计局编：《中国统计年鉴——2013》，中国统计出版社2013年版，第243页。
② 童星、李显波：《论发展的可能性和条件——以发展社会学和发展经济学的比较为视角》，载《社会科学研究》2004年第3期。

(一) 城乡人口结构

尽管我国城市化尚处于初级阶段,但城乡人口结构已有所变动。我国人口密度较高,但空间结构不合理,这表现在两个方面:其一,人口集中分布于东南地区。爱辉—腾冲人口地理分界线较为准确地反映了人口的空间分布。第六次人口普查表明,东南部人口仍占总人口的九成以上。沿海地带人口过于稠密,经济活动人口多,是劳动力供过于求和就业矛盾大的重要原因之一。其二,城乡人口结构不合理,城市化程度低。城市化是指人口和经济活动由农村向城市集中,使城市数量增加,规模扩大,城市人口在总人口中所占的比重上升。不仅如此,在此进程中,城市功能要得以全面提升,成为市场、信息、服务、文化教育中心,还要关注其经济能量的聚集度和对区域的辐射能力。①

表1-1 1949—2012年我国城乡人口结构的变化 单位:万人,%

类别 年份	全国总人口	城镇人口		乡村人口	
		人口数量	构成比重	人口数量	构成比重
1949	54167	5765	10.64	48402	89.36
1960	66207	13073	19.75	53134	80.25
1970	82992	14424	17.38	68568	82.62
1980	98705	19140	19.39	79565	80.61
1990	114333	30195	26.41	84138	73.59
2000	126743	45906	36.22	80837	63.78
2005	130756	56212	42.99	74544	57.01
2012	135404	71182	52.57	64222	47.42

资料来源:参见国家统计局编:《中国统计年鉴—2013》,中国统计出版社2013年版,第95页。

表1-1表明,20世纪,我国国民的主体仍居住在农村。原因颇为复杂,包括国家的制度安排(特别是城乡分割的户籍制度),这种状况抑制了城市化进程。改革开放后,我国城市化步伐加快。然而,特大城市发展快,中小城市发展慢;沿海城市发展快,内陆城市发展慢等结构性矛盾依然存在,特别是城市化起步晚并滞后于工业化,是导致城乡人口及劳动力结构失衡的原因之一,并使得在整个城市化进程中都要面对较为严重的就业问题。

有学者认为,我国城市化可分为城市化和农村城镇化两大部分。我国区别于其他国家的一个显著特点是二元的城市化结构,即城市化与农村城镇化并行。

---

① 参见潘光军:《中国就业问题的宏观经济研究》,中国财政经济出版社2006年版,第134页。

"农村城镇化是指农村人口向县域范围内的城镇的集中过程",其"着眼点是镇人口在非都市人口中的比重"①。即使存在这种现象,也是二元结构所造成的,并非城市化的规律。因为在市场经济体制下,农村劳动力、农村人口究竟是向城市转移,还是向集镇转移;究竟是向大城市转移,还是向中小城市转移;究竟是向县域城镇转移,还是向县域外城镇转移,完全是由各地各类城镇市场状况和劳动者自身状况决定的,特别是市场的就业机会、劳动报酬高低、投资环境好坏等客观因素。农村城镇化要求农村人口只向县域范围内的城镇集中或只向镇转移,但在市场经济体制下这是很难实现的。

值得注意的是,在城乡人口结构转化过程中,出现了工人和农民数量均减少的地区,例如北京和上海。北京和上海是我国最大的两个城市,改革开放前,城市发展不适当地强调了建设生产性城市的思路,城市第三产业滞后。改革开放后,京沪第三产业发展迅速,工业企业外迁,同时,由于国有企业改革中的下岗问题,工人数量减少。因为农村城镇化和土地征用等原因,这两个城市郊区的农民大幅度减少。另一类地区是工人数量增加,农民数量减少,如广东和浙江。这两个省份是东南沿海的经济增长点,工业增长迅速,使大量农民离开农村成为工人或者从事第三产业,导致工人数量增加,农民数量减少。在这两个地区,新增加的工人主体是外来人口。②

(二) 地区结构

所谓地区结构,是指一个地区各种要素的相对位置和空间分布,是由地区核心、网络系统和外围空间或是由乡村和城镇所构成。由于各种经济活动的技术特点及由此而决定的地区特征不同,所以它们在地理上所表现出的形态不同。工业、商业、服务业等表现为点状,交通、通讯、能源供给、给排水等表现为线状,农业空间分布呈现为面状,各种市场和城市经济辐射力所形成的域面。这些具有不同经济意义的点、线、面根据其内在的经济技术联系和位置关系而连接,从而形成有特定功能的地区结构。

有学者从宏观上将我国分为发达、中等发达、初等发达和欠发达四类地区,分别类似于发达、中等发达、初等发达和欠发达国家。新世纪初,香港现代化程度与发达国家相近,北京、上海与中等发达国家相近,天津高于世界平均值,辽宁、陕西与初等发达国家相近,重庆等与欠发达国家相近。事实上,地区划分是以地理和经济为依据,指标包括总产出值、物质产品、国民可支配收入、人均生产

---

① 辜胜阻:《当代中国人口流动与城镇化》,武汉大学出版社1994年版,第272—273、295页。
② 参见李若建:《流失与更替:工人、农民数量与结构变动分析》,载《河南社会科学》2004年第3期。

值、消费支出等。我国南北差异是重要的地区差异,秦岭淮河是划分南北的界线,其南北地区自然和人文景观差别较大。我国地貌西高东低,形成三大阶梯,东部地区比较发达,西部地区欠发达,造成我国社会经济发展存在巨大差距,这是自然环境和社会环境共同使然。新中国成立以来,政学两界在努力探索区域划分方案,出现了沿海和内地两分法,以自然地理为基础的东部、中部和西部的三大地带划分,以经济地理为基础的经济区划分等。新世纪伊始,学界出现了东北地区、北部沿海、东部沿海、南部沿海、黄河中游、长江中游、西南地区和大西北地区八大社会经济区划分。从南北差异看,我国可分为南方地区和北方地区;从东西差异看,我国可分为东部地区、中部地区和西部地区;从两者综合看,我国可分为北部地区、南部地区和西部地区;从管理要素看,我国地区划分要充分尊重行政区域的完整性。

  我国出现了地区发展非均衡性。首先,三大地区的差距。南方的华南沿海地区(含港澳台)现代化程度超过北方地区,北方地区领先于西部地区;华南沿海地区(不含港澳台)不及北方地区,但超过西部地区。其次,八大区域的差距。华北沿海和华东沿海是现代化程度最高的地区,东北地区、华南沿海地区(不含港澳台)、黄河中游和长江中游地区是现代化程度较高的地区,西北地区和西南地区是现代化程度较低的地区。如果将港澳台纳入华南沿海地区,那么该地区是我国最发达地区。最后,三大地带的差距。东部地区现代化程度超过中部地区,中部地区领先于西部地区。这种非均衡性发展特征是动态的,新旧世纪之交,北方和南方现代化差距被缩小;北方与西部地区、北方与中部地区、南方与西部地区、南方与中部地区、东部地区与西部地区、东部地区与中部地区之间,现代化差距有所扩大。我国地区现代化发展符合进程不同步、空间非均衡、结构稳定性和地位可变原理。北方和南方现代化程度总体平衡,东部地区现代化程度高于西部地区。

  自然资源、人力资源、经济基础、产业结构、城市化、资本和技术等因素影响着地区现代化。劳动力和资本在地区间的重新分布,制约着地区产业分工的变化,技术进步成为各地区提升全要素生产率的关键。在工业化初期,经济基础是地区结构形成和演化的成因,也是城市边缘空间结构演化的因素,而工业化中后期,科技水平、城市化水平和开发强度等是地区结构异化和演化的原因。中西部地区市场开放程度低,使得它难以与东部形成紧密的分工合作。当然,我国要缓解这种地区非均衡发展的现状,调整地区结构和国土开发结构,以解决地区发展面临的难题,实现地区协调、可持续发展,这是研究发展问题的重要课题。但既有成果仍难以满足国家战略和政策制定的需求,如何调控地区发展和国土开发,现有政策仍需完善,包括明确经济社会发展的空间战略布局、空间发展模式等,需要形成一套地区结构优化的完整设计。①

(三) 产业结构和就业结构

产业结构主要是指农业、工业、服务业在国民生产总值中所占的比重,即产业之间的比例关系,它和就业结构关系密切。这表现在两个方面:其一,产业结构是就业结构的决定因素,它的变化必然会引起就业结构的变化。就业结构,是指社会劳动力在国民经济各部门之间的分配数量和比例。② 目前,国际通行的方法是,以劳动力在三大产业间的分配比例及其变动表示就业结构的状况与变化。随着经济发展和产业结构的变化,就业结构也会相应发生变动。就业结构理论中的"配第—克拉克定理"认为,劳动力在第一产业的就业比重逐步下降;第二产业的就业比重从上升到稳定,再趋于下降;第三产业的就业比重不断提高。其二,产业结构是就业容量的直接影响因素。由于各产业部门的有机构成不同,同量的资金在不同产业部门所能提供的就业岗位数量也不同,如轻工业、商业、服务业吸收的劳动力多于重工业。因此,产业结构状况直接影响整个社会的就业容量。③

表1-2 1978—2012年我国产业结构的变化   单位:亿元,%

类别 年份	国内生产总值按三次产业分			国内生产总值产业构成比重		
	第一产业	第二产业	第三产业	第一产业	第二产业	第三产业
1978	1027.5	1745.2	872.5	28.2	47.9	23.9
1985	2564.4	3866.6	2585.0	28.4	42.9	28.7
1990	5062.0	7717.4	5888.4	27.1	41.3	31.6
1995	12135.8	28679.5	19978.5	20.0	47.2	32.9
2000	14944.7	45555.9	38714.0	15.1	45.9	39.0
2005	22420.0	87598.1	74919.3	12.1	47.4	40.5
2010	40533.6	187383.2	173596.0	10.1	46.7	43.2
2012	52373.6	235162.0	231406.5	10.1	45.3	44.6

资料来源:参见国家统计局编:《中国统计年鉴—2013》,中国统计出版社2013年版,第44—45页。

---

① 参见李国平、吴爱芝、孙铁山:《中国区域空间结构研究的回顾及展望》,载《经济地理》2012年第4期。
② 参见刘庆唐:《论就业结构规律》,载《劳动经济论文集》,中国劳动社会保障出版社2003年版,第27页。
③ 参见童星、汪和建、翟学伟编著:《劳动社会学》,南京大学出版社1992年版,第100页。

表1-3　1978—2012年我国劳动力就业结构的变化　　　单位：万人，%

类别 年份	按三次产业划分就业人员数			就业人员三次产业构成比重		
	第一产业	第二产业	第三产业	第一产业	第二产业	第三产业
1978	28318	6945	4890	70.5	17.3	12.2
1985	31130	10384	8359	62.4	20.8	16.8
1990	38914	13856	11979	60.1	21.4	18.5
1995	35530	15655	16880	52.2	23.0	24.8
2000	36043	16219	19823	50.0	22.5	27.5
2005	33442	17766	23439	44.8	23.8	31.4
2010	27931	21842	26332	36.7	28.7	34.6
2012	25773	23241	27690	33.6	30.3	36.1

资料来源：参见国家统计局编：《中国统计年鉴—2013》，中国统计出版社2013年版，第123页。

在产业结构中，我国制造业和工业比重过高，服务业比重偏低，会使经济增长过多依赖出口增长，加剧国际贸易摩擦；与服务业相比，制造业的库存影响大，其比重过高会增加经济运行和增长的不稳定性。第三产业就业份额偏低，既影响了城乡人民物质文化生活，又制约着整个经济的协调发展，使扩大内需的目标难以实现。将我国就业结构与世界主要国家就业结构进行比较，其差距一目了然。像美国、英国、法国、日本、南非这样的发达国家，其第一产业就业份额都很低，第三产业就业份额都很高。我国就业结构只是略好于印度。可见，大力发展第三产业，进一步调整重工业和轻工业的比重，是产业结构和就业结构合理化以及根本解决就业问题的重要途径。为此，一是要不断提高产业自主创新能力和核心技术能力，大力发展国产知名品牌，增强产业国际竞争力。二是积极引进外资发展服务业，逐渐改变服务业比重偏低的状况。[1]

表1-4　我国就业结构与世界主要国家就业结构比较　　　单位：%

产业别 国别	第一产业		第二产业		第三产业	
	2005年	2010年	2005年	2010年	2005年	2010年
中国	44.8	36.7	23.8	28.7	31.4	34.6
印度	55.8	51.1	19.0	22.4	25.2	26.6
日本	4.4	3.7	27.9	25.3	66.4	69.7
南非	7.5	4.9	25.6	24.5	66.6	61.9
美国	1.6	1.6	20.6	16.7	77.8	81.2
英国	1.3	1.2	22.2	19.1	76.3	78.9
法国	3.6	2.9	23.7	22.2	72.3	74.4

资料来源：参见国家统计局编：《中国统计年鉴—2013》，中国统计出版社2013年版，第954页。

---

[1]　参见郭克莎：《人均GDP 1000美元后的长期发展进程》，载《开放导报》2005年第1期。

(四) 社会阶层结构

所谓社会阶层结构，是指社会中不同社会成员之间的构成方式与比例关系，它是依据某些特定的标准和方法(如每一个阶层占有的权力、财富、声望等社会资源)，对社会成员阶层归属的划分，从而确定各社会成员在社会结构中的位置。社会变化最终是人的变化，体现为各种不同职业、身份的人的分化与重组，由此引起社会阶层结构的变化。我国社会阶层结构的变化与经济发展和社会稳定关系密切，是研究发展与就业难以回避的重要课题。

20世纪50年代，我国通过采取土地改革、农业合作化、公私合营等措施，形成了工人阶级、农民阶级和知识分子的社会结构。改革开放后，社会阶层结构发生了较大的变化，农民阶级分化了，工人阶级也变化了，并产生了诸如私营企业主、个体工商户、经理人员等新的社会阶层。知识分子阶层队伍规模扩大，社会地位普遍提高，是工人阶级的一部分。特别是高级知识分子的社会地位较高，他们中的科学家在每次职业声望调查中都名列前茅。其收入不如私有企业主和企业经营者，但十分稳定。这一阶层通常会受到其他社会阶层的尊重，拥有较大的话语权。一个与现代社会相适应的社会阶层结构正在形成之中。[①] 根据中国社会科学院"当代中国社会阶层结构"课题组的研究，随着工业化、城市化和市场化的不断推进，计划经济时期决定人们社会经济状态的政治性、制度性标准逐渐被一些新的因素所取代。职业分化、收入差距扩大和资产私有形式的出现，使得社会阶层分化日益明显。尽管社会阶层结构的演变还在持续进行，并未完全定型，但其基本的分化形态和规则正在形成。该课题组提出了十大社会阶层的划分。依据它们在劳动分工、权威等级、生产关系和制度分割中处于不同位置以及资源占有状况，十大社会阶层包括：国家与社会管理阶层；经理人员阶层；私营企业主阶层；专业技术人员阶层；办事人员阶层；个体工商户阶层；商业服务业员工阶层；产业工人阶层；农业劳动者阶层；城乡无业、失业、半失业者阶层。[②] 社会阶层结构状况是与一定的经济发展及经济结构相联系的。经济结构的变化一般都会导致就业空间和职业结构的变化，从而改变社会流动的规模、速度、机会甚至路径。与传统自然经济结构相比，建立在工业化、城市化和市场化基础上的现代经济结构复杂得多，并将遵循其规律不断演变，从而推动就业空间不断扩大，促使职业结构日益多样化和社会经济地位较高的新职业不断涌现，增加各社会

---

① 参见陆学艺：《当代中国社会结构的变迁》，载《社会科学报》2006年9月7日。
② 参见陆学艺主编：《当代中国社会流动》，社会科学文献出版社2004年版，第13页。

阶层流动与就业的空间。① 总之，社会阶层结构尚处于变动中，其趋势是克服先赋性的社会流动机制对人们通过后天努力而获得向上流动的积极性的限制。

值得注意的是，我国中产阶层正在逐渐崛起。我国已步入工业化中期阶段，特别是东部一些大城市向工业化后期发展，这正是中产阶层成长的黄金期。由于经济持续发展，国家出台重大政策，以及高校招生规模的扩大等，有利于中产阶层的成长。在沿海地区和大城市，中产阶层发展速度相对较快，这与这些地区职业结构高级化息息相关。我国农村中的专业户、规模农业经营户、运销经营户等，人数逐渐增多，成为农村中产阶层。尽管如此，我国中产阶层并没有快速壮大，体制因素的制约是重要成因之一。② 随着经济发展和社会结构的变化，我国中产阶层将经过长期发展，成为未来社会的最重要阶层，也将有利于社会结构的现代化与社会稳定。

(五) 收入分配结构

所谓收入分配结构，是指国民收入初次分配中国家、企业和个人所得的构成比重，它集中体现了三者之间的利益关系。随着政府职能的转变，政府削减非必要的服务项目，突出政府对全社会的义务服务项目，并区分经常收支和建设性收支项目，后者要与政府可支配收入相区分。我国企业深感收入比例低，因为一方面企业对财政、主管部门和行政单位的转移支出过多，这是违背企业经济行为的；另一方面，企业要支付职工的劳动报酬和社会保障。就个人收入而言，改革开放后，国民收入规模出现了较大增长，但差距随着经济发展有所扩大。1978年，我国基尼系数为0.16，这在全世界是最低的，国民收入处于"贫均"状态。此后，我国实行"让一部分人先富起来"的政策。20世纪80年代中期，收入分化开始出现。从城乡收入及工资增长看，城市具有较强的拉力。1986至1993年，城乡间的基尼系数从2.60倍扩大到3.27倍。③ 将城市和农村共同统计，我国基尼系数的变化如表1-5所示。将我国的基尼系数与世界主要国家相比，可以发现前者明显高于后者。以2000年为例，我国的基尼系数为0.417，而美国的基尼系数为0.408，法国为0.283，德国为0.283，意大利为0.360，加拿大为0.326。2009年，世界银行发布了一份报告，最高收入的20%人口的平均收入和最低收入20%人口的平均收入，两者之比在中国是10.7倍，而在美国是8.4倍，俄罗斯

---

① 参见陆学艺主编：《当代中国社会流动》，社会科学文献出版社2004年版，第26页。
② 参见陆学艺：《中国社会阶级阶层结构变迁60年》，载《中国人口·资源与环境》2010年第7期。
③ 参见国家统计局农调总队课题组：《城乡居民收入差距及其决定因素研究》，载《中国农村经济》1995年第1期。

是4.5倍,印度是4.9倍,日本仅为3.4倍。通过收入分配差距的五等分方法发现,城镇居民收入分化较严重,农村收入差距更大,农村贫富差距程度超过了城市,特别是东南部富裕地区的农民与西北、西南贫困地区农民的收入差距不断扩大。表1-5说明城乡居民收入分化并造成了生活水平的不同。从功能分配角度看,城乡居民除了职业收入外,财产性收入明显增加,其形式主要有利息、红利、租金等。特别是高收入者财产性收入更多。改革开放以来,我国已经从一个平均主义盛行的国家变为中等不平等的国家。

表1-5　1978—2012年我国基尼系数、城乡居民家庭恩格尔系数的变化　　单位:%

类别 年份	基尼系数	城镇居民家庭 恩格尔系数	农村居民家庭 恩格尔系数
1978	0.160	57.5	67.7
1985	0.341	53.3	57.8
1990	0.348	54.2	58.8
1995	0.389	50.1	58.6
2000	0.417	39.4	49.1
2005	0.470	36.7	45.5
2010	0.477	35.7	41.1
2012	0.473	36.2	39.3

资料来源:参见国家统计局编:《中国统计年鉴—2013》,中国统计出版社2013年版,第378页。

收入分配不平等对经济增长的损害较大。从政治经济机制角度看,税前收入分配不平等将导致政府对资源的再分配和政策的再调整,或者富人为阻止政府再分配而进行院外活动以及由此产生的浪费经济资源的活动,使经济信号发生扭曲,投资减少,最终损害经济增长。从社会冲突机制角度看,收入分配不平等将导致穷人犯罪、暴乱等破坏性活动,同时,富人需要耗费资源保护财产,从而加剧社会的不安定,影响投资和经济增长。从市场需求看,需求结构取决于收入分配并最终影响工业化。因为收入分配不平等将通过影响企业产品的市场规模,进而影响经济增长。富人对工艺品和进口奢侈品的大量需求,抑制了国内制造业产品的市场规模,进而损害本国的工业化进程。[①] 因此,在当前经济快速发展的同时,要把解决收入差距过大问题放在突出位置,使经济发展成果惠及全体国民。

综上,改革开放以来,我国经济结构转换取得了明显的成效,但经济结构性

---

① 参见王振中:《当前的收入分配差距问题不容忽视》,载《经济经纬》2005年第6期。

矛盾仍然突出,具体表现为:首先,城乡人口结构不合理,城市化水平较低。经过多年的发展,我国城乡人口结构有所改善,但与发达国家相比仍存在着较大的差距。2011年,我国城市化水平首次超过50%,这标志着数千年来以农村人口为主的城乡人口结构发生了逆转,它意味着人们的生产方式、职业结构、消费行为、生活方式、价值观念都将发生深刻的变化。进一步推动城市化发展,提高我国城市人口的比重,实现城镇协调发展将是未来城乡人口结构高级化的推力。其次,产业结构不合理,即农业比重偏高,第三产业发展滞后,在国民经济中所占比重偏低,从而影响城乡就业扩张。再次,城乡经济、社会发展不平衡,二元经济结构格局没有改变。其主要表现为:工业经济持续增长与农业生产下滑形成反差;城市快速发展与农村发展滞后极不协调;经济快速增长与农民增收困难长期并存。简言之,"三农"问题十分突出。最后,区域之间经济发展差距扩大。改革开放前,国家执行区域发展均衡化政策,政府对内地基本建设投资明显高于沿海,从而使东西部地区经济发展差距逐渐缩小。改革开放后,各地经济增长率均高于改革开放前,但由于政策因素,区域之间经济发展不平衡的矛盾突出。① 这关系到发展的质量问题,必须妥善解决。

四、质量改善是发展的目标

衡量经济发展水平的尺度是人均国民生产总值。这一指标考虑人口增长和经济增长之间的关系,能反映国家经济发展和生活消费水平。但是,单纯使用这一指标也有局限性,它不能表示产品和劳务的构成,收入分配状况,国家的总体实力,以及一个国家社会生活的诸多问题,如消除贫苦、扫除文盲、减少疾病、延长寿命、增加社会安全感等。因此,人们更加倾向于使用多个具体指标所组成的综合指标体系衡量经济发展的质量,如生活质量改善、生态环境良好、人的素质提高、人力资本积累、经济增长注重效益性等。联合国开发计划署在《1990年人类发展报告》中首次提出了"人类发展指数(HDI)",旨在测量发展中国家摆脱贫困状态的程度,以此取代单纯依靠收入指标衡量发展与福利水平的方法。人类发展指数是衡量世界各国或地区人类社会发展程度的统一尺度。它由三组指标组成:一是平均预期寿命;二是成人识字率(后来增加了平均受教育年限);三是按购买力平价计算的人均国内生产总值。这三个指标换算成指数后,计算算术平均值,即为人类发展指数。这一指标正在不断完善之中。

---

① 参见徐平华:《就业与增长:走向和谐社会的中国就业战略》,江西人民出版社2006年版,第141—142页。

目前,我国有的研究机构提出了衡量发展质量的新指标,包括经济发展指数、人文发展指数、社会进步指数、生态文明指数,从不同角度反映发展的和谐程度。经济发展指数是首要的、基础性的指数。人文发展指数既突出城市的人文素质,也重视市民公德意识、公德行为。社会进步指数要求城市和谐发展首先要保证城市公民能享受公平公正的待遇;其次要能为城市居民提供良好的社会服务;最后要求城市既能做好日常的社会管理,又要具有抗风险能力。生态文明指数要求城市加强环境治理,提高城市环境质量,必须以生态文明为目标实现和谐发展。[①]

关于经济和社会协调发展,即发展的质量问题,人类已有了沉痛的教训。拉美国家由于经济发展慢,无力支撑社会发展,将精力放在加快经济增长上,社会问题和矛盾不断加剧,同时,经济波动还导致社会和政治不稳定;而东亚国家经济发展较快,相应带动了社会发展,掩盖了社会问题和矛盾,但社会发展滞后于经济发展的状况比较突出。大量研究表明,不少东亚国家的科教落后、分配不公、贫富悬殊、腐败盛行等问题比较严重。随着经济发展水平的提升,这些问题对东亚国家经济社会稳定发展产生了越来越大的影响。由于衡量经济发展质量的指标颇多,笔者在此选择四项与就业紧密联系的指标加以论述。

(一)环境质量与经济发展

所谓环境质量,是指在一个具体环境内,其总体或某些要素对人类生存和社会经济发展的适宜性,是反映人类具体要求而形成的对环境评定观念。20世纪60年代以来,随着环境污染的加剧,人类用环境质量的好坏来表示其受污染程度,一些环境质量评价指数被称为环境质量指数。环境质量包括自然环境质量和社会环境质量,前者可分为大气环境、水环境、土壤环境、生物环境等;后者主要包括经济、文化和美学等方面的环境。环境为人类提供了生存空间,影响人类的生活质量,是经济发展的重要目标之一。环境中的各种自然资源,是经济发展不可或缺的投入品。经济发展在很大程度上改变着环境,而环境反过来又制约着经济发展。随着人类经济活动规模的扩大,环境恶化问题日益突出,环境对经济发展的制约作用增加。一些发达国家经历了环境质量先恶化,再随着经济发展逐渐好转的过程,因为富裕的消费者对环境质量提出了更高的要求;技术进步使企业得以减少污染物的排放;政府在公众的压力下实施更加严格的环保标准。值得注意的是,一些发达国家环境的改善是建立在发展中国家环境被破坏的基

---

① 参见华东理工大学中国城市和谐发展指数研究课题组:《构建中国城市和谐发展指数》,载《社会科学报》2007年11月29日。

础之上的。① 例如,有些发达国家为了保护本国森林,从发展中国家大量进口木材等。发展中国家也意识到,它们未来无法将环境问题转嫁出去,而且环境破坏累积到一定程度就难以逆转,因此不能将环境质量与经济发展割裂开,要在经济发展过程中注意保护环境质量。

我国较为重视环境问题,曾制定了《关于加强环境保护重点工作的意见》和《国家环境保护"十二五"规划》。我国坚持在发展中保护环境,在保护环境中谋求经济社会发展的方针,深入探索中国环保新道路,确保经济平稳增长。因为我国已处于工业化中期和城镇化加速发展阶段,资源相对短缺、环境承载力较差已成为新的国情。环境质量与经济发展之间的关系日趋紧密,因此保护环境既是转变经济发展方式的重要内容,又是衡量经济转型成功与否的测度之一。建设环境友好型、资源节约型社会必将带来新技术、新产业的快速提升,从而为经济可持续发展注入活力,也为劳动力就业行业结构的调整与流动提供空间。

(二) 经济增长的效益问题

经济增长的主要指标既包括数量和速度,又包括质量和效益。经济发展的重要目标是追求数量和质量、速度和效益的有机统一。在扩大内需、保持增长之时,要更加注重经济增长质量、发展方式和结构调整。前者会适当提高增长速度,为转变发展方式提供必要的市场需求、物资基础和供给支持;后者可能会使增长下降,但却有利于提高经济增长的协调性和持续性。我国经济规模在扩大,但增长效益并不高。一是经济增长的高消耗,经济增长越来越受到资源等因素的制约。经济增长对能源资源的严重依赖,使得这种增长更接近资源和环境约束的边界。我国经济增长主要是靠大量消耗资源实现的,已严重制约经济发展。二是经济增长的比较优势递减,发展成本上升。这是现阶段经济发展面临的新矛盾。从经济发展看,低工资优势已开始转化。虽然目前我国劳动力在国际上仍比较低廉,但是,近年来,随着经济全球化的加快,东盟国家参与国际市场竞争的程度提高,劳动力成本比我国更有竞争力。当人均 GDP 超过 1000 美元后,随着收入和福利的增加,在比较优势递减的同时,经济增长的成本会上升,其中占较大比重的是就业的工资水平提高。②

提高经济增长效益可以增强我国的综合国际竞争力。改革开放以来,我国经济增长速度、总量和进出口总额等都位居世界前列,但一些产品在国内外市场出现质量伤害事件,影响了产品的信誉度和美誉度。我国要实现从经济大国向

---

① 参见齐良书编著:《发展经济学》,中国发展出版社 2002 年版,第 118—119 页。
② 参见白津夫:《"十一五"经济增长中的十大矛盾》,载《社会科学报》2005 年 12 月 15 日。

经济强国转变,关键是提高经济增长的质量和效益。虽然我国已成为产品出口大国,但都是低层次和低附加值的产品,经常遭受他国的反倾销调查,根本原因在于质量和效益不高。国际金融危机冲击我国经济,实质是对传统增长方式和外贸出口方式的否定。我国在保持经济平稳较快增长的同时,要更加注重优化经济结构,提高质量和效益,树立中国制造的高品质形象。

(三) 人力资本投资与积累

这是增加就业和减少结构性失业的重要途径。人力资本概念是从发展经济学的角度说明人口质量与社会经济发展之间的关系。发展经济学认为,在现代经济增长的要素构成中,人力资本的提高具有更加重要的意义。舒尔茨指出,脱贫的关键性因素不是能源和耕地,而是劳动者素质提高和知识进步。[1] 人力资本包括四个内容:人的知识、技能、经验等;就业总人数和劳动力市场总工时;人力投资包括学校教育和在职教育支出,劳动力转移支出等;人力投资是有收益的。对于就业者而言,其收益是个人收入的提高;对国家来说,人力资本投资对资本营运效率和国民生产总值的提高都有贡献。然而,我国人力投资不足,教育重复建设,院系叠床架屋,学术低水平重复及泡沫现象严重,浪费了大量的社会资源,限制了就业扩张,原因在于,现行的评价机制出现了问题。这些都是低质量发展的表现。

(四) 平均预期寿命

新中国成立以来,平均预期寿命已大大延长。1949 年,平均预期寿命仅有 40 岁;第六次全国人口普查数据显示,我国平均预期寿命达到 74.83 岁,[2]高于发展中国家水平,也高于世界平均水平。这是社会安定和经济发展的结果。但是,在平均寿命延长的同时,又产生了新的发展问题,即人口老龄化。为了规范世界各国人口老龄化的标准,联合国人口基金会提出了两个标准:一是 65 周岁及以上人口占总人口比重达到 7% 以上;二是 60 周岁及以上人口占总人口比重达到 10% 以上。前者通常用于发达国家,后者通常用于发展中国家。[3] 按照这一标准,第六次人口普查表明,我国已步入老龄化社会,并且步伐将逐步加快。这是经济发展过程中必须面对的问题。发达国家人口老龄化是伴随着经济发展和人口转变发生的,而我国人口老龄化是控制人口的结果。人口老龄化进程超前于经济发展,这对经济发展的制约较大,必将在劳动力资源、劳动就业、劳动生

---

[1] 参见〔美〕西奥多·W. 舒尔茨:《人力投资》,贾湛、施伟等译,华夏出版社 1990 年版,第 1 页。
[2] 参见国家统计局编:《中国统计年鉴——2013》,中国统计出版社 2013 年版,第 101 页。
[3] 参见吴鹏森编著:《现代社会保障概论》,上海人民出版社 2004 年版,第 191 页。

产率、消费品构成等方面影响经济的运行。人口老龄化意味着社会总抚养比上升,劳动人口相对减少,社会投资量下降,限制社会有效需求的增加,从而削弱经济增长、生活水平的提高和就业扩张。①

综上,如果经济增长不能带来大多数人物质生活质量的改善,或者是以大多数人的生命质量总效用的下降为代价,那么就不能说是获得了成功的经济发展。在我国未来的发展中,必须把经济和社会协调发展放在更为突出的位置上。国家要在坚持全面发展的基础上,通过加快经济发展,加大对社会发展的带动和支撑作用,大力发展各项社会事业,着力促进就业增加和分配公平,不断解决经济发展进程中出现的社会矛盾问题。

第二节 劳动就业范畴界定

一、劳动就业的范畴

(一) 就业的基本概念

所谓劳动,是指劳动者运用其劳动能力改变劳动对象,以创造适应人们生存和发展的社会财富的有目的的社会实践活动。② 劳动就业既是经济发展的重要构成,又是劳动者参与社会劳动、发挥劳动能力的必要条件。劳动就业不仅关系到劳动者个人和家庭的生活水平,而且也制约着经济发展和社会的稳定。所谓劳动就业,是指具有劳动能力的人,运用生产资料从事合法的社会劳动,创造一定的经济社会价值,并获得相应的劳动报酬或经营收入,以满足自己及家庭成员的生活需要的经济活动。就业是作为一种谋生手段的职业劳动。如果劳动者同时满足以下三个基本条件,就可以被界定为就业者:

第一,在法定的劳动年龄内,并且具备劳动能力。法定劳动年龄,是指在法定最低劳动年龄与退休年龄之间。未达到法定劳动年龄的人不存在就业问题。法定劳动年龄是实现就业不可缺少的条件。目前,世界各国根据实际情况规定了不同的劳动者法定劳动年龄的上限和下限,劳动就业时间的长短也略有差别。即使在同一个国家和地区,在不同的历史时期,法定劳动年龄的标准也不尽相同。但各国或地区的法律规定都是建立在促进劳动者身心健康、保障劳动者劳动权利的基础上,更有利于劳动者劳动行为能力的形成和发展。世界银行建议

---

① 参见佟新:《人口社会学》,北京大学出版社2000年版,第228—229页。
② 参见常凯主编:《劳动关系·劳动者·劳权——当代中国的劳动问题》,中国劳动出版社1995年版,第2页。

劳动就业年龄为 15—64 岁。我国法律规定,劳动年龄界限为男 16—60 岁、女 16—55 岁。①

第二,从事某种合法的经济活动,并获取合法收入。只要符合国家法律规定的社会劳动,不论其所有制性质和用工形式,都是满足劳动就业的基本条件。可见,劳动就业与生产资料所有制形式、企业用工形式、国民经济各部门无关,劳动者不论是固定工、合同工,或是其他临时工,都应当视为就业者。劳动者不论在何种经济部门从事劳动,只要以提供满足社会需要的商品或服务为目的,并获得劳动报酬,就是社会就业者。需要注意的是,即使劳动者从事合法劳动,但如果没有取得经济收入,诸如从事义务性劳动、社会救济性劳动、劳教人员的劳动、军工人员的劳动、家务劳动等,则不属于就业范畴;②劳动者虽然从事劳动并获得收入,但如果这种劳动有害于社会并且属于非法性质,诸如从事走私、贩毒、卖淫等犯罪活动,以非法营利,则不能视为就业。

第三,必须从事某种社会劳动,并可以获得相应的经济收入。虽然拥有合法收入,但是不从事任何社会劳动的人,如依靠救济、利息生活的人,也不能视为就业者。③ 因此,就业既是一种经济行为,又是一种社会行为;既是劳动者个体的微观行为,又是一个宏观层面的问题。就业问题是经济学、社会学、政策研究的重要范畴。

就业范畴与国情有关。虽然就业必须有法定劳动年龄的界限、从事社会劳动时间的长度、劳动报酬或经营收入的具体规定,但国际劳工统计协会规定,各国可以根据其国情确定法定劳动年龄的上下限、劳动时间的长度、工资的最低限度。凡在法定劳动年龄之内,具备下列情况之一者就应当视为就业:一是在规定时间内从事有报酬的劳动(包括从事有报酬的家务劳动);二是有职业但临时因病、事故、劳动争议、度假、旷工等原因而没有工作;三是当雇主和自己营业,包括协助家庭经营企业,没有获得报酬。

鉴于上述分析,有两种情况不属于劳动就业范畴:其一,童工不在劳动就业范畴之内。我国很多法律法规都明文禁止使用童工,并将之视为非法行为。例如,《劳动法》第 15 条规定:"禁止用人单位招用未满十六周岁的未成年人。文艺、体育和特种工艺单位招用未满十六周岁的未成年人,必须依照国家有关规定,履行审批手续,并保障其接受义务教育的权利。"《义务教育法》明确规定,禁

---

① 参见谢志强等主编:《社会政策概论》,中国水利水电出版社 2005 年版,第 191 页。
② 参见程延园主编:《劳动关系学》,中国劳动社会保障出版社 2005 年版,第 9—10 页。
③ 参见谢志强等主编:《社会政策概论》,中国水利水电出版社 2005 年版,第 191 页。

止任何组织或个人招用应该接受义务教育的适龄儿童、少年就业。《未成年人保护法》明文规定,任何组织和个人不得招用未满16周岁的未成年人。2002年10月,国家颁布了《禁止使用童工规定》,对禁止用人单位招用童工作了具体规定:国家机关、社会团体、企业事业单位、民办非企业单位或者个体工商户均不得招用未满16周岁的未成年人,禁止任何单位或者个人为不满16周岁的未成年人介绍就业,禁止不满16周岁的未成年人从事个体经营活动。用人单位使用童工的,由劳动保障行政部门按照每使用一名童工每月处5000元罚款的标准给予处罚。单位或者个人为不满16周岁的未成年人介绍就业的,由劳动保障行政部门按照每介绍一人处5000元罚款的标准处罚。职业中介机构为不满16周岁的未成年人介绍就业的,由劳动保障行政部门吊销职业介绍许可证。拐骗童工,强迫童工劳动,使用童工从事高空、井下、放射性、高毒、易燃易爆以及国家规定的第四级体力劳动强度的劳动,使用童工或者造成童工死亡或者严重伤残的,依照《刑法》关于拐卖儿童罪、强迫劳动罪或者其他罪的规定,依法追究刑事责任。[①]

其二,不以获取经济收入或者营利为目的的社会公益劳动、家务劳动等,不在劳动就业范畴之内。如果从劳动关系的角度考察,劳动主体是以职工身份所从事的劳动,凡不在此列的人员所从事的劳动或者虽在职工之列却以职工以外身份所从事的劳动,如现役军人的军工劳动,罪犯、劳教人员和战俘的劳役劳动,家庭成员的家务劳动,个体劳动者和合伙人的劳动,职工以公民身份所从事的社会义务劳动,都不在劳动就业范畴之内。因为劳动就业是为了获取报酬作为其生活主要来源,而相对固定在一定劳动岗位上所从事的劳动。社会义务劳动和其他无偿劳动以及虽有一定报酬或物质补偿的劳动的目的不在于谋生,不应当视为劳动就业。[②]

(二) 就业的基本类型

从就业的行业观察,劳动就业可以分为城镇就业和乡村就业,第一产业、第二产业和第三产业就业;按国民经济行业分组,就业可以分为农、林、牧、渔业,采掘业,制造业,电力、煤气及水的生产和供应业,建筑业,地质普查业,水利管理业,交通运输、仓储业及邮电通信业,批发和零售贸易、餐饮业,金融、保险业,房地产业,社会服务业,卫生、体育和社会福利事业,教育、文化艺术和广播电影电视业,科学研究和综合技术服务业,国家机关、党政机关和社会团体,以及其他行业。

---

① 参见谢良敏、吕静编著:《劳动法条文新释新解》,法律出版社2004年版,第41—43页。
② 参见邱小平主编:《劳动关系》,中国劳动社会保障出版社2004年版,第3页。

从就业的经济类型看,就业可以分为在国有经济单位就业、在城镇集体单位就业、在其他经济单位就业、在乡镇企业就业、从事私营经济和个体劳动、在农村就业等形式。其他经济单位包括联营经济、股份制经济、外商投资经济、港澳台投资经济单位。从就业的模式看,就业包括正规就业和灵活就业。正规就业是指在传统的有固定工作的单位的八小时工作的就业形式。灵活就业主要有两类:一类是有固定的雇主,但工作时间较为灵活,如非全日制工作;一类是无固定场所,无固定雇主和服务对象,无固定劳动关系,无稳定收入的小规模经营的就业形式,如各种临时工、小时工以及按劳动成果获得收入的自由职业者等。①

从整体劳动者就业状况看,社会存在充分就业和不充分就业两种状态。充分就业是指"在某一工资水平下,所有愿意接受这种工资的人都得到工作"②,这时不存在非自愿失业。然而,理论界对充分就业有两种解释:一是劳动力和生产设备都处于充分利用状态;二是并非失业率等于零,而是总失业率等于自然失业率。此外,有人用某一具体就业水平指标描述充分就业。无论如何,劳动者的就业状况与劳动力资源总量有关,包括劳动年龄内正在从事社会劳动、求学、家务劳动、谋求职业,以及劳动适龄人口以外正在从事社会劳动的人口。

从法律角度看,就业实现的标志是建立了劳动关系。劳动关系是指劳动者在运用劳动能力、实现劳动过程中与用人单位产生的社会关系,其主体是劳动者和用人单位。劳动关系中的劳动者是指被用人单位依法雇用的公民,他们在用人单位管理下从事社会劳动,并以工资收入为主要生活来源,依法享受社会保障待遇。长期以来,劳动者依据不同标准有职员和工人,全民所有制职工、集体所有制职工和其他所有制职工,城镇职工和农民工,正式工和临时工,固定工和合同工之分。经济体制改革前,我国基本上实行固定工制度。改革进程中,固定工和合同工并存。《劳动法》实施后,固定工制度逐步被合同工制度取代。劳动关系中的用人单位包括各种所有制经济、各种组织形式的企业;个体经济组织;国家机关,诸如国家权力机关、行政机关、审判机关和检察机关、执政党机关、政治协商机关、参政党机关、参政团体机关;事业单位,包括文化、教育、卫生、科研等单位;社会团体,诸如各行各业的协会、学会、联合会、研究会、基金、联谊会、商会等民间组织。③ 上述劳动关系主体双方按照一定方式确定劳动关系,从而产生相互之间的权利和义务。劳动关系的建立表明劳动者实现了就业,用人单位实

---

① 参见于法鸣主编:《培训与就业》,中国劳动社会保障出版社2005年版,第162页。
② 〔英〕约翰·梅纳德·凯恩斯:《就业、利息和货币通论》,宋韵声译,华夏出版社2005年版。
③ 参见邱小平主编:《劳动关系》,中国劳动社会保障出版社2004年版,第11页。

现了用工。

二、劳动就业的特征

无论在何种经济体制下,也不论劳动者积极谋求就业,还是经济发展对劳动力数量和质量的需求得以满足,就业行为都存在某些内在的联系与共性。这种内在的联系与共性就是劳动就业的特征。这些特征涉及就业的经济性、社会性、选择性和流动性,应当从经济学、社会学、人文、政治和道义等多重视角将就业问题视为经济发展的重要目标。

第一,就业的经济性。"劳动是财富之父",劳动就业是重要的经济活动。因为马克思主义劳动价值论认为,商品的价值和剩余价值都是由人类劳动创造的,就业是国民财富生产的源泉和国民财富分配的基本依据,也是资本增值和积累的重要源泉,直接体现了资源配置的效率、方式和价值目的。其基本的经济功能主要体现在两大方面:从宏观角度看,劳动就业必须尽可能充分合理地利用社会劳动资源,追求劳动就业的经济效益,以促进经济快速增长。充分就业是有效需求形成的基础条件。有效需求不足引起失业,反过来,失业引起有效需求不足,两者是互为因果关系的。充分就业是宏观经济的重要目标,是实现国民经济良性运行和发展的重要前提。从微观角度看,劳动就业是劳动者让渡劳动力使用权,旨在换取生活资料,使用劳动力的用人单位必须向劳动者支付工资等物质待遇,这体现了商品等价交换原则。因此,劳动就业在创造社会财富的同时,也创造了劳动者自身发展与解放的条件;劳动就业要能为劳动者个人及其家庭带来尽可能充裕的物质和精神财富,使劳动力再生产的条件尽量得以满足和改善。

第二,就业的社会性。劳动就业是劳动者和生产资料在社会范围内相互选择的过程。劳动就业受社会所能提供生产资料的约束和劳动力自身素质的影响。它们不但表现在生产资料和劳动者的数量上,而且表现在生产资料和劳动者的质量上。同时,社会生产关系的性质在相当程度上决定着劳动就业的形式和就业的水平,决定着就业中产生的问题的性质和种类。在资本主义社会,劳动者将劳动力出卖给资本家以谋求生存,由于资本主义社会基本矛盾的存在,使得劳动就业无保障日益成为严重的经济社会问题。无论谋生性就业或自我实现性就业,劳动就业都是人的本质需求,不仅是人自我生存发展的物质基础,也是人的精神需求,它所产生的社会联系符合人类具有的合群倾向,能够形成良性的社会关系,缓和社会阶层之间的矛盾,并能增强人的职业能力、组织性和社会接纳性。这也有利于社会稳定与文明发展,从而减少社会管理上的各种成本,比单纯依靠社会福利保障解决失业矛盾更有利于社会稳定和保障劳动者权益。反之,由于失业造成社会阶层之间的矛盾和社会个体的异化,社会也将为此付出更大的社会管理成本,并导致社会资源的浪费。①

第三,就业的选择性。在传统就业制度下,就业几乎没有选择性,而只有指令性,因为政府收回了用工权。② 劳动者无权自由选择就业岗位和地区,而是由政府统一安置就业,强调服从分配;用人单位无权自主招工,而是由国家统一下达劳动用工指标,在指标内招工,强调遵从计划。一旦实现就业,没有政府的行政性指令,就业将终身保持不变,直到劳动者退休。改革开放后,劳动就业的选择性逐步变为现实,而且这种选择是双向的,即劳动者可以根据其职业偏好和能力选择就业岗位和就业地区,用人单位能够根据其经营实际的需要在劳动力市场自由地吞吐劳动力。选择完成的标志是最终确立了劳动关系,即用人主体和劳动主体双方通过平等协商签订劳动合同,以此种方式确定就业。就业选择得以实现的基本前提是,劳动力和生产资料在数量和质量上基本匹配。如果劳动力数量增长超过了生产资料数量增长的速度,或者劳动力的技能结构与产业对劳动力需求结构不适应,必然会出现总量性或结构性失业。

第四,就业的流动性。劳动就业的流动性是经济发展的必然产物。生产力的提高和社会分工的精细化,必将引起整个社会经济结构和产业结构的变化,从而导致劳动力就业结构的变化。这迫使劳动者从一个就业岗位转换至另一个就业岗位,从一个部门或行业转换至另一个部门或行业,从落后地区流向发达地区,从落后国家流向发达国家。虽然劳动就业的流动性是正常现象,但必须被控制在合理的限度之内。如果劳动者在同一工业部门的工厂间流动,那么,随着工龄的增加,技术熟练程度会不断提高。如果这种流动与工种无关,只是因为工资、劳动条件以及其他条件的不同而不分工种地变换,流动者则会长期处于非熟练劳动者的状态。这不仅会阻碍经济转型升级,也会给劳动者的职业训练带来相当大的负面影响,甚至造成劳动者流动过程中新的失业问题。

除了经济原因引发的就业流动外,社会因素也是就业流动的重要原因。劳动者一般会从职业地位和声望低的职业流向职业地位和声望高的职业。职业地位是指不同的职业依据其本身的社会结构功能所占据的不同的客观社会位置。不同职业拥有不同的社会地位资源,并具有相应的社会功能。决定职业社会功能的社会地位资源包括权力、声望、晋升机会和发展前景等。职业声望是人们对

---

① 参见马良华、郑志耿:《经济增长、充分就业和农业发展——兼对中国长期经济增长问题的研究》,浙江人民出版社 2004 年版,第 146 页。

② 参见黄安余:《建国以来就业政策的演变》,载《社会科学报》2004 年 4 月 22 日。

不同职业的价值评价,它是社会成员对各种职业地位的主观态度的综合。①

第五,劳动就业体现了社会制度的基本特征。在我国社会主义制度下,通过劳动就业,实现劳动力与生产资料的结合,形成了社会主义的生产过程。生产资料公有制成为社会的主导经济形式,劳动者是生产资料的主人,劳动产品归劳动者所有,生产目的是最大限度地满足社会日益增长的物质和文化生活的需要。劳动力和生产资料的结合不再具有资本的性质,劳动力不再是资本生产剩余价值的源泉。在资本主义国家,就业反映和维护的是资本家和雇佣工人之间剥削与被剥削的经济关系。而在我国,就业所反映的是劳动者之间平等协作的关系,反映国家、集体和劳动者利益一致的关系。②

三、劳动就业的原则

我国《劳动法》对劳动就业原则有明确规定,具体内容如下:第一,平等就业原则。在劳动力市场上,不同民族、种族、性别、宗教信仰的劳动者享有平等的就业权利和机会。除了国家规定的不适合妇女的就业岗位外,用人单位在录用劳动力时,不得以性别为由拒绝录用女劳动者,不得提高录用女劳动者的条件。第二,双向选择就业原则。在选择就业岗位和劳动者时,劳动者和用人单位都具有市场主体资格。劳动者根据自身的素质,可以自主选择用人单位。用人单位享有用工自主权,能够根据其生产经营需要和就业岗位特点,依照"面向社会、公开招聘、全面考核、择优录用"原则,收录适量、较高质量的劳动者。第三,竞争就业原则。为了获得理想的就业岗位,劳动者必须树立就业风险意识和就业竞争意识。在劳动力市场上,劳动者必须通过公平竞争,以平等的身份,参加招聘单位的考试考核,展现出自身较强的素质,才能被录用。竞争就业体现了市场经济的公平原则,有利于实现劳动力的合理配置。第四,照顾特殊群体就业原则。特殊群体人员是指那些由于各种特殊原因而有就业障碍或在劳动力市场上处境不利的人员。《劳动法》规定的这类人员主要包括妇女、残疾人、少数民族人员、退出现役军人等。国家通过立法,诸如《残疾人保障法》《退伍义务兵安置条例》等,对这类困难群体的就业给予特殊照顾。第五,禁止未成年人就业原则。为了保护未成年人的健康成长,国家禁止未满16周岁的未成年人就业。文艺、体育和特种工艺单位招用未成年人,必须依照国家规定,履行审批手续,并保障其接受义务教育的权利。此外,国务院还发布了《禁止使用童工规定》《未成年工特

---

① 参见刘艾玉:《劳动社会学教程》,北京大学出版社2004年版,第90页。
② 参见何承金主编:《劳动经济学》,东北财经大学出版社2002年版,第272页。

殊保护规定》。①

第三节 发展与就业的关系

一、经济发展对就业的影响

经济发展与劳动就业相辅相成。从经济发展对就业的影响看,它导致了社会经济结构性转变,诸如经济体制、所有制结构、城乡人口结构、产业结构、就业结构、社会阶层结构、收入分配结构等的深刻变化。这些变化对就业产生了直接影响,在结构和容量两个主要方面发挥较大作用。劳动就业是关系国计民生的大事,直接关系到社会治乱安危与和谐社会的构建。因此,各国政府及经济学者都十分重视研究经济发展与劳动就业的相互关系,并以此为根据制定经济社会发展宏观规划。经济发展对劳动就业的影响颇为复杂,主要涉及经济增长及增长方式、经济体制性因素、产业结构和所有制结构、二元经济结构及劳动力市场、人力资源状况(包括劳动力供给数量和质量)、科技进步以及就业观念等因素。

(一) 经济增长及增长方式对就业的影响

经济增长和劳动就业之间有着紧密联系。首先,经济增长成果奠定了充分就业的物质基础。在很大程度上,就业容量的扩大和就业问题的妥善解决有赖于经济增长的速度。经济增长速度越快,创造的物质财富越多,生产规模进一步扩大,从而能提供更多的就业岗位。相反,如果经济发展停滞不前甚至萎缩衰退,劳动力的需求就会大幅度减少,失业人数必将增加。从这个角度看,保持经济持续、稳定地增长,是扩大就业的重要途径。其次,经济增长过程对劳动就业提出了数量上和结构上的要求。经济增长的过程,就是生产规模不断扩大的过程,要求就业数量有一个与之相适应的增长速度,以满足经济增长对劳动力的需求;同时,科技水平、生产组织与管理逐步走向高级化,要求劳动者的素质有相应的提高。② 再次,经济周期性波动对就业的影响。经济增长越快,波动越小,越有利于就业的稳定增长。但是,由于投资与经济结构调整,经济总是在波动中发展。经济繁荣,就业增加;经济衰退,就业减少,失业率上升。因此,失业率成为市场经济国家宏观经济运行质量的一个重要测度。为了降低失业的消极影响,控制失业必然成为宏观经济的重要目标,特别是对于我国这样正处于经济转轨

---

① 参见冯建力、宁焰主编:《就业教育基础》,科学出版社2005年版,第2—3页。
② 参见童星、汪和建、翟学伟编著:《劳动社会学》,南京大学出版社1992年版,第99页。

的国家而言。最后,经济发展必将导致经济增长方式的转变,这对就业的影响主要表现在就业总量方面。因为不同的经济增长方式会导致不同的就业弹性系数,直接与就业总量的增减有关。

(二) 经济体制因素对就业的影响

经济发展的最直接结果是经济体制的转变。经济体制是一系列经济制度的总和,它包括商品经济体制和产品经济体制。经济体制对就业有重要影响,与商品经济体制相适应的是市场就业制度,和产品经济体制相对应的是行政计划就业制度。在商品经济体制下,就业是一种契约式的劳动关系,基本上实现了劳动关系的市场化调整,因而比产品经济体制更加有利于开拓就业空间,增加就业岗位。因为产品经济体制通过计划使所有需要就业的劳动者得到安置,避免了就业波动和社会动荡。但是,抛弃经济和就业规律,为了政治目标而人为地安置劳动力,会导致生产效率降低,最终难以建立有效增加就业的长效机制,从而不利于就业扩张。

需要强调的是,劳动就业制度是经济制度的有机组成部分。就业制度主要是国家规定的有关就业途径、就业方式的各项规章制度及政策,直接影响就业的解决程度。其中,用工制度是关键。如果用工制度得当,有劳动能力而需要就业的劳动者不但能够就业,而且在就业之后能充分发挥劳动能力,为社会经济发展多作贡献;反之,就会使部分本来能就业而要求就业的劳动者不能就业,或者即使就业也难以调动积极性,从而浪费了劳动能力。

(三) 产业结构和所有制结构直接影响就业

经济发展带来了产业结构的变化。如前所述,产业结构决定就业结构和就业容量。就业结构变动的内在动因是人们对经济、社会生活的必要条件的需求。不断涌现的新的社会需求,刺激和推动着新的产业部门的产生、发展和迅速扩大,从而使劳动力能从旧产业部门向新的产业部门转移,而为这种转移提供最基本力量和物质基础的是社会劳动生产率的提高。[①] 产业结构不断走向高级化推动着就业结构的变化,因此能否正确确定产业结构,直接影响到就业的容量和结构。所以,要尽可能地提高农业部门、物质生产领域的劳动生产率,为劳动力转向服务业就业创造物质条件;同时,通过调整生产要素的配置,扩大劳动就业空间。但是,我国农业劳动力转移的数量与质量均处于较低水平,转移任务艰巨,这是值得长期深入研究的发展难题。

---

① 参见童星、汪和建、翟学伟编著:《劳动社会学》,南京大学出版社1992年版,第105页。

所有制形式与结构,即经济形式或经济成分,体现生产资料所有者与劳动者在社会再生产过程中的经济关系,与劳动就业关系密切。其一般规律是,多元化所有制结构比一元化所有制结构更加有利于劳动就业的扩大和发展。就我国的国情而论,改革开放前,公有制经济占据主体地位,所有制结构较为单一,对就业扩张产生了一定的约束性。改革开放后,公有制经济独大的局面被冲破,多种经济成分及所有制结构并存,有利于就业扩张。因为多元化所有制结构适应了不同层次的生产力水平,使社会各行业得以快速发展;同时,这种情形也适应了劳动力素质低的特点,使不同文化层次的劳动力在不同层次上实现就业。[①]

(四) 二元经济结构及劳动力市场对就业的影响

新中国成立以后,长期实行计划经济体制,实施城乡分割的管理模式和发展战略,从而形成了二元经济结构及劳动力市场。在这种体制之下,劳动者处于低工资、高就业状态。整个社会就业容量的扩张是建立在微观经济单位对劳动力的过度需求之上的,因而政府在基本保障国民就业的同时,却牺牲了经济效益。改革开放后,经济发展要注重效益,国有企业改革首先触及了大量的企业冗员,从而使传统的就业体制难以为继,就业矛盾上升。这会在一定程度上影响经济发展,必须妥善解决。更为重要的是,经济发展终将打破二元经济结构和二元劳动力市场,从体制的高度最终化解就业矛盾,彻底消除二元结构下就业的户籍歧视、区域歧视、工资歧视、社会保障歧视,实现城乡统筹就业的发展目标,使劳动就业成为经济发展的推动力,而非阻力。

(五) 收入分配等宏观经济政策对就业的影响

国家确立的社会经济发展战略目标和战略思想,对于就业问题的解决有较大的影响。国家能否确立劳动就业在社会经济发展中的战略地位,树立充分就业的战略思想,将实现充分就业作为各级政府的重要的工作目标;政府是否制定和颁布各项有利于就业的宏观经济政策,诸如收入分配政策、投资政策、财政政策、货币金融政策、税收政策、外贸政策、技术政策、产业政策等,对就业具有直接的影响。20世纪90年代中期,我国将对通货膨胀率的控制置于经济宏观管理的首要位置,并采取了相应的措施,使通货膨胀率得以控制,并使市场经济从通货膨胀转变为通货紧缩。在通货紧缩问题被有效地解决的同时,整个国家的就业形势变得更加严峻。在"十五"规划中,国家的产业政策有所调整,明确要适度发展劳动密集型产业,旨在适应绝大多数劳动者素质较低以及劳动力供过于

---

① 参见何承金主编:《劳动经济学》,东北财经大学出版社2002年版,第283页。

求的国情。要"正确处理发展高新技术产业和传统产业、资金技术密集型产业和劳动密集型产业、虚拟经济和实体经济的关系";"广开就业门路,积极发展劳动密集型产业。对提供新就业岗位和吸纳下岗失业人员再就业的企业给予政策支持"①。

(六) 人力资源状况对就业的影响

人力资源状况包括劳动力供给数量和质量直接影响就业。因为人是社会经济活动的主体,在一定的经济条件下,人口是劳动力供给量的决定因素,而这又与人口及计划生育政策、教育和培训政策息息相关。人力资源总体状况对就业的影响体现在两个方面:一是劳动力资源规模的变化影响着就业者的供给量。劳动力资源是全部人口中有劳动能力的那部分,也就是具备就业主观条件而要求就业的那部分,即劳动力人口。劳动力数量的变化是就业者供给量的决定性因素,它牵动着就业率和就业收入水平。在资源及科技进步恒定之下,如果人口及劳动力数量过度增加,就会导致失业及就业者收入增长缓慢;如果人口及劳动力数量适度增加,既能实现充分就业,又能使就业者的收入随着生产力的提高有较快的增长。二是劳动力资源质量影响着就业结构的合理性。就业结构合理性的重要标志是其能否与国民经济产业结构、行业结构和职业结构的变化相适应,而劳动力资源质量直接影响就业结构能否实现合理性。其规律是,劳动力资源质量越高,就业结构越合理;反之,会导致就业结构不合理。由于劳动力素质低下,很多劳动者无法从事相应的职业,技术工种、苦脏累职业招工难,就业的结构矛盾较为明显。

(七) 科技进步以及就业观念对劳动就业的影响

科技进步从总量和结构两个层面影响就业。科技进步对就业总量有增减效应。从长远看,科技进步与就业总量增加是一致的。科技进步促进劳动生产率的提高,意味着物质资料生产者提供的剩余劳动增加,社会生产和发展资金相应增加,从而提供更多的就业机会。科技进步引起社会分工的发展,新兴行业和职业增多,就业机会增加。另一方面,技术进步会提高资本有机构成,一定量的生产资料吸收的劳动力数量相对减少,造成就业弹性系数下降。资本有机构成提高过慢,会导致劳动生产率停滞;资本有机构成提高过快,会导致机器、资本排斥劳动力。为了防止技术进步对就业产生消极影响,需要在制定产业政策(如工

---

① 江泽民:《全面建设小康社会,开创中国特色社会主义事业新局面》,人民出版社 2002 年版,第 22、30 页。

业及其以后产业结构转换的一般规律、国民经济支柱产业培育政策、衰退产业调整政策、资源在产业之间的优化分配及政策干预方式等)时充分考虑就业因素,选择适宜的生产技术,实现对资本有机构成的调节,以实现科技进步与就业的协调发展。科技进步对就业结构的影响,表现为就业的主导方向从农业、工业逐步转向服务业,夕阳产业劳动力就业减少,朝阳产业劳动力就业增加;体力劳动者逐渐减少,脑力劳动者不断增加。[1] 此外,劳动者在特定的社会经济背景下所形成的就业观念会对整个社会就业的实现带来促进或者阻碍作用。传统就业制度养成了人们就业高依赖性、低风险性、弱竞争性,不利于就业渠道的拓宽和就业扩张的实现。因此,在就业制度全面改革的形势下,必须转变劳动者的就业观念,使他们的就业选择基本上与经济发展相吻合。

二、就业对经济发展的作用

亚当·斯密认为,任何一个国家国民财富的增加,都是由劳动生产率和参加生产的劳动者人数这两个条件决定的。可见,劳动就业对经济发展有重大影响。这种影响主要表现在如下几个方面:

(一) 劳动就业推动着人类物质文明和精神文明的发展

就业在满足人类自身需求的同时,也推动着社会生产力的发展和劳动者素质的提高,使得人类在更高水平上进行各种社会活动。所以,劳动不仅是人类生活的基本条件,也是社会发展的必然条件。劳动创造了物质文化财富,使人类文明不断提升。原始社会里,在劳动生产力水平极低的情况下,劳动在创造物质财富的同时,也创造着精神文化财富。劳动产生了语言和艺术,并逐渐产生了文字和原始的伦理道德。随着物质财富的丰富,人类对文化需求的程度不断提高。奴隶社会里,奴隶在为奴隶主生产物质财富的同时,也创造了艺术、教育、科学、文化,出现了记载文字、印刷文字的工具。人类文化形成了系统的伦理道德、宗教信仰、科学系列、各种学派等。人类在自己的劳动中,不仅追求物质生活需求的提高,也追求文化生活需求的提高。通过自己的劳动,人类不断创造着更加丰富的物质文化生活。这种创造物质财富和精神财富的生产劳动,是人类社会、经济发展的动力和源泉。[2]

---

[1] 参见于法鸣主编:《培训与就业》,中国劳动社会保障出版社2005年版,第190页。
[2] 参见李薇辉、薛和生主编:《劳动经济问题研究——理论与实践》,上海人民出版社2005年版,第2页。

(二) 劳动就业对经济增长具有双重性

这种双重性的具体影响由人力资本投资、充分就业率水平和收入分配政策等决定。与物质资本一样,劳动力也是经济增长不可缺少的要素。作为生产力中最活跃的因素,劳动力对现代经济增长贡献的大小,关键在于劳动者的质量而不是数量。劳动力素质的提高可以直接促进经济发展。马克思指出:"劳动生产力是由多种情况决定的,其中包括:工人的平均熟练程度,科学的发展水平和它在工艺上应用的程度,生产过程的社会结合,生产资料的规模和效能,以及自然条件。"①可见,劳动者素质与经济发展关系密切。关于劳动者素质高低的衡量指标有:一是劳动力教育水平。劳动者的教育程度必须达到一定水平,否则就无法从事某项工作。用教育程度较低或没有受过教育的劳动者替代受过一定教育的劳动者是困难的。增加教育投资可以更好地满足不同就业岗位对劳动力的需求,促进经济结构变动,从而有利于经济增长。二是劳动力职业结构中,专门人才、管理人才所占比例。三是劳动力从业身份结构中,自营作业者、无报酬家属工作者所占比例。如果从劳动者所具有的知识、技能以及在生产中可能发挥的作用看,用上述指标衡量一个国家或地区劳动力素质的高低是不无道理的。

文化技能素质低的劳动力可能会对经济增长产生消极影响,主要表现在两个方面:其一,不符合经济、社会发展需求的劳动力大量过剩。这不仅对就业构成较大压力,而且阻碍新思想、新技术的传播和创新活动,对社会安定构成潜在的危机,从而损害经济赖以持续增长的前提和基础。其二,工资对经济增长的影响。工资在分配中所占份额过大,可能会对资本积累和物价稳定产生消极影响。同时,占绝对多数的中低收入阶层的工资在分配中所占份额过低,可能会降低社会总需求水平,导致有效需求不足和经济萧条。②

(三) 通过就业数量增减与结构变化影响经济发展

就业对经济发展的影响,主要是通过就业数量增减与结构演变实现的。在特定的前提下,就业增加可以带来生产产出的提高,但对于劳动生产率的影响却是不确定的,而且其边际效益可能递减。对于第一、二产业来说,增加就业对于促进两大产业的发展有益,当然,第二产业由于自身技术、资本密集的特点,吸纳劳动力就业的能力有限。而第一产业就业人数过多,则影响农业劳动生产率和农村居民收入水平的提高。这就需要调整就业结构,需要一个相对完善的劳动

---

① 《马克思恩格斯全集》(第23卷),人民出版社1972年版,第53页。
② 参见马良华、郑志耿:《经济增长、充分就业和农业发展——兼对中国长期经济增长问题的研究》,浙江人民出版社2004年版,第43页。

力市场,同时,劳动力素质也能基本满足这种转移需求。就业结构的变动一般伴随着劳动生产率的提高和经济增长,也相应导致劳动力收入水平的提高。因为劳动力从第一产业向第二、三产业转移,意味着劳动力从生产率较低的部门向生产率较高的部门转移。劳动生产率的提高意味着经济增长,个人收入水平的提高意味着微观消费水平的提高和消费结构的改变,从而相应导致宏观消费水平和消费结构的改变,进而影响产业结构和经济增长。[1]

(四) 劳动就业能调节收入分配并推动经济发展

就业状况的改善,能有效提高收入水平、推动经济发展、保障劳动者的就业权利。具体表现为:其一,就业增加是减少贫困、改善收入分配状况最有效的途径。从功能分配角度看,家庭或个人收入水平取决于其所拥有的生产要素,而在各种生产要素中,劳动是分布最广的要素。绝大多数人没有资本、土地、经营管理才能,只有依靠劳动换取收入。丧失就业机会对劳动者来说意味着失去了最主要的收入来源,将直接导致个人和家庭的贫困。一个国家失业率上升,将导致贫困增加和收入分配状况恶化。其二,对劳动力资源的充分利用,是发展中国家促进经济增长的重要手段。在发展中国家缺乏物质资本的条件下,劳动力资源的闲置是巨大的浪费。二战后,部分新兴工业化国家和地区的经验表明,物质资本和自然资源匮乏的发展中国家和地区也能够利用丰富的劳动力资源走上富裕之路。其三,改善就业是实现人的全面发展的必由之路。经济发展的最终目的是人的全面发展,人的全面发展包括满足基本生存需求、得到社会认可、自我实现等内容。对于每个人来说,拥有一个稳定、有保障、受人尊敬的工作是实现自身全面发展的前提。[2]

三、处理经济发展与就业的关系

我国是发展中大国,充沛廉价的劳动力资源极大地推动了农业的发展,并成为重工业优先发展的重要物质基础。农业经济的发展、"统购统销"政策的执行、政府通过政策杠杆将大量农业剩余资本转移至工业部门,为工业部门提供了充裕廉价的粮食和工业原料,加快了工业的资本积累,成为重工业发展的资本基础。在此基础上,我国确保了城市经济的基本稳定,并建立了独立的工业体系。在"以农养工"的发展战略下,就业人口的主体在农业,牺牲了经济效益,降低了国民收入水平,从而影响国民消费并削弱经济发展,对长期实行内向型发展模式

---

[1] 参见刘社建:《中国就业变动与消费需求研究》,中国社会科学出版社2005年版,第134—135页。
[2] 参见齐良书编著:《发展经济学》,中国发展出版社2002年版,第100—101页。

的我国更加如此。重工业的起步与工业化的实现,是以农民的利益受损为前提的,是建立在充沛廉价农业劳动基础之上的。在整个工业化进程中,农民对国家的经济发展贡献巨大。随着工业化的基本实现,农民的收入呈下降之势,这可能是农业劳动力大规模流向非农就业的真正原因。改革开放以来,教育事业的快速发展、劳动力素质的提高,对经济发展和工业化的实现发挥了积极作用。与此同时,廉价劳动力成为吸引外资的关键因素之一。外商大多把资金集中在纺织、电子等劳动密集型加工业。外资企业创造了更多的就业机会,提高了劳动者素质,加速了经济发展。

综上,政府应当实行积极的就业政策。由于经济发展与劳动就业的互动性较大,这就要求在确保经济发展的同时,要妥善解决就业问题,特别是对我国这样的人口大国更是如此,因此政府应当实施就业优先发展战略。近年来,国际劳工组织、世界银行等提出了有关发展中国家就业政策的积极建议,对于促进就业具有重要作用。这些建议主要包括:一要纠正生产要素价格扭曲。部分发展中国家存在人为压低资本价格的现象,刺激了企业少用劳动、多用资本。为了扩大劳动就业,应当避免实施利率限制、外汇管制等价格扭曲政策。二要建立健全劳动力市场,提高劳动力资源的配置效率。为了实现这一目标,政府需要建立和完善劳动力保障体系,以保障劳动力的流动性,维护社会稳定。三要优先发展劳动密集型产业,积极发展第三产业,以创造更多的就业机会,提高就业率。四要增加人力资本投资,提高劳动力资源的质量。这在短期内能使劳动力供给从结构上适应劳动力需求,在长期内有利于推动技术进步和经济发展。五要大力支持中小企业的发展,发挥其扩大就业的优势;政府应在融资、技术开发、咨询服务等方面为其提供方便,以扩大就业。

更为重要的是,从我国国情出发,如果解决就业问题的手段只限于城市工业化和扩张性财政政策,可能会有暂时的效果,但难以从根本上治理由产业结构、城乡结构和分配结构等原因引起的供需失调矛盾造成的严重就业问题。就业矛盾的重要成因在于,工农业发展失调,城乡发展程度差距过大,农民在工业化进程中的生存状况改善幅度不大,庞大的农村人口购买力过低。在此情况下,脱离农业工业化发展,单纯的城市工业化和扩张性财政政策必然会受到阻碍,也难以真正解决劳动力就业问题。[①]

---

① 参见马良华、郑志耿:《经济增长、充分就业和农业发展——兼对中国长期经济增长问题的研究》,浙江人民出版社2004年版,第139页。

第四节 理论方法与研究框架

一、研究的理论方法

本书以辩证唯物主义和历史唯物主义为基本理论导向,将马克思主义经济学原理和西方经济学原理结合起来,综合运用经济学的基本理论进行研究。这些理论涉及的经济学科主要包括劳动经济学、发展经济学、制度经济学、人口经济学、宏观经济学、环境资源经济学等。例如,在研究劳动力供给时,有关人口总量、劳动力参与率、劳动力结构等问题,需要运用人口经济学和劳动经济学的理论;在研究劳动力供给质量时,需要借助于人力资本理论;在研究劳动力资源的配置方式时,主要涉及计划配置、市场配置和混合配置,需要运用劳动经济学和制度经济学理论;在研究劳动力需求时,涉及单个厂商劳动力需求和社会劳动力总需求两个层面,需要运用微观经济学和发展经济学的理论等。

由于经济发展与劳动就业的关系颇为复杂,从广义上讲,已经超出了纯经济学的研究范畴,因此笔者还运用了人口社会学、劳动社会学、发展社会学、政治学、法学、社会政策学以及历史学的相关理论,着重对我国改革开放以来的经济发展与劳动就业问题展开探讨。需要指出的是,基本理论原理在运用过程中存在学科交叉现象。这既表明就业问题是经济学和社会学的重要研究范畴,又体现了笔者运用多学科交叉的理论进行学术研究的思想。

就具体研究方法而论,笔者运用宏观分析法、定性分析法和历史回顾法相结合的方法进行研究。首先,发展与就业属于较为宏观的问题。发展包括国民财富总规模增长,社会、政治、经济结构性转变,以及民众生活质量改善。就业实质上是劳动力资源在宏观层面和微观层面的配置问题,笔者研究的重点包括经济增长与就业、经济转型与就业、二元经济结构与就业、劳动力市场与就业、人力政策与就业以及区域经济发展与就业等问题,主要采取宏观分析方法展开研究;而对于微观经济实体的发展状况及其就业问题基本上不予涉及。其次,笔者的知识储备与结构存在着明显的局限性,即不能用数理统计和定量分析的方法进行精确的分析,而只有采用定性分析法,即注重对经济行为和经济运行结果作价值判断。事实上,定性分析法离不开实证方法的运用,需要用客观事实和数据论证我国经济发展、制度变迁、结构转换等因素及其对就业的影响。最后,在撰写书稿的过程中,笔者搜集了大量的国内统计数据,尤其是改革开放以来的历史数据,用纵向比较的研究方法,找出经济发展与就业之间的变动规律。

二、研究的基本框架

在对经济发展范畴界定和认识的基础上,本书从经济增长、制度与结构变迁以及发展质量三个主要角度切入,对经济发展问题及其与劳动就业的关系展开研究,从而使全书具有紧密的内在联系。经济增长是经济发展的最基本要求和条件,其结果可能导致经济制度和经济结构的变化(或者说经济转型),特别是我国从传统的计划经济转向社会主义市场经济,从二元经济结构和多元劳动力市场向一元结构和劳动力市场逐步演变,这种转变的本身业已对劳动就业产生重大影响,再加上在此进程中的收入分配和人力政策问题等,都已并将继续影响国民就业。这些问题相互交织、联系紧密,成为政府和学术界关注的焦点,理所当然也是本书研究的对象。

全书共七章:

导论部分着重对经济发展的范畴、劳动就业的范畴,以及发展与就业的相互关系进行界定和分析,旨在对基本概念及其相关性予以准确阐释。在此基础之上,笔者进一步对发展与就业的关系进行深入分析,使读者从另一视角理解各章节之间的内在联系。同时,对研究的理论方法和基本框架予以说明,阐明本研究的切入视角以及各章节之间的内在联系。更为重要的是,导论发挥了统领全篇的作用。

第二章对经济增长与就业的关系展开探讨,主要涉及经济增长的基本概念、经济增长的阶段、经济增长方式、我国粗放型经济增长的动态和特征考察,以及转变经济增长方式的必要性。上述结构安排旨在使读者对我国经济增长获得整体的认知,并且为论述经济增长与就业的关系奠定基础,也为下一章节的展开作铺垫。

在前章论述的基础上,第三章对经济转型与就业的关系进行研究,内容包括经济转型的基本理论,如经济转型的概念与特征、动因与选择、绩效的衡量;我国经济体制改革与全面转型;经济转型与就业的关系,涉及就业制度、就业结构、就业容量、就业观念多个层面。众所周知,经济转型是一个渐进的过程,需要一系列配套政策的支撑。到目前为止,我国经济转型尚未完成,从而导致现实经济中的二元结构和多元劳动力市场,并对就业产生深刻的影响。

第四章对二元经济结构与就业的关系展开探讨,内容涉及二元经济结构理论,如刘易斯模型、拉费模型、托达罗模型等;我国二元经济结构形成的原因、现状和特征;二元经济结构下的就业困境,如城市就业矛盾尖锐、农村隐性失业严重、城乡流动就业阻滞;二元经济结构下的种种就业歧视,包括就业的户籍与区域歧视、就业的工资歧视以及就业的社会保障歧视。通过对二元经济结构的研究,揭示我国经济发展最突出的问题,也是解决就业问题的一大障碍。因此,经济发展的重要目标就是消除二元经济结构,并最终妥善解决国民就业问题。

第五章对劳动力市场与就业的关系进行研究,着重探讨劳动力市场及其分割;我国多元劳动力市场分割,如劳动力市场主次分割、区域分割、产业分割,以及分割劳动力市场对就业产生的影响。在此基础之上,强调就业的发展目标,即城乡统筹就业,研究制约这一发展目标的相关因素,并提出解决城乡统筹就业的政策措施。

人力资源状况,包括劳动力供给数量和质量直接影响就业,而这又与人口及计划生育政策、教育和培训政策息息相关。发展中国家人口基数大、人口增长过快、高素质劳动力短缺、失业问题严重,极大地制约着经济发展。因此,控制人口、增加就业、提高人力资源质量,是发展中国家面临的艰巨任务。第六章对人力资源政策与就业的关系展开探讨,涉及我国人口控制政策、人力开发政策,以及人力政策与就业的关系。

为了开阔视野,笔者从另外一个视角切入,选择我国台湾地区、香港特别行政区、澳门特别行政区和上海作为研究对象,并将它们共同纳入第七章"区域经济发展与就业"中。第七章主要阐述台湾地区经济发展与就业,如人口及人力政策、经济增长与结构变迁、劳动力市场与就业;香港地区经济发展与就业,涵盖人口及产业结构变动、就业结构与就业矛盾,以及就业政策;澳门地区经济发展与就业,涉及人口与经济增长、就业结构与就业矛盾、就业培训与反就业歧视;上海经济发展与就业,包括人口与经济增长、经济社会结构的变迁、就业矛盾与就业促进措施。

第二章
经济增长与就业

经济增长与就业关系密切。一般来说,改善就业状况,需要加快经济增长,但是,经济增长不一定带来相应的就业增长。发展中国家一方面面临着工业化和城市化,要在经济和社会结构变迁中解决就业问题,另一方面更要关注经济增长的方式和经济发展的质量。尽管发展中国家在经济增长的绝对数量上有所提高,但这种增长并未被转化到人民生活中,社会经济发展质量没有得到明显改善。因为这种不考虑社会成本和长期自然成本的经济增长,会导致自然资源枯竭、生态系统恶化、不平等加剧、就业问题恶化等问题。这种不可持续性增长业已成为制约发展中国家现代化的主要障碍之一。就我国的国情而论,资源禀赋条件、粗放型经济增长方式特征,要求我国必须转变经济增长方式,并注重发展的质量和模式选择:选择最有利于解决国民就业的增长方式和发展模式,妥善处理经济增长与充分就业的关系。因为充分就业是经济发展的重要构成部分,涉及公平与效率、资源分配和利益分配关系,涉及经济结构内部的协调关系和市场的供求关系,关系到社会稳定的大局,因而对就业问题的处理会直接影响经济增长的持续程度和经济发展的质量。

第一节 经济增长界定

一、经济增长概念

所谓经济增长,是指一个国家或地区生产的物质产品和服务的增加,即指国民财富产出的增长,通常用国民生产总值或国民收入的总量和人均量的变动衡量。经济增长是经济结构变化和生活水平普遍提高的前提和基础。而产出的增长又总是生产要素作用的结果,因而经济增长赖以实现的不同方式,就表现为要素的不同作用方式。生产要素的利用方式既可以是增加要素的投入量,又可以是要素使用效率的提高。所以,经济学家将经济增长分为外延增长和内涵增长两种。外延增长,是指生产技术不变,单纯生产要素的增加而引起的生产总量的增加。它占据了人类经济活动的绝大多数时间。例如,我国18至19世纪对"关东"土地的开发,极大地提高了国家的经济总量,但经济变动还是停留在传统农耕水平上。土地要素在数量上的增加并没有将经济提升到现代技术的层次。内涵增长,是指市场分工制度安排以及生产技术改进情况下发生的增长。① 因此,资本形成、劳动投入、科技进步、教育水平提高以及制度变革是经济增长的重要相关因素。随着经济发展阶段的不断变化,各种生产要素对经济增长的贡献也有所不同。对经济增长方式的研究有助于深入理解经济系统的内在动力,进而为制定长期发展战略提供客观依据。②

(一) 经济增长模型

20世纪40年代末,哈罗德和多马根据凯恩斯理论提出了经济增长模型,并对发展中国家产生了较大的影响。要达到经济增长的目的,必须增加生产中所使用的资本,如建筑物、机器设备、材料等,而且增加量必须超过前一时期生产中的损耗,即要有新增投资。资本和产出之间的关系,可以概括为资本—产出比率。这既是一个边际概念,表示每增加一货币单位的产出需要增加多少资本,又是一个平均概念,表示一货币单位的产出平均消耗多少资本。资本—产出比率由技术水平决定。投资来源是国民收入中用于消费以外的部分,即储蓄。储蓄和投资在数量上是相等的。储蓄量取决于国民收入水平和收入中储蓄的比例,即储蓄率。一个时期的储蓄转化为资本,即新资本形成是下一时期产出增长的源泉,而产出增长又成为进一步扩大资本形成的基础。这一过程循环往复,就成为持续的经济增长。总之,产出取决于资本,而资本来源于储蓄。可见,经济增长率的决定因素是资本—产出比率和储蓄率。③

哈罗德—多马模型强调了储蓄和资本形成对经济增长的决定作用。其政策含义是,在一定的技术水平下,既然经济增长的唯一源泉是资本形成的增加,那么为了促进经济增长,政府应当尽可能采取措施提高储蓄率。然而,该模型的缺点是明显的:第一,由于劳动力的增长率与资本增长率并不一致,因此劳动力和资本这两种生产要素必然有一种是过剩的,在现实中可以用价格机制调节,从而

---

① 参见叶静怡编著:《发展经济学》,北京大学出版社2003年版,第28页。
② 参见王小鲁、樊纲主编:《中国经济增长的可持续性》,经济科学出版社2000年版,第71页。
③ 参见齐良书编著:《发展经济学》,中国发展出版社2002年版,第27页。

影响资本—产出比率。但是,该模型没有体现出价格的作用。第二,没有考虑技术进步在经济增长中的作用,降低了该模型的解释力和应用价值。第三,强调储蓄和资本形成的作用,而忽视了其他因素。[1] 在开放经济条件下,国内储蓄的增加不一定扩大资本形成,而有可能流向国外。资本形成的扩大也不一定提高生产能力和增加产出。相反,如果发展中国家出现了社会经济制度、生产方法等方面的改进,有可能在投资增加不多的情况下实现产出的较大增长。

20世纪50年代,索洛等人发展了哈罗德—多马模型,建立了索洛模型。他们认为,在生产过程中,各种生产要素是能相互替代的,即同样的产出可以由不同的生产要素组合得到。随着经济的增长,各种生产要素的供给发生变化,其相对价格也会发生变化,生产者将据此对各种生产要素的投入比例进行调整,以便降低成本。如果劳动的供给超过资本的供给,劳动相对于资本的价格就会下降,即工资率相对于利息率下降,生产者就会在生产过程中使用更多的劳动替代资本;反之亦然。所以,资本—产出比率是可变的,即使劳动和资本不能保持平衡增长,整个经济也能持续稳定增长。

索洛模型对发展中国家有一定的参考价值。根据索洛模型,储蓄率的变化不具有增长效应。因此,发展中国家在增加储蓄和引进外资时不应当只重视资本数量的积累,而应该更关注资本的质量,将资本积累与技术创新、技术改造、技术引进相结合。一些具有高储蓄倾向的发展中国家一直没有摆脱不发达状态,从反面验证了这一观点的正确性。但是,索洛模型也存在一些不足,如缺乏政策指导意义。生产要素之间可以因价格变动而相互替代,其前提是市场信息灵敏,市场竞争充分。而索洛模型忽视了国家干预经济的影响力。

(二) 经济增长阶段

亚当·斯密首先将人类经济增长阶段划分为狩猎社会、畜牧社会和农业社会阶段,李斯特又增加了农工业社会和农工商社会两个阶段。然而,系统分析经济增长阶段者却是美国经济学家罗斯托。1960年,他出版了《经济增长的阶段》一书,将人类经济增长阶段划分为五个阶段:第一阶段是传统社会阶段。在该阶段生产主要依靠劳动力,大部分资源用于农业生产,消费水平较低,经济增长速度缓慢。第二阶段是为经济"起飞"创造条件阶段。罗斯托认为,"起飞的本质在于部门扩张及其扩散效应"[2]。在此阶段,社会对科技、风险、就业条件和工作方法的态度都要有较大的转变。为了给现代工业结构准备一个有效的基础,农

---

[1] 参见叶静怡编著:《发展经济学》,北京大学出版社2003年版,第136页。
[2] 〔美〕罗斯托:《经济增长的阶段》,郭熙琛等译,中国社会科学出版社2001年版,第192页。

业部门和社会基础资本部门(尤其是运输方面的基础资本)必须发生革命性的变化,为此,政府必须实行适当的政策。第三阶段是经济起飞阶段。此阶段,要在较短的时间内,实现基本经济结构和生产方法的剧烈变革,开始工业化,由过去基本上没有经济增长的状况进入到持续稳定的经济增长过程中。第四阶段是经济成熟阶段。经济成熟阶段的工业趋向多样化,新的主导部门逐渐形成,代替经济起飞阶段的旧的主导部门。① 经济成熟阶段,是一个社会已经将现代技术有效地应用到它的大部分资源的时期。国民经济各部门基本上已经实现了现代化,生产不断提高,收入持续增加。第五阶段是高额群众消费阶段。在此阶段,社会的主要注意力从供应转向需求,从生产问题转向消费问题和最广义的福利问题;主导部门转向耐用消费品和服务业方面,社会不再认为进一步推广现代技术是一个比一切都重要的目标。后来,罗斯托在《政治与增长阶段》一书中又提出了第六阶段,即追求生活质量阶段,也即收入的边际效用递减时代。②

在罗斯托看来,经济增长阶段中最关键的是为起飞创造条件阶段、起飞阶段和实现起飞后从自我持续增长向成熟推进的阶段。经济起飞必须具备三个条件:首先,生产性投资率大幅度提高。经济起飞要有充裕的资本积累作为物质基础,大多数发展中国家经济发展过程中的主要障碍是资本形成不充分。罗斯托接受了哈罗德—多马经济增长模型的基本思想,认为提高投资率是促进资本形成的必要条件。其次,有一种或多种重要制造业部门高速增长,成为经济发展的主导部门。主导部门在国民经济中占举足轻重的地位,不仅其本身有较高的增长率,还能带动其他部门的增长。主导部门不是永恒的,而是随着经济发展的不同阶段不断演变的。经济起飞准备阶段的主导部门是饮食、烟草、水泥等工业部门;起飞阶段的主导部门是纺织工业、铁路等;成熟阶段的主导部门是重工业和制造业;高额群众消费阶段的主导部门是汽车工业和服务业。必须注意的是,各国在经济发展中对主导部门的选择要从本国国情出发,不能强求一律。最后,要有一个政治、社会制度结构,为经济起飞提供保证。例如,建立私有财产保障制度、建立专利制度,要有政府机构进行一系列大规模社会投资,如运输基础设施的建设等。这些投资的回收期长、总量大,不能直接得到利润,因而私人资本不能或不愿经营。具备上述三个条件,经济起飞就有可能实现。

罗斯托的理论曾受到批评,但是,20世纪中后期,亚洲新兴工业化国家经济

---

① 参见[美]罗斯托:《从起飞进入维持增长的经济学》,贺力平、刘大洪等译,四川人民出版社1988年版,第5页。
② 参见齐良书编著:《发展经济学》,中国发展出版社2002年版,第34—35页。

起飞基本上符合其理论。20世纪50至70年代,日本经济起飞;之后,亚洲"四小龙"经济起飞;80年代后期至1997年,亚洲"新四小"(即泰国、菲律宾、印度尼西亚、马来西亚)尝试经济起飞。改革开放以来,我国人均国民收入至少翻了三番,实际上也经历了经济起飞的过程。

二、经济增长方式

(一) 经济增长方式的概念与类型

经济增长方式,是指用何种要素利用方式实现经济增长,或指国家总体实现经济的长期增长所依靠的因素构成,其中增长因素包括土地、劳动、资本、技术进步、经营管理、资源配置、规模经济等。经济学上的要素是指形成产出的投入因素,诸如土地、劳动、资本、技术的投入称为要素投入。由于经济增长总是多种要素共同作用的结果,因此经济增长方式不是仅仅针对某一种要素而言的,而是包括了全部生产要素。而推动经济增长方式的要素组合方式,则是指以何种要素为主要的经济增长推动力。简言之,经济增长方式是指经济增长来源的结构类型。[①]

事实上,经济增长方式有多种组合类型,其侧重点各有不同。从要素投入看,可以分为资本密集型、劳动密集型和技术密集型的经济增长方式;从增长主体功能看,可以分为政府导向型和市场导向型的经济增长方式;从市场供求内外部因素看,有内需驱动型和外需拉动型的经济增长方式;从需求要素看,可以分为投资拉动型、消费推动型、出口带动型的经济增长方式;从数量与质量关系看,可以分为粗放型和集约型的经济增长方式。不同类型的经济增长方式需要不同的条件,彼此之间并非完全对立,可能是一种相对的、交叉的和互补的关系。

从经济增长效率考察,经济增长方式可以分为粗放型和集约型两种。粗放经营是指一定量的生产资料和劳动分散投在较多的土地上,进行粗耕简作的经营方式;集约经营则指在一定土地面积上集中投入较多的生产资料和劳动,进行精耕细作的经营方式。前者通过扩大耕地面积,广种薄收,增加总产量;后者借助增大投入,精耕细作,提高单产量。经济增长来源于要素投入的增长和要素使用效率的提高。若经济增长主要靠要素投入的增长推动,如资本、劳动等,则可称为粗放型经济增长方式。若经济增长主要依靠要素使用效率的提高,通过全要素生产率(或资源配置效率)增长实现,如建立在技术和管理水平提高基础之上,则可称为集约型增长方式。经济增长理论一般用全要素生产率的提高概括

---

① 参见郭金龙:《经济增长方式转变的国际比较》,中国发展出版社2000年版,第4页。

集约型增长方式,包括:劳动投入量与质的增加;资本和土地投入量与质的提高;资源配置的改善;规模经济;知识进展及其在生产上的应用。可见,劳动、资本和土地等投入要素质量的提高,以及其他一些因素属于全要素生产率的范畴。资源配置的改善和规模经济属于过渡性因素,唯有知识进展、技术进步能持续地对经济增长有所贡献。这意味着,随着经济的增长,技术进步将成为集约型增长方式的主要因素。

从扩大再生产的角度考察,经济增长方式可以分为外延型和内涵型两类。这种划分是根据马克思在《资本论》中的论述提出的。马克思指出:"如果生产场所扩大了,就是在外延上扩大;如果生产资料效率提高了,就是内含上扩大。"①因此,外延型经济增长方式,是指扩大再生产主要依靠生产要素投入的增加;内涵型经济增长方式,是指扩大再生产主要依靠技术进步和生产效率的提高。

需要辨别两组概念:第一,经济增长和经济增长方式的联系与区别。首先,经济增长是经济增长方式的前提和基础,因为如果没有经济增长,经济增长方式就无从谈起;其次,经济增长方式从更深层次揭示了经济增长的内涵,是经济增长概念的延伸和深化;最后,经济增长主要反映社会物质财富的变化,而经济增长方式则侧重于对引起这种变化的因素的分析。②

第二,经济增长方式和经济发展方式的联系与区别。首先,经济增长方式侧重于经济数量的增加,注重经济增长速度与总量的扩张;经济发展方式侧重于经济质量和结构的改善。其次,经济发展方式包含经济增长方式,其核心是以人为本,实现全面协调可持续发展。经济发展方式分为制度创新型(科斯、诺斯等)、知识创新型(熊彼特、舒尔茨等)、扩大需求型(凯恩斯等)、福利国家型、经济结构调整型、资源节约型、环境保护型等。

(二) 经济增长方式的衡量

国际上用科技进步对经济增长的贡献率或全要素生产率作为衡量增长方式的依据,流行的定量指标之一是科技进步贡献率,指标值达50%以上为集约型,达70%以上为高度集约型;低于30%为粗放型,介于30%和50%之间为准集约型。然而,在现实经济生活中,单纯的粗放或集约增长都是不存在的,它们都有各自存在的理由,在不同的经济发展阶段和经济体制下,两者具有不同的地位,发挥着不同的作用,因而需要根据不同的经济增长阶段和不同的体制环境正确

---

① 《马克思恩格斯全集》(第24卷),人民出版社1972年版,第192页。
② 参见厉无畏、王振主编:《转变经济增长方式研究》,学林出版社2006年版,第24页。

把握两者的关系。① 研究表明,在经济增长的初期,发达国家全要素生产率对经济增长的贡献低于以后的时期,集约增长的比重是随着经济增长的水平不断提高的,集约增长是建立在一定的经济基础之上的。经济增长方式类型的划分具有相对性,因为经济增长的集约化程度是相对的;其测度是相对的,即难以用统一的数量标准衡量。更由于经济增长阶段和资源条件难以改变,人们只能通过改进政策和体制创造经济增长业绩,使全要素生产率的增长对经济增长作出更大贡献,这也可以视为增长方式的转变。

三、经济增长方式的制约因素

经济增长方式有两种:一种是以大规模的物质财富增长为主,另一种是以大规模的信息和服务增长为主。前者包括水泥、钢铁、木材、化肥,以及工厂、铁路、城市建筑、机械等财富的增长,财富增长依赖于这些内容的增长;后者包括通讯、新闻、电视、技术、商业、金融、旅游等信息和服务的增长,财富增长依赖于这些内容的增长。在经济发展的初始阶段,首先要建立自己的工业体系、交通体系、城市体系,人民生活从温饱向小康过渡,经济增长是由大规模的物质经济推动的。经济发展到一定阶段时,国民财富的内容开始向信息时代转变,增长的内容从物质经济向信息和服务经济转变。

从效果考察,经济增长方式可表现为高投入、高消耗、高速度、低质量、低效率。转变经济增长方式,是将国民经济增长转变为低投入、低消耗、高速度、高质量、高效率,即在谋求高产出的同时,尽可能地减少投入和消耗;在较低通货膨胀率和较高就业率下,保持较高的经济增长率,并提高人民生活水平。②

制约经济增长方式的因素主要包括:第一,经济发展阶段。在不同经济发展阶段,增长方式的存在是以当时的生产力水平为基础的。因此,不能脱离经济发展阶段谈论经济增长方式。在资本主义发展初期,物质生产部门是农业和手工业部门,经济增长方式是粗放型,即通过生产要素数量扩张实现增长。在此阶段,劳动力充裕廉价,资源短缺尚未出现,因此靠劳动、资本和初级资源利用推动经济增长,成为经济发展因素中的比较优势。所以,斯密和李嘉图等经济学家认为,劳动是财富之源泉,资本积累是经济增长的关键。

第二,生产要素状况。选择何种经济增长方式与要素禀赋关系密切:一是生

---

① 参见刘溶沧、赵志耘、夏杰长:《促进经济增长方式转变的财政政策选择》,中国财政经济出版社 2000 年版,第 15 页。

② 参见周天勇主编:《新发展经济学》,经济科学出版社 2001 年版,第 52—53 页。

产要素的数量,即一个国家在土地、劳动、资本、矿藏等方面能保障供给,则容易形成粗放增长,特别是对于发展中国家而言。二是生产要素的质量,即要素质量越低,越倾向于粗放增长。只有劳动力素质较高,技术进步具有高水平,资本密集达到一定的程度和层次,对土地、矿产等资源的利用才能从粗放走向集约,从低效步入高效。发达国家经济增长的因素主要靠技术创新以及人力资本投入,走出了全要素生产率提高的模式。三是要素的组合和利用方式,这是在既定资源供给、要素质量条件下,决定要素配置、使用效果的关键所在。

第三,制度性因素。经济制度与增长方式紧密联系:一是计划经济制度是以行政命令进行资源配置,而市场经济制度强调市场在资源配置中的基础性功能。资源配置方式的转变会对增长方式产生影响。以市场配置资源,市场效率要求必将促使传统经济增长方式转变,反过来为资源配置方式的完善创造条件。二是政府角色从经济统治者转变为调节者,通过提供公共产品和公共服务,为全要素产出率的改善创造良好环境。三是所有制结构的变化消除了要素组合的所有制限制,扩大了要素配置空间,从而为经济增长方式转变提供所有制基础。四是建立现代企业制度,将有利于生产要素的优化组合与有效利用,从而为企业经济增长方式转变奠定微观基础。

第四,经济开放程度。经济开放,是指一国(地区)的生产要素在国际间流动的自由度,以及允许他国经济渗透本国经济的方式和程度。就外贸自由度看,它是衡量经济外向性以及要素流动程度的重要标志,对国家或地区经济增长方式产生直接或间接的影响。贸易不仅包括货物贸易,同时也包括服务贸易,因此在衡量贸易开放度时,要计算货物贸易和服务贸易各自开放程度。从资本开放度看,一国资本开放度既包括外国资本流入,又包括本国资本流出,所以资本开放度指数是资本流入指数和资本流出指数的加权平均。综合开放度指数是评价一国总体开放程度相对于世界平均开放度的高低,采取将一国贸易开放度指数和资本开放度指数进行算术平均的方法,因为对外开放主要体现在贸易领域和资本市场。二战后,我国台湾地区实施了"出口扩张"工业战略及"以外贸促进增长"策略,极大地推动了经济规模的增长。同时,台湾地区经济结构和经济增长方式也发生了变化。就资本、劳动、技术等跨国流动看,要素流动加速,先进管理方式和管理经验将在国家间交流,特别是对发展中国家的经济增长方式及其转变产生推动作用。[1]

---

[1] 参见刘溶沧、赵志耘、夏杰长:《促进经济增长方式转变的财政政策选择》,中国财政经济出版社2000年版,第19—37页。

第二节 我国粗放型经济增长考察

一、粗放型经济增长的动态考察

(一) 计划体制下经济增长方式及其弊端

我国经济增长方式有明显的粗放型特征。在计划经济体制下，企业生产主要是为了完成政府计划，而不是为了满足市场需求。在这种体制下，往往是重数量、轻质量，重速度、轻效益，重投入、轻产出，要素的使用效率被极大地降低，而反过来又增加要素的投入，从而形成恶性循环。粗放型增长是计划经济体制下经济增长的重要特征。

改革开放前，我国实行计划经济体制，要素和产品由政府统一调配，企业完全丧失经营自主权。为了尽快实现国家工业化，政府推行重工业优先发展战略，一味追求经济增长率，并以较快的速度建立了较为完整的工业体系，形成了与其他发展中国家工业化初期不同的经济增长方式。在重工业优先发展政策下，我国将有限的经济资源投入重工业，造成了轻工业发展和资金积累不足。跨阶段发展重工业必然要靠大力压低农产品价格，转移农业资本，以实现工业积累。由于计划经济体制的内在缺陷，转变经济增长方式较为困难。

计划经济体制下的粗放型经济增长方式产生了不良后果：其一，对农业、农村和农民造成伤害。政府将有限的资金优先集中投入资本密集型重工业，以加速其现代化，致使制造业结构偏重，服务业发展滞后，而农业和大多数劳动密集型中小企业无法得到充裕资金，农村得不到应有的发展机遇，因而难以拓展就业机会。重工业是国有企业，效率低，自身积累少，所创造的就业岗位尚不能满足城市劳动力的就业需求，更谈不上吸纳农民就业。[1] 其二，为了确保这个发展战略的实施，城乡二元分割及其就业制度得以强化，全社会以就业结构衡量的工业化程度低。其三，经济增长质量差。[2] 由于单纯追求总产值增长率，实施粗放型扩大再生产，放弃对经济效率和效益的追求，导致经济增长质量下降，[3] 全要素生产率对经济增长的贡献率低，[4] 工业全员劳动生产率低，以及农业劳动边际生

---

[1] 参见黄安余：《大陆与台湾农业劳动力转移比较研究》，载《江海学刊》2005年第2期。
[2] 参见《经济增长方式难转 吴敬琏直陈三大障碍》，载《每日经济新闻》2005年11月29日。
[3] 参见郭庆、胡鞍钢：《中国工业经济问题初探》，中国科学技术出版社1991年版，第30页。
[4] 参见张军扩：《七五期间经济效益的综合分析》，载《经济研究》1991年第4期。

产率递减。①

我国全要素生产率下降的原因颇为复杂,主要包括以下几个方面:第一,有形资本过度深化,投资的边际报酬递减,投资的盈利程度必然下降。第二,对外国投资企业大量减免税收,以降低土地、基础设施、能源价格提供变相补贴,扭曲了有形资本的资源配置。第三,资本价格大大低于劳动价格,鼓励厂商多用资本、少用劳动,多投有形资本、少投人力资本。第四,开发自然资源的企业和部门拥有大量的资源租金,过度开发,降低了使用资源的效率。第五,收入差距进一步扩大,降低了经济增长对人民福利的作用。第六,过高的治理成本和社会交易成本抵消了利用三大资本的效率和效益,不是创造新增财富,而是转移财富,从而减少了经济增长。②

(二) 改革开放后经济增长方式的演进

改革开放后,计划价格体制和资源配置体制逐步解体,生产要素随着利益导向流动机制逐渐形成。与此同时,对外开放所导入的国际市场信息和发展空间,使要素评价纳入国际市场。面对经济增长中的高消耗,1987年10月,中共十三大提出"要从粗放经营为主逐步转上集约经营为主的轨道","使经济建设转到依靠科技进步和提高劳动者素质的轨道上来"③。在此方针指导下,经济增长方式有所改变。20世纪80年代,乡镇企业快速发展,它利用农村资金与农民结合,产生了具有明显增长效果的工业增长方式。由于实行对外开放,国际先进技术和管理理念进入经济体系,直接推动了工业增长方式及结构的转变。国家建立了与消费需求相适应的消费类电子产品生产体系和家用电器产品生产体系,并使传统产品技术迅速提高。

20世纪90年代初,在经济高速增长的同时,通货膨胀严重,从而促使政府探究经济增长速度与效益的关系,转变经济增长方式再度成为热门课题。中央提出,关键是实行两个有全局意义的根本性转变:一是经济体制从计划经济体制向社会主义市场经济体制的转变,二是经济增长方式从粗放型向集约型转变。经济体制转变是经济增长方式转变的前提和基础,不深化经济体制改革,就难以实现经济增长方式的转变。经济增长方式转变又是经济体制转变的任务和目的,不转变经济增长方式,体制改革成果难以巩固。因此,市场经济体制的确立为增长方式转变奠定了体制条件,从而使20世纪90年代以来经济增长方式转

---

① 参见赵德馨:《中国经济50年发展的路径、阶段与基本经验》,载《中国经济史研究》2000年第1期。
② 参见胡鞍钢、郑京海:《中国全要素生产率为何明显下降》,载《中国经济时报》2004年3月26日。
③ 中共中央文献研究室编:《十三大以来重要文献选编》(上),人民出版社1991年版,第17页。

变有了进展。2001 至 2012 年,经济平均增长率为 10.1%。2012 年,人均 GDP 已达到 3.84 万元。[①] 同时,经济增长质量比以前有所改善。

我国经济高速增长的原因有:一是投资增速拉动了增长。近十年来,我国固定资产投资保持了年均 20% 以上的高增长。2008 年,4 万亿投入市场后,2010 年投资增速放缓,2012 仍高达 20.3%。但是,投资高增长受到土地、资源环境和劳动力成本上升的制约,制造业、基础设施、房地产开发等产业投资高增长空间缩小,投资消费出现失衡,投资效率下降,因此投资高增长难以持续。我国要降低投资规模和速度,提高投资质量和效益,逐步改变政府主导型投资增长模式,以保持经济可持续发展。二是外贸成为经济增长的重要支撑。外资约占每年固定资产投资的 10%。在外贸方面,2012 年,进出口贸易总额达到 24.42 万亿元人民币。[②] 但是,外贸对我国经济增长的作用更多地受到外部经济环境变化的影响,其贡献率可能会降低。2013 年以来,欧洲多国经济持续低迷,新兴经济体经济增长放缓,世界经济复苏较为缓慢。因此,外贸需求没有较大改善,我国出口贸易难以出现高增长。即使美国经济复苏,其经济增长模式也可能会调整,经济增长对消费的依存度可能会下降,进口市场可能转向墨西哥等国家,从而直接影响我国对美出口贸易的增长。

我国工业内部结构失调值得注意。重工业呈现出加速发展态势,2012 年,重工业利润总额达到 42835 亿元,占工业利润总额的 69.19%,轻工业利润总额达到 19075 亿元,占工业利润总额的 30.81%。[③] 但是,粗放型的重工业增长方式正日益受到资源总量的限制。同时,资源消耗和污染排放量都迅速增长,许多重要资源的需求和国内供给的缺口日益增大,国内工业万元用水量是国外先进水平的十倍。[④] 要按新型工业化道路调整投资结构,首先要建立产业、金融、土地等综合应用的调控体系,其次要引导和支持高新技术产业的发展,逐步推动增长方式的转变。

二、粗放型经济增长的特征考察

(一) 追求规模扩张

将新建扩建项目视为外延扩大再生产,更新改造项目视为内涵扩大再生产,

---

① 参见国家统计局编:《中国统计年鉴——2013》,中国统计出版社 2013 年版,第 15 页。
② 同上书,第 224 页。
③ 同上书,第 473 页。
④ 参见厉无畏、王振主编:《转变经济增长方式研究》,学林出版社 2006 年版,第 9 页。

因此用基本建设投资、更新改造投资指标表示外延和内涵的扩大再生产。从国有固定资产投资看,基本建设投资所占比重较大,更新改造投资比重较小,如表2-1所示。因此,粗放型经济增长表现为外延扩大再生产。

表2-1　1995—2012年我国固定资产投资(不含农户)按构成和建设性质分

单位:亿元,%

类别 年份	投资总额	按构成分			按建设性质分			
		建筑安装工程	设备工具器具购置	其他费用	新建	扩建	改建和技术改造	
							资金数量	比重
1995	15643.7	9395.1	3758.2	2490.4	4661.7	4488.2	1878.1	12.0
2000	26221.8	16346.0	5846.7	4029.1	8484.5	6390.5	3827.0	14.6
2005	75095.1	46154.1	16439.2	12501.8	34126.6	13154.5	8721.1	11.6
2010	241430.9	148601.3	51692.6	41137.0	113860.0	33694.9	33375.8	13.8
2011	302396.1	193644.6	63580.0	45171.4	143604.9	42242.3	41696.4	13.8
2012	364854.1	236601.1	75938.3	52314.8	251045.6	47983.1	52413.6	14.4

资料来源:参见国家统计局编:《中国统计年鉴—2013》,中国统计出版社2013年版,第165页。

我国钢铁、有色金属等行业投资具有资本规模小、技术含量低、资源消耗大、环境破坏严重等粗放型发展特征。企业盲目追求低水平产量扩张,特别是中小钢铁企业投资与产能增长过快。一些已淘汰的小钢铁工厂又恢复投资与生产,一些不具备条件的企业、生产不合格的产品进入市场。钢铁投资及产能的过快增长,直接带动焦炭、废钢等原料大幅涨价,也造成一些地区电力紧张、资源短缺。

规模扩张的标志是开发区建设。它是指由国务院和省、自治区、直辖市人民政府批准设立的经济技术开发区、保税区、高新技术产业开发区、国家旅游度假区等,享受国家特定优惠政策的各类开发区。包括:一是新开垦的土地资源区域;二是挖掘、发现经济潜力的地区。其资源有三类:一是自然资源,如土地资源、水资源、矿产资源、生物资源等;二是人力资源,包括劳动力和管理技术资源,体现在人的体力和智力等方面;三是资本资源,涵盖有形资本、货币资本和信息资本资源。《2013中国开发区投资建设与转型升级研究报告》显示,到2011年,纳入国家级经济技术开发区统计内有131家,其中东部地区66家,中部地区38家,西部地区27家。到2012年底,国家级经济技术开发区已达到171个,其中东部84家,中部49家,西部38家,它们已成为所在地区重要的经济和社会发展极。但是,开发区建设的突出问题在于:第一,规划面积大,点多分散,投入资金不足,招商引资困难,导致开发区建设停滞,省级以下开发区土地闲置率高达

40%以上。① 第二,违规圈占土地,强行征用农民集体土地,农民利益受到侵害。这种开发区建设泛滥导致大量土地资源浪费,国家和农民利益严重受损。

(二) 高投入、高消耗,低质量

资源禀赋结构、人均资源拥有量、人口发展态势、技术应用水平等,决定了我国难以攀比西方发达国家的能源消耗模式和资源利用方式。我国经济尚未摆脱高消耗、低效率的粗放型经济增长方式。我国必须建设低投入、高产出,可持续的经济和节约型社会,才能避免失业激增、贫富悬殊、社会矛盾激化以及经济社会发展长期徘徊。从资本投入看,如果资本的投资增长率超过技术进步率,资本的边际生产率就会下降。近几年来,投资增长率超过了技术进步率,资本的边际生产率明显下降,但投资仍在高速增长。1999 年,固定资产投资达到 29855 亿元,2012 年上升至 374694.7 亿元。② 这对经济增长发挥了一定的拉动作用。投资增速过猛、规模偏大,已对经济和社会发展造成不良影响,加剧了煤、电、油、运供求关系紧张的矛盾,影响了经济结构的调整优化,加剧了通货膨胀,增大了经济运行的风险。

改革开放以来,用大量资源投入推动经济增长是增长中的突出问题。投资增长最快的是高消耗、高投入、低产出的粗放型产业,而符合新型工业化要求的产业,如电子信息、装备制造业、第三产业以及农业等,明显投入不足。同时,国家资源量将难以支撑这种发展。我国人均占有石油、天然气和煤炭储量处于低水平;矿产资源人均占有量不及世界平均水平;主要金属矿产储量只有世界平均水平的1/6。另外,交通和建筑部门对能源的需求已进入了高速增长期,其增长占到全部能源消费的35%,在 2020 年还将上升到57%至75%。美国、德国、法国、印度等国 GDP 中用于投资的占10%至20%,而我国却为40%至45%,上述这些国家每增加 1 亿元的 GDP 需要投资 1 至 2 亿元,而我国则需要投资 5 亿元,可见,投资效率太低。③

(三) 破坏生态系统

在资源问题日益突出的同时,我国还面临着生态环境危机,具体表现在以下方面:污染物排放强度大、总量大,远远超过环境自净能力;工业废水、废气和固体废弃物的排放量均保持较高的增长率,没有减缓的势头,二氧化硫、烟尘、工业粉尘排放量年增长达 10% 以上,工业和生活污染大,经济运行成本高。掠夺式

---

① 参见马凯:《经济增长方式的转变》,载《科学决策》2005 年第 4 期。
② 参见国家统计局编:《中国统计年鉴——2013》,中国统计出版社 2013 年版,第 153 页。
③ 参见吴敬琏:《经济增长拒绝"粗放型"》,载《青岛日报》2004 年 8 月 16 日。

资源开发是造成生态环境继续恶化的直接原因。① 过去,甚至现在,在很多地方,小染料、小制革、小电镀以及土法炼焦、炼硫、小农药、选金等15类小企业不同程度地存在。环境恶化还表现为:其一,森林和草地退化,土地沙化速度加快,水土流失严重,水生态环境仍在恶化。② 其二,农业和农村面源污染严重,食品安全问题日益突出。其三,有害外来物种入侵,生物多样性锐减,遗传资源丧失,生物资源破坏形势不容乐观。生态环境形势如此严峻,主要是由粗放型的经济增长方式造成的,由于经济结构不合理,传统资源开发利用方式仍未从根本上转变。同时,重开发、轻保护,重建设、轻管护的思想仍普遍存在,以牺牲生态环境为代价换取眼前和局部利益的现象在一些地区依然严重,经济快速增长对生态环境造成了压力。因而,生态环境建设中边治理、边破坏,点上治理、面上破坏的现象经常发生,治理赶不上破坏的问题仍很突出。

(四) 以经济频繁波动为特征

经济波动是国民经济扩张与收缩、波峰与波谷交替出现的现象。一次扩张和收缩过程构成经济波动中的周期。从新中国成立后大规模的经济建设到2009年,我国经济增长率的波动经历了10个周期,2010年进入第11个经济波动周期。③ 改革开放前,经济6次波动曾出现了负增长,各个周期波幅、波位相差较大,这表明经济波动较为剧烈。改革开放后,1978至1984年、1984至1987年、1987至1992年三个完整的周期,都是增长周期,没有出现负增长率,波幅分别是7.6%、2.8%、10.4%,平均增长率,即波位分别是9.3%、11.3%、8.72%,各个周期的波位相差不大。可见,这一时期经济波动的状况是:波动周期长,波动幅度小,波位高。④

2002年以来,房地产和汽车行业出现了较快增长,这是我国工业化、城镇化和国民收入增长使然,也使我国经济具有高位和波动增长的双重特征,表现为:其一,房地产业不仅投资大、周期长,而且横跨投资和消费两界,其产业关联度高、产业链长。房地产业与钢铁、水泥、有色金属、化工产品、木材家具、中介行业等数十个行业关系紧密,对政府税收和劳动力就业影响较大。汽车行业兴衰将波及合成材料、轮胎、钢铁、机床、石油开采与加工、仪器仪表、高速公路、加油站、

---

① 参见厉无畏、王振主编:《转变经济增长方式研究》,学林出版社2006年版,第9页。
② 参见夏业良:《我国创节约型社会刻不容缓,经济增长方式要转变》,载《新民周刊》2004年12月。
③ 参见刘树成:《2011年和"十二五"时期中国经济增长与波动分析》,载《经济学动态》2011年第7期。
④ 参见赵德馨:《中国经济50年发展的路径、阶段与基本经验》,载《中国经济史研究》2000年第1期。

快餐、汽车修理等多个行业。未来十年,我国住房和汽车需求空间较大,其产业链长决定了经济有持续增长的潜力。其二,房地产和汽车行业具有放大效应。两个行业与原材料、能源、矿产品等投资和生产之间产生推动作用,可能出现"面多加水,水多加面"的扩张效应;两个行业既有现期需求,又有预期需求。在需求旺盛时,市场预期向好,实际需求可能被放大,从而导致盲目扩张,并在金融业推动下有所加剧。特别是我国房地产业受到政府宏观调控政策的巨大影响,不能完全按照价值规律来衡量。近十年来,房市宏观调控以及由此造成的楼市兴衰不仅影响经济增长率,而且影响政府税收、地方财政和劳动力就业,成为经济波动的一个重要的变量因素。

1953 至 1993 年,国民收入的平均增长率为 7.1%,改革开放以前为 6.0%,以后达到了 9.3%。有人把高速度与低速度的临界值定为 4%,[①]如果以此作为划分标准,我国经济已是高速发展。在实物增长方面,粗放型增长以高速度为特征,如表 2-2 所示:

表 2-2　1978—2012 年我国人均主要工农业产品产量的变化

单位:公斤,吨,千瓦小时

类别 年份	粮食 (公斤)	油料 (公斤)	原煤 (吨)	原油 (公斤)	粗钢 (公斤)	发电量 (千瓦小时)
1978	318.74	5.46	0.65	108.82	33.24	268.36
1985	360.70	15.02	0.83	118.83	44.52	390.76
1990	393.10	14.21	0.95	121.84	58.45	547.22
1995	382.28	18.68	1.13	124.54	79.15	835.81
2000	366.04	23.40	1.10	129.09	101.77	1073.62
2005	371.26	23.60	1.80	139.10	270.95	1917.79
2012	436.50	25.58	2.70	153.61	535.93	3692.58

资料来源:参见国家统计局编:《中国统计年鉴—2013》,中国统计出版社 2013 年版,第 22 页。

粗放度与经济周期关系密切。经济增长率周期的波峰恰好位于集约型年份或粗放度较弱的年份,而周期的波谷位置恰好处于超高度粗放型年份。改革开放前,我国粗放程度是两头多中间少,即超高与集约型年份多,低度、中度、高度粗放型年份少,这种粗放程度的巨大落差的反复出现必然使经济增长大起大落。改革开放前,国民收入增长率的波动幅度为 53%,五个周期的振幅平均为

---

① 参见刘彪、王东京:《经济发展阶段论》,载《经济研究》1990 年第 10 期。

23.4%;① 改革开放以来,粗放度的稳定性增强,低度、中度、高度粗放型年份增多,超高与集约型年份明显减少,相应地,四个周期的平均振幅为9.9%,国民收入增长率的波动幅度也降为12.1%。因此,粗放度的稳定性是影响经济增长稳定性的因素之一。

(五) 居民消费低增长

我国经济增长速度并不低,但人民生活水平、社会福利状况并没有因此而相应得到快速提高。改革开放前,居民消费水平平均增长2.2%,主要食品中的粮食、食用油人均消费量不仅没有上升,反而有所下降,家禽的人均消费量基本上没有变化;改革开放后的15年内,居民消费水平增长了7.0%,除了人均粮食消费量受粮食需求的收入弹性低的影响而增长较慢外,其他主要食品都增长得非常快,少则翻一番,多则超过了两番。这说明经济增长粗放程度越高,人民生活水平提高越缓慢。粗放程度越高,要素投入增加越快,资本积累速度也越快,而过度积累必然影响居民消费,相应地减少综合要素生产率的增长。

表2-3 1978—2012年我国城乡居民人均消费水平的变化 单位:元

年份 \ 类别	全体居民	农村居民	城镇居民	城乡消费水平对比（农村居民=1）
1978	184	138	405	2.9
1985	446	349	765	2.2
1990	833	560	1596	2.9
1995	2355	1313	4931	3.8
2000	3632	1860	6850	3.7
2005	5596	2657	9593	3.6
2010	10522	4700	16546	3.5
2012	14098	6515	21120	3.2

资料来源:参见国家统计局编:《中国统计年鉴—2013》,中国统计出版社2013年版,第67页。

居民消费低增长与预期收入的不确定性有关。由于市场不景气,以及失业、养老和医疗保险制度、住房分配制度、教育制度市场化改革政策相继出台,使人们普遍感到未来收入和支出的不确定性,从而增加储蓄,以防范未来风险。再加上目前收入差距扩大,低收入阶层收入增长缓慢,无力带动消费增长,高收入阶层边际消费倾向下降,客观上加剧了消费不足。因此,政府在降低投资增速的同

---

① 参见刘树成:《论中国经济周期波动的新阶段》,载《经济研究》1996年第11期。

时,要提高消费对经济增长的贡献率,以确保经济稳定持续增长。政府既要提高投资增长质量,又要提高消费水平特别是居民消费对经济增长的拉动作用。为此,要加快现行收入分配改革力度,扩大中低收入人群的收入规模,使他们更多地分享经济发展成果,以增强社会整体消费能力;同时,要加大养老、医疗、失业、教育等公共服务领域的投资力度,提高保障覆盖的广度和深度,以解除城乡居民消费的后顾之忧,使消费实现值得以回升。

(六) 经济结构不协调

经济结构不协调状态下的增长,有相当一部分是无效增长。经济结构不协调问题突出,会制约经济增长的总体效益。就农业而论,农业基础薄弱,"三农"问题长期得不到解决,直接影响农民的收入,限制农村市场的开拓,影响其他产业的发展。就工业而论,传统产业、低技术含量和低附加值的产业仍然占主导地位,高技术产业发展相对滞后,装备制造业水平不高,许多关键设备都要依赖进口。工业技术装备落后,能源、原材料消耗就高,产品的层次和附加值就低,产业的竞争力就差,增长的代价就大。就服务业而论,我国服务业不但在产业结构中份额偏低,而且服务业就业份额远远低于发达国家的水平,如表1-4所示。服务业不发达,就不能为其他产业提供高效的服务,就难以促进其他产业的专业分工和技术创新,从而影响竞争力的提高,并最终降低经济增长的效益。[①]

除了经济结构不协调之外,经济与社会发展之间也出现了失调。具体表现为:其一,社会结构高级化相对缓慢。我国已处于工业化中期阶段,但城市化滞后于工业化,城乡关系失衡,制约着第三产业和各项社会事业的发展并反过来削弱了经济发展与结构优化。其二,社会事业发展相对落后。我国基础教育、职业技术教育和高等教育存在较多问题,医疗卫生资源城乡分布不平衡。其三,社会管理现代化程度相对较低。我国一些城市出现交通拥堵,儿童就学、老年人就医困难,环境脏乱差,空气污染等问题。其四,就业增长与经济增长不协调。我国劳动力市场的就业矛盾并没有因经济增长而得到缓解,再加上改革的因素,使得劳动力失业的原因更加复杂,而且短期内难以根治,可能成为影响社会和谐的重大问题。

总之,经济粗放型增长的成因是复杂的:一是技术引进与自主创新的矛盾,[②]技术瓶颈阻塞了资金投向符合新型工业化要求的产业;二是市场需求拉动等因素,比如一些新建钢铁企业9个月就能收回投资成本;三是地方政府考核指

[①] 参见厉无畏、王振主编:《转变经济增长方式研究》,学林出版社2006年版,第9—10页。
[②] 参见白津夫:《"十一五"期间我国经济增长中的主要矛盾》,载《经济参考报》2005年9月3日。

标中始终以产值为主要指标,而不看经济增长方式的转换。[①] 每届新政府上任之后,往往选择那些急功近利的建设项目,甚至不惜牺牲农民的利益,通过批租土地寻求建设资金,并以土地抵押获得银行贷款;不惜以牺牲环境为代价,搞低水平的重复建设。这种单纯追求经济增长率,而忽视经济增长效率和质量的政绩观导致部分行业投资的过快增长。

第三节 我国经济增长方式的转变

一、经济增长方式转变的必要性

粗放型经济增长方式已经维持了近三十年的高速增长,如果不尽快转变,我国经济的长远发展将遭受挑战。为此,2005年10月通过的《中共中央关于制定国民经济和社会发展第十一个五年规划的建议》提出了要从高投入、高消耗、高排放、低效率的粗放扩张的增长方式,转变为低投入、低消耗、低排放和高效率的资源节约型增长方式,并且明确了具体要求。首先,突出资源能源节约。规划纲要在提出加快转变经济增长方式时,基于当前我国土地、淡水、能源、矿产资源对经济发展已构成严重制约的现实,提出要把节约资源作为基本国策,发展循环经济,形成节能、节水、节地、节材的生产方式和消费模式,加快建设资源节约型社会。把节约资源提到基本国策的高度,可见其重要性与意义。其次,着力自主创新。转变经济增长方式,就要实现从主要依靠资金和自然资源支撑经济增长,向主要依靠人力资本投入、劳动力素质提高和技术进步支撑经济增长转变,以"减量化、再利用、资源化"为原则,真正走可持续发展之路。为此,必须深入实施科教兴国战略和人才强国战略,把增强自主创新能力作为科学技术发展的战略基点和调整产业结构、转变增长方式的中心环节,大力提高原始创新能力、集成创新能力和引进消化吸收再创新能力。最后,强调保护环境和自然生态,是实现可持续发展、人和自然和谐的关键。从20世纪90年代起,随着经济发展和社会进步,绿色风暴席卷全球,保护环境和自然生态的呼声越来越高,人与自然和谐相处深入人心,发展要同人口、资源、环境相协调,实现节约发展、清洁发展、安全和可持续发展,成为转变经济增长方式的内在要求。转变经济增长方式,目的在于提高经济增长的质量和效益,在于使经济运行走上科学发展观的轨道,从而使经

[①] 参见厉以宁:《经济增长方式转变为何缓慢》,载《北京日报》2005年2月28日。

济实现持续平稳较快发展。① 我国转变经济增长方式的原因主要体现在以下三个方面：

（一）资源和环境的双重制约

我国自然资源总量较大，但人均占有量相对不足，一些自然资源的人均占有量远远低于世界平均水平，这是经济可持续增长必须要考虑的重要因素。从水资源看，我国人均占有水资源量大约是世界平均值的31%，其中，十多个省、自治区和直辖市的人均水资源拥有量低于国际公认的用水紧张线。我国水资源未来需求将持续增长，但其地域分布失衡，保障供应将面临挑战。从土地资源看，我国人均耕地面积不足世界平均水平的40%，而且耕地资源总体质量不高，有六成耕地分布在山区、丘陵和高原地带。在东部地区，大量优质耕地因城镇规模扩张而丧失。从森林资源看，我国人均森林面积仅为世界平均水平的1/5，森林资源总量不足。从能源资源看，我国化石能源资源九成以上是煤炭，人均储量是世界平均水平的一半。我国已探明的矿产资源总量约占世界的12%，仅次于美国和俄罗斯，但人均占有量大约达到世界平均水平的六成。

除了自然资源人均占有量相对短缺之外，我国自然资源利用效率低，单位资源所产生的效益低，与国际先进水平相比存在着较大差距，特别是水资源的利用最为典型。由于我国传统农业种植经营方式、灌溉方式、农田水利基础设施、耕作制度、栽培方式等因素的不良影响，农业用水的利用率较低，水资源浪费量较大。自然资源低效利用加剧了资源对经济社会发展的制约。不仅如此，我国环境破坏也制约着经济发展。我国水土流失、土地沙化、盐渍化和草场退化现象较为严重，水环境、土壤环境、大气环境受到严重污染。目前，我国受到镉、砷、铬、铅等重金属污染的耕地面积有所扩大；城市空气质量较低，大气质量达不到二级标准，有些地区酸雨发生频率相当高。环境破坏已对我国经济可持续发展和民众健康构成了严重威胁。

改革开放后，我国确立了以经济建设为中心，但一些领导不恰当地认为就是以经济增长为中心，没有可持续发展的观念。经济增长自然成为领导政绩考核的重中之重，甚至不惜牺牲资源环境为代价换取当前的政绩。由于政绩考核没有资源环境保护的硬约束，地方政府预算内的环保资金不足，加上社会资本投入有限，使得我国环保投入长期短缺。粗放型经济增长方式和不合理的能源结构造成了资源消耗和环境污染。由于市场经济体制不完善和政府职能转变较慢，

---

① 参见张卓元：《适当放慢经济增速，致力转变经济增长方式》，载《人民论坛》2006年第5期。

经济增长方式没有根本转变。经济增长仍然依赖高投入、高消耗、高污染的粗放型发展方式,是建立在资源大量被消耗和对自然过度开发的基础上的。由于资源和环境都不堪重负,迫使我国不得不尽快转变经济增长方式,走可持续发展的道路。

(二) 效益和竞争力的双重压力

所谓经济效益,是指经济活动的效率和收益,是产出与投入的比较。在产出量与投入量的各种比较中,主要是产出量与生产流通过程中实际消耗量的比较。产出量与投耗量的差额就是效益。衡量一个国家或地区的竞争力,主要以其制度环境、基础设施、宏观环境、卫生和基础教育、高等教育和培训、商品市场效率、劳动力市场效率、金融市场发展、技术准备、市场规模、商业成熟度、创新能力,以及由此构成的多项子指标为评价依据。

我国经济增长速度快、总量大,但国家并不富裕,社会可分配的财富有限,原因之一在于投入多、产出少。就农业发展而论,我国农业经济效益受到土壤条件的影响,耕地土壤肥沃,农业产量就高,经济效益就高。由此可见,对耕地追加投资,实行集约化经营,是提高农业经济效益的途径之一。但是,在我国种植业成本中,化肥所占比重过大,农家肥料使用比重较低,这既污染了土壤和水源,又造成了资源浪费,再加上选种、用水、农药各种因素的限制,农业经营效益不高。无论是经营种植业还是养殖业,都要努力提高集约化经营程度,不能走广种薄收粗放经营的旧路。应当注重提高土地产粮率,畜禽出肉率、出蛋率、出奶率,提高产量和质量。特别是随着民众收入水平的提高,日常消费需求已基本得以满足,而粗放型农业不能生产出高质量的新产品,低端农产品国内市场销路不畅,即使有销路,其附加值和经济效益也低。我国加入世贸组织后,国外高端农产品大量涌入,国内市场将形成更加激烈的竞争,如果农产品竞争力弱,市场占有份额将会随之下降,农产品将面临丰产后的滞销问题。

新兴工业化经济体普遍面临"中等收入陷阱",因为传统竞争要素逐渐衰减,而新竞争要素尚未完全形成并发挥作用。我国已从传统农业国成为制造业和出口大国,要素价格上涨难以避免,廉价要素优势将逐步丧失,能否保持国际竞争力将成为我国经济发展的关键。虽然我国国内生产总值位居世界第二,但人均占第 80 位,全球竞争力指数居第 29 位。我国综合竞争力高于印尼、菲律宾、越南等周边发展中国家,也高于其他金砖国家,但却低于主要发达国家和新加坡、马来西亚两个新兴经济体。事实上,发达国家经历了劳动力成本和土地价格上升、逐渐丧失低成本竞争优势的过程,它们重新取得竞争优势主要是依靠技术研发与创新。就我国而言,要实现产业梯度转移,有效利用中西部劳动力成本相对低廉的优势,促进劳动密集型企业的发展;另一方面,加快技术创新与升级,发展中高端制造业,通过加强设计、传统制造业产品的差异化等提高产品附加值、实行品牌战略和以质取胜战略,推进产业结构和出口结构升级,寻求新的经济增长点。这就需要转变经济增长方式,不能单纯地依赖自然资源禀赋,更何况我国没有这种优势。

(三) 经济稳定的当然要求

在粗放型经济增长方式中,财政收入的增长靠经济规模的扩大,而经济规模扩大主要依赖投资的增加,如表 2-4 所示。投资占国民生产总值的比重、就业人数占劳动力的比例,都有不可突破的上限。改革开放以来,我国投资率一直处于较高水平,在极限水平上下波动,不可能进一步提高。目前,虽然劳动力就业离比例限制尚远,但迟早也会达到极限。为了满足迅速膨胀的财政支出,为了安排日益增长的就业人口,势必要追求经济规模的增长速度,投资膨胀也就成为必然的结果。新中国成立以来,每次经济总量失衡都是投资膨胀引起的。总量失衡带来经济生活全面紧张,因而不得不进行调整,每次调整就是一次经济大起大落,同时带来巨大的资源浪费。

表 2-4　1978—2012 年我国三大需求对国内生产总值贡献率的变化　　单位:%

类别 年份	最终消费支出	资本形成总额	货物和服务净出口
1978	39.4	66.0	-5.4
1985	85.5	80.9	-66.4
1990	47.8	1.8	50.4
1995	44.7	55.0	0.3
2000	65.1	22.4	12.5
2005	39.0	38.8	22.2
2010	43.1	52.9	4.0
2012	55.0	47.1	-2.1

资料来源:参见国家统计局编:《中国统计年鉴—2013》,中国统计出版社 2013 年版,第 67 页。

二、对交叉式经济增长方式的认识

经济增长方式由粗放型向集约型转变,是指由外延扩大再生产向内涵扩大再生产转变,外延的粗放型向内涵的集约型转变,由数量扩张型向质量效益型转变,由轻型结构向重型结构转变。对此,应注意下列问题:一是认为外延扩大再生产是粗放型增长。事实上,外延扩大再生产和技术进步并不冲突,数量扩张包括在原有技术和技术进步上的数量扩张。二是认为外延的扩大再生产就是粗放经营。外延扩大再生产,也有集约型和粗放型两种方式。三是认为内涵扩大再生产比外延扩大再生产效益高。在不同的资源结构、经济发展水平和外部环境下,有不同的有效的经济增长方式。① 我国应加快由粗放型向集约型经济增长方式的转变,加速经济结构调整和优化升级,进一步扩大内需,增加消费,使经济增长速度与结构、质量、效益相统一,真正走出一条科技含量高、经济效益好、资源消耗低、环境污染少、人力资源得到充分发挥的新型工业化的路子,以保证我国经济持续快速健康发展。

集约型增长方式以提高经济效益为目标,注重经济增长的质量,是一种低投入、高产出,低消耗、高效益的增长方式。它主要依靠科技进步和提高劳动者素质等内涵发展的方式推动经济增长,因而形成一种在不断提高经济效益的前提下,数量与质量、投入与产出相统一的良性循环机制。集约化并不排斥发展,而只排斥那种单纯依靠规模扩张、铺摊子式的外延发展模式。发展既是量的扩大,更是质的提高,没有规模的发展,就不会有规模的效益。因此,要树立超前意识、机遇意识和效益意识,要抢抓机遇,加快发展。然而,经济部门经常将劳动密集型等同于粗放型,资本、技术密集型等同于集约型,并把发展资本、技术密集产业作为经济增长方式从粗放型向集约型转变的核心内容。这种发展战略不符合国情。有效利用和配置人力资源,提升劳动密集经济的技术水平和集约程度,尽可能将简单劳动力资源转变为具有较高技术素质和创新能力的人力资本,实现劳动密集经济从粗放型向集约型的转变,是我国经济实现快速增长的关键所在。在经济发展战略中,过早地放弃劳动密集型优势,强调全面发展资本、技术密集型产业,可能会导致劳动力的大量闲置,造成过高的失业率,给就业带来隐患,使经济和社会面临危机。因此,要打破劳动密集型产业就是粗放型、技术落后产业,发展高新技术产业就不能利用低劳动力成本优势的旧观念。随着高新技术在越来越多产业中的运用,劳动密集型产业的技术含量也会提高。同时,在资本、技术密集型产业中,包括高新技术产业中也有劳动密集型的生产环节。②

经济增长方式与经济发展阶段相关。目前,我国经济发展处于粗放型向集约型增长的过渡时期,兼具大规模要素投入和全要素生产率提高的特征,投资仍

---

① 参见刘怀德:《经济增长方式及其转变的经济学分析》,载《当代财经》2000年第12期。
② 参见赖小琼:《论经济增长与就业增长》,载《厦门大学学报》(哲学社会科学版)2001年第3期。

是推动经济增长的引擎。因此，集约型增长方式并不排斥资本投入，而是重视投资效率。在资本短缺的发展中国家，劳动密集型投资比资本密集型投资具有更高的效率，因为少量的资本可以吸收大量的劳动力就业。由于某些引起效率提高的技术进步体现在资本设备中，因此，资本流动是发展中国家关注的重点。此外，用于人力资本的投资也会提高资本投入的效率。

集约型增长区别于粗放型增长的重要特征是，有限的资金并非热衷于上项目，而是注重现有企业的技术改造。对现有企业和设备进行技术改造，不可避免地会伴随规模的扩大，它不属于粗放型增长。此外，按照全要素生产率的要求，集约型增长特别注重规模经济。扩大优势产业和企业的规模本身是推动集约型增长的重要途径。在市场经济体制中，实现规模经济的目标不在于扩大企业的投入规模，而在于扩大企业的产出规模。

集约型增长重视科技进步。从发展看，经济增长将愈加倚重于科技进步。科技不仅物化在劳动力、物质资本等有形生产要素上，还作为经济增长的独立要素起作用，其重要标志是出现了对生产力发展起革命性作用的科技产业。科技进步面临两大问题：一方面，我国总体上还没有进入知识经济时代，就推动经济增长的决定性因素而言，经济增长仍主要以技术创新为基础；另一方面，面对知识经济的挑战，有必要在尽可能大的范围内发展知识经济。这就提出了两个层次的科技进步内容，既在经济发展水平较高、知识创造和传播部门较为密集的地区，注重知识创新；又在经济发展水平较低、知识创造和传播部门较少的地区，重视技术创新，特别是引进现代先进技术、增加产品的技术含量。[1]

目前，我国的要素质量低，而低质量的要素投入对经济增长贡献小。因此，从集约型增长考虑，提高要素投入对经济增长的贡献率，关键是提高投入要素的质量，如劳动者素质、机器设备的技术水平、土地肥力和矿产资源品位。因而，必须将有限的资金更多地投向提高投入要素的质量，包括重视人力资本投资，重视技术创新和开发的投资，重视提高土地肥力和各种自然资源品位的投资。资金投入的主要方向将是研究、开发、教育、技术革新和推广，以便提高要素生产率。与日本、美国等发达国家相比，我国经济增长是依靠物质投入增加支持的数量型和粗放型增长，依靠技术投入增长所占比重低。2012年，国家财政用于科技支出占GDP的0.86%，总额为4452.63亿元。[2]

---

[1] 参见洪银兴、沈坤荣、何旭强：《经济增长方式转变研究》，载《江苏社会科学》2000年第2期。
[2] 参见国家统计局编：《中国统计年鉴——2013》，中国统计出版社2013年版，第330页。

三、经济增长方式转变的困境

在转变经济增长方式方面,我国也取得了进展。但就整体而论,经济增长方式未实现全局性、根本性的转变。因为实现经济增长方式从粗放型向集约型转变,受各种因素的影响,如经济发展水平、科技创新与进步、劳动者的科学文化素质。其中,劳动者的科学文化素质是最根本的因素。21世纪初期,要谋求实现经济增长方式的根本性转变,仍面临着诸多挑战,而且有些因素难以在短期内得到实质性改变。改革开放以来,虽然我国经济高速发展,但对于经济增长方式转变而言,仍存在以下制约因素:

(一) 经济体制与经济结构的桎梏

转变经济增长方式必须要排除经济体制与经济结构的束缚。从经济体制看,它是影响经济增长方式转变的关键性因素之一。经济增长方式的集约型或粗放型,其判断标准是经济增长靠效率提高还是靠要素投入增加,而决定经济效率高低的根本因素是经济体制。我国现行经济体制不利于转变经济增长方式,其中突出的矛盾就是政府职能的错位。市场"看不见的手"的功能受到政府"闲不住的手"的制约,从而出现政府权力过大和干预过多问题。而在应当由政府发挥作用的领域,政府功能缺位和作用发挥不足相当突出。这是造成市场秩序不良、价格体系扭曲和社会资源配置效率低下的关键所在。从经济结构看,它是与经济增长方式转变紧密联系和相互制约的因素。经济结构不合理是导致增长方式粗放、增长成本过高的重要原因。我国三次产业结构表明,工业比重过大,工业中高能耗的重工业增长过快,这是我国单位产值能耗高、环境压力大的始作俑者。产业结构高级化进程缓慢,第三产业在产业结构中的比重偏低,成为转变经济增长方式的一大困境。就工业内部结构而论,要扩大高新技术产业的结构比。

(二) 劳动者科学文化素质低下

劳动者素质是经济增长最活跃的因素,因为体制创新、科学研究、开发应用、经济结构的调整等,最终要由人来完成。劳动者的受教育程度,直接影响、制约着科技的发展程度,影响着经济增长效益。世界银行资料表明,劳动者平均受教育的年限每增加1年,GDP就会增加9%。目前,在我国劳动者队伍中,大多数为初中以下文化水平。改革开放以来,随着我国文化教育事业的发展,教育改革和高等教育规模扩大,劳动力文化素质比过去已有了显著提高,但与发达国家相比,还存在着较大差距,表现为规模小、结构失衡、质量低、投资不足、人员素质不高;对教师和科技人员的激励不足,阻碍了科技和教育的进步与发展;与现代化经济的客观要求也相差甚远,劳动者整体受教育程度较低,成为制约经济发展的主要障碍之一。可见,要将经济增长"由主要依靠增加物质资源消耗向由主要依靠科技进步、劳动者素质提高、管理创新转变"①。

低素质劳动者对经济发展的制约主要表现为:其一,制约了引进和发展高技术含量的产业。经济发展靠外延扩大,粗放经营,对集约型经济增长方式的实现有直接的制约作用。要实现经济的集约型增长,必须优化产业结构,从低层次向高层次产业转化,实现这种转化,要靠高文化素质的劳动力。其二,从经济的集约型增长对劳动力文化素质的客观要求看,劳动力文化素质仍处于比较低下的状态,制约着国民经济增长方式的转变。经济增长方式要从粗放型转变为集约型,在很大程度上取决于劳动力的文化素质,因为科学技术的转移、扩散,科技成果的转化、推广,立足于全体劳动者的参与与支持,没有文化素质高的劳动力,就没有科技进步所推动的经济集约型的增长。其三,劳动力素质是影响劳动生产率的关键。在生产力诸要素中,劳动力文化素质占主要地位,起着推动作用。劳动者能有效掌握技术,熟练运用各种复杂的机器设备,节约劳动消耗,提高物质资源的使用率,从而提高劳动生产率。经济增长方式转变,必须依赖于劳动力文化素质的提高。只有这样,才能提高产品质量、档次和水平,满足消费者日益变化发展的需要,增强竞争能力,增加经济效益。改变这种状况需要假以时日,因此要大力发展教育事业,大力开发人力资源,增强公民吸收、获取和交流知识的能力。② 通过改善劳动力素质、增加人力资本积累,促进我国经济增长方式转变是兴国的战略性任务。

(三) 科技创新能力与进步程度

如果将一个国家的科技创新能力解析为科技潜在能力、科技发展能力、科技产出能力和科技贡献能力,那么我们可以从这四个角度观察一个国家科技创新能力的高低。科技潜在能力是指科技发展的外部环境,既包括社会经济发展水平、产业结构调整与升级、民众生活水平的提高对科技发展的外部需求推动,又包括科技系统运行体制、经济制度和组织保障对科技能力的制约作用。科技发展能力是指硬件和软件两方面的条件,前者是指科研所需的物质基础设施,后者

---

① 胡锦涛:《高举中国特色社会主义伟大旗帜 为夺取全面建设小康社会新胜利而奋斗》,人民出版社2007年版,第22—23页。

② 参见"构建社会主义和谐社会问题研究"课题组:《构建和谐社会与转变经济增长方式》,载《经济研究参考》2005年第21期。

是指资金和科技人员的规模。科技产出能力是指知识生产能力和技术生产能力,前者是指知识产出能力,如科技成果获奖数、论文数和著作数;后者是指技术创新能力,如申请专利数量等。科技贡献能力是指科技成果转化为现实生产力的效益,包括经济贡献、社会贡献和环境效益。诸如,科技对经济的推动作用,科技提高了决策和管理水平,科技减轻了社会经济活动对环境的压力。

科技是经济增长中的重要因素。集约型经济增长方式的本质特征是,依靠科技成果的巨大潜力降低消耗,节约成本,提高经济效益。目前,我国机器设备的总体技术水平比西方发达国家落后,技术进步对经济增长率的贡献接近30%,[1]而发达国家则高达60%至80%。因此,要实现经济增长方式的转变,必须竭力推动技术与管理创新,并提高科技成果的产业化率。[2] 但是,由于经济关系没有理顺,科技成果转化为现实生产力的速度、范围、效果方面与发达国家有很大的差距,大量科技成果不能转化为生产力,造成了巨大的浪费;即使能够转化为生产力的成果,转化时间也太长。在科技日新月异、经济全球化的时代环境下,如果转化的周期过长,科学技术的先进成果等到转化为生产力后,已经变成了落后的技术。因此,要"加快建立以企业为主体、市场为导向、产学研相结合的技术创新体系,引导和支持创新要素向企业集聚,促进科技成果向现实生产力转化"[3]。

(四) 传统观念和就业压力的双重约束

在计划经济体制下,发展经济意味着争投资、上项目、求规模,实行跃进式的增长。更新有关职能部门和民众长期形成的传统观念,是一个渐进的过程,只有经过长期的改革与实践,才能逐步摈弃传统观念,自觉地实行集约型经营。因此,转变观念是至关重要的,包括转变片面重视资金引进、忽视核心技术转让的思想,因为这会使企业丧失创新能力和核心竞争力;转变片面重视短期利益而忽视长期利益的思想;转变片面重视跟踪模仿,不愿自主创新的思想,等等。[4] 更为重要的是,我国尚有众多劳动力处于失业状态,出现高增长、低就业的经济发展格局。[5] 因此,要妥善处理好工业化过程中提高生产率与扩大就业的关系,不

---

[1] 参见厉无畏、王振主编:《转变经济增长方式研究》,学林出版社2006年版,第3页。
[2] 参见林书香:《科学发展观与经济增长方式转变》,载《联合日报》2005年4月20日。
[3] 胡锦涛:《高举中国特色社会主义伟大旗帜 为夺取全面建设小康社会新胜利而奋斗》,人民出版社2007年版,第22页。
[4] 参见厉无畏、王振主编:《转变经济增长方式研究》,学林出版社2006年版,第120页。
[5] 参见林吉双:《我国本轮经济增长存在的问题及对策》,载《改革》2005年第2期。

断增加就业。① 相对而言,在粗放型生产方式下,单位投资所吸收的就业人数比集约型多,这是经济增长方式转变所面临的最大困境之一。

四、经济增长方式转变的途径

转变经济增长方式的关键在于深化改革,②全面提高生产要素的使用效率。为了实现这一目标,在宏观层次上要推动政府职能转型,在微观层次上要提高企业的投入产出比。更为重要的是,要大幅提高科技进步在经济增长中的贡献率。同时,要建设节约型社会,并提倡循环经济。

(一)推动政府职能转型,改善企业功能

转变经济增长方式的关键在于推动政府职能转型。政府对主要经济资源和生产要素的控制,对市场和企业的行政干预,以及行政垄断、价格和市场准入方面的行政审批、地方保护主义等,在一定程度和范围内扭曲了市场机制配置资源的功能,还造成大量的寻租、贪污和资源浪费现象。只有转变政府职能,才能将政府主导的经济增长模式转换为政府调控、市场主导、企业创造的经济增长模式。③ 目前,政府拥有过多的资源配置权,④致使企业和产业资源配置不当。在需要大规模生产的行业中,企业规模过小。由于生产分散,没有形成规模经济,其中汽车、石油化工、钢铁工业尤为突出。在规模小的情况下,企业又自我封闭,专业化协作程度很低,存在该集中的不集中、该分散的不分散现象。从总体上看,国有企业的规模结构水平较低,缺乏合理的分散化。企业中间产品的自制率较高,导致了投资的过度分散和企业投资规模的增加。这种状况造成产品成本高、资源浪费大、规模效益差。因此,要实现增长方式的转变,必须努力打破地区、部门和行业界限,通过联合投资、联合生产以及专业化分工协作等手段发展规模经济,提高企业功能。

(二)在优化生产要素配置的同时,提高企业的投入产出比

提高企业经济效益,要加速企业的改革、改组和改造。改组就是优化生产要素在企业间的配置,形成规模经济,优化产业结构。改革就是转换企业经营机制,建立现代企业制度,增强企业提高投入产出比的内在动力,使企业自觉地加强管理。在现有企业的基础上进行技术改革,是实现集约型增长的有效手段。

---

① 参见《经济增长方式必须实行根本性转变》,载《人民日报》2005 年 1 月 17 日。
② 参见厉以宁:《转变经济增长方式的关键》,载《人民日报·海外版》2005 年 3 月 12 日。
③ 参见卫兴华、侯为民:《中国经济增长方式的选择与转换途径》,载《经济研究》2007 年第 7 期。
④ 参见吴敬琏:《政府转型:经济增长方式转变的唯一出路》,载《江南论坛》2004 年第 12 期。

更为重要的是,要加快国有企业改革步伐。目前,国有企业仍是国家财政收入的主要来源,存在大量就业人口,背负着沉重的历史包袱,积累能力薄弱。其改革的首要问题是产权制度改革和结构重组;其次是减轻企业过重的负担,采取果断措施取消国有企业的不合理负担,特别是剥离企业承担的各种社会服务功能,包括养老、医疗、隐性失业和住房等;同时,要加强企业微观管理,降低浪费,力求节约。产品质量的好坏,成本的高低,与流水线工人的责任心有着直接关系。如果职工都负责任地从事劳动,厉行节约,严格把好质量关,就会产出高质量、低成本的产品,从而对经济增长作出贡献。

(三) 技术创新和进步成为经济增长方式转变的核心①

技术创新是集约型经济增长的核心,发达国家经济增长主要依靠科技进步。科技进步提高经济效率的途径是:其一,提升要素的质量和扩大要素的范围;其二,提高劳动者对科技的掌握和应用能力,提升生产的劳动结构;其三,提升社会整体技术水平,在提高质量和降低成本的基础上提高经济效益;其四,优化生产要素在生产过程中的组合方式。可见,加速技术进步极为重要。然而,长期以来,我国关键技术和核心技术自给率低,自主创新与研发能力不强,高科技人才匮乏,导致高新技术产业在整个国民经济中所占的比重不高。增强自主创新能力,需要政府加强政策引导和扶持,加大对科研开发的投入。② 更为关键的是,要提高科研成果转化率,实现科技与经济紧密结合。这就意味着掌握更多新技术、有更高生产率的企业在竞争中取胜,同时淘汰过时和低效产业,以及促进新兴产业成长,增强我国产业的国际竞争力。这必然要求产业升级和经济结构调整。过去,以数量扩张和价格竞争为主的增长方式面临向提高质量和管理水平、以技术进步和效率提高为主导的增长方式转换。如果不能完成这种转换,低技术产品过剩和高质量、高技术产品供给不足的结构性矛盾将难以解决,经济效率将难以提高。因此,实现经济增长方式的转变,必须要加大科技进步在经济增长中的贡献率。

(四) 建设节约型社会,并提倡循环经济③

要促进经济增长方式的转变,就必须节约资源,使之成为个人素质乃至民族性格的重要组成部分,因此,整个社会要具有强烈的资源意识。一方面,只有全社会养成崇尚节约之风,才能从根本上减少浪费、降低能耗,实现文明消费;另一

---

① 参见林吉双:《我国本轮经济增长存在的问题及对策》,载《改革》2005年第2期。
② 参见卫兴华、侯为民:《中国经济增长方式的选择与转换途径》,载《经济研究》2007年第7期。
③ 参见陈毅然:《从三方面推进转变经济增长方式》,载《文汇报》2005年7月30日。

方面,每一个公民都要从公民道德和社会意识出发,自觉自愿地节约资源。循环经济以环保和节约为基础,是实施可持续发展战略的必要组成部分,其原则有三,即减量化、再使用和再循环。这些原则用于企业,一是要求企业内部物质循环,即在企业生产过程中,减少污染物排放,直至达到零排放的环境保护目标;二是要求企业之间的物质循环,即以工业代谢和共生原理为指导,将若干个相互关联的企业共建于一个园区,形成不同品级使用价值链的生产与再生产的循环;三是要求生产和消费过程中的物质循环,即在工厂企业、包装公司、零售商和消费者之间建立包装废弃物回收系统,确保其被回收和再利用。[①] 循环经济是系统工程,涵盖工业、农业和消费各类社会活动,需要各种新技术作为支撑,更需要政府法规的保障。因此,提倡循环经济,发展再生资源产业,是经济增长方式转变的良好途径之一。[②]

(五) 促进农业增长方式的转变

我国大部分地区农业生产还属于粗放型,表现为生产手段落后、资源利用率低。例如,大量化肥、农药得不到有效利用,不仅造成浪费,而且形成污染。可见,实现农业增长方式转变,既是农业发展的要求,也是保护生态环境的要求。其转变途径主要有:其一,提高科技进步在农业发展中的作用。目前,我国农业增长中科技进步的贡献率低,加快农业科技进步刻不容缓。一是要围绕制约农业可持续发展的重大科技难题攻关。例如,充分利用生物的遗传潜力,实行种子产业化工程;开展生物技术等新技术研究;加强农副产品循环利用技术研究;加强基础农业技术研究等。二是深化农业科技体制改革,由原来单一封闭的计划经济体制向多层、开放的市场经济体制转变,建立科技、经济一体化的新体制。例如,建立健全技术市场,完善农业科技成果的推广应用体系;大力推广先进、实用的农业科技,做好科技成果转化工作。其二,采用产业化的经营方式。它能引导农民按市场需求组织生产,通过采用先进科技对区域农业资源进行科学的综合开发,通过产业链的延伸,实现产品的多层次增值,并通过利益纽带结成利益均沾、风险共担的利益共同体,解决小生产与大市场的矛盾、传统生产方式与现代先进科技的矛盾、社会效益高与自身效益低的矛盾,促进技术、人才、资金、设施等生产要素流向农村,有力促进集约型生态农业的发展。

总之,要"坚持把发展现代农业、繁荣农村经济作为首要任务,加强农村基

---

① 参见厉无畏、王振主编:《转变经济增长方式研究》,学林出版社2006年版,第18页。
② 参见马凯:《树立和落实科学发展观,推进经济增长方式的根本性转变》,载《宏观经济研究》2004年第3期。

础设施建设,健全农村市场和农业服务体系"①。但是,我国地区、部门的发展差距大,技术水平参差不齐,在实现经济增长方式的转变时,要有序地推进。就地区格局而论,东部沿海地区是经济增长方式转变的重点,中西部要继续扩大生产规模,但也要将技术进步放在重要地位,个别行业与地区可以降低粗放型增长成分,提升集约型增长成分。就三大产业而论,工业技术水平相对较高,首先应实现增长方式的转变。农业要向广度与深度发展,实施大农业的战略思路,走科技兴农之路,兴建更多、更好的乡镇企业,尽可能多地就地消化农村剩余劳动力;在结构调整中,服务业发展意义重大,其中金融、信息、通讯、交通、科研、生产服务业的发展会提高整体经济效率。第三产业中的零售、餐饮、生活服务、医疗卫生、文化教育、环境管理、旅游等的发展将改善民众生活质量,加速人力资本形成。这些对创造更多就业机会、促进收入分配均等化有积极作用。服务业在继续扩大规模、增加服务形式与方式的同时,也要加快技术进步,普及与实现网络化。

第四节 经济增长与就业的关系

一、经济增长影响就业的方式

西方经济学家普遍认为,在一定的技术水平条件下,如果有较高的投资率,就会有较高的经济增长率;如果经济增长了,就业人数就会增加。换言之,要实现充分就业,最重要的是有较高的经济增长率。经济增长与就业关系密切,奥肯定律对此给出了准确的解释。当经济增长率高于2.25%时,失业率将会下降,在此基础上,经济增长率每增加一个百分点,失业率就会下降半个百分点;当经济增长率低于2.25%,失业率将会上升,在此基础上,经济增长率每减少一个百分点,失业率就会上升半个百分点。奥肯定律主要适用于没有实现充分就业的情况,即失业率是周期性失业或需求不足的失业情况下的失业率。在实现充分就业的情况下,自然失业率与实际国民生产总值增长率之间的这一比值关系就会有所弱化。

经济增长是就业增长的前提和必要条件,而不是充要条件。事实上,经济增长并不必然导致相同的就业增长。我国出现了经济与失业同步增长的局面。因此,在保持较快的经济增长的同时,还要选择恰当的经济增长方式。经验表明,

---

① 胡锦涛:《高举中国特色社会主义伟大旗帜 为夺取全面建设小康社会新胜利而奋斗》,人民出版社2007年版,第23页。

实行不同的经济发展战略,形成不同的经济增长方式,通常会带来不同的就业效果。亚洲"四小龙"是比较优势发展的典型,而中南美洲国家是违背此法则的代表。在现实经济运行中,由于受到经济结构、经济增长方式等诸多因素的影响,经济增长与就业之间表现出不同的互动模式,就业弹性的强度和方向也会有所不同。经济学用就业弹性系数表示两者的关系,它是指 GDP 增长一个百分点,所带动就业增长的百分点。就业弹性系数为正值时,弹性越大,经济增长对就业的拉动效应就越高,反之则低;而在就业弹性系数为负值时,经济增长将会导致就业减少。两者关系有如下几种类型:

(一) 高经济增长、高就业增长

这表明经济增长与就业呈正相关关系,与失业率呈反方向变动,即在经济增长较快时期,失业率呈下降趋势。20 世纪 50 年代后,西方资本主义国家步入高增长期,这种状态持续至 1973 年石油危机爆发。在此期间,主要资本主义国家经济增长率达到 4.9%,大大超过了以前。[①] 在经济高增长的同时,发达国家基本上实现了充分就业,部分国家甚至出现了劳动力短缺。统计资料表明,美国在此经济高增长期的失业率平均仅为 3.8%,英国只有 2.5%,英美两国基本上实现了充分就业;日本失业率更低,平均只有 1.2%,联邦德国也只有 1.4%,日德两国的失业率都低于同期的自然失业率,出现了劳动力短缺。[②]

(二) 高经济增长、低就业增长

20 世纪 90 年代,我国经济增长率比 80 年代高,21 世纪前十年比 90 年代高。而与经济增长率相反的是,20 世纪 80 年代,我国登记失业率在 3% 以下,90 年代登记失业率在 4% 以下,21 世纪前十年我国登记失业率却一直超过 4%。[③] 上海也曾出现高经济增长、低就业增长的情形。2000 年,上海经济增长率达到 11.0%,城镇登记失业率却为 4.5%;2010 至 2012 年,上海经济年均增长率为 8.7%,城镇登记失业率均为 4.2%。[④]

究其原因,现代经济增长的主要决定因素是技术进步。在发达的现代经济中,在给定的环境条件和制度框架下,技术进步和效率提高是长期经济增长的主

---

① 参见唐思文:《现代资本主义经济研究与借鉴》,中国金融出版社 1994 年版,第 21 页。
② 参见潘光军:《中国就业问题的宏观经济研究》,中国财政经济出版社 2006 年版,第 80 页。
③ 参见彭耀桃、刘芳:《高经济增长率下低就业的原因及政策建议》,载《重庆理工大学学报》(社会科学版)2010 年第 4 期。
④ 参见上海统计局、国家统计局上海调查总队编:《上海统计年鉴—2013》,中国统计出版社 2013 年版,第 46、61 页。

要因素,技术进步越来越成为经济增长的重要源泉。但技术进步除了促进经济增长外,还将会对就业产生深刻影响,它一方面破坏旧的就业岗位,或者淘汰旧的工作技能,而另一方面又在创造新的就业岗位,或者产生新的工作技能需求,最终就业效应将取决于这两种相反效应的相对强度。①

(三) 低经济增长、低就业增长

从历史上看,在经济停滞或衰退时期,失业率则呈上升趋势。石油危机冲击西方经济,进而导致就业紧缩是典型的案例。在此期间,整个西方经济从高速增长转向低速运行,失业率急剧上升。从现实情况看,近年来一些国家在经济增长率较低或出现负增长时,失业率明显上升。2009 和 2011 年,日本经济分别出现 5.53% 和 0.57% 的负增长率,失业率相应上升至 5.1% 和 4.6%。2009 年,南非经济增长率为负 1.53%,失业率猛增至 23.9%,2012 年经济增长率为 2.55%,失业率高达 25.1%。2009 和 2012 年,美国经济增长分别为负 3.07% 和 2.21%,失业率分别达到 9.3% 和 8.1%。西班牙低经济增长和低就业增长的数据更加具有代表意义。2009、2010 和 2012 年,经济增长分别为负 3.74%、负 0.32% 和负 1.42%,失业率相应高达 18.0%、20.1% 和 25.1%,如表 2-5 所示。可见,经济增长率与失业率明显呈反方向变动,与就业扩张呈正相关关系。②

表 2-5 近年来部分国家经济增长率和失业率的变化 单位:%

类别 国家	2005		2009		2010		2011		2012	
	增长率	失业率	增长率	失业率	增长率	失业率	增长率	失业率	增长率	失业率
中 国	11.31	4.2	9.21	4.3	10.45	4.1	9.30	4.1	7.80	4.1
菲律宾	4.78	11.4	1.15	7.5	7.63	7.3	3.91	7.0	6.59	7.0
日 本	1.30	4.4	-5.53	5.1	4.65	5.1	-0.57	4.6	2.00	4.4
南 非	5.28	23.9	-1.53	23.9	3.09	24.9	3.46	24.9	2.55	25.1
美 国	3.07	5.1	-3.07	9.3	2.93	9.6	1.81	9.0	2.21	8.1
加拿大	3.11	6.8	-2.80	8.3	3.17	8.0	2.57	7.5	1.84	7.2
巴 西	3.16	9.8	-0.33	8.1	7.53	6.7	2.73	6.0	0.87	5.5
意大利	0.93	7.7	-5.49	7.8	1.72	8.4	0.37	8.4	-2.37	10.7
西班牙	3.59	9.2	-3.74	18.0	-0.32	20.1	0.42	21.6	-1.42	25.1
新西兰	3.12	3.9	-1.64	6.4	1.75	6.5	1.42	6.6	2.54	6.9

资料来源:参见国家统计局编:《中国统计年鉴—2013》,中国统计出版社 2013 年版,第 955—956 页。

---

① 参见胡鞍钢等:《扩大就业与挑战失业》,中国劳动社会保障出版社 2002 年版,第 165—166 页。
② 参见潘光军:《中国就业问题的宏观经济研究》,中国财政经济出版社 2006 年版,第 81 页。

总之,经济增长扩大对劳动力的需求,两者存在密切的关系。从根本上讲,劳动力需求的扩大,取决于经济已有的规模及其增长速度。只有经济规模不断扩大,才能相应地创造新的就业岗位。因此,保持经济的稳定增长,使国民经济增长率高于就业增长率,是实现充分就业目标的关键环节。

必须注意的是,在粗放型向集约型经济增长方式的转变中,生产要素的作用将发生较大变化,质的提高将取代量的扩张,从而对就业产生不利的影响。在经济增长率不变时,生产要素使用效率的提高会相应降低对要素投入的要求。在投入要素中,资本投入相对于劳动力投入更为稳定,而劳动力既能较快增长,又能适当减少。在其他因素不变的情况下,技术进步率与劳动增长率成反比,经济增长方式的转变意味着技术进步率的提高,这不利于就业,会使劳动力就业减少。经济增长方式的转变如果发生在经济增长速度缓慢甚至停滞期,必将造成就业困难甚至失业。但是,从长远看,技术进步必将带来产业结构的变化,一方面,技术进步会导致新产业、新行业的不断涌现,从而产生新的就业增长点;另一方面,技术进步带来的社会总产量的增长往往超过社会人口的增长,导致民众实际收入的增加和工时的缩短,从而推动整个社会服务业的快速发展,并创造较多的就业机会。产业结构的变化不仅使就业结构发生变化,而且使就业总量呈现增长趋势。① 同时,转变经济增长方式,可以提高企业的经济效益,增加利润,使就业者的收入有所提高,也使就业者增加消费支出,并因此扩大社会消费需求,扩大生产,从而有利于扩大就业,提高整个社会的就业水平。②

二、我国经济增长与就业

改革开放后,我国经济增长速度较快,就业人员不断增加,但就业弹性系数有所下降,如表2-6所示。20世纪80年代为经济增长的高就业阶段,高经济增长伴随着就业人员的快速增长,就业弹性系数较高,表现出劳动密集型经济特点。20世纪90年代后,经济仍然保持高增长,但就业却增长缓慢,就业弹性系数下降。这主要由于劳动力投入在经济增长中的贡献率趋于下降,资本、技术等投入要素以及制度性要素的贡献率提高。③ 在工业部门,我国走出了一条资本密集、排斥劳动就业的工业化路线,经济高增长、资本高投入并没有带来相应的

---

① 参见潘光军:《中国就业问题的宏观经济研究》,中国财政经济出版社2006年版,第79页。
② 参见胡乃武、张海峰:《转变经济增长方式与增加就业的关系》,载《经济理论与经济管理》2001年第3期。
③ 参见《就业增长取决于经济增长方式》,载《经济参考报》2003年7月28日。

就业增长。换言之，经济高增长主要依赖资本高投入。这种经济增长方式是与国情相悖的，因此必须加以转变，否则，人口就业压力将难以缓解。经济增长能否带来就业的同步增长，关键取决于经济增长方式的选择。随着现代化的逐步实现，由资本、技术密集型引发的就业岗位的减少成为必然。面对沉重的就业压力，劳动力基数大和资本短缺的基本国情，决定了我国应该选择就业增长优先型的经济增长模式；各级政府应当把创造更多的就业机会和增加就业人口规模作为首要的发展目标；就业政策应该成为优先的经济政策和社会政策，成为宏观政策的根本取向。

表2-6 我国就业弹性系数

年份 \ 类别	年平均增长率%			就业弹性系数	
	GDP	净投资总额	就业人数	就业—经济增长	就业—投资
1952—1978	6.15	8.84	2.58	0.42	0.29
1979—1989	9.51	12.32	2.96	0.31	0.24
1990—1995	11.98	9.14	1.23	0.10	0.13
1996—2000	8.27	13.87	0.93	0.11	0.07

资料来源：转引自胡鞍钢等：《扩大就业与挑战失业》，中国劳动社会保障出版社2002年版，第126页。

除了发展模式和增长方式等原因之外，就业弹性系数下降还有其他成因，主要包括：第一，投资扩张低效率。改革开放以来，我国曾出现了几次投资膨胀，并形成了巨大的生产能力。但是，巨额投资主要集中在产业层次低、技术含量低的传统制造业和服务业，投资扩张并没有推动产业升级。这种低水平投资及重复建设的弊端，在最近几年明显地暴露出来，不利于增强国民经济发展的后劲和扩大就业。第二，第三产业内部结构不合理。这主要表现在，仍以传统的商业、交通运输业为主，一些基础性产业（如邮电、通讯）和新兴第三产业（如金融、保险、信息、咨询、科技等）仍然发育不足。造成这种状况的原因有：一是行政性垄断。民间投资进入的壁垒以及排斥竞争的价格政策等，限制了许多第三产业的迅速发展。目前，民间资本都希望能投资于公共事业，如医院、学校、邮政、市政、公交等，但有关部门加以阻拦，造成人为的市场紧张，也影响了这些行业的发展和吸纳就业。二是事业单位体制改革滞后，造成政企不分，如该由市场中介组织去做的事情，却由政府部门下属的事业单位包揽。第三，企业组织结构调整存在问题。大型企业创造一个就业岗位需投资22万元，而中型企业创造一个就业岗位需投资12万元，小型企业创造一个就业岗位只需投资8万元。但在企业组织结构调整过程中，出现了片面强调大企业、大集团重要性的倾向，对中小企业发展的扶植力度不够,融资难是制约中小企业发展的大问题。第四,乡镇企业吸纳就业能力降低。乡镇企业在吸纳农村劳动力就业方面功不可没,在1989年以前,每年吸收1260万农村劳动力就业。近年来,我国乡镇企业数量有所下降,吸纳就业的能力降低,如表4-5所示。乡镇企业就业弹性下降,对整个社会的就业弹性产生负面影响,并限制了小城镇的发展。2012年,全国乡镇区划数量为40446个,其中镇有19881个,乡有13281个,许多都是依托乡镇企业发展起来的。[①] 这种衰退必将影响农村就业进而对整个劳动力市场产生影响。

值得注意的是,我国经济增长已初步显现出现代经济的特征,表现为产业结构的新变化,即第三产业增加值占比重最大、第二产业次之、第一产业最小。这是我国经济高速增长促使产业结构不断提升的结果,并将对未来经济增长和劳动力就业产生影响。过去,由政府推动的高经济增长成为我国经济发展的首要目标,也加快了我国的现代化进程,并在世界经济中产生了影响力。但是,高经济增长也导致了我国经济结构失衡、产能过剩和环境危机等问题。如果使经济增长速度快速下降,那么在高增长时期兴办的企业就有可能因为产业链和资金链断裂而出现经营困难;如果继续保持原来的高增长,各种失衡和矛盾可能会增加国民经济的运行风险。特别是我国已处于工业化中期阶段,经济增长和劳动力就业的关系更加紧密。改善就业不仅推动着城镇化进程,同时也改善着收入分配和民众生活,并反过来促进经济增长。因此,经济增长过快可能会影响经济结构调整和经济发展方式的转变;经济增长过慢就会减少劳动力就业数量,这可以从总量和结构上加以考察。

缓慢的经济增长可能造成对劳动力需求总量的减少。随着人口老龄化的加剧,城市中有一批就业岗位析出并需要及时填补,所以城市就业问题主要是行业和岗位之间如何安排的问题,在总量上已经不会明显增加。从结构上看,第三产业近年来表现出稳定上升的趋势。过去优先发展制造业以及第二产业,即由工业化带动现代化,是我国经济发展进程中的正确选择。第二产业具有分工更细和产业链更长的特点,其产品可以跨行业、跨地区甚至跨国家流动,具有更大的发展空间。第二产业既为地方经济提供了发展机遇,又增加了地方经济的风险。但经济发展达到一定阶段后,产业发展不再具有原来的需求拉动和供给支持,第二产业的主导地位就可能会发生改变,并将对劳动力就业产生影响。特别是在我国经济进入新的发展阶段后,第二产业技术密集度和资本密集度的增加必然带来劳动生产率的提高,从而减少对劳动力的需求。因为第二产业是用机器来

---

① 参见国家统计局编:《中国统计年鉴—2013》,中国统计出版社2013年版,第3页。

替代劳动的,科技和经济发展水平越高,对劳动力的相对需求也就越小。长期以来,由于我国劳动力成本较低,带动了一部分出口导向的劳动密集型制造业企业的发展,并有效替代了一部分物质资本的投入。但从发展趋势看,要素的贡献率不同,劳动密集型必然要被技术和资本密集型所替代,我国第二产业的就业增长也将趋缓。①

三、发展的模式选择

(一) 发展模式选择与教训

经济发展战略有两种不同的选择:一是增长优先论,即经济增长是最重要的目标,也是首要目标,这是以经济增长为中心的发展思路。二是就业优先论,即扩大就业岗位、降低失业率是最重要的目标,也是首要目标,这是以就业增长为中心的发展思路。几乎所有的计划经济国家都选择了第一种发展模式,以追求经济增长为首要目标;几乎所有的市场经济发达国家都选择了第二种发展模式,以促进就业增长为首要目标。长期以来,我国经济增长模式属于第一种模式。但是,随着经济转型、经济结构变化,经济增长促进就业的功能在下降,失业问题严重,经济发展战略必然要向第二种模式转变。这就决定了经济增长率不再是政府指令性计划指标,而是取决于市场机制下的社会总供给和总需求关系。大量失业是市场失效和社会劳动力资源浪费的重要表现,创造就业机会、降低失业率、提供社会保障成为市场经济条件下政府最重要的经济职能。② 经济高增长以及扩大内需,不是经济发展之目的,而是手段,其政策核心是积极创造大量的就业岗位,使经济增长能够促进就业增长,就业政策应成为最优先的经济和社会政策。

不同的发展模式是由不同的发展目标和发展战略所构成的。二战后,许多发展中国家面临发展经济、提高福利和民主参政的压力,但这些目标难以同时兼顾。部分国家首先选择了民主政治和公平分配的发展模式,其结果是国家控制能力弱,经济效益差,在经济增长缓慢或停滞的同时,出现了政治动乱。例如,坦桑尼亚注重分配公平,造成有发展无增长;印度形式上建立了民主政体,但经济业绩差;巴西等拉美国家选择了以政治独裁保证政府权威和效率,部分放弃民主参政,完全放弃公平分配,造成经济增长快,但同时造成分配不公、社会矛盾加

---

① 参见刘伟、蔡志洲:《产业结构演进中的经济增长和就业——基于中国2000—2013年经验的分析》,载《学术月刊》2014年第6期。

② 参见胡鞍钢等:《扩大就业与挑战失业》,中国劳动社会保障出版社2002年版,第26页。

深、政府腐败惊人。这种发展模式对劳工阶级极为不利。东亚模式利用国家的力量推动经济增长,同时注重较为合理地分配社会财富。它不同于巴西模式,其经济增长最为显著,政府腐败程度比拉美国家轻。①

(二) 就业优先发展的理由

我国应当选择就业优先发展模式,理由主要有:其一,失业已经成为收入分配差距扩大、国内有效需求持续不足和社会治安隐患的重要成因。特别是在社会保障制度不够健全的背景下,城市劳动力大量失业和农村劳动力严重过剩,导致其中的许多家庭生活来源大幅度减少,生活水平明显下降。这不仅造成经济问题,而且会形成社会问题,也是对人的基本权利的损害。同时,选择就业优先发展模式还直接体现我国社会主义制度的基本特征,以及新时期政府"以人为本"的执政理念。虽然目前单纯依靠就业优先的政策并不能彻底解决我国的就业问题,但作为一种组合性政策措施和政策思路,将就业问题置于经济发展优先位置予以考虑,其经济和社会意义是十分重大的。其二,我国国情决定了在经济发展战略上应采取就业优先的增长模式,而不能采取其他资源优先的增长模式。因为从要素禀赋条件看,人口基数庞大,并且劳动力占总人口比重较大,劳动参与率较高,未来20年正处于劳动力增长的高峰期,每年新增劳动力逾千万;加上失业下岗人员和农村剩余劳动力,今后每年需要增加千万个就业岗位。而政府现时只能提供就业岗位约800万个。随着科技进步,资本有机构成提高,产业结构升级,经济增长所能吸纳劳动力的弹性系数在降低。在经济转型的过程中,就业问题的出现是为提高经济效率而付出的代价,是计划经济向市场经济转型的成本。大量人口的就业压力,根源于极大的劳动力供给与有限的资源之间的矛盾。

改革开放以来,政府采取了一系列经济政策,旨在提高经济效率,结果却导致了居民收入差距扩大和基尼系数急剧上升;同时,对效率的偏重要求资本有机构成提高,加速了资本替代劳动的过程。虽然政府将失业控制列入宏观调控的主要目标,但在实践中却有所偏重。政府想以经济增长带动就业增长,但事实上并非以就业作为我国经济运行与发展的优先目标,而是以就业增长作为经济增长政策的配套措施。但是,经济增长并非伴随相应的就业增长,这就需要在技术进步与结构调整上进行深入研究。

综上,在经济发展的过程中,必须要妥善处理效率与就业的关系。在计划经

---

① 参见王义祥编著:《发展社会学》,华东师范大学出版社2004年版,第262页。

济体制下,我国曾采取牺牲效率的方式扩大就业,但却致使经济发展落后,极大地削弱了国家的国际竞争力。改革开放后,片面追求经济增长速度,已经使更多的人加入失业行列。因为政府并未将充分就业作为经济政策调节的主要目标,而主要考虑经济增长、货币稳定和国际收支平衡问题。其理由可能是,只有实现经济增长,就业问题才能得到解决。但是,实践证明,这种思路是行不通的。因此,必须采取效率与就业兼顾的发展政策。①

（三）模式选择与技术选择的关系

实施就业优先,要在技术选择上多考虑就业因素。技术进步是经济增长的推动力,一方面,技术进步通过产业创新推动产业结构升级。技术进步可以通过工艺创新、新技术应用、新产品开发等途径,催生出一大批新兴产业,从而成为产业结构升级的直接动力。科技创新在不同产业、部门之间以不同的速度、强度出现,推动主导产业的依次更替,从而引导产业结构不断向高级化方向发展。另一方面,技术进步通过引导需求推动产业结构升级。任何一种产业的发展和壮大,都必须以市场需求的存在和扩大为支撑。另外,消费结构的不断变化引导着产业结构不断调整。因此,市场需求是产业结构最根本的影响因素,需求结构变化是产业结构调整的最终推动力。然而,产业结构要适应需求结构变动而及时调整,必须有技术进步相配合。技术进步推动结构升级,最直接的途径就是降低产品的成本与价格,从而使潜在的社会需求成为现实的市场需求。②

但是,不同类型的技术进步对就业的影响差异较大:资本密集型技术将导致就业率下降,失业率上升;劳动密集型技术可创造大量就业机会,但也可能使发展中国家固守劳动密集型产品生产,加大与发达国家的技术差距。我国不能只考虑就业而安于落后技术,但也不能过于迷信先进技术,因为现代工业是在资金充裕、劳动力短缺的西方社会兴起的,很多技术并不适合劳动力充足的发展中国家。③我国经济容量较大,一方面,完全可以有选择地发展高新技术产业,提高一批骨干企业的资本和技术密集度,以确保增长的质量和国际竞争力;另一方面,要大力发展劳动密集型中小企业。因为劳动力是我国的资源优势,劳动密集型增长方式既能降低企业生产成本,又能解决国民就业,具有国内的需求基础,也具有较强的国际竞争力。提倡大力发展劳动密集型产业,并非要否定和限制

---

① 参见黄安余:《就业弹性下降与增长方式选择》,载《经济师》2007年第11期。
② 参见夏耕:《中国城乡二元经济结构转换研究》,北京大学出版社2005年版,第169页。
③ 参见李薇辉、薛和生主编:《劳动经济问题研究——理论与实践》,上海人民出版社2005年版,第172页。

资本和技术密集型产业的发展,而是强调在技术路径和要素组合选择上,不主张脱离要素禀赋条件以牺牲资本效率为代价对技术和资本密集型产业进行盲目发展。在资本短缺和技术短缺的地区,主张用劳动节省资本,有效地将物质资本和人力资本相结合,发展知识密集与劳动密集相结合的高新技术产业,推动劳动密集型产品出口增长,发展劳动密集型的各类服务业,开展劳动密集型的国土治理项目等。[①] 此外,把就业优先作为发展战略的重点,要求政府财政政策应有选择地投资资本密集型项目,将资金重点投向那些就业密集型或劳动密集型的城乡基础设施建设。国家要奖励民营企业的发展,特别是发展劳动密集型的民营中小企业以及技术密集型产业中的劳动密集型加工环节,采取各种财税措施,鼓励城乡共同开发技术含量高的劳动密集型民营企业,以及具有比较优势的劳动密集型农产品加工工业。

(四) 评价机制的重新定位

实施就业优先发展战略,必须要改变现行的官员评价机制。长期以来,宏观经济良性运行的四大指标是经济增长、充分就业、低通货膨胀、国际收支平衡。如前所述,就业实际上只是一种配套政策,经济增长才是核心政策和目标,导致很多干部将经济增长作为主要的施政目标,而对就业问题的解决重视不够。同时,在官员的考核和评价制度上,政绩的衡量往往是以经济增长率为主要尺度,而没有将就业率纳入官员政绩指标体系之中。因此,各级地方政府要将控制失业率和增加就业岗位作为宏观调控的重要指标,纳入国民经济和社会发展规划;将净增就业岗位、落实就业政策等纳入各级地方政府考核指标体系,旨在提高劳动力就业在政府各项工作中的突出地位。笔者强调评价机制和政府的就业责任,并非推崇计划经济时代"统包统配"的就业制度,要求各级地方政府包揽就业责任。恰恰相反,在市场经济条件下,政府的就业责任不是对劳动力就业的微观或直接干预,而是表现为提供良好的市场和就业环境,为企业生产经营和劳动者就业提供更加自由的选择。另外,要真正落实就业优先发展战略,就要将就业率的实现纳入官员政绩指标体系之中,并使之处于重要位置,优于其他相关指标,从而在制度层面确保就业优先发展的实现。[②]

---

① 参见马良华、郑志耿:《经济增长、充分就业和农业发展——兼对中国长期经济增长问题的研究》,浙江人民出版社2004年版,第292页。

② 参见杨宜勇等:《劳动就业体制改革攻坚》,中国水利水电出版社2005年版,第73页。

第三章
经济转型与就业

体制是制度的总和,是发展中国家资源配置效率和经济增长的决定力量,也是可持续增长的关键因素。体制性因素对经济增长的影响,主要是通过正式制度和非正式制度发生作用的,因为"制度构造了人们在政治、社会或经济方面发生交换的激励结构"①。在传统计划经济体制下,生产要素被不恰当地配置,以致很少被充分地用于经济的可持续增长之中。资源低效率配置的后果最终转嫁给广大的国民,从而制约着国民就业和收入规模,致使多数国民的生活长期难以得到改善。可见,经济制度缺陷是制约经济发展的主要因素之一,特别是在经济全球化的背景下,生产要素在国家间的流动性增强,制度缺陷不仅影响外部生产要素的流入,而且直接关系到流入生产要素的配置效率。因此,发展中国家加快经济发展的关键在于制度创新。我国改革开放是一次重大的制度创新,有效地提高了资源配置效率。经济全面转型从就业制度、就业容量和就业观念多个层面对劳动力就业产生了影响。

第一节 经济转型理论

一、经济转型的概念与特征

经济转型是指经济从一个阶段向另一个阶段过渡时的一种状态,是实质性的改变和引入全新的制度安排,是一个新制度代替旧制度的过程。诸如,从传统的农业社会向现代工业社会转型,这意味着以农业经济和家庭生产为基础的传统农业社会逐步解体,并被建立在机器大工业基础上的工业社会所取代;从工业

---

① 〔美〕诺思:《制度、制度变迁与经济绩效》,刘守英译,上海三联书店1994年版,第3页。

社会向后工业社会或信息社会转型,这是人类经历了农业、工业革命后出现的第三次革命,它正从根本上改变着工业化以后形成的社会形态;从资本主义向社会主义转型,这表现为各国政党在夺取国家政权后,通过对旧的经济基础和上层建筑的改造,建立起社会主义的生产关系以及与之相适应的社会主义制度;从计划经济向现代市场经济的转型是经济转型的重要内涵,也是本章探讨的重点问题。经济转型不是简单地从一种社会经济形态转变成另一种社会经济形态,而是一个社会结构整体转变的过程。由于旧制度的惯性和新制度成熟的渐进性,经济转型是一个漫长的历史过程。在此过程中,经济转型存在着较大的不确定性,往往可能出现经济和社会动荡。①

任何一种制度的运行都存在变化,这些变化都是实现经济稳定和均衡的手段。经济转型的变化不是临时性的破坏制度的稳定性,并通过其他一些变化使制度恢复到均衡稳定的状态,而是过渡经济中发展变化的不可逆性。它会使现行制度的不稳定性有所增强,并最终使其逐步让位于另一种经济制度。在经济转型过程中,各种新旧制度互相干扰,经济转型的抉择是极为重要的,尤其是当社会能为经济转型提供最有利的选择方案时。经济转型中,新旧制度并存,一方面,旧制度逐步退出历史舞台,另一方面,新制度不断形成。

在全球化的背景下,由于各国的初始条件不同,不同类型的转型国家选择经济转型的模式各异。事实上,社会主义国家的经济转型主要有以下两种类型:第一种是前苏联和东欧国家的经济转型。从经济转型的本质看,已经不仅仅局限于从计划经济向现代市场经济转型,而是脱离社会主义的社会制度,并最终转向资本主义。从经济转型的方式看,企图实现从计划经济向现代市场经济、从社会主义到资本主义的突变,是上层建筑和社会制度的彻底转变。从政府职能模式看,前苏联及多数东欧国家选择的政府职能模式是,由于实行激进的"休克疗法",加之主张建立完全自由的市场经济体制,主张取消市场限制和国家行政干预,因而政府减少了对市场经济的介入,迅速退出了许多其原来发挥重要作用的领域,政府在经济转型中的职能日益衰落。第二种是我国和越南的经济转型。这种转型的本质不是放弃社会主义制度,而是通过经济体制的改革,不断完善和巩固社会主义制度。在保持此社会制度不变的前提下,进行经济体制变革,并在经济发展的基础上稳步推进政治体制改革,探索出有本国特色的市场经济道路。从经济转型的方式看,在暂时不破坏旧体制的条件下,通过培植新体制因素,达到新旧体制的平稳转换,最终过渡到市场经济。从政府职能模式看,我国强调发

---

① 参见景维民主编:《转型经济学》,南开大学出版社2003年版,第2—3页。

挥政府对宏观经济的管理和制度安排方面的职能,对经济转型和参与经济全球化过程实行宏观调控,对市场进行主动干预,达到市场经济和国家宏观调控有机结合。① 在经济体制改革中,双轨制就业制度的存在就是有力的说明,这种情形的出现是为了确保社会稳定,避免因为改革过急而引发社会动荡。

从传统计划经济转向现代市场经济,是一次重大的经济转型。它涉及的内容相当广泛,诸如经济结构调整、国有企业改革与重组、财政体制、劳动工资和社会保障体制的重建、市场体系的发育、隐性失业、国内经济与国际经济接轨、社会不稳定状态以及转型过程中民众价值观念的调整与重建,等等。市场经济模式基本上可以分为自由市场经济模式和现代市场经济模式两种。第一种模式的主要特点是私有制占统治地位,实行最大程度的经济自由。在社会领域,国家只负责保护社会上最贫困的群体。第二种模式下,一般实行混合所有制形式,国家在很大程度上参与保证经济效率,积极调节社会各阶层的收入和就业,创造条件,以保证民众的其他社会需求得到满足。东欧剧变、苏联解体后,一些社会主义国家抛弃原有的计划经济体制,宣称向市场经济体制过渡。②

在经济转型过程中,所有制改革的中心问题是,如何将过去统一的、过于集中的以国家所有制为基础的经济体制转变为与市场经济相适应的所有制关系。如果转型国家放弃了政府的经济职能,转型的任务就难以完成。但是,强调政府的经济职能并不等于政府是全社会资源的直接配置者,市场仍要发挥资源配置的基础性作用。换言之,资源配置首先必须通过市场进行,而国家只能根据市场缺陷实施宏观调控。作为发展中大国,在我国目前市场体系尚未健全、劳动力市场长期处于分割状态、地区经济发展失衡等国情下,政府对经济的宏观调控是必需的,但也要得力。

二、经济转型的动因与选择

计划经济体制曾对社会主义国家的经济发展做出贡献,加速了国家工业化。但是,随着经济发展,这种体制的弊端突显,诸如经济效率低、创新能力弱、经济结构性失调、民众生活水平低等,从而促使部分社会主义国家进行经济体制改革,如南斯拉夫、苏联、波兰、匈牙利。这种改革的实质是体制修补,而非体制转型,因而收效甚微。伴随这种改革而来的是,经济发展停滞不前,以及民众生活水平低下。呼唤体制变革与转型成为改革的动力,即废除旧体制,催生新体制。

---

① 参见孙景宇:《经济转型进程测度:比较与研究方向》,载《经济科学》2004年第5期。
② 参见景维民主编:《转型经济学》,南开大学出版社2003年版,第7—8页。

事实表明,市场经济是高效率的经济体制,它一方面给西方主要国家带来了长期的经济增长,另一方面也促进了经济结构的优化和社会福利水平的增长。在和计划经济长期共存与竞争的过程中,市场经济展示出了强大的生命力。这种反差和示范效应成为计划经济国家谋求经济体制改革的外在推动力量,特别是在一个日益开放的国际环境下。随着全球化的发展,生产要素国家间流动空间扩大;与此同时,思想意识和价值观念国家间的相互渗透增强,因此,推动经济转型是一种较为现实的选择。

20世纪90年代以前,苏联、民主德国、保加利亚、中国、匈牙利、波兰等国家的改革可以归结为两种模式:一种是改良的集权模式,即坚持社会主义经济是计划经济,指令性计划是其本质特征。在此大前提之下,进行体制内修补,承认价值规律的有限作用,主张使用经济杠杆刺激生产,实现计划目标,赋予企业有限的权力,高度集中的计划经济体制没有被动摇。另一种是集权和分权相结合的模式,即指令性计划被否定,高度集中的计划经济体制被打破,企业开始成为相对独立的生产者,市场机制已经开始发挥调节作用。但是,市场经济并没有真正确立,市场机制尚未成为资源配置的基础。①

经济转型的模式选择是动态和不确定的,经济体制转型具有渐进性。对经济转型目标模式的选择受制于多重因素,包括历史条件、经济发展阶段、国际经济环境以及非经济因素等。仅以经济发展阶段为例,在工业化初始期,我国台湾地区市场机制不健全并且作用微弱,在市场机制难以配置资源的条件下,应当实行强有力的政府干预,以保证经济的高速增长。因此,台湾地区建立了政府干预与市场相结合的经济运行机制。在实现经济起飞之后,市场得以繁荣,市场机制的作用日趋强大,台湾地区又重新选择了经济运行机制,采用最大限度的市场调节与最小限度的政府干预相结合的经济运行机制,并且根据经济发展阶段的不同调整政府的作用,使市场机制发挥更大的作用。

经济转型完成的标志是市场经济体制的确立。世界银行《从计划到市场》的发展报告指出:"建立一种能使生活水平长期得到提高的繁荣的市场经济","这是一种深入到规范行为和指导管理的体制转型,既是社会转型,也是经济转型","转型中的问题逐步退化为成熟的市场经济中的正常问题"②。这时,经济转型的目标实现了,其基本测度是,市场机制调节比重约为70%;计划经济体制遗留问题得以基本转化,国有企业改组基本完成;保证市场经济稳定有序运行的

---

① 参见景维民主编:《转型经济学》,南开大学出版社2003年版,第14页。
② 同上书,第15页。

基本制度业已形成。这种制度既优于传统社会主义制度,又优于发达资本主义国家现有制度,能够保证一切经济活动的效益有大幅度提高;使一切经济活动的参与者和全体公民得到尽量公正的待遇;应在符合生态平衡的前提下取得经济效益,从而确保合理利用现有自然资源,并在此基础上实现经济可持续发展;必须具有高效运转的特点,每个转型国家都要建立并实际运用一种以市场为中心、尊重市场经济客观规律、国家适当参与经济和社会生活的经济体制,从而使经济和社会生活有组织、自觉地开展。

从计划经济向市场经济转型,必然要求政府职能发生相应的转变。但是,在转型过程中,各国对政府职能的认识尚存差异。有观点认为,过去经济发展不好,主要是政府包揽和指令性计划造成的,从而将政府视为经济和社会危机的元凶,对政府的经济管理职能加以削弱。其结果是,不法分子趁机而入,大肆侵吞国家财产。由于政府职能的削弱难以保证本国经济利益,而同时,外国产品源源不断地涌入,并占领本国市场,因此几年间便出现了贸易逆差。经济衰退导致政局动荡,反过来又恶化经济,使得转型困难重重。恰恰相反,我国经济改革是在政府主导下的经济转型。为了能够充分利用已有的组织资源,保证制度变迁过程中社会的相对稳定和新旧体制的有效衔接,对改革的出台时机、步骤的把握、利弊的权衡、变迁过程的调整,政府都起着决定性的组织和领导作用。它使得我国经济转型虽然时有起伏,但能够基本维系改革的稳定。可见,在经济转型过程中,政府的宏观经济管理职能不但不能削弱,反而应当加强,但并不等于政府坚持计划经济管理模式,而是政府转变职能,成为适应市场经济发展要求的宏观调控者。

三、经济转型绩效的衡量

经济转型绩效,简言之,就是转型的结果与成效,它是指"经济转型进程启动以后至某一时点市场经济制度结构的实现程度和新制度结构的行为能力,以及制度变迁过程中不同的制度变动轨迹引起的经济增长、经济总量变动和社会发展的轨迹"[①]。因为经济转型是制度变迁,其任务是通过制度结构调整建立市场经济体制,所以市场经济体制的实现程度自然成为绩效的重要衡量标准之一。但是,制度结构调整不是经济转型的目的,而是促进经济发展的手段。制度变迁只是为经济有效运行提供制度基础,换言之,经济转型绩效之优劣,关键取决于新制度结构下经济增长和经济总量的变动等。总之,经济转型绩效以市场经济体制的实现程度和社会经济的运行状况为衡量标准。

---

① 景维民主编:《转型经济学》,南开大学出版社2003年版,第222页。

世界银行对经济转型绩效的衡量主要集中在三大领域：第一，自由化。自由化程度涉及国内物价和市场、外贸和货币可兑换性、对新企业准入的开放程度。市场自由化，是指资金、货物的流动按照所有者的意愿进行，市场经济是以此为原则的经济，特征是小政府、大市场。贸易自由化，是指一国对外国商品和服务的进口限制少，并为它们提供贸易优惠，关贸总协定、世贸组织都是以此为宗旨。金融自由化，是指消除政府对金融的过度干预，放松对金融机构和金融市场的限制，增强国内的筹资能力，促使利率和汇率市场化，从而使利率反映资金供求、汇率反映外汇供求，提高国内储蓄率，实现抑制通胀和促进经济增长。第二，产权和企业改革。它包括私营部门产出占GDP的比重、大小企业私有化、农田私有化和住房企业私有化。第三，机构和社会政策。它包括法律和立法机构、金融部门评估、政府作用和管理、社会政策。法律和立法机构，是指新立法机构的规模、质量以及司法机构的发展。金融部门评估，是指银行的独立性、技巧和信贷资金配置状况，以及监督和支付体系的运转情况。政府作用和管理，主要指政府的市场取向。社会政策，主要包括养老金改革、削减补贴、收入转移支付的流动、确定目标、社会财产的剥夺等方面的内容。总体而论，世界银行对经济转型绩效的衡量指标涵盖了市场经济体制的多个层面，因而可信度较大。

在宏观层面上，对转型国家经济绩效评估的指标有多种，诸如GDP增长率、通货膨胀率、失业率、综合国力、宏观经济的稳定性、开放程度、产业结构等。如果仅从经济增长与就业扩张的角度观察，20世纪90年代初，东欧国家和前苏联先后由计划经济体制向市场经济体制转轨。这些国家经济转轨路径不同于我国"渐进式改革"，而是采取放开价格、减少财政补贴、紧缩银根、外汇自由、国有企业私有化的"激进式改革"。"休克疗法"使得东欧社会主义国家和前苏联的经济出现了严重衰退，失业问题变得严峻。在转型多年后，俄罗斯联邦、波兰、捷克、乌克兰等国失业率一直维持在较高水平，如表3-1所示。可见，经济衰退与就业状况恶化在转型国家表现明显。

表3-1　2000—2012年主要转型国家失业率的变化　　　　　　　单位：%

年份 \ 国家	俄罗斯联邦	波兰	捷克	乌克兰	哈萨克斯坦
2000	10.7	14.0	9.0	11.7	12.8
2005	7.6	18.2	8.9	7.2	8.1
2009	8.4	11.0	8.1	8.8	6.6
2010	7.5	12.1	9.0	8.1	5.8
2011	6.6	12.4	8.5	7.9	5.4
2012	5.5	12.8	8.6	7.5	5.3

资料来源：参见国家统计局编：《中国统计年鉴—2013》，中国统计出版社2013年版，第955页。

在经济转型初期,转型国家曾付出了较为高昂的社会成本。但是,经过二十多年的转型发展,新制度在部分国家业已显现出生命力,从而使得转型成本降低、转型绩效有所提升。俄罗斯的转型发展具有典型意义。转型之前,苏联实行公有制并限制个体经营行为,只承认工人阶级、农民阶级和知识分子阶层,因而其社会阶层相对固定。转型之后,俄罗斯实行市场化和私有化,加大权力关系调整和利益再分配的强度。正因为如此,俄罗斯的社会结构开始分化,出现了富有阶层、中产阶层和贫困阶层。随着私有化政策的实施和所有制结构的变化,俄罗斯民众收入分配出现了多元化。值得肯定的是,俄罗斯初次分配中劳动者工资所占比重较大,工资在 GDP 中占比约为 50%,已接近发达国家的工资占比水平;同时,居民收入增长持续超过 GDP 的增长,2003 至 2010 年,俄罗斯 GDP 年均增长率为 4.5%,而工资年均增长率为 24%。俄罗斯的收入分配政策保障了居民收入与经济发展同步增长,使居民最大限度地分享经济增长创造的果实。较为合理的收入分配制度是近年来俄罗斯社会基本稳定的基础之一。

除了工资分配之外,俄罗斯政府积极兴办社会救济、社会福利和社会保障事业,力求通过二次分配尽可能实现社会公平,并保持了社会的基本和谐与政局的稳定。俄罗斯政府不断增加对居民特别是弱势群体的现金补贴,居民货币收入总额中来自政府的社会补贴所占比例高达 18%;实行全民免费基本医疗服务,社会很少有因病致贫的案例;实行 11 年义务教育和部分免费高等教育,在校公费大学生的比例已超过 50%;政府财政预算支持居民解决住房问题,以免费或廉租形式向住房困难家庭提供社会化住宅;政府针对不同人群的最低生活需求,规定不同的救济标准,每季度变动贫困线指标,扣除物价上涨和通货膨胀因素,贫困人口的生活水平逐步提高。

俄罗斯加快社会保障的制度化建设,其社会保障制度的法制化程度较高,使其具有法律的强制性和制度的规范性。从养老保险看,政府解决了拖欠的养老金,并逐年提高劳动者退休金。养老金增长持续超过 GDP 增长,2008 至 2010 年,俄罗斯养老金分别增长了 8.9%、24.9% 和 12.2%,明显高于 GDP 的增长。从医疗保健看,政府整顿医疗保险组织,引入市场竞争机制,发展私人医疗部门。此外,政府还对医疗系统内部管理进行改革,提高服务质量和工作效率。医疗器械的购买实行招投标制度,比以前更显公开和透明,减少或杜绝了医疗腐败行为。从失业保障看,俄罗斯政府一方面为失业者提供一定期限的救助,并鼓励他们积极寻找工作,为失业者再就业提供培训;另一方面,调整国内外政策,为大力发展经济创造稳定环境,鼓励中小企业发展,创造更多的就业岗位,减少劳动力失业规模;消除劳动力自由流动的障碍,减少引进外籍劳工的配额,为国内劳动者保留就业岗位。① 有效的二次分配政策收到了良好的经济和社会效果,俄罗斯贫困人口占全部人口的比例已从2000年的29%下降至2011年的12.8%。上述事实表明,俄罗斯经过了转型初期的阵痛,已经或正在逐渐提升转型的绩效。

经济转型使得波兰国民收入分配和社会福利状况得以好转,居民收入水平和消费水平进一步提高。但是,居民收入差距有所扩大,主要表现在农村、小城市、大城市以及地区之间差距扩大。近年来,波兰政府改善收入分配状况,并加大对低收入和贫困群体的扶持。波兰政府规定,领取最低工资的先决条件是就业,而对没有工作的人,在其登记后,国家会在一定期限内给予其每月800波币(相当于250欧元)的社会保险金。即使没有登记者,也可申请政府的房费补贴。农民可以申请波兰政府的家庭补贴,也可申请欧盟的农业补贴,还可以将土地传给下一代农民,并能够领取欧盟的特殊补贴金。这些有效地保障了低收入者和贫困群体的生活。

匈牙利居民收入水平呈现稳定增长态势,即使经过转型的剧烈波动,居民收入差距变化也并不大。转型之后,匈牙利在工资管理方面引入了市场机制,初步形成了适应市场经济体制的工资管理模式。诸如,工资水平及其增长必须建立在国家经济增长的基础之上;工资增长特别是公共部门的工资增长要与国家财政预算保持协调;平均工资增长需要考虑物价增长因素;工资增长要有利于保持较高的就业率;密切关注并尽力消除竞争性部门和公共部门的工资差距等。匈牙利政府赋予劳动部全面负责全国工资管理的权力。转型初期,匈牙利政府就着手社会保障改革,建立了适应市场经济体制的养老保险体系。它们是:第一支柱是强制性的、国家管理的、现收现付性的基础养老保险,其资金缺口由政府财政全额补齐;第二支柱是自愿性的、私人管理的养老基金,采取个人储蓄账户或职业年金计划两种形式;第三支柱是自愿的职业年金或个人储蓄计划,主要由商业性养老保险组成。政府还对个人购置房屋进行补贴,子女越多补贴越多。匈牙利政府的再分配政策对保持收入分配秩序和转型中社会稳定产生了积极作用。②

然而,对经济转型绩效的衡量,要具体分析。在那些经济转型速度较快、制度建设充分、经济恢复较好的国家,社会问题的严重程度较轻;反之,社会问题则

---

① 参见叶召霞:《俄罗斯社会保障制度的变迁》,载《西伯利亚研究》2012年第1期。
② 参见常兴华:《波兰、匈牙利等国收入分配现状与政策的考察报告》,载《经济研究参考》2010年第25期。

较为严重。我国、越南也不同程度地存在上述问题,只是由于实行了渐进式改革,如产权变革过程没有采取激进的私有化措施,国家对国有企业予以扶持,社会保障体制改革稳步推进等,使得本国经济转型相对平稳,转型的社会成本降至最低。

第二节 我国经济的全面转型

改革开放以来,我国经济发展已涉及诸多方面的经济转型:经济体制从计划经济向市场经济的转型;经济增长方式从粗放型向集约型的转型;企业制度向现代企业制度的转型,以及经济形态由内向型向外向型的转型,等等。经济转型以实现现代化为目标,而市场化只是为现代化提供制度保障,脱离现代化目标的经济转型没有任何意义。在经济全面转轨过程中,变动和震撼是全方位的;同时,经济发展对劳动者就业的影响是持久和深刻的。

一、经济体制改革的历程

由于新中国建立之后实行以重工业为中心的赶超型发展战略,资本短缺,以及对苏联模式的盲目效仿,我国选择了高度集中的计划经济体制。在当时的历史条件下,经济发展成效显著,建立了门类比较齐全的工业和国民经济体系,奠定了工业化的基础,使国民经济在短期内上了一个新台阶,经济增长速度处于世界前列。但是,随着经济的发展、国内外形势的变化,计划经济体制的弊端日益显露,主要表现为:其一,单一公有产权的国有企业只是政府部门的附属物,整个国家就是一个大工厂,政企不分,政府主要用指令性计划调节企业运行,企业缺乏活力,吃国家的"大锅饭",效率和效益低下。其二,实行单一按劳分配方式,不承认其他要素也能获得收入,不承认分配的差别,不能调动劳动者和其他要素提供者的积极性,缺乏必要的激励机制,机会主义、搭便车行为盛行,职工吃企业的"大锅饭"。其三,单一计划调节,政府对人、财、物、产、供、销都实行干预,统购统销、统包统配,特别是严格的指令性计划,使整个经济失去了活力。我国社会主义体制面临着挑战,国民经济到了崩溃的边缘。在此背景下,十一届三中全会拨乱反正,重新确立解放思想、实事求是的思想路线,我国才逐渐开始经济体制改革。① 因为就经济体制而言,现代市场经济体制是最具效益和相对公正的。由于其体制结构是市场经济,所以保持了经济活动的高效性,同时也具备计划经

---

① 参见崔建华:《中西混合经济模式比较分析》,载《天津社会科学》2002 年第 3 期。

济的宏观管理机制、社会保障和法律保证制度,有利于经济稳定发展、国民收入相对公正,从而克服自由资本主义时代个别企业的计划性与整个社会生产失序的矛盾。我国对计划经济体制进行根本性变革,始于十一届三中全会。至十四大,经济改革的目标被确定为建立社会主义市场经济体制。这一过程大致经历了如下几个阶段:

(一) 计划经济为主,市场调节为辅

1978年,经济体制改革的基本目标是体制外改革,即在基本保持原有计划经济格局之下,靠发展体制外经济活动补充计划分配的不完善之处,在计划分配体制之外发展出自由市场。由此导致的体制变化是,在公有企业群体之外发展起非公有企业群体,制度上不再是单一的计划,而是计划分配与市场调节共存的格局。1979年初,理论界认为,社会主义时期的经济必须有两个组成部分:一是计划经济,二是市场调节。这种思想突破了旧体制,具有进步性。1981年6月,十一届六中全会通过的《关于建国以来党的若干历史问题的决议》指出:"必须在公有制基础上实行计划经济,同时发挥市场调节的辅助作用。"[1]1982年9月,十二大报告指出:"我国在公有制基础上实行计划经济。有计划的生产和流通,是我国国民经济的主体。同时,允许对于部分产品的生产和流通不作计划,由市场调节,也就是说,根据不同时期的具体情况,由国家统一划出一定的范围,由价值规律自发地起调节作用。这一部分是有计划生产和流通的补充,是从属的、次要的,但又是必需的、有益的。"[2]

(二) 有计划的商品经济

1984年10月,十二届三中全会通过的《中共中央关于经济体制改革的决定》指出:"改革计划体制,首先要突破把计划经济同商品经济对立起来的传统观念,明确认识社会主义计划经济必须自觉依据和利用价值规律,是在公有制基础上的有计划的商品经济。商品经济的充分发展,是社会经济发展的不可逾越的阶段,是实现我国经济现代化的必要条件。"[3]这一理论的提出,是理论界的重大突破,对于全面进行经济体制改革起到了巨大的推进作用。其贡献是,首次肯定了社会主义经济是商品经济,并将其视为社会主义经济的内在属性;肯定了指导性计划也是计划的形式之一,从而动摇了传统计划经济基础。1985年,国家

---

[1] 中共中央文献研究室编:《关于建国以来党的若干历史问题的决议注释本》,人民出版社1983年版,第64页。
[2] 中共中央文献研究室编:《十二大以来重要文献选编》(上),人民出版社1986年版,第22页。
[3] 中共中央文献研究室编:《十二大以来重要文献选编》(中),人民出版社1986年版,第568页。

开始对经济体制进行全面改革,加大了市场调节的力度,但市场经济仍不被承认。

(三) 国家调节市场,市场引导企业

在有计划商品经济理论的基础上,1987年10月,十三大对社会主义市场机制问题进行了新的概括,指出:"社会主义有计划商品经济的体制,应该是计划与市场内在统一的体制。""计划和市场的作用范围都是覆盖全社会的。新的经济运行机制,总体上来说应当是'国家调节市场,市场引导企业'的机制。国家运用经济手段、法律手段和必要的行政手段,调节市场供求关系,创造适宜的经济和社会环境,以此引导企业正确地进行经营决策。"①

(四) 计划经济与市场调节相结合

十三届四中全会以后,经济体制改革进入治理整顿阶段。由于特殊的政治经济环境,政府加强了对经济的行政控制,直接计划的作用有所强化。改革的方向是,要建立计划经济与市场调节相结合的经济体制和运行机制。《中共中央关于进一步治理整顿和深化改革的决定》中指出:"改革的核心问题,在于逐步建立计划经济同市场调节相结合的经济运行机制。计划经济和市场调节相结合的程度、方式和范围,要经常根据实际情况进行调整和改进。"②可见,治理整顿期间,市场机制的调节作用有所减弱,计划对经济运行的约束力加强,体制改革的步伐减缓。

(五) 社会主义市场经济

对这一经济模式的认识,理论研究和改革实践经过了长期的探索。改革的目标直到十四大才确立。1992年,邓小平对社会主义计划与市场问题作了精辟的阐述:"计划多一点还是市场多一点,不是社会主义与资本主义的本质区别。计划经济不等于社会主义,资本主义也有计划;市场经济不等于资本主义,社会主义也有市场。计划和市场都是经济手段。"③这使理论界在计划与市场关系问题上的认识有了新的重大突破。十四大报告明确指出:"我国经济体制改革的目标是建立社会主义市场经济体制,以利于进一步解放和发展生产力。"④十四届三中全会通过的《中共中央关于建立社会主义市场经济体制若干问题的决

---

① 中共中央文献研究室编:《十三大以来重要文献选编》(上),人民出版社1991年版,第26—27页。
② 中共中央文献研究室编:《十三大以来重要文献选编》(中),人民出版社1991年版,第701页。
③ 《邓小平文选》(第3卷),人民出版社1993年版,第373页。
④ 中共中央文献研究室编:《十四大以来重要文献选编》(上),人民出版社1996年版,第18—19页。

定》提出,"为本世纪末初步建立社会主义市场经济体制而奋斗"①。从此,我国开始了从计划经济体制向市场经济体制全面转变的过程。1997年9月,中共十五大对经济体制改革进行新的部署,提出深化改革,到2010年要"建立比较完善的社会主义市场经济体制"②。

综上,体制转型的终极目标是,建立较为完善的市场经济体制,它必须与社会主义制度相结合,使市场在国家宏观调控下对资源配置起基础性作用。体制转型包括以下主要环节:坚持以公有制为主体、多种经济成分并存,转换国有企业经营机制,建立适应市场经济要求的现代企业制度;建立统一开放的市场体系,实现城乡市场紧密结合,国内外市场相互衔接,促进资源优化配置;转变政府经济管理职能,建立以间接手段为主的宏观调控,保证国民经济的健康运行;建立以按劳分配为主体,效率优先、兼顾公平的收入分配制度;建立多层次的社会保障制度,为城乡居民提供符合国情的社会保障,促进经济发展和社会稳定。这些主要环节是相互联系和相互制约的,从而构成社会主义市场经济体制的基本框架。目前,这种市场化改革已取得初步成效,市场经济体制已开始发挥重要作用。③

二、新制度的基本结构

从市场主体结构看,建立市场经济体制,政府、企业、居民之间的关系应以市场为基础,它们都是相对独立的主体,有选择的自主权,从而形成一定的社会契约关系。从政企关系看,我国大中型企业都是由政府创建的,虽然市场经济体制要求彻底打破政府直接管理企业的惯例,但两者的联系是紧密的。由于传统体制下个人没有择业自由,低收入使个人缺少资产积累,因此在建立市场经济体制过程中,大多数居民仍要靠政府提供的社会保障和福利;沉重的就业压力造成的择业竞争和不均等,也需政府承担创造就业机会的责任,这说明政府与居民之间的关系是密切的,这是我国市场经济的主体结构特征。

从市场制度结构看,它包括正式制度和非正式制度。前者包括法律制度、行政规章制度和契约制度(如劳动契约)等,其中法律制度是维系各市场主体关系的基本制度。但是,单靠正式制度难以根本解决问题,还需要在共识基础上的利

---

① 中共中央文献研究室编:《十四大以来重要文献选编》(上),人民出版社1996年版,第545页。
② 中共中央文献研究室编:《十五大以来重要文献选编》(上),人民出版社2000年版,第20页。
③ 参见李京文、李军:《当代中国宏观经济模型与经济发展》,载《中国社会科学院研究生院学报》2000年第2期。

益妥协,以及社会道德力量的约束,即通过非正式制度的安排,谋求长远发展的基础。协调机制对正式制度安排起着重要的补充作用。因此,以正式制度为主,以非正式制度为辅,构成了市场经济制度的结构特征。

从市场组织结构看,在传统体制下,大量行政性组织连接着政府、企业、居民之间非市场化关系,并贯彻实施各种正式制度安排。在市场经济条件下,这种组织已经过时,根据我国市场经济主体结构和制度结构的特征,与之相适应的组织结构应该是行政组织、法律组织和民间经济组织并存,以法律组织为主,以民间经济组织和行政组织为辅的结构形态。市场主体间的契约关系,不可能由行政组织连接,因而,必须调整以行政组织为主的组织结构。处理市场契约关系,主要由法律机构承担。法律机构通过调解、裁决等手段,维护市场契约关系和市场契约的严肃性,从而调整主体间的关系。①

从融资制度看,在原有体制下,资金的闸门易开不易关。在市场机制运作中,资金约束硬化。当经济处于波谷时,投资前景不明朗,银行放贷、企业借款,都会格外谨慎。而当经济扩张需要紧缩时,企业和银行都唯恐刹车不及而受损。这消除了长期以来投资饥渴和盲目扩张冲动的体制基础,有利于抑制经济波动,但也使企业、银行不适应。由于资本市场发育远未成熟,因而使直接融资渠道变狭窄。②

融资制度变迁使储蓄转化为投资的融资渠道发生梗阻,造成投资萎缩。信贷萎缩是导致社会投资需求不足的原因,而其体制根源是缺少与非国有中小企业发展相适应的非国有中小银行的发展。金融体制改革抑制了投资扩张,并且起到了收缩的作用,其深层原因则在于国有经济体制上的缺陷。与完备的市场经济相比,我国的最大问题是国有经济不是或不完全是市场化操作,国有企业和银行的经济行为既要适应市场,又必须执行政府的计划安排。这种准市场行为注定了经济的运行难以达到以下目标:企业跟随市场走,银行跟随风险走,在收入转化为储蓄,储蓄转化为投资,投资转化为产出的链条中,是完全的市场性操作,受制于硬的经济机制,企业和金融部门得以健康而有效率地发展。相反,由于国有企业和银行不是完全地按市场要求进行决策,使储蓄转化为投资的机制脆弱,受政策性尤其是体制性影响大。一旦体制变动效果是扩张性的,储蓄就会

---

① 参见安福仁:《建立中国市场经济模式的理论思考》,载《东北财经大学学报》2000年第2期。
② 参见刘树成:《论中国经济增长与波动的新态势》,载《中国社会科学》2000年第1期。

很迅速地转化为投资;而一旦是紧缩性的,投资就会很快得到抑制。①

政府在金融发展中的作用表现为:首先,政府保证新制度适时建立,允许现有制度被高效率的新制度所取代。政府制订出基本法规政策,或者从本国民间部门的实践经验中提炼出具有普遍性的制度规则,上升为基本的法规政策,并在全国实施。其次,政府通过协调各市场的发展速度促进市场的整体进步。从某种程度上说,我国经济增长来自证券市场、产品市场及劳动力市场等的开放,这些市场竞争提高了资源配置效率。②

事实上,我国经济体制正逐步摆脱计划经济体制,但离成熟的市场经济体制尚有差距,混合经济较为符合现实。邓小平对此进行了深入的探讨,指出:第一,公有制经济和非公有制经济并非绝对对立,在同一社会制度内,可以长期并存。第二,计划和市场都是经济手段,它们之间相互结合可以更好地调节经济运行。第三,公有制与市场经济不存在根本矛盾,社会主义同样可以搞市场经济。③ 与自由市场经济相比,混合经济更注重于政府对经济的必要干预;与计划经济相比,它又强调市场的作用,表现为:

首先,产权结构多元化,初步形成了以公有制为主体,个体、私营以及外资经济等多种所有制形式共存的局面。我国所有制结构不合理,到1978年公有制比重达到98%,其中国有经济比重占55%,集体所有制经济比重占43%,非公有制经济则不足2%;在工业生产领域,全民所有制工业占工业总产值比重为92.89%,集体所有制工业占7.11%。改变所有制结构不合理成为必然。十五大报告中指出,决定国家现阶段所有制结构的原则是:"第一,我国是社会主义国家,必须坚持公有制作为社会主义经济制度的基础;第二,我国处在社会主义初级阶段,需要在公有制为主体的条件下发展多种所有制经济;第三,一切符合'三个有利于'的所有制形式都可以而且应该用来为社会主义服务。"④"公有制实现形式可以而且应当多样化。一切反映社会化生产规律的经营方式和组织形式都可以大胆利用。要努力寻找能够极大促进生产力发展的公有制实现形式。"⑤我国国有经济和集体经济比重有所下降。以建筑业总产值结构为例,

---

① 参见庞晓波、赵振全:《体制变迁的经济效应及其对我国经济增长问题的解释》,载《数量经济技术经济研究》2000年第3期。
② 参见周业安:《政府在金融发展中作用——兼评"金融约束论"》,载《中国人民大学学报》2000年第2期。
③ 参见任太增:《邓小平混合经济思想初探》,载《毛泽东思想研究》2001年第5期。
④ 中共中央文献研究室编:《十五大以来重要文献选编》(上),人民出版社2000年版,第20页。
⑤ 同上书,第21—22页。

2000 至 2012 年,国有企业产值从 40.4% 下降至 16.7%;集体企业产值从 32.3% 下降至 3.6%;外商投资企业产值从 25.9% 上升至 78.9%。同时,随着股份制企业的发展,混合所有制企业呈现不断上升的趋势。截至 2012 年,私人控股企业增至 655.2 万户,占企业总数的 79.1%,而国有控股企业只有 27.8 万户,占企业总数仅为 3.3%。① 经济持续好转也吸引了大量外资涌入。

其次,市场已基本上成为决定商品和服务价格、配置经济资源、引导生产和消费的主要力量。十八届三中全会通过的《中共中央关于全面深化改革若干重大问题的决定》指出,使市场在资源配置中起决定性作用。这是我国理论界的重大创新与突破。事实上,市场和政府关系的核心就是在资源配置中,是市场起决定性作用,还是政府起决定性作用。市场具有自我矫正功能,作用于供求机制、竞争机制、利益机制和价格机制。市场配置资源是最有效率的形式,市场经济本质上就是市场决定资源配置的经济。同时,计划仍然发挥辅助作用,针对市场的不足,对经济实行必要的政府干预,纠正市场的失灵;创造市场机制充分发挥作用的条件。有鉴于此,《中共中央关于全面深化改革若干重大问题的决定》强调"科学的宏观调控,有效的政府治理,是发挥社会主义市场经济体制优势的内在要求","政府的职责和作用主要是保持宏观经济稳定,加强和优化公共服务,保障公平竞争,加强市场监管,维护市场秩序,推动可持续发展,促进共同富裕,弥补市场失灵"。

再次,计划经济下的国家集中决策日益演化为集中决策和分散决策并存的局面,后者主要集中于非公有制企业。长期以来,我国是一种大政府、小社会的状况。国家能有效集中社会经济资源,选择符合其偏好的经济增长方式,并独立承担配置资源与推动经济增长的责任。农村土地承包责任制、国有企业承包制和股份制改革的本质是分权,是尊重社会分散化投资决策,旨在提高私人收益率。由于国家宏观控制力强大,我国改革带有渐进性特征,这是国家集中决策与社会分散决策之间冲突与妥协的过程,或者说是趋同并获得合成结果的过程。如果国家要利用民间资本促进经济增长,就必须提供相应的产权保护,在集中决策与分散决策之间寻求平衡,使民间资本有获利空间,激励民间经济主体朝着有利于国家利益的方向前行。

最后,通过对政府干预经济行为的规范,政府宏观调控职能正在确立。随着市场调节手段的引入,各种形式的市场随之出现;对国有企业以扩大企业自主权等形式的改革正使企业日益成为自主经营、自负盈亏的经济实体。市场的枢纽

---

① 参见国家统计局编:《中国统计年鉴—2013》,中国统计出版社 2013 年版,第 13、27 页。

作用日益明显,正在成为政府与企业之间联系的桥梁。①

混合所有制作为现代市场经济运行的财产基础是与其运行层次相对应的,是市场经济和生产力发展的内在要求。市场经济发展必将使所有制结构发展在不断变动的环境中受到社会经济适应性的公正检验,唯一现实的选择是不同的所有制形式在平等的基础上竞争,不同的经济成分根据需要进行融合,社会经济的运行是在政府调控和市场机制的共同作用下运行的混合经济。②

经济体制改革旨在寻求能实现微观经济效益和宏观经济效益相统一的所有制形式。混合所有制既非公有制经济,又非私有制经济,不具有确定的社会经济属性,但它能兼容不同所有制,容纳不同的经济成分或产权主体共存于同一经济实体之中,以相互承认所有权关系为前提,不同主体之间既要保持产权独立性又要实现有机的联合,即产权关系要明确。它存在多元投资主体,承认投资主体的利益,又能使资本经营社会化,使资源在合理的流动中实现优化配置。它具有单一产权私有和产权公有所无法比拟的优势,例如,我国效益好的都是混合所有制企业。可见,它是使产权私有和产权公有互相取长补短、共同提高的所有制形式,是完全符合市场经济体制要求的一种经济形式。③

三、企业制度的转型

(一) 调整国有经济布局和结构

我国国有经济的突出问题是,国有资产分布广、战线太长,因此应当从战略上调整现有国有经济布局。④ 国家应控制的领域包括:其一,涉及国家安全的行业,包括军事工业、造币工业、航天工业等。出于国家战略以及军事技术机密的考虑,军工企业必须由国有资本独立经营。其二,重要的公共产品和服务行业,如邮电、城市自来水、公共道路、环境保护、国防系统等。公共产品具有效用的不可分割性、生产目的的非营利性等特点,因此,政府作为供给者组织公共产品的供给比较稳妥。其三,自然垄断行业,如石油、电力、大型运输、金融保险等。这些行业投资规模大,回收期较长,民间资本没有力量投资,而又不能让外资控制,因此,国家资本可以在这些行业居主导地位。此外,一些支柱产业和高新技术中的重要骨干企业,应当由国家加以控制。⑤

---

① 参见施放等:《我国混合经济模式的改革探讨》,载《经济问题探索》2000年第1期。
② 参见何立胜:《混合经济的运行机理及产权制度分析》,载《社会科学》1999年第11期。
③ 参见张秀喜:《混合所有制应成为我国国民经济运行的主体》,载《工业技术经济》1999年第5期。
④ 参见高书生:《就业、分配和社会保障》,河北人民出版社2006年版,第56页。
⑤ 参见徐平华:《就业与增长:走向和谐社会的中国就业战略》,江西人民出版社2006年版,第123页。

至于其他行业和领域,国有资本应尽量逐步退出。大型国有企业应实行股权多元化政策:一是与国外跨国公司合作,引入在全球市场上处于领先地位的跨国公司,这不仅能解决大额投资问题,而且可以解决企业的技术进步、市场开拓、管理升级等问题。二是企业上市,可以直接向社会融资,实现国有股份减少的目标。三是与国内有条件的非国有大企业合作,并且给予和国外跨国公司基本相同的待遇。国有中小企业应采取以下形式:股份合作制,将国有资产出售给企业职工,使企业成为股份合作制企业;联合兼并,可以是中小企业之间的联合兼并,也可以是大型企业集团兼并中小企业,以实现优势互补,形成规模经营;国有民营,将国有资产承包给个人经营;将企业产权出售给私人企业或个人,也可以出让部分产权给外商,彻底实现政企分开和转变企业经营机制,等等。①

(二) 建立现代企业制度

十四届三中全会通过了《中共中央关于建立社会主义市场经济体制若干问题的决定》;随后,公布了《建立与社会主义市场经济体制相适应的现代企业制度》。因此,建立现代企业制度成为未来国有企业改革的方向。为了实现这一目标,将企业全面推向市场是 1994 年以来经济体制改革的重点,而国有企业改革是经济体制改革的关键环节。其改革目标是:从 1998 年起,按产权清晰、权责明确、政企分开、管理科学的要求,通过改革、改组、改造和加强管理,对国有大中型企业实行规范的公司制改革,使企业成为适应市场的法人实体和竞争主体,使大多数国有企业摆脱困境,并初步建立现代企业制度。经过多年的探索,我国现代企业制度的基本框架已较为清晰。

首先,建立企业法人财产权制度。经济体制改革旨在解决经济组织活力问题,为此,就必须明确财产权,扩大经济组织的经营自主权,使之成为独立的经济实体。公司制度是现代企业制度的主要形式。1988 年 11 月,我国正式实施《企业法》,并于 1993 年颁布实施《公司法》。大多数国有大中型企业,建立现代企业制度,都按《公司法》改制为有限责任公司或股份有限公司。② 企业在经济上以其全部法人财产为依托,独立地而不是依附于主管机关或其他组织,依法按市场需求组织生产,并对企业的法人财产以及企业的经济行为负责。企业没有法人财产权,既无法承担责任,又不可能建立起资产责任约束机制。确立企业法人财产权制度,不但为企业实行有限责任提供了产权基础,而且企业作为独立的法人实体和市场竞争主体,依法享有财产权、民事权,承担民事责任,并依法自主经

---

① 参见徐平华:《就业与增长:走向和谐社会的中国就业战略》,江西人民出版社 2006 年版,第 124 页。
② 参见居延安主编:《公共关系学》,复旦大学出版社 2005 年版,第 25 页。

营、自负盈亏。

其次，建立有限责任制度。在改革的进程中，为了明确企业的国有投资主体，成立了国有产权经营公司，作为国有资产管理委员会和企业之间的中介机构，使各企业之间以资产联系为纽带结成新的经营组织；国家授权给多个全国或地方投资控股公司投资经营；对于支柱产业和基础产业中的骨干企业，国家要控股并吸收社会资金或股本入股，以扩大国有经济的主导作用和影响范围。即使如此，国家和其他股东对企业以投资额为限负有限责任，而不是负连带清偿责任。投到具体企业的国有资产应该与国有资产整体相分离，国家只能以其投入企业的出资额为限，对企业债务承担责任。这种制度的确立，有助于分散和隔离风险，同时彻底改变过去国家对企业债务的无限责任，增强企业的责任感。①

最后，建立科学的企业组织制度。我国应完善法人治理结构，将企业建成有限责任公司或股份有限公司。虽然现代公司由多个投资者共同出资，但是，公司并不因此由全体出资人员共同经营。投资者将公司管理与经营委托给有经营能力的职业经理，自己远离公司的生产经营；同时，所有者与经营者就有关公司经营的安排达成一系列协议。尽管所有者远离经营，但必须有能对公司重大决策表示关注的途径，能对公司行使有效的最终控制权，要"规范公司股东会、董事会、监事会和经营管理者的权责"②。通过股东大会，股东们依据所持股份份额行使权能，维护自身的资本权益，包括资产收益权、对公司经营重大事项的投票权以及对公司经营活动的知情权等。股东行使所有权能，以下两方面是至关重要的：一是确保选择真正有经营才能的经营者，以减少经营不善。二是设计合理的激励约束机制，使经营者按所有者的意图行事，最大限度地避免经营者的自利行为损害所有者的利益。

企业组织制度的另一方面是，落实企业用人自主权。国有企业领导大多是行政干部，会管理、懂业务且又有经营才能者少，致使国有企业经营中政企不分，影响了企业的正常运行。因此，建立现代企业制度，要造就和选聘懂经营、会管理的企业家。长期以来，国家对公有制企业实行行政性安置，致使企业累积了大量的冗员。现代企业制度的效率因素，迫使企业进行改制、改组和改造，从加强企业经营管理，提高企业经济效益入手，使企业不充分就业人员从就业岗位分离，变隐性失业为公开失业；企业自身对就业存量进行必要的排挤，成为城镇安

---

① 参见景维民主编：《转型经济学》，南开大学出版社2003年版，第91页。
② 《〈中共中央关于完善社会主义市场经济体制若干问题的决定〉辅导读本》，人民出版社2003年版，第6页。

置就业的一种对抗力量。随着国有企业、集体企业改革的不断深入,不可能再退回到高就业、低效率的状态,因而这种抗力具有不可逆转性。要解决这一问题,必须具备相应的社会保障条件。社会保障是由一套完整的项目构成,并由国家管理体系实现的。社会保障体系包括社会保险、社会救助和社会福利。① 从现阶段经济发展的实际情况看,为适应企业改制的需要,社会保障制度建设的重点是职工养老保险、医疗保险和失业保险制度。

大部分国有企业在上述框架下,实现了制度创新。实践证明,国有企业建立现代企业制度的决策是正确的。这种企业制度能与整个经济体制的目标框架相互衔接,成为我国市场经济体制的有机组成部分。它能提供可靠的体制基础,以逐步解决国有企业面临的现实体制矛盾,并为国有经济的发展壮大提供体制保证。但是,目前国内资源和市场的分割已经严重阻碍了国有企业中具有竞争力企业的扩张和发展。因此,要消除一切形式的地方保护主义,打破地区、部门和所有制的限制,通过联合和兼并实现企业的规模扩张和效率、竞争力的提高。在企业的兼并和联合过程中,必须取消企业的行政级别和地方、部门的限制,对企业的人、财、物进行彻底的再配置,以形成真正的合力。

要建立现代企业制度,必须要处理好消费者、企业和政府的关系。企业要实行现代企业制度,首先要处理好企业与消费者的关系,因为消费者构成了市场的核心,而企业离开了市场,就没有植根的土壤。企业再也不能仅仅为完成国家计划而生产,而要以满足消费者的需要为首要考虑;企业目标再也不是仅仅对上级负责,而必须忠诚于顾客。这样,企业就必须将视线转向消费者,要了解其要求、愿望和情绪,也要使其理解和支持企业。其次要处理好企业和政府的关系。企业在双轨制的夹缝中。一方面,必须按照市场的要求运作,应对竞争对手。企业再也不能单纯地根据上级的指示进行决策,而要根据瞬息万变的市场信息,根据消费者的消费意向进行决策;企业再也不能只是坐等国家计划调拨的原材料,再也不能依赖于国家的所谓统购统销推销自己的产品,而要自己开拓原料和产品市场;企业再也不能继续摆官商的架子,而要通过广告、宣传以及各种社会活动与公众保持广泛的联系。② 另一方面,政府体制却束缚企业的行动。现代企业制度的实质是建立现代公司制度。现代公司制度是现代生产力的组织形式,能实现生产与科研、生产与流通、产品经营与资本经营的结合,实现企业内部管理与外部资本市场的结合,从而创造最高的现代生产力。

① 参见王怡等主编:《社会保障概论》,山东人民出版社 2005 年版,第 21 页。
② 参见居延安主编:《公共关系学》,复旦大学出版社 2005 年版,第 25—26 页。

就政府经济职能范围而言,首先,政府的首要职能是界定和保护产权、完善法律制度、规范和监督经济主体的行为,同时,政府自身的行为必须实现法制化、制度化、规范化,并积极为各经济主体提供服务。这是使市场机制发挥资源配置作用和促进技术与制度创新的根本制度保证。其次,政府干预经济主要针对市场失灵的领域,以求损失最小化。① 诸如,促进收入分配的公平;参与微观层面上市场不能有效作用的领域,以保障这些领域资源配置的合理有效;对宏观经济运行进行调控。同时,也应对政府机构和官员行为进行适当约束,以免滋生腐败。最后,在结构调整上,应根据本国资源状况选择发展战略,投资于基础设施建设,确定主导产业、支柱产业、新兴产业,并根据经济发展进程进行产业结构升级;同时,应结合国内外情况正确地选择适合于本国经济的产业政策、国际贸易政策、汇率政策等。②

就政府干预的方式而论,它必须遵守市场化准则。其一,通过政府采购提供公共物品。③ 对于基础设施,可以由政府直接担当责任人进行生产;而对于具有自然垄断性质的大部分基础设施和公共服务业,可采取间接生产方式。其二,政府必须运用法律和经济手段对垄断进行管制,以使价格等于其边际成本,资源配置效率得以提高,公平准则得以维护。其三,政府通过立法和行使公权,使价格等于其边际社会成本,以使生产的私人成本与社会成本、私人收益与社会收益相对称。其四,政府采取法律和经济手段,对市场变量进行调节,并通过市场本身完成其预定目标。

政府干预的力度难以把握,因为现实经济是动态的,对经济态势的判断会因标准不同,影响对经济干预的力度。因此,政府只能根据具体的经济态势和所掌握的信息随时调整干预力度,这与政府干预范围及方式是相互联系的,必须正确处理其选择与组合。否则,干预范围过大,方式过于直接,力度失当,会破坏市场机制的正常运行,造成效率低下。④

四、农村产权制度改革

(一) 农村产权制度的现状与弊端

新中国成立以来,我国农村土地产权经历了土地改革、农业合作化、人民公

---

① 参见苏明主编:《政府采购》,中国财政经济出版社2003年版,第28页。
② 参见张长翠:《再论政府在市场经济中的定位问题——兼谈"东亚模式"》,载《调研世界》2000年第1期。
③ 参见王亚琴编著:《政府采购与行政权利救济》,人民法院出版社2004年版,第10页。
④ 参见王树春:《现代市场经济与政府经济职能》,载《南开经济研究》2000年第1期。

社、家庭联产承包责任制,以及完善土地承包关系的各种变化,但土地产权不清的现状一直没有改变。长期以来,我国农民拥有土地使用权,却没有土地流转权、抵押权和继承权,根源在于土地产权问题未能得到根本解决。没有真正的土地所有权,必然造成使用权不稳定、收益权被瓜分、转让权不自由等诸多问题,从而影响农业和农村发展。

在农村土地集体所有的制度下,农民只有土地使用权,不可能拥有对土地的话语权与控制力,从而造成土地被大量随意征用,农民被迫离开自己的家园,土地收益被相关利益集团所瓜分,而农民只能获得微不足道的经济补偿。由于农民没有土地所有权,土地的自由买卖与流转被禁止,农村土地市场长期没有形成。没有土地的自由流转,就不可能提高农业的经营规模与机械化,限制了现代农业的发展。农民在所有权主体资格缺失之下,不可能获得土地要素收入,不能使用土地抵押融资。在没有外部资金注入时,农业只能依靠自身微薄的积累,经营规模狭小和发展缓慢,从而造成农民贫穷和无力投资农业,甚至出现了粗放经营和掠夺性经营的短期行为。由于经营农业的比较收益相对较低,农民纷纷离开农村和农业,涌向城市劳动力市场就业。在我国农村工业化、城市化步伐加快的背景下,再加上中央取消了农业户籍与非农业户籍的界限,未来将有越来越多的农民转变为城镇居民,而原集体经济组织征地补偿费、集体不动产收益在集体成员之间分配出现了问题,因此国家要在农村推行产权制度改革。

(二) 产权制度改革的概念、内容与问题

农村产权制度改革,是指使农村土地使用权产权化和资本化,在规定的产权期限内,根据规定的用途流转,作为资本从事股份经营和合作经营等,从而实现农业规模和集约经营;也可作为资本到金融机构抵押担保,解决规模经营等农业资金短缺问题。农村产权制度改革的实质是,将法律法规赋予农民的土地、房屋等要素权益还给农民,恢复农民应有的自主权;使农民拥有发挥自主权的能力,成为改革主体和市场主体,通过改革实现农村产权要素资本化,促进现代农业发展。农村产权流转和产权抵押融资是产权制度改革的核心所在。

农村产权制度改革的主要原则有三:一是保护耕地资源,节约利用土地资源,并控制非农建设占用耕地,确保耕地总量不减少;二是土地家庭承包经营是农村经营制度的核心,必须长期稳定并不断完善以家庭承包为基础,统分结合的经营制度;三是必须依法保障农民各项权利,因为农村土地和房屋产权制度改革是农民切身利益所在。在此原则下,农村产权制度改革的主要内容有:其一,开展农村集体土地所有权、集体土地使用权、土地承包经营权和房屋所有权确权登记,旨在建立归属清晰、权责明确、保护严格、流转顺畅的现代农村产权制度。确权是流转的前提和基础,在实测、验收和尊重民意的基础上,经过集体平等协商讨论,按照民主程序确定确权颁证,向农民颁发"农村土地承包经营权证""农村房屋宅基地使用权证""房屋所有权证"。完成承包地确权颁证后,按照确权面积签订《耕地保护合同》,按合同面积由区国土分局直接给予耕地保护金。其二,建立农村产权流转制度,推动农村土地承包经营权、集体建设用地使用权、农村房屋产权、林权等的顺利流转。在改革过程中,农村产权流转可以采取多种形式:一是鼓励农民采取互利互换方式,解决承包土地细碎化问题,依法保障农民对承包土地的占有、使用、收益等权利;二是鼓励和支持农民产权向专业大户、家庭农场、农民专业合作社、农业企业流转,通过农村产权流转,获得资金、技术等支持,将资源要素转化为资本要素。

近几年,在我国30个省、自治区和直辖市中,有2.32万个村开展了产权制度改革,占全国总村数的3.8%左右,足见我国农村产权制度改革任务艰巨。从世界范围看,只有少数几个国家实行土地公有制,绝大多数国家实行土地私有化;从历史上看,我国曾是一个土地买卖和产权流转自由的国家。我国农村产权制度改革可能要朝着多元化产权结构方向发展,形成国家土地的终极所有权、农民土地实际所有权、农村公共领地的集体所有权。如果实现农村土地私有,有人担心会出现土地兼并。历史经验表明,没有政治势力的介入就不会出现土地兼并。特别是在市场经济条件下,农民是充满经济理性的。没有必要过多担心农民社会保障和农业经营规模问题,因为农民既不会买地享福,又不会过分惜售土地而造成规模经营的受阻,土地经营规模与私有化并不矛盾,规模经营可能更多受到环境的制约。

农村产权制度改革仍在探索中进行,可能会面对诸多困扰。产权与所有权不同,所有权是法律上的一种归属权,而产权是一组权利,包括产权人对财产的占有权、使用权、收益权和转让权。明确承包地产权,所有权不动,其集体所有的归属权不变。改革要将农村土地产权回归农民,使农民成为真正独立的市场经济主体。但是,这又与我国现行的法律法规相抵触,使农村产权制度改革面临一些障碍。例如,《土地法》规定,"集体土地不能出让、转让、或出租用于非农业建设"。《物权法》规定,"耕地、宅基地、自留地、自留山等集体所有的土地使用权不得抵押",明确土地承包权和农村集体建设用地使用权作为农民的生活保障,不能进行抵押担保贷款等,这直接限制了农村产权的融资功能,不利于全面盘活农村产权要素。如果不能在产权流转上有所突破,农村产权制度改革也将难以深化。

我国法律和基层治理机制可能会阻碍农村产权制度改革。首先,消除农村产权制度改革的法律或政策障碍。诸如,修订《农村土地承包法》及其他法规的相关条款。新条款应当规定,农村耕地应承包到户,并永久不变。[①] 如果要真正实施这项改革,就必须要从法律上确立农民是承包地的产权主体,在城乡统筹和保护耕地的前提下,放宽对农民土地发展权的限制,将农民理论上的财产转变为实际的货币或资产。其次,充分调动农民在农村产权制度改革中的主观能动性,有效推进农村土地流转和土地规模经营。在土地流转、征地拆迁、农民非农就业和市民化等涉及农民切身利益的问题上,要给予农民足够的话语权。农村土地流转和规模经营不能采取跃进式发展,要尊重经济规律和量力而行。最后,完善公共财政制度,实现城乡基本公共服务均等化。要逐步建立城乡统一的劳动力市场、就业指导、就业培训、就业援助、就业责任制度,基本实现城乡居民平等就业。要使农民在文教、卫生、社保等方面享受与城市居民同等的服务,使农村产权制度改革的配套制度更加完善。

五、经济形态的转型

(一) 经济形态转型的内涵与意义

我国经济形态正逐步从内向型经济向外向型经济转变。内向型经济,是指发展中国家优先发展本国制成品生产,用本国产品替代原进口商品,以带动其他经济部门的发展。国家通过进口限额、提高关税扶植本国新兴工业,摆脱对进口的依赖。以国内市场需求为主的经济也称内向型经济。政策上也有相应的手段,如为了增加个人消费需求而减少所得税,为增加设备投资而减少法人税,降低利率等。外向型经济,是指与国际市场紧密联系的某国或某地区的经济体系。外向型经济分广义和狭义两种。广义的外向型经济,是指在世界范围内进行贸易、资本、技术、劳动力等方面的经济交流活动。狭义的外向型经济,是指以国际市场为导向,以出口创汇为主要目标的经济活动。20世纪80年代,我国发展的外向型经济属狭义范围的经济活动,其基本形式以进口替代与出口相结合,并以出口为主;其资金利用以外援为主,产品以外销为主;产业结构以工业为主。

经济形态转型对推动经济发展有重要意义:

首先,在制度创新上发挥着示范作用。改革开放初期,发展经济急需大量外汇、资金,需要学习和掌握国外企业管理经验,以尽快提高国内企业竞争力。在此情况下,政府制订了设立4个经济特区、开放15个沿海城市、颁布吸引外资的

---

① 参见党国英:《农村产权改革:认知冲突与操作难题》,载《学术月刊》2014年第8期。

法律等重要政策。20世纪90年代,国务院决定加快长三角地区对外开放,提出以设立浦东开发区为龙头带动上海进而带动长三角地区经济快速发展。实践证明,制度创新示范作用巨大。

其次,在产业结构升级上起推动作用。我国经济正是由于大量吸引外资,积极发展外资、外贸,才使得我国信息产业、高新技术企业茁壮成长,并紧跟世界发展步伐,也使我国出口商品结构不断改善。1990至2012年,初级产品出口比重从25.6%下降至4.9%,工业制成品出口比重从74.4%上升至95.1%。[①] 另一方面,计划经济时代企业使用的旧设备、老工艺、老技术,也随着外资、外贸发展,逐步退出了历史舞台,使旧产业结构有了脱胎换骨的转变。这种转变所需投入的大量外汇资金,在计划经济时代是难以获取的,也是以国家外资、外贸发展取得成功为前提的。

再次,外资、外贸发展带动了经济发展,并增加了就业机会。2002年,我国外商投资工业企业创造产值占工业产值的33.37%,外商实际投资占国家固定资产投资的10.1%,涉外税收占财政税收的20.52%。在外资企业就业人数因统计口径不一,最保守估计也有800万,乐观估计大致在2000万以上。从地区看,珠三角地区经济主要靠外资带动,长三角地区外资作用也十分突出,京津唐地区的北京、天津靠外资带动程度也很高,东北地区的大连靠外资带动效果也很突出,等等。

最后,外资带动外贸增长的作用更加突出。我国进口和出口的57%靠外商投资企业直接经营取得,如果将间接经营和示范效用也考虑在内,则会更高。外资带动外贸发展,提高了贸易在国民经济中的比重。我国进出口总额相当于国内生产总值比例按人民币计算,已从1978年的9.7%上升至2012年的47.0%,[②]从而提高了我国经济的影响力。

(二) 经济形态转型的挑战

我国经济转型不能脱离国际化背景。我国经济由内向型转向外向型,旨在利用国际化发展自己,增强经济竞争力。入世后,我国面临的任务是,抓住时机根据现代化目标推进产业升级,其基本要求是国际分工结构由目前的比较利益结构转向谋求竞争优势。长期以来,我国根据比较优势生产和出口劳动密集型产品,发挥劳动力资源优势,我国经济不会很快丧失比较优势和竞争力。[③] 但这

---

① 参见国家统计局编:《中国统计年鉴—2013》,中国统计出版社2013年版,第12页。
② 同上书,第15页。
③ 参见蔡昉:《中国劳动力市场发育与就业变化》,载《经济研究》2007年第7期。

种贸易结构能否长期化,并提高产业竞争优势?在经济全球化背景下,仅靠劳动密集型产品的比较优势难以取胜,而突出这种优势的国家都是经济落后国家。因为同一种产品,在发展中国家可能是以密集的劳动生产的,在发达国家可能是以密集的资本生产的,在国际市场上,面对发达国家资本对劳动的替代,发展中国家的劳动密集型产品并不具备竞争优势。虽然发展中国家劳动密集型产品劳动成本低,但发达国家面对国内充分就业的压力,会以各种壁垒阻碍廉价的劳动密集型产品进入。在劳动密集型产品和技术密集型产品的贸易中,前者一般会处于不利地位。

经济全球化必将导致各国劳动价格均等化。劳动密集型产品中的劳动成本有提高的趋势,其结果是进一步降低劳动密集型产品的国际竞争力。比较优势的背景是存在严重的贸易壁垒和要素流动壁垒。随着经济全球化的推进,比较优势对国家经济的意义正在逐步衰减。劳动和自然资源的比较优势更无竞争力可言。因此,如何在新的层次上培植产业竞争的优势是关键。我国要能接受具有较高等级的资本和技术密集的制造业,必须进行产业升级,实现资本和技术密集型产业替代资源和劳动密集型产业。[①]

总之,我国经济转型冲破了原有的所有制结构,形成了以公有制为主体的混合所有制结构;市场主体初步形成,大部分企业已经初步进入市场,按照市场需求变化组织生产,大中型企业建立现代企业制度,成功地推进了鼓励兼并、规范破产、下岗分流、减员增效和实施再就业工程;市场体系逐步完善,与市场经济相适应的劳动就业制度,收入分配制度,住房制度以及失业、养老、医疗和工伤等社会保障制度正在形成。可见,我国渐进式改革是社会成本较低、绩效较高的经济转型之路。

第三节 经济转型与就业的关系

一、经济转型改变就业制度

就业制度有广义和狭义之分。广义的就业制度,是指直接或间接规范劳动者就业行为的制度总称,包括雇佣解雇制度、用工制度、就业培训制度、就业服务制度、辞职退休制度和劳动计划管理制度等;狭义的就业制度,是指雇佣解雇制度和用工制度。雇佣解雇制度是指劳动者进入或退出就业,反映社会劳动者被

---

① 参见洪银兴:《经济转型和转型经济理论研究》,载《学术月刊》2004年第6期。

安置到不同就业岗位;用工制度则是对劳动者实现就业后将与用人单位保持一种什么样的关系的规定。就业制度基本上可以分为两大类,即契约雇佣就业制和行政配置就业制。前者是以劳动力市场为依托,采用类似商品交换的方式,使劳动供给与需求相联系的一种配置劳动者到就业岗位的制度;后者是政府采用行政办法将劳动者统一分配到就业岗位,以固定工形式将劳动者与用人单位的劳动关系固定化的就业制度,其特征是充分就业,即保证每一个达到法定劳动年龄的人都有就业岗位。传统计划经济体制下的我国就业制度就是代表。①

(一) 计划经济体制下的就业制度

计划经济体制下的就业制度有三大特征,即城市排他性的全面就业制度;分割城乡劳动力的就业制度;城市劳动就业制度。② 在用工政策上,国家从弹性就业政策转向刚性政策,③其基本特征是,不规定用工期限,达到法定就业年龄由国家安排就业,实行"统包统配";不准许辞退职工,只能在不同部门单位之间调配;企业无权自主招工,职工无权自主择业。在招工制度上,一切国营、私营企业雇用工人时,除国营企业由政府机关任免人员,以及私营企业的资方代表由资方选择外,均由劳动行政部门所属的调配机关统一介绍。凡需要雇用工人的公私企业,必须先拟定雇用人员条件及待遇办法草案送交当地劳动局审查核准后,由劳动力调配机关统一介绍,非经劳动局批准,不得采用登报等自由招工方法,不得雇用其他企业或机关团体学校中的工作人员,不得到外地或乡村招工;凡必须到外地招工时,经当地劳动局审查核准后,由劳动局或大行政区劳动部指定地区招工。这种限制劳动力流动以及劳动力供求直接见面的政策规定,旨在解决当时的高失业问题,但却抑制了人力资源的优化配置。④

在城镇,就业制度的主要特征是,劳动力统一招收和调配。这种制度最早在建筑业实施,后逐步推广至工矿企业、交通运输等其他行业部门。1955 年 5 月,劳动部第二次全国劳动部长会议明确规定劳动力统一招收和调配的基本原则、方法和劳动部门的管理权限。其中,基本原则是"统一管理、分工负责",即在劳动部门统一管理下,由企业主管部门分别负责。⑤ 具体政策为:企业招收工人和技校学生,由劳动部门进行;企业劳动力调剂工作,由主管部门在产业系统内进

---

① 参见刘艾玉:《劳动社会学教程》,北京大学出版社 2004 年版,第 310 页。
② 参见蔡昉:《中国劳动力市场发育与就业变化》,载《经济研究》2007 年第 7 期。
③ 参见黄安余:《建国以来就业政策的演变》,载《社会科学报》2004 年 4 月 22 日。
④ 参见袁志刚、方颖:《中国就业制度的变迁》,山西经济出版社 1998 年版,第 12 页。
⑤ 参见张明龙:《新中国 50 年劳动就业制度变迁纵览》,载《天府新论》2000 年第 1 期。

行;各地区之间劳动力调剂工作,由劳动部门进行;各部门、地区根据国家批准的劳动计划,编制本部门、地区的年度劳动力平衡计划,由劳动部门实施。这些政策实际上取消了用人单位的用人权,将劳动用工大权集中于劳动部门,从而在宏观上完成了全国劳动力的统一调配与劳动力流动控制。①

在农村,国家执行了农村集体就业制度,即农村出生人口具有与集体经济性质的生产队所使用的土地自然结合的特征,这种制度安排是为了支持重工业优先发展战略。其最高形式为"人民公社"②。在农村人民公社内部,就业制度有三方面的内容:第一,生产与劳动方式。农民没有任何形式的生产和劳动自主权;在国家和社队关系上,社队没有自主权,强调统一和服从,社队干部成为国家利益的执行者;农民对社队的生产和经营没有发言权;农民的一切劳动都由社队干部统一安排。第二,分配制度实行"工资制和供给制相结合"。当时的工资制部分,很多公社采取基本工资加奖励制度,依公社实际收入水平按月或不定期发放;供给制部分,一般实行伙食供给制,有些公社实行其他基本生活费发放制度。社员分配还采取劳动日工分制,按劳动情况,评定劳动日工分,再以工分计算报酬。第三,在劳动力安排上,充分利用传统耕作方式容纳劳动力弹性较大的特点,在农村通过集体化使农民都具有劳动就业的权利。同时,通过供给制保证了农民的最低生活必需品,公社又成为集体性的保障制度。在生产力低下和"以农养工"政策导向下,农村隐性失业被暂时掩盖了。

在当时的历史条件下,计划经济体制下的就业制度有其合理性。它保障了重工业优先发展战略的实施,以及城市社会秩序的稳定;同时,对于解决新中国成立初期的失业问题发挥了积极作用。同期,城镇登记失业人数和城镇登记失业率明显下降。到1958年底,我国政府宣布彻底消除了失业现象。在此后的近二十年间,政府有关部门随之取消了关于城镇登记失业人数的统计和城镇登记失业率的公布。③

但是,计划经济下的就业制度旨在保障城市劳动力的全面就业,保持城镇职工的低工资水平,抹平具有不同人力资本禀赋的职工之间的报酬,并实行城乡分开就业。这种就业制度也产生了一些矛盾:第一,工业化并未导致农业就业人口

---

① 参见丁红卫:《经济发展与女性就业:亚洲典型国家实证研究》,中国市场出版社2007年版,第47页。

② 被称为"一大二公"的人民公社,既是经济组织,又是政权组织;既管理生产建设,又管理财政、粮食、贸易、民政、文教、卫生、治安、民兵和调解民事纠纷及其他基层行政任务;实行工农兵学商结合,成为经济、文化、政治、军事等的统一体。实际上,这种制度是一种高度集中统一的政治、经济和社会制度。

③ 参见杨宜勇等:《劳动就业体制改革攻坚》,中国水利水电出版社2005年版,第4页。

明显减少。工业化并未充分利用劳动力资源,没有吸收更多的农业劳动力转向工业就业。在工业化快速推进的同时,农业劳动力总数仍维持在80%左右,没有实现大规模农业劳动力向城镇转移。第二,粗放型经济增长导致效率下降。以粗放型经济增长为主要特征的发展模式,难以改变劳动生产率低下的局面,造成高昂的生产成本投入和过度的资源耗费。从长远看,这是不可持续发展的,在中、短期也成为宏观经济波动的原因,从而影响就业。第三,"整个社会宏观就业数量的扩张是建立在微观经济单位对劳动力的过度需求之上的,政府以就业的数量扩张为优先原则,并用行政配置手段加以保证,从而宏观的劳动滞存转变为微观的劳动滞存,外部的显性失业转变成内部隐性失业"[①]。第四,就业城乡分隔与社会主义发展目标不相称。社会主义制度的终极目标是消灭城乡差别、工农差别,但是在计划经济的就业制度下,这些差别不但没有缩小,而且在不断扩大,从而影响了整个社会的公正和公平。造成上述状况的原因是错综复杂的。政府对城市居民就业和农民就业的重视程度是不同的,前者获得高度的就业优先权是出于社会稳定的考虑。

(二) 双轨制下的就业制度

传统就业制度对保证劳动者就业权利、实现社会公平起到了一定作用,特别是在国民经济恢复时期,有助于解决部门之间、地区之间、企业之间的劳动力供需失衡矛盾,从而确保重点建设对人力的需求。但是,随着时间的推移,这种制度牺牲了效率,难以适应市场经济的发展要求。其主要弊端在于:第一,用人单位与职工的劳动关系模糊。就业属于政府计划,所以劳雇双方难以签订劳动契约,各自的权利和义务模糊。第二,激励机制不够。在旧的就业制度中,工资待遇、福利标准与劳动者的效益缺乏关联,激励机制难以形成,收入与贡献脱节。第三,失业机制失灵。政府对就业实行计划安置,即使劳动力过剩,政府也为社会安定,禁止企业裁减冗员,从而形成累积。第四,强化了人们对政府的依赖心理,导致就业渠道变窄,就业权利不平等,隐性失业严重,人力资源浪费。[②] 因此,改革传统的就业制度势在必行。

严峻的就业形势迫使政府寻求新的就业出路,对传统就业制度进行变革。1980年,全国劳动就业工作会议在北京召开,对传统就业制度进行了剖析,指出了其种种弊端,并决心进行改革。1981年,国务院《关于广开门路,搞活经济,解

---

① 陈少晖:《从计划就业到市场就业:国有企业劳动就业制度的变迁与重建》,中国财政经济出版社2003年版,第107页。

② 参见姚先国:《论我国就业压力的分流与转化》,载《中国劳动科学》1990年第11期。

决城镇就业问题的若干决定》指出:"目前国营企业的一大弊病,就是'大锅饭'、'铁饭碗'。要逐步改革国营企业的经济体制和劳动制度。"十二大报告指出:"改革劳动制度和工资制度,建立起符合我国情况的经济管理体制,以保证国民经济的健康发展。"① 可见,改革传统就业制度已成为必然。改革大致经历了如下三个阶段:

1. 实行"三结合"就业方针

1980年,中央提出了"在国家统筹规划和指导下,实行劳动部门介绍就业、自愿组织就业和自谋职业相结合"的"三结合"就业方针,打破了就业由国家一手包揽的局面,由过去国家统一计划就业转变为国家、集体、个人共同开拓就业门路。② 从此,劳动力配置逐步分为两部分:一部分仍由国家实行行政控制;另一部分则可以自由流动,谋求职业。具体而言,首先,政府提倡多渠道、多元化的就业格局。为此,政府采取大力发展集体企业、加快消费品生产、扩大服务性行业经营范围、广泛组建劳动服务公司、开展多种形式的就业技术培训等措施,努力拓宽就业门路。国家打破了政府包办的就业制度,开辟了国有、集体和个体多元就业渠道,初步形成了多元化就业的新政策,开始从宏观层面改革社会劳动力管理措施,变革就业制度。其次,配合产业结构调整,大力发展劳动密集型的轻纺工业、手工业、商业、饮食业、服务业和修理业等行业,创造就业机会。"三结合"就业方针的实践效果是良好的,不但较为成功地解决了当时的就业困难,而且提供了制度创新的新思路,对变革传统就业制度产生了深刻的影响。

2. 部分试行劳动合同制

"三结合"就业方针旨在调整就业结构,缓解就业压力,并没有真正触及传统就业制度的内核。根本性的变革,要从用工制度着手,并最终建立合同制用工机制。1983年2月,中央颁布了《关于招工考核择优录用的暂行规定》,要求各地的招工考核工作,在当地政府的领导下,由劳动部门负责统一管理;招工考核的具体组织工作,由劳动部门负责,也可以由企业主管部门或招工单位负责,必要时还可以由有关部门组成的临时招工机构负责。可见,全民企事业单位的用工制度开始发生变化,用人单位有了部分招工自主权。国家提出面向社会、公开招收、全面考核、择优录用的原则,明确废止两种招工办法,规定:企业不得以任

---

① 中共中央文献研究室编:《十二大以来重要文献选编》(上),人民出版社1986年版,第23页。
② 参见常凯主编:《劳动关系·劳动者·劳权——当代中国的劳动问题》,中国劳动出版社1995年版,第219页。

何形式进行内部招工;不再实行退休工人子女顶替政策。①

　　动摇固定工制度是变革传统就业制度的关键。能进不能出的固定工制度导致企业劳动力结构老化、冗员过量累积,加上平均主义分配方式,降低了生产效率和组织效率。1983年2月,中央下达了《关于积极试行劳动合同制的通知》,要求已经试行劳动合同制的地区和单位适当加快改革力度,尚未试行的省区逐步推广。② 1986年7月,国务院发布了关于劳动制度改革的四个重要规定:《国营企业实行劳动合同制暂行规定》《国营企业招工暂行规定》《国营企业辞退违纪职工暂行规定》和《国营企业职工待业保险暂行规定》,国家在全民所有制的新增职工范围实施劳动合同制。与此同时,企业被赋予在适当条件下解除劳动合同的权利,合同制工人有权在规定条件内解除劳动关系。可见,国家确立了用人单位与劳动者的双向选择关系,就业制度变革向纵深推进,用工主体开始由国家向企业转换。

3. 全面实行劳动合同制

　　为了深化用工制度改革,1992年2月,中央发出了《关于扩大试行全员劳动合同制的通知》,试行的重点为国营大中型企业和新建国营企业。在企业内部,试行范围包括企业干部、固定工人、劳动合同制工人以及其他工人;试点企业的工人和干部均应与企业签订劳动合同,要打破干部、工人身份界限,做到能上能下,择优聘任。1992年7月颁布的《全民所有制工业企业转换经营机制条例》指出:"企业可以实行合同化管理或者全员劳动合同制",赋予企业用工自主权,国家不再下达用工计划,企业用工完全由企业自主决定。可见,合同制的范围涉及全体就业者,就业制度改革再上新台阶,消除了企业原有职工与新增职工的用工差别,有利于开展劳动者竞争上岗,可以促使劳动者合理流动,优化劳动组合和生产要素资源配置。1993年11月,劳动部颁布了《关于建立社会主义市场经济体制时期劳动体制改革的总体设想》,提出了全面推行劳动合同制,目标为:"九五"期间,初步建立与社会主义市场经济体制相适应的劳动用工制度,在全国各类企业全部职工中实行劳动合同制度,使劳动关系走上法制化轨道;在非国有企业全面建立规范化的集体谈判制度,有步骤地在一些国有企业中实行集体协商制度。③

---

①　参见张明龙:《新中国50年劳动就业制度变迁纵览》,载《天府新论》2000年第1期。
②　参见程延园:《劳动关系学》,中国劳动社会保障出版社2005年版,第215页。
③　参见陈少晖:《从计划就业到市场就业:国有企业劳动就业制度的变迁与重建》,中国财政经济出版社2003年版,第23页。

通过以上改革,国有企业基本维持着计划就业模式,微观经济组织照顾国家宏观就业目标的现状没有根本性改变。但是,农村、乡镇企业、三资企业、私营企业、个体工商户等,已基本按照市场方式配置劳动资源。两大板块并存使整个就业领域表现为双轨制的运行特征。① 双轨制下的就业矛盾表现有二:其一,内部人控制,工资侵蚀利润。在传统计划体制下,政府计划集中了对社会经济资源的全部控制权。放权让利改革后,大部分计划权力下放给企业,企业管理人员越来越多地掌握对企业的控制权。计划体制的逐渐解体和外部市场的不健全留下了权力真空。在信息不对称的条件下,大部分权力落到了企业内部人手中。② 与此相适应,企业内部的分配权限也从地方政府转移到企业的经营者手中,从而直接导致工资侵蚀利润,表现为短期工资收入最大化;企业短期消费急剧增长,不惜通过国有资产流失改善职工待遇。收入攀比也导致工资对利润的侵蚀,③从而导致消费基金膨胀,引发物价上涨,使劳动力成本上升。其二,企业不能因为经济原因自由裁员。在此情况下,国有企业实际上承担了部分政府职能,为了社会安定,没有将大量的富余人员推向社会,这也是劳动制度一系列反常特征的深刻原因。

(三) 市场经济体制下的就业制度

1993年,国有企业逐步实现了全员劳动合同制,启动了固定工改革,企业与职工通过劳动合同确立劳动关系。1994年《劳动法》颁布后,就业市场化进入了发展阶段。建立市场就业制度是我国劳动就业制度变革的终极目标。与传统就业制度相比,市场就业制度的目标与特征主要包括如下几个方面:

首先,彻底实现就业主体的转变,并使之明朗化。市场就业制度要求劳动者和用人单位这两个身份平等的主体通过劳动力市场的交换完成就业行为。对用人单位而言,要从就业的被动承受者转变为用工的自主选择者;对劳动者来说,要从被调拨者转变为职业的自主选择者,从而形成以劳动者自主就业为主导,以市场机制调节就业为基础,以政府促进就业为动力(政府丧失招工和用工主体地位),以就业政策为导向,引导劳动者自主择业,鼓励企业吸纳劳动者就业,帮助就业困难者和弱势群体就业的新型就业机制。④ 同时,国家提倡采取非全日制就业、季节性就业等灵活多样的就业形式,开发和建立新的就业增长点,并鼓

---

① 参见史及伟、杜辉:《中国式充分就业与适度失业率控制研究》,人民出版社2006年版,第50页。
② 参见袁志刚、方颖:《中国就业制度的变迁》,山西经济出版社1998年版,第204页。
③ 参见宋湛:《中国劳动力市场动态调节研究》,经济科学出版社2004年版,第66页。
④ 参见于法鸣主编:《就业与培训》,中国劳动社会保障出版社2005年版,第172页。

励劳动者合理流动，逐步实现城乡统筹就业，形成企业自主用工、劳动力资源合理配置、经济稳定发展和社会安定的局面。

其次，最终建立工资市场化、失业显性化和保障社会化机制。在一个成熟的劳动力市场，工资是重要的信号，其标准取决于劳动力供给量和劳动力流通所形成的竞争价格；工资能调节劳动力的供给，因而应在部门和地区之间建立就业和工资的动态均衡机制，调剂劳动力的总量平衡。在市场就业制度下，除工资调节外，失业成为劳动力重新配置的新方式。与传统就业制度下隐性失业过度累积不同，市场就业制度必然要使失业显性化，从而有利于政府解决劳动力供需失衡矛盾，刺激劳动者素质的提高，进而推动经济增长和增加就业需求量。与失业显性化相配套的则是保障社会化，它克服了传统体制下就业制度与社会福利制度融为一体的弊端。其制度特征为：保险职能与企业脱钩，由企业转向社会；国家、用人单位、劳动者共同承担保障基金；建立职能专门化的社会保障机构，统一筹划和管理劳动保障业务。这种制度安排有利于降低劳动力流动成本，使企业能根据规模和结构调整吐纳劳动力，从而减少劳动者流动和劳动力市场的运行风险。

再次，真正形成城乡劳动者平等就业制度。随着改革的深化，农村大量剩余劳动力逐渐向非农产业和城镇转移就业。但是，由于农民自身素质需要提高，加上户籍制度等因素的影响，农民在城市就业难，因此中央提出要坚持"合理引导，公平对待，完善管理，搞好服务"的方针；①要创造条件加快农民向非农产业、城镇转移，这样农民收入才能增加，城市过剩的工业产品才能有销路；要深化户籍制度改革，在城市有稳定职业和住所的农业人口，可按当地规定在就业地或居住地登记户籍，并依法享有当地居民应有的权利和承担应尽的义务。因此，创造平等的城乡劳动者就业制度，能为农民创造更多的就业机会。

最后，政府的职能在于宏观调控。就业市场化，并不意味着政府职能的废弃。恰恰相反，政府的作用是巨大的。政府运用经济的、法律的和必要的行政手段对劳动力市场进行宏观调控，引导市场有序运行。但是，政府调控绝对不是计划经济体制下的直接微观干预，而是规范市场的间接宏观干预。诸如，劳动力市场平均价格调节，劳动力需求预测和流动引导，劳动力就业管理、就业政策的制

---

① 参见陈晓华、张红宇主编：《建立农村劳动力平等就业制度》，中国财政经济出版社2005年版，第2页。

定与完善,加强公共就业服务①和劳动力市场信息网络建设,改善管理手段和市场秩序,使市场在配置劳动力资源中起决定性作用。

总之,经过多年改革,我国就业制度已逐步走出了"单一所有制就业"和"计划分配就业"的旧格局,固定工制度业已被冲破,形成了"用工市场化、失业显性化、就业靠法制、失业有保险"的用工制度,使劳动力资源通过市场机制配置,真正实现了"劳动者自主择业、市场调节就业和政府促进就业"。②

二、经济转型改变就业结构

在探讨经济转型与就业结构的关系时,本书着重从就业的所有制结构和就业的产业结构两大方面展开研究。因为我国经济体制改革与转型导致了经济成分和所有制结构的多元化,从而使就业的所有制结构多元化。从长远看,这有利于就业扩张。

改革开放前,工业企业所有制结构表现为全民所有制和集体所有制企业构成的单一公有制结构,其他所有制企业基本不存在。到1978年,工业总产值中,国有工业占77.6%,城乡集体工业占22.4%。③ 十五大之前,非公有制经济的发展仍然受到较大的限制。十五大报告指出:"公有制的主体地位主要表现在:公有资产在社会总资产中占优势;国有经济控制国民经济命脉,对经济发展起主导作用。"④这就要求对国有经济在国民经济中的地位和作用进行重新定位,使之从不占优势的行业退出。"非公有制经济是我国社会主义市场经济的重要组成部分,是平等的市场主体,是发展社会主义市场经济、促进生产力提高的重要力量。"⑤此后,我国经济成分和所有制结构日趋多元化,逐步形成了国有经济、集体经济、私营经济、个体经济、联营经济、股份制经济、外商投资经济、港澳台投资经济和其他经济共存的格局。

---

① 所谓公共就业服务,是指由政府出资向劳动者提供公益性就业服务,包括职业介绍、职业指导、职业培训、社区就业岗位开发服务与其他服务内容。其服务对象是登记失业人员和特殊群体,如残疾人、低保人员、退役军人、随军家属、当地政府规定的其他就业困难人员或特别照顾人员。服务内容有:为求职者和用人单位免费提供就业服务,并向他们提供劳动保障政策法规咨询服务;向失业人员和特殊群体提供职业指导和职业介绍;推荐需要培训的失业人员和特殊对象参加免费或部分免费的职业培训;公开发布当地职业岗位空缺信息、职业供求分析信息、劳动力市场工资指导价位信息和职业培训信息;办理失业登记、就业登记、录用和终止,解除劳动关系备案等事务;劳动保障行政部分指定的其他服务。
② 参见《〈中共中央关于完善社会主义市场经济体制若干问题的决定〉辅导读本》,人民出版社2003年版,第16页。
③ 参见潘光军:《中国就业问题的宏观经济研究》,中国财政经济出版社2006年版,第159页。
④ 中共中央文献研究室编:《十五大以来重要文献选编》(上),人民出版社2000年版,第21页。
⑤ 辜胜阻、陈银娥等:《中国再就业工程》,湖北人民出版社1999年版,第128页。

所有制结构多元化的过程也是国有经济比重下降、非国有经济比重上升的过程。在全社会固定资产投资结构中,国有企业固定资产投资额所占比重下降,非国有企业固定资产投资额所占比重上升。特别是各种非公有制经济快速增长,包括个体经济、私营经济、外商投资经济、港澳台投资经济,以股份制为主的混合经济从无到有。由于经济成分的变化,就业所有制结构也发生了变化,如表3-2所示:

表3-2 2000—2012年我国城镇就业所有制结构的变化 单位:万人

年份 类别	2000	2008	2009	2010	2011	2012
城镇就业人员总数	23151	32103	33322	34687	35914	37102
国有单位	8102	6447	6420	6516	6704	6839
城镇集体单位	1499	662	618	597	603	589
股份合作单位	155	164	160	156	149	149
联营单位	42	43	37	36	37	39
有限责任公司	687	2194	2433	2613	3269	3787
股份有限公司	457	840	956	1024	1183	1243
私营企业	1268	5124	5544	6071	6912	7557
港澳台商投资单位	310	679	721	770	932	969
外商投资单位	332	943	978	1053	1217	1246
个体	2136	3609	4245	4467	5227	5643

资料来源:参见国家统计局编:《中国统计年鉴—2013》,中国统计出版社2013年版,第122页。

有学者预测,到2020年,国有企业职工人数占城镇劳动力的比重将从55%下降到30%。城镇非国有单位从业人员占城镇从业人员比重达到70%,其中城镇集体企业从业人员达到40%,私营企业和个体从业人员达到20%,其他所有制单位从业人员达到10%;农村非农产业从业人员占农村劳动力的比重达到55%,其中乡镇集体企业从业人员占农村劳动力的比重达35%,个体从业人员达到15%,私营企业达到5%。可见,解决我国就业问题,主要靠非公经济的增长与发展。[①]

随着经济转型的加快,人口就业结构发生了变化。在二元经济结构转换过程中,这种变化更为重要。如果从这个角度看,改革开放以前,重工业优先发展

[①] 参见王国荣:《经济增长与就业机制、模式、观念的变革》,载《上海社会科学院学术季刊》2001年第3期。

模式的成果颇为有限,因为工业化并没有推动社会经济结构的实质性转变。改革开放之后,伴随着经济转型的是,产业结构高级化的步伐逐渐加快,从而促使就业结构的高级化,如表1-3所示。各民族就业人口产业结构差异悬殊。大部分少数民族,受历史和区位等因素制约,第一产业占较大比重,工业化尚未启动。各省区之间,就业的产业结构差异较大。经济高度发展的上海、北京、浙江、江苏、广东、福建等省区,第一产业比重降幅居全国前列,内地和边疆省区降幅则比较小。① 而西方发达国家产业结构高级化程度高,如表1-4所示。可见,我国就业结构改善的空间颇大。

三、经济转型影响就业容量

经济体制改革与转型,不仅推动了就业制度变迁,改变了就业结构,而且也在一定程度上约束了就业容量的扩张。特别是企业制度转型导致的就业缩减效应,一度成为就业矛盾加剧的体制根源,也是经济转型的阶段性成本。如前所述,经济转型以实现现代化为目标,市场化只是为现代化提供制度保障,脱离现代化目标的经济转型没有意义。在现代化目标之下,经济发展要追求效率和利益最大化,这种发展目标与就业容量的增减紧密相关。

马克思在《资本论》中对资本主义制度下的失业问题展开研究,基本结论是"相对人口过剩"。原因包括:一是机器的大规模运用、生产率的大幅度提高,出现了机器对劳动的替代,使劳动供给相对过剩;二是私有制下资本与劳动的分离,一部分劳动者因不能被雇用而与生产资料相分离,产生了失业。正是由于资本与劳动的矛盾,导致了资本对利润追逐过程中资本有机构成的提高、周期性经济危机的发生以及资本家对工人阶级剥削的加重,从而使产业后备军的存在成为资本主义制度存在的一个必备条件。马克思的就业理论从体制性因素着手,解析导致资本主义失业的体制原因,其理论解说力较强。在当代中国,随着经济转型升级步伐的加快,资本有机构成必然随之提高,新技术的广泛运用将逐步减少对基层非技术劳动力的需求,劳动密集型产业逐渐下降,劳动者在从劳动过程中解放出来的同时,将面对失业的巨大风险,这几乎是难以逆转的趋势。

在计划经济体制下,企业的工资总额是由国家全部包揽的,企业不必为利润问题而担忧。因此,在不追求经济效率的情况下,企业雇用多余的工人是不违背理性原则的。② 企业中劳动力配置多了,工人的闲暇时间多了,工作量就少了,

---

① 参见张善余:《中国劳动人口就业形势的差异分析》,载《人口学刊》2004年第2期。
② 参见袁志刚:《失业经济学》,上海人民出版社1997年版,第8页。

以致"三个人的事情五个人做"。国家就是通过计划手段,迫使企业多接受工人。其结果是,就业容量一再扩充,企业经营绩效连年下降。这种以牺牲经济效率换取就业岗位、以"充分就业"换取政局稳定的操作方式,使国有企业冗员过多,存在大量的隐性失业或在职失业。① 在经济体制转型过程中,微观经济组织必然要追求经济效益。为了实现收益最大化目标,生产经营者和资本投资者减员、辞退工人,力求实现"减员增效"。国有企业的改革较为典型,江泽民指出:"按照现代企业制度的要求,国有大中型企业继续实行规范的公司制改革,完善法人治理结构。"②国有大中型企业分流安置富余人员,下岗职工规模大,缩小了就业容量。这已经成为微观经济组织的经常性行为,也是市场经济体制下的一种经济逻辑。因此,就业缩减效应出现在经济转型过程中是必然的,不能因为就业容量缩减而放弃制度变迁,而是需要在宏观政策上配之以有效的调节和控制,不能任市场机制的作用随意发展,更不能适得其反。事实上,微观经济组织对效率的追求未必肯定提高国家的整体效率,因为两者之间存在价值取向的差异,微观经济组织追求收益最大化,而国家的目标是考虑整体发展的可持续性,谋求国民福利和未来发展利益的最大化。微观经济组织与国家利益的矛盾应当通过制度规范和创新加以协调。

就业容量缩减与产业政策和产业周期之间关系密切。例如,结构性失业实质是产业之间的不断转换,即新兴产业不断生成,传统产业不断衰减,导致劳动供给与新兴产业对劳动需求不相适应而产生失业。发展中国家特别是像我国这样的人口大国,更容易受这种产业结构变动和市场周期性影响而出现高失业率。

就业容量的缩减如同企业经营一样,当企业扩大再生产时,就会需要更多的工人;当企业发展到一定的规模时,其吸纳劳动力就业的能力就会衰减。当经济不断发展时,就会产生更多的就业岗位;但经济增长并不能带来相同比例的就业增长,它所能带动的就业增长率会逐步降低,然而,我国劳动力却维持了绝对的增长。增加就业岗位已难以用提高经济增长加以解决,原因之一是,经济体制和增长方式转变暂时限制了就业容量的扩张。值得注意的是,近几年来我国经济增长率下降,就业弹性系数却上升,就业岗位有所增加。2010 年,经济增长率为10.8%,新增就业岗位是 1068 万;2011 年,经济增长率下降至 9.2%,新增就业

---

① 参见戴家干:《社会主义初级阶段的我国劳动力资源分析》,载《北京师范大学学报》(社会科学版)1998 年第 1 期。
② 江泽民:《全面建设小康社会,开创中国特色社会主义事业新局面》,人民出版社 2002 年版,第 26 页。

岗位为1221万;2012年,经济增长率回落至7.8%,新增就业反而上升至1266万,已超过2007年增长率14.6%和新增就业岗位1204万。这可能得益于我国服务业的快速发展和有关政策因素。

四、经济转型冲击就业观念

(一) 就业观念的概念

社会意识是社会存在的反映。就业观念是社会意识的组成部分,反映了社会客观存在的就业问题。它自然要受到由社会生产关系所决定的社会意识形态、社会制度的影响。社会生产方式对就业观念的形成起着决定作用,而上层建筑则起着制约作用。此外,学校教育、家庭环境、个人生理心理特点等,是影响就业观念形成的重要因素。在特定的历史条件下,劳动者逐步形成了一定的就业观念,它影响着人们的就业意愿、职业评价、就业竞争、择业动机等方面的态度和行为,进而对整个社会的就业扩张带来正面或负面的影响。就业观念影响和指导人们的就业行为,使劳动者的就业行为具有目的性、方向性和预见性,影响着人们对未来职业的取舍。在计划经济时代,我国长期实行"统包统配"的就业制度,限制了劳动者自主创造就业的积极性,助长了其就业依赖心理,从而形成了以高依赖性、低风险性、弱竞争性为主要特征的超稳定的就业观,以及重视国营企业、轻视集体企业、藐视个体工商企业的择业偏好,特别是城市劳动者追求正式工和长期合同工。这种不良的就业观念,对劳动者和生产资料的合理配置构成了障碍,从而加剧了失业恶化。

就业偏见与定位不准严重影响着求职者就业和再就业的实现。劳动者应当抛弃就业偏见,一方面,对劳动力市场的形势有清晰的认识;另一方面,准确认识自身的职业价值,不断调整自我,形成正确的职业定位。在当前激烈的就业竞争中,就业观念已成为影响劳动力供求结构平衡的重要因素。就业者需要通过对就业观念的修正,尽可能使自己与就业岗位相适应,从而既能在就业岗位上不断完善和发展自己,又能在劳动过程中发挥主观能动性,给社会带来更大的经济效益或社会效益。如果就业观念符合就业结构规律和政府就业政策,国家、集体和劳动者个人的利益就会得到维护和发展;反之,就会产生各种矛盾。

制度变迁理论认为,成本与收益的比较,是促进或阻碍制度转型的一般原则。只有在预期收益大于预期成本的情形下,劳动者才会直接参与或积极推进制度转型。市场配置劳动力的制度转型后,预期的收益将给劳动者更多的自由支配权、流动权、择业权和高收入,而所要付出的成本将是失业风险的增加、纪律的约束和劳动者素质要求的提高,以及与生活的紧张、动荡、不稳定相伴随的心理承受力的提高,这意味着劳动者将要更多地牺牲闲暇,付出更大的代价。与原有就业制度相比,市场调节的就业制度是高收入与失业风险并存。是预期的收入高于失业风险,还是失去就业机会的可能性大于想象中的高收入,对于每一个劳动者而言,都是一个无法确定的问题。这种收益或受损机会的不确定性,使在旧体制下拥有一份稳定与高福利工作的劳动者丧失推动制度转型的动力,锁定在原有制度框架内不愿退出。①

改革开放后,劳动者既渴望在市场机制起主导作用的新经济单位获得较高的经济报酬,又想保留传统体制下原单位的职业稳定和社会保障。在择业自主权与就业安全保障发生矛盾时,劳动者更偏向于体制内流动,即在体制内选择一个比原单位收益更好,或与原单位收益相等但职业声望高、工作更轻松、发展前景更好的国有经济单位。即使部分劳动者敢于向体制外流动,也往往以体制内的保障为退路。② 这反映了劳动者对传统就业体制的迷恋和在择业与流动上的矛盾心态。作为这种心态的必然结果,我国非正式的就业部门与自雇阶层尚未获得社会的普遍认同,所以劳动者自主创业的冲动较弱,依赖政府安排就业的心理较强,就业渠道因此变窄。

(二) 就业观念在不同群体之间的差异

长期以来,城市居民享受政府就业政策的庇护,部分人的就业观念仍带有计划经济的印记,即由国家下达统一招工指标,在政府机关、事业单位、大型国有企业就业是首选,其次是在城镇集体单位就业。工作要稳定,工资奖金待遇要高,福利医疗养老有保障。部分城市居民认为,只有这样的工作才称得上就业,其他工作充其量就是打工。相比之下,农村居民根本无法享受政府就业政策的庇护,他们不敢奢望在政府机关、事业单位、大型国有企业就业,对就业的认知和要求很低,只要有事做并能挣钱就可以。这种就业观念与市场经济条件下的就业观念更加接近。

由于对就业的认知和理解不同,面对失业的冲击,城市居民和农村居民态度和心理承受力完全不同。众所周知,我国农村改革始于20世纪70年代后期,而城市现代企业制度改革和国有企业职工大批失业始于90年代中后期。我国长期执行的"以农养工"政策使农村发展滞后,农民生活贫困。一部分农村居民长期安于现状,忍受着困顿生活,而另一部分人穷则思变,敢于冲破体制的束缚,探

---

① 参见李恩平:《从制度变迁理论看劳动者就业观念转变》,载《生产力研究》1998年第6期。
② 参见陈少晖:《从计划就业到市场就业:国有企业劳动就业制度的变迁与重建》,中国财政经济出版社2003年版,第188页。

索出一条新的生存与发展之路。在农村隐性失业和劳动力过剩严重的情势下，农民或通过各种渠道主动向城镇和非农产业转移就业，或兴办乡镇企业并吸纳同乡就业，或从事运输、建筑装潢、养殖、农产品加工等个体经营行为，解决自身就业问题。他们很少因为就业困难增加政府的负担，更没有采取极端行为。相比之下，在城市失业浪潮袭来之时，城市居民对失业缺乏足够的认知和心理准备，可能是已习惯于享受体制的庇佑和对国家职工身份的迷恋。一些失业人员首先表现出怨天尤人的情绪和等待政府重新安置的期盼；在漫长焦虑的等待过程中，部分国有企业失业人员仍不愿放弃身份，拒绝与企业解除劳动关系，甚至出现在政府机关静坐示威等群体性事件。这有力地说明城市居民的失业心理承受力比农村居民差。事实上，城市生活成本远远高于农村，城市贫困人口生活艰辛程度超过农村贫困人口，这可能是焦虑的原因，也是政府给予城市就业更多关注的理由。

农村居民一直处于体制之外，没有体制的保护反而使他们养成了吃苦耐劳、求生能力强的特质，这也表现在两个群体职业偏好的不同。农村剩余劳动力流入城市劳动力市场后，并没有出现对城市居民就业大规模的替代效应，因为他们多数从事城市居民不愿意接受的低端就业岗位，在非正规就业或临时就业领域大显身手。这种高度的就业适应性使他们能在就业岗位紧缺的城市中生存和发展。相反，城市居民职业偏好可能有追求档次、稳定、体面、高薪等诸多不切实际的幻想，对就业岗位反复权衡，人为地缩减了就业领域。大城市居民生活条件和环境优越，不愿意到中小城市、农村和边远地区就业，从而决定了城市居民就业领域比农村居民狭窄。而对农村居民而言，如果在城市难以立足就重返农村，其就业领域宽广，谋生足迹遍布各地。同样的情形也出现在台湾地区经济转型过程中，台湾地区农村居民表现出相似的就业观念和就业行为方式，出现了农工就业互动的特征。[①]

（三）就业观念对不同就业集团的影响

就大学生群体而言，大学毕业生的就业观念受到传统观念的消极影响较大。当前，大多数大学毕业生在寻找工作时，依然持有工作地域和环境佳、职业稳定、社会地位高、福利待遇好的就业观念。具体表现为：误区一，大学毕业生迷恋在大中城市就业。近年来，高校毕业生主要在大中城市就业，在县、镇和农村就业人数相对较少。即使是来自县、镇和农村的学生，也有70%选择留在大中城市。

---

① 参见黄安余：《台湾经济转型中的劳工问题研究》，人民出版社2010年版，第19页。

误区二,强烈偏好职业稳定、社会地位高、福利待遇好的事业单位、政府机关和外资企业。误区三,收入预期过高,期望值大于实际,直接造成大学毕业生就业瓶颈。凡此种种,导致城市劳动力市场拥挤,就业难度加大。[1]

就农民群体而言,由于长期受到思想禁锢和经济制约,相当一部分农民养成了墨守成规、安贫乐道的生活模式。他们对土地有严重的依赖意识,缺乏进取和创新精神,满足于自给自足的生活。尤其对那些年龄偏大的农民来说,离开土地,从事其他行业,是他们难以想象之事。同时,农民的社会网络(主要建立在血缘和亲缘基础之上)对农村工业化产生一定的消极影响,特别是严重的家族观念阻碍了乡镇企业的发展。然而,必须看到,经济转型明显增强了农民的市场意识和就业竞争意识。随着经济转型的加快,农村市场化程度提高,农民流动就业的规模与频率加大,无论是在城乡之间流动就业,还是在农村内部流动就业都发展较快。许多农民告别了传统的就业方式,说明这一群体的就业观念因经济转型而逐步变化。但农民就业的短期行为明显,就业忧患意识不够,他们较为重视眼前利益,不重视科技学习、就业培训和职业层级的提高。他们认为,就业培训需要费用,而从事生产能增加收入。这种就业观念也限制了农民在更广泛的领域实现就业。

就女性群体而言,经济转型对女性就业观念产生影响,使其独立意识有所增强。随着男女平等思想的不断深入内化,以及女性经济、政治地位的提高,更多女性认为应当参与公共经济活动,而不能只将自己局限于家务劳动。在现代社会,制约女性发展的传统制度遭到了毁灭性打击,妇女的生存境况和生活方式发生了根本转变,女性的社会角色发生了巨大变迁。长期以来,女性一直是牺牲者的角色,她们为了丈夫的事业、子女的成长和老人的晚年安康而牺牲了自己的事业。市场经济的发展为女性加入就业市场提供了更多的机会,这在改变她们行为方式的同时也强化了其社会参与意识和自我实现的愿望。经济发展使女性的教育水平明显提高,反过来加强了她们的独立意识。女性劳动者越来越多地步入劳动力市场,拥有自己的收入,对于丈夫和家庭的依存度有所下降。开放社会的离婚率比封闭社会高,原因之一是女性觉得为家庭而放弃就业岗位并不值得,于是更多的已婚妇女选择就业,而不是从事家务劳动。[2] 这从一个侧面解释了我国劳动参与率高的原因。

---

[1] 参见黄安余:《高校就业教育刍议》,载《教学与研究》,上海人民出版社2007年版,第254页。
[2] 参见李薇辉、薛和生主编:《劳动经济问题研究——理论与实践》,上海人民出版社2005年版,第30页。

(四)就业观念转变与对策

首先,要确立正确的就业观念,应当从择业和就业两方面考虑,合理定位,实现理想与现实的结合;树立适应市场经济体制的择业观念,抛弃传统的依赖思想,在双向选择机制中勇于自我推销,参与竞争择业。如果现实条件下不能获得理想的职业,可以考虑在职业道路上分步发展,适应客观实际,降低标准,寻找条件适中的单位,即先就业为上策。由于需要就业的劳动力数量巨大,而社会能提供的岗位有限,所以,作为商品进入市场的求职者必须通过竞争才能上岗。大学毕业生择业,要有危机感,要奋力拼争,激流勇进;同时,对职业理想要有合理的定位,因为只有那些从自身条件出发,符合社会需要的职业理想,才能有较高的成功率。近年来,社会上出现了一些单位人才高消费现象,甚至有研究生从事低技术工作,而另一些单位人才紧缺。毕业生在择业时,不能单纯考虑职业理想,而应考虑社会的现实需要,把握择业时机。

其次,提倡多元化的择业渠道。在考虑用人单位时,不要过分着眼于政府机关、公有制单位、名流企业。大量非公有制经济形式下的私营企业、个体经济组织和港澳投资企业急需各类人才,具有广阔的吸纳人才的空间。在考虑工作地域时,不要过分着眼于经济发达的大城市和沿海开放城市。经济欠发达的中西部地区、东北老工业基地和边远地区出现了空前发展的机遇,地方政府制定了招聘人才的优惠政策。在考虑择业标准时,要根据实际情况适时加以调整。因此,要有分阶段发展的观念。[①]

鉴于上述分析,随着经济转型步伐的加快,就业观念必须要随之转变,以适应制度变迁和经济发展的需要。为此,应当采取多种措施,形成合力。

第一,政府必须加大制度转变的力度,彻底打破固定工制度,完善就业竞争机制,逐步减少直至消除不同所有制经济中劳动者在身份、地位和待遇等方面的不平等。同时,加强对劳动者的职业教育和择业引导,克服职业有尊卑的传统文化观念,使其更新就业观念,促使劳动者的就业选择与社会对劳动者的需求基本相符。劳动者应当具有就业竞争意识和忧患意识,克服对政府的就业依赖思想,提高自身就业竞争能力,积极投身于劳动力市场。社会舆论在强调尊重知识、尊重人才的同时,也要强调尊重劳动、尊重在平凡岗位上就业的普通劳动者。社会能否真正尊重劳动和各种灵活就业的劳动者,恰恰是转变就业观念的核心和难点。只有当灵活就业的劳动者能够拥有一份社会尊严,社会才能更加平稳和谐

[①] 参见冯建力、宁焰主编:《就业教育基础》,科学出版社2005年版,第3—6页。

地发展。

第二，政府放弃对城市劳动者的无条件再就业承诺，改变城市职工对政府高福利保障的未来预期。政府不能将充分就业的宏观调控目标混同于具体的再就业承诺，因为这会给失业者造成心理依赖，削弱其内在的激励动机，使其在再就业机会面前过多地挑剔职业。政府可以在推动就业总量扩张的基础上，以经济手段建立失业保险、贫困救济制度，减少无条件的再就业承诺，从制度安排上降低劳动者创业、择业、流动的物质成本，制定正式约束限定享受失业救济的条件、期限，促使劳动者的就业观念符合实际。①

第三，高等院校除了对大学生进行专业教育外，还要重视培养和树立他们正确的就业观念，加强引导，转变思路。大学毕业生必须从精英就业的梦幻中走出来，重新进行职业审视和就业定位，乐于到企业生产、建设、管理、服务的一线岗位就业。要使大学生真正懂得，大学毕业生是宝贵的人力资源，就业难是相对的，从而使其树立足够的求职信心。在部分大中城市，大学毕业生的供给量是相对过剩的，但是在广大农村地区和西部地区，大学毕业生数量绝对不足。因而，大学毕业生要转变就业观念，不要有地域、城乡、所有制之分。各高校应当有针对性地加强毕业生政治思想教育，引导他们转变思路，将个人理想和国家需要结合起来。在国家西部开发计划的带动下，到基层、到艰苦地区和行业就业将成为未来毕业生就业的主旋律。②

第四，鼓励和提倡自主创业的就业观念。改革开放初期，我国自主创业者多数出于生存的无奈，而在国外自主创业是被普遍接受的就业观念。因此，政府应当支持失业者通过自主创业解决就业问题。在农村城镇化的过程中，政府要注意结合市场经济进行宣传教育，使农民懂得流入城市在收入、就业、医疗等方面的风险预期，鼓励乡镇企业发展劳动密集型产业，增强自身吸纳能力，缓解农村剩余劳动力流动对城市就业的压力。另一方面，对城市职工要正面宣传自主创业、多途径就业的预期比较与现实激励，以优惠政策鼓励城市失业者向农村转移、流动，促使劳动者改变单纯在城市就业谋求发展的就业观念。

---

① 参见李恩平：《从制度变迁理论看劳动者就业观念转变》，载《生产力研究》1998年第6期。
② 参见黄安余：《高校就业教育刍议》，载《教学与研究》，上海人民出版社2007年版，第254—255页。

第四章
二元经济结构与就业

在现代经济发展史上,"绝大多数发展中国家不仅没有如战后初期所期望的那样实现经济现代化,反而问题丛生,困难重重;它们与发达国家的经济差距不仅没有缩小,反而日益扩大"①。长期的发展实践表明,多数发展中国家经济发展的结果并不十分理想。发展中国家二元经济结构不仅依然存在,而且导致了严重的城乡分化、工农差异和就业问题。作为发展中大国,我国经历了高度集中的指令性计划经济体制,并正处于开放的市场经济初级阶段。体制转换逐步冲破了城乡隔离,加快了经济增长速度,缩小了与发达国家的经济差距,成绩显著。但是,传统体制的强大惯性使工农关系、城乡关系失调问题尚未得到根本解决,二元经济结构的鸿沟未被填平。作为诸多矛盾焦点的"三农问题",业已成为维系二元结构、制约内需和就业扩张的根源。二元结构的特征以及由此产生的就业矛盾和就业歧视,成为影响经济增长和发展质量的关键所在。

第一节 二元经济结构理论

对于工业和农业之间的关系,较早进行探讨的经济学家是大卫·李嘉图。他在《政治经济学及赋税原理》一书中,提出了两个基本假设:一是农业部门存在收益递减规律,在不断保持对农业一定水平投入的条件下,农业产出是逐步下降的。二是工业部门可以吸收农村剩余劳动力,通常不会引起城市或乡村地区工人工资的上升。这两个假设已经包含着农业和农村剩余劳动力转移的必要性和可能性。② 布克最早提出了二元体系。20世纪40年代,他在《经济学和二

---

① 张培刚主编:《新发展经济学》,河南人民出版社1999年版,第4页。
② 参见李亚伯:《中国劳动力市场发育论纲》,湖南人民出版社2007年版,第144页。

体系社会的经济政策》一书中认为,发展中国家存在着两个不同的经济体系,一个是外来的先进的资本主义体系;另一个是本土落后的前资本主义经济体系。两个经济体系的购买力和生产水平存在着明显的区别。但是,对二元经济结构进行深入系统的理论分析则始于刘易斯。

一、刘易斯模型

（一）刘易斯模型的内容

1954年,美国经济学家刘易斯在《劳动力无限供给条件下的经济发展》一文中,首次系统地提出了二元经济结构学说。他将经济发展问题归结为工农业两大部门之间的关系问题,分析了二元经济结构的变动过程,这使他在1979年获得了诺贝尔经济学奖。刘易斯认为,与发达国家单一的现代经济不同,广大的发展中国家和地区存在着二元经济结构。生产部门一个是以现代方法进行生产的、以城市为中心的工业部门;一个是以土著方法进行生产的、以农村为中心的农业部门。传统农业部门以土地和劳动力作为主要投入,由于人口增加和土地供给刚性,农业总产量必然受到土地规模的制约,造成整个农业部门边际效益递减;主要使用落后的耕作技术,并且变化缓慢;生产组织是一家一户的小农经济;劳动的边际生产率较低,劳动力存在大量剩余,而且工资率较低。现代工业部门使用现代化的生产技术,并且技术革新较快;生产组织是现代化的企业;工人受企业雇用,得到工资,企业得到利润,并将用于再投资,从而扩大生产规模;劳动的边际生产率高,工资远远高于农业部门。因此,农业劳动力在不受任何干涉的情况下自然有向城市流动的倾向。换言之,现代的工业部门可以从传统的农业部门获得不竭的劳动力供给,其劳动力供给是无限的,具有完全的弹性。[①]

从社会角度看,发展中国家城市(特别是首都等大城市)拥有现代化的交通和建筑物,与发达国家差别不大;但是,广大农村地区特别是偏远农村,民众仍然生活在贫困落后之中,缺乏基本的现代生活设施。很多发展中国家的市民接受了良好的教育,已经具备相当高的知识水平,思想观念新颖,社会意识较为开放;而在广大农村地区,乡民受教育年限较短,受教育程度较低,知识贫乏,思想观念陈旧,社会意识较为保守。

刘易斯认为,由于城市工业部门较高的生活费用、农民转移到城市所需付出的心理成本以及工业部门工会的压力和为引导农民转移而必须给予的必要的收入刺激,工业部门的工资水平通常比农业部门的平均收入高出30%左右。由于

---

① 参见胡学勤、李肖夫：《劳动经济学》,中国经济出版社2001年版,第128页。

经济发展的初始阶段,农业部门所占份额较大,且又存在着大量的剩余劳动力,只要城市工业部门不断地扩大积累,城市对劳动力便具有无限的吸收能力,农村剩余劳动力会源源不断地流入城市中,一旦农村剩余劳动力完全被城市工业部门所吸收,二元经济结构的鸿沟将被填平,就业矛盾将随之被解决。另一种情形是,在农业生产率提高到工业劳动力的供应价格上升到某一点时,亦即达到了农业所提供的产出和收入对潜在的工业工人已有足够的吸引力使他们留在农业上时,转移过程才会缓慢,且直至两部门的边际产品与边际价格之比相等。①

(二) 刘易斯模型的意义

用市场经济的观点看,农业劳动者边际产品是递减的,但是,由于农业生产并不以利润最大化为原则,因此边际产品为零或为负数的农业劳动者尚可继续留在农业部门就业。大多数发展中国家都存在着几乎可以无限供给的农业剩余劳动力。现代制造业可以通过吸收传统农业部门中的剩余劳动力进行扩张,当传统农业部门中的剩余劳动力逐步被转移到生产率较高的现代工业部门时,整个国家的工业化程度也因此得以极大地提高。刘易斯的劳动力剩余模型充分说明,对于经济不发达国家来说,通过建立和扩大现代工业为主体的现代资本主义部门,将不发达国家经济内部处于隐性失业状态的劳动力转移到工业部门,使之与土地等非再生资源脱离,转而与现代工业部门中的资源相结合。工业部门是吸收劳动力的源泉,剩余劳动力的流动可以带来农业收入的提高和农业的进步。发展中国家要摆脱社会生产力的落后状态,成为经济发达国家,就要通过工业化、市场化、社会化和城市化,走出二元经济结构,形成现代经济结构,实现现代化。这正是发展经济学的重要内容。

对刘易斯模型应当给予辩证的分析,它抓住了二元经济结构这一发展中国家经济的本质特征和农业劳动力转移的核心问题,从动态分析的角度把经济发展和劳动力转移过程有机地结合起来,从而阐明了经济发展过程中产业结构和就业结构变动的一般规律,以及促进这种变动的必要条件。但是,其理论也有局限性,其中最突出的是"重工轻农"倾向,忽视了农业部门自身的发展、人口自然增长、工业化过程中的技术选择、城市就业状况以及工资率上升的趋势等宏观经济变量对农业劳动力转移的影响,从而降低了其应用价值。由于亚洲"四小龙"拥有特殊的发展机遇,其成功发展印证了这一理论。除此之外,部分发展中大国如印度、巴西等,基本上按照二元经济结构的转移模式,实行经济发展战略,发展

---

① 参见〔美〕阿瑟·刘易斯:《二元经济论》,施炜等译,北京经济学院出版社1989年版,第45—46页。

的结果至今难以令人信服,不但没有出现现代化的一元经济结构,而且加剧了城乡对立和工农业差距。可见,不能简单地套用外国理论,要根据国情谋求发展。

二、费景汉—拉尼斯模型

美国经济学家费景汉和拉尼斯认为,刘易斯模式的不足在于它忽视了农业劳动生产力的提高、农业剩余产品的增加,而这两个方面是农业劳动力转入现代工业部门的先决条件。对此,他们提出了农业和工业相应发展,促进人口城市化的经济理论。他们认为,从农业到工业的发展可以分为三个阶段:第一阶段表现为传统农业部门出现大量的显性失业人口,农业部门的边际生产率等于零,任何农业劳动力的增加都是剩余劳动,因为他们随时可在不影响农业生产总产量的情况下从农业部门转入工业部门,为工业部门提供无限的劳动力供给。如果农业部门工资不变,则农业总产量在支付农业成本后,由于它们的迁出形成了剩余农产品,这些农产品成为流入工业部门就业人口的粮食供应。因此,这一阶段农业部门的人均收入没有改变,工业部门的工资也保持不变。工业规模的扩张不受劳动力成本限制。[①] 第二阶段是农业部门劳动边际生产率升高的阶段。当农业部门存在着的剩余劳动力不断流入工业部门的时候,出现了农业总产量不能与工业部门的劳动力同步增长的状况,由此引起城市粮食短缺,并进而引起农产品价格的上涨,迫使工业部门不得不提高工资,才能吸引更多的劳动力。而工人工资的提高会使企业利润减少,工业扩张减缓。第三阶段是随着农业部门劳动力向城市工业部门的转移,导致农业部门已经不存在剩余劳动力,农业边际劳动生产逐渐高于制度工资。这说明,农业部门劳动力收入不再取决于制度工资,而由农业劳动边际产值决定,表明传统农业转化成商业化农业。当农业劳动力进一步减少,以至于农业劳动力的边际产出与工业劳动力的边际产出相等时,农业劳动力向工业部门的转移就会停止。之后,劳动力的配置将不再受部门的限制,而是在整个经济中按照边际效益最大化的原则进行配置。这必将改变二元经济结构,由此走上城市化道路。[②]

费拉模型指出,农业对工业的贡献不仅在于提供工业部门所需的劳动力,还为工业部门提供农业剩余。如果农业剩余不能满足工业部门扩张后新增工业劳动力对农产品的需求,经济增长和劳动力转移就会受到阻碍。因此,在强调工业部门扩张、加快经济增长的同时,不能忽视农业,农业剩余劳动力问题的解决也

---

① 参见何承金主编:《劳动经济学》,东北财经大学出版社2002年版,第128页。
② 参见佟新:《人口社会学》,北京大学出版社2001年版,第339—340页。

能够从农业内部着眼。① 在城市化进程中,许多发展中国家出现了资本和技术替代劳动的情形,而不是增加农业边际效益。在农业剩余劳动力大量流向城市的同时,城市也出现了大量的失业者,对此,费拉模型没有给予明确的解释。

由于忽视了劳动分工的自发性演进,费拉模型难以解释二元经济结构的出现。有学者认为,发展中国家内部现代商业部门和传统自给自足部门对立;国际贸易收益在发达国家和发展中国家之间分配存在差别。如果所有国家的交易效率都比较低,那么国内和国际范围的自给自足将不可避免;交易效率的提高将使发达国家的分工得以演化,而发展中国家仍然处于自给自足状态;交易效率的继续提高将使得发达国家完全参与到国际贸易中,而发展中国家只有部分居民卷入分工和国际贸易,而其他人仍然处于自给自足状态。当发展中国家的交易效率充分提高时,其国内和国际范围的劳动分工就会得以拓展,二元经济结构就会趋于消失。可见,交易效率的提高和分工水平的演进使二元经济结构经历了出现、强化和消失的动态过程。

然而,近半个世纪以来,发展中国家农业剩余劳动力的转移并不顺利,原因在于:其一,发展中国家的城市失业和农业剩余劳动力并存,而且工业工资不断上涨,城乡收入差距扩大。这就增加了工业企业的成本,限制了工业规模的扩张。即使发展中国家的工业工资没有大幅度上升,工业规模也不一定能够迅速扩大。因为企业家的利润不一定都用于生产性投资。实际上,在许多发展中国家,企业家将大量利润用于奢侈性消费,或者转移至外国银行。其二,与发展中国家工业部门采取的技术类型有关。只有采取劳动密集型技术,才有利于最大程度地吸收劳动力就业,而许多发展中国家优先发展资本密集型工业,需要投入大量资本购置机器设备,但所能提供的就业机会相对较少。其三,农业发展被忽视。为了推动工业化,一些发展中国家实行农业剩余掠夺政策,农业资金投入得不到保障,致使其农业生产率长期停留在十分低下的水平上。再加上城乡比较利益所形成的强大拉力,高素质的农业劳动力纷纷离开农村,到城市寻找就业机会,导致农业劳动力整体素质下降,限制了农业发展。②

三、托达罗模型

(一)托达罗模型的内容

二元结构理论认为,发展中国家的经济中存在分割现象,从产业上看,存在

---

① 参见胡学勤、李肖夫:《劳动经济学》,中国经济出版社2001年版,第129页。
② 参见齐良书编著:《发展经济学》,中国发展出版社2002年版,第167—168页。

工业和农业的分割；从地域上看，存在城市和农村的分割。在此基础之上，托达罗认为，发展中国家的城市内部也存在二元结构，即城市正规部门和非正规部门的分割。城市正规部门，是指那些正规的、现代化的工商业企业，其工资比较高，一是因为正规部门的劳动生产率较高，二是因为法律规定了最低工资。劳动者难以进入上述部门就业，只有接受良好教育者，才有就业机会。城市非正规部门，是指正规部门之外的城市落后部门。那些在正规部门难以就业的劳动者，不愿重返农村，只能进入城市非正规部门，其工资很低，得不到正规部门所能得到的保护措施。非正规部门的存在，既为城市失业者提供了就业及谋生机会，又是发展中国家农村剩余劳动力在城市中的表现。农业难以吸纳过多的剩余劳动力，则只能形成一个城市非正规部门或城市传统部门。

对于发展中国家城市失业不断加剧，但仍有大量的农业劳动力流入城市的现象，托达罗认为，促使劳动力流动的基本力量是比较利益，人们作出劳动力流入城市的决策是预期的，而不是现实的城乡收入差异。所谓预期的收入差异，包括收入水平和就业概率。① 只要未来的预期城市收入大于未来的预期农村收入，劳动力就会从农村流向城市。同时，农村劳动力获得城市就业机会的概率，与城市失业率成反比。依据托达罗理论，在工业化初期，发展中国家几乎全部人口都居住在农村，城市化进程开始时，新兴的现代工业部门提供了较多的就业机会，城乡收入差异和对城市预期收入的期盼，导致农村劳动力流向城市。随着农村劳动力流入量的加大，城市劳动力的增长速度超过就业岗位的增长速度，大量流入城市的农村劳动力并非全部立即进入现代工业部门，其就业过程分为两个阶段：没有技术的农业劳动力流向城市后，首先在传统部门就业，包括非熟练服务人员、非熟练建筑工人等，然后从城市传统部门流向现代工业部门就业。托达罗模式有几个鲜明的特点：其一，农业部门不一定存在剩余劳动力，而城市却有大量的失业。其二，城市工业部门的工资率不是固定不变的，而是不断上升的。其三，在强调工业部门扩张的同时，注重农业部门的发展。

（二）托达罗模型的意义

托达罗模型的局限性在于：其一，只考虑农村劳动力的迁移成本，而忽视了他们在城市的生活成本。农村劳动力是理性的经济人，他们在城市等待就业机会的同时，会充分考虑其生活成本。如果在城市等待就业机会得不偿失，他们就会重返农村，而不像托达罗所说的那样，继续在城市等待就业机会，从而有力地

---

① 参见胡学勤、李肖夫：《劳动经济学》，中国经济出版社2001年版，第129页。

解释了农民工的回流现象。其二,托达罗假定发展中国家农村不存在剩余劳动力,认为农业劳动边际生产率始终是正数。但是在我国,农业劳动边际生产率几乎等于零,减少一部分劳动力不仅不会减少产出,而且会使农业劳动边际生产率提高而农业产值保持不变。①

该模型的政策意义在于:第一,即使城市工业部门扩张与劳动力需求保持同步增长,甚至通过采用劳动密集型发展工业,使劳动需求增长快于工业部门产出的增长,这种工业化战略也不是解决城市失业之良策。现代工业部门创造的就业机会越多,就业概率就越大,在城乡实际收入差异不变的情况下,就业概率越大,城乡预期收入差距越大,从而将引诱更多的农村人口流入城市,而且其数量远大于工业部门创造的就业岗位,对于每个新增就业岗位,将会有2至3个农民迁入城市。因此,城市现代部门扩张得越快,就业创造得越多,失业率就越高。解决城市就业问题绝不能仅依靠工业部门的扩张。② 城市现代部门就业机会的增加如果不伴随着农村收入和就业的改善,只能使城市失业走向恶化。第二,我国农村劳动力非农转化旨在增加经济收益,城市预期收益是决定其进程的因素,因而现实的战略选择是要充分利用劳动力成本低的比较优势,实现制造业大国的目标,吸收农村劳动力;同时,在未来较长的时间里,我国比较优势产业将是劳动密集型产业,其扩张能将农村大量剩余劳动力变成人力资源优势。第三,要缩小城乡就业的不平衡,以免过度的人口迁移给城市带来困难。任何影响城乡收入的政策,都会影响劳动力的迁移过程,而这个过程又会反过来改变各个部门和地区的经济活动和收入分配,甚至人口增长方式。20世纪中期,一些发展中国家过分强调工业现代化、技术现代化和发展大城市政策,造成就业机会分布不均衡和大量农村劳动力涌入城市,导致现代城市病。③ 因此,要降低城市失业率,就必须消除政府规定的最低工资法,使城市工资水平下降,从而减少城乡实际收入差异。但由于政治原因,减少城市工资水平较为困难。第四,不当的教育政策必将加剧城市失业。随着城市失业率的提高,教育市场出现了挤兑现象。但是,这并不符合发展中国家经济发展的实际需要。高等教育的过度膨胀,将导致知识失业,造成社会资源的浪费。更为重要的是,农村居民受教育程度越高,在城

---

① 参见赖小琼、余玉平:《成本收益视线下的农村劳动力转移——托达罗模型的反思与拓展》,载《当代经济研究》2004年第2期。

② 参见周天勇主编:《新发展经济学》,经济科学出版社2001年版,第94页。

③ 拉美国家最为典型。在工业化进程中,农民丧失土地,涌向城市,在城市周围形成大规模贫民窟,社会犯罪率高,黑社会活动猖獗;再者,财富和社会资源分配两极分化严重,导致富人和穷人的激烈冲突,引发政局动荡不安。

市的就业机会越多,这会导致农村人才外流,农村劳动力素质下降。第五,大力发展农村经济,是解决城市失业问题的根本出路。政府应当改变重工轻农政策,将更多的资金用于改善农业生产和农村生活条件,使农业劳动者的实际收入提高,生活环境更加舒适。只有这样,人口从农村流入城市的诱惑力才会下降,城市就业压力才会减轻。

关于该模式对解决我国就业的实际效果,有学者提出了不同的观点。他们认为,我国分散发展农村工业成本很高,会带来很多问题,还是要走发展城市的道路。因为城乡劳动力就业行业不同,农村劳动力进入的往往是城市居民不愿从事的行业,在此情况下,农村劳动力流入不会加重城市失业。发展城市不仅不会带来更严重的失业,反而会改进就业和提高收入水平。[1]

四、拉克西特模型和增长点理论

拉克西特模型重视发展中国家劳动力剩余和有效需求不足并存问题,并将凯恩斯理论引入二元结构框架之中。该模型的政策含义是:在工农业两部门的劳动生产率、工资率和各阶层消费倾向给定的情况下,通过调节自发性支出可以达到市场出清,从而达到最大的产出和最高的就业水平。但是,在发展中国家,最优投资水平不可能很大。因此,在追求收入与就业最大化的短期目标和追求经济快速增长的长期目标之间,往往可能发生矛盾和冲突。为了解决这种矛盾和冲突,政府可以通过限制地主和资本家的消费,确保在产出和就业不下降的情况下提高资本积累率。拉克西特指出,在经济存在有效需求约束时,凯恩斯提高投资水平的措施对于实现短期和长期均衡目标都是有用的。一旦两部门的产出增加了,则所有阶层的收入水平都会提高。如果较高的政府支出最终导致了供给约束,则可以通过限制消费达到进一步提高两部门生产水平的目的。[2]

除了上述各种理论之外,法国经济学家贝胡的成长点理论值得注意。该理论说明了农业剩余劳动力在向现代工业部门转移的同时,向城市地区或可能形成城市的地区转移的必要性和意义。贝胡认为,经济成长不会同时在每一个地方出现,而是集中在一些地方。一般称这些地点为成长点或成长中心。一个企业获取的利润,不但涉及其产品销售量和投入成本,而且取决于其他企业的销售量。这些因素又决定各个企业的生产方法及其变化。具有这些联系的企业地理上的相互靠近,产生了外部经济效益,为了获得这种效益,一个产业的成长和有

---

[1] 参见周天勇、胡锋:《托达罗人口流动模型的反思和改进》,载《中国人口科学》2007年第1期。
[2] 参见夏耕:《中国城乡二元经济结构转换研究》,北京大学出版社2005年版,第41页。

关服务项目的建立都应在一个地点内进行。他指出,与乡村农业环境相比较,城市和工业的联合体造就了具有多样化的先进消费格局的消费者。住所及其设备、交通运输和公用事业等集体需要得到了供应,从而把企业联系得更紧密。各种类型的生产、企业家、熟练工人和工业劳动者不断出现,相互影响。任何一个企业都可能失去它所培养出来的一些职工,但是也可以由其他企业出来的职工加以补充,从而共同得益;此外,由于企业能靠近供应来源,可迅速得到维修和技术咨询服务。所有这些都是成长极的外部经济效益。[①]

当今,西方经济学界部分学者不承认印度和我国等发展中国家存在剩余劳动力现象。他们认为,农业部门中劳动力的增长将会提高农业产量,并且农业部门劳动力的任何流出,都将会使农产量下降。因此,人口增长不是单纯的消极因素。如果要使工业顺利发展,农业政策也要有相应的措施,以确保农业以一定的速度增长,能够满足城市工人和农村农民不断提高的消费需求,并防止贸易条件急剧朝不利于工业的方向转变。当然,否认农业部门隐性失业和剩余劳动力的存在,不符合我国的实际。

综上所述,二元经济理论模型的演进有以下几个主要的趋向:

首先,经济发展战略的两种取向。20世纪60年代中期以前,经济学家倾向于认为,工业发展对整个经济发展起着决定性作用,工业发展能带动农业发展,发展中国家的出路在于工业化。因为发达国家都是先实现了工业化,然后才实现农业现代化,工业发展是现代农业发展的原因。发展中国家工业边际生产率大大高于农业,优先发展工业既能够提高整个社会的边际生产率,又可以赚取更多的外汇收入,以保证必需品的进口,实现外汇收支平衡。二战后,发展中国家多数采取了优先发展工业的战略,在政策、资金、人力等方面向工业倾斜。这些国家为了推行进口替代战略,对工业实行保护政策,给工业以大量财政补贴,提高农业所需的工业品价格,压低农产品收购价格,结果是有增长、无发展。这些国家的农业依然十分落后,农业劳动力在总劳动力构成中只有少量下降,而农业产出在国内生产总值中的比重却显著降低,农业发展滞后最终导致了经济增长放慢,城乡二元经济结构更加明显。

其次,劳动力转移的两种模式。刘易斯主张通过发展城市工业部门吸收农村剩余劳动力,认为发展城市工业和提高城市化程度,可以促使农村人口向城市人口转化。恰恰相反,托达罗主张通过发展农业和农村吸收劳动力,认为农业和农村本身就是发展的目标,在发展的过程中农业和工业、农村和城市具有同等重

---

① 参见李亚伯:《中国劳动力市场发育论纲》,湖南人民出版社2007年版,第146页。

要的意义;消除发展中国家二元经济结构不是依靠农村人口不断涌入城市,而是立足于发展农村,使工农差别和城乡差别不断缩小,最终使二元经济社会结构消失;仅仅依靠工业扩张不能解决发展中国家城市严重失业问题,必须制定综合的农村发展规划。

最后,农业和工业的两种关系。农业和工业之间的联系,是通过工业部门使用农业劳动力而建立的。这使得工农之间在劳动力的需求和供给上形成互补。农业为工业劳动者提供所需粮食,从而形成产品市场联系,使得工农之间在农业剩余的需求和供给上形成互补。农业部门向工业部门购买机器设备、生产工具、化肥农药等,工业部门向农业部门购买粮食和其他农副产品及原料。两大部门在能源、原材料、劳动力、资本、外汇等资源的需求和占有方面存在竞争。[1]

第二节 我国二元经济结构状况

一、二元经济结构的形成及原因

(一) 改革前重工业优先发展的战略选择

新中国成立之初,人口城乡流动和自由迁移是不受限制的。城镇人口增加主要是机械增长,是由农村人口向城市迁移构成的,与当时发展中国家的一般情形相类似。为了保证农村中有足够的劳动力生产农副产品,特别是确保重工业优先发展战略的顺利推行,防止农村人口过量涌入造成城市就业和物资供给紧张,1957年,国务院颁发了《关于制止农村人口盲目外流的指示》,采取严格禁止企事业单位从农村招工,并将进城农民遣送回原籍等措施。1958年,中央颁布了《户口登记条例》,建立了一套较为完备的户籍制度,以法律形式严格限制农民进城就业,限制城市之间人口流动。我国实行了以城乡分隔为主要特征的户籍管理制度,对农村劳动力和城镇劳动力就业实行分开管理,除非政府有指令性计划招工,农村劳动力不能自由进入城镇就业,中小城市的劳动力也不能随意迁移至大城市就业。1963年,我国出现了城市户口与农村户口的界限。这种制度安排定格后,在城市又逐步形成了与之相配套的粮食供给、副食品与燃料供给、住房供给,以及就业、医疗、养老保险统包等制度。但这些制度保障完全与农民无关,这种城乡分割分治的社会结构基本上将农民置于工业化门槛之外。[2]

---

[1] 参见夏耕:《中国城乡二元经济结构转换研究》,北京大学出版社2005年版,第42—44页。
[2] 参见刘艾玉:《劳动社会学教程》,北京大学出版社2004年版,第88页。

我国原有户籍制度的社会功能有三：证明公民身份和维护社会治安，这是户籍制度的基本功能；控制户口迁移，特别是控制人口向大中城市流动，是特殊功能；通过户口分配某些紧缺物资，是附加功能。户口管制曾对经济和社会起了良性作用，但它阻碍了劳动力的正常流动，导致城乡分化和差距扩大，制约了农业劳动力的转移，形成积压。从劳动力流动和就业层面看，一是户籍制度使绝大多数农村劳动力及其家属难以获得城市永久居住权，其迁移预期只是暂时性的，这能够很好地解释20世纪90年代以后大规模"民工潮"难以消退的深层缘由。二是就业政策、劳动保障和社会服务供给对农民工的歧视，都根源于户籍制度。三是在户籍制度下，与短期相联系的定量配给制和住房、医疗等福利分配将农村居民排除在外。城市居民享受一种相对的特权，是户籍制度的实际受益者，而农村居民则是被剥夺者，社会公平受到了极大的削弱。因此，农村劳动力转移到城市，就意味着构成对城市居民特权的挑战和冲击，会引起他们的不满甚至抵制。① 四是从农村积累提取资金，而把农民封闭在农村的狭窄土地上，使其只能从事以粮为纲的低效劳动，分享不到工业化、城市化的成果，长期处于贫困落后状态。这种城乡分割的户籍管理制度，把城乡差距、工农差距、地区差距不断拉大，致使国民经济的发展严重失衡。② 20世纪60至70年代，我国严格实行户籍管制，虽然城乡经济和收入差距较大，城市也有较多的就业机会，但当时极少有农民进城务工，并不是农业不存在剩余劳动力，而是户籍制度压制了其流动。这就是传统计划经济体制下的二元经济社会结构。

城乡分割和二元结构形成的主要原因有：第一，严格控制农业劳动力流向城市，避免造成城镇失业公开化，从而影响政局稳定，干扰国家重工业化发展战略。重工业优先发展有其合理性，它是确保国家地位之根本。如果钢铁、汽车等重工业得不到良好的发展，大国地位必然会受到质疑。③ 第二，确保农产品供给对于重工业的支持。国家通过农工产品的不平等交换，为重工业发展提供经济剩余，取得了超常规积累来源。政府低价收购政策必然会降低农民向国家出售农产品的积极性，使国营商业部门难以获得保证工业化所需要的粮食、棉花、油料等产品，引起了市场短缺和恐慌。政府选择了"统购统销"政策，旨在使国营和合作社商业所掌握的农副业产品数量得以稳定。由于原材料和产品的供销基本上不

---

① 参见蔡昉、都阳、王美艳：《户籍制度与劳动力市场保护》，载《经济研究》2001年12期。
② 参见王郁昭：《农民充分就业是走出二元经济结构的关键》，载《中国经济时报》2005年9月30日。
③ 参见黄安余：《大陆与台湾农业劳动力转移比较研究》，载《江海学刊》2005年第2期。

通过市场，这使私人企业不再成为真正的市场主体。私营工业大约有六成是轻纺工业，受"统购统销"政策的负面冲击较大。第三，苏联工业化模式的示范和对我国的支持。通过发展重工业，苏联实现了国家工业化，并在新中国成立之初给予了全面的援助，使得我国在短期内提升了要素禀赋结构，有可能模仿苏联的模式发展重工业，以求避免国家安全危机。因为以美国为首的西方阵营对我国实行经济封锁，朝鲜战争的爆发加剧了国际环境压力。中共高层认为，加速推进国家工业化是刻不容缓的大事。

事实表明，这种工业化模式在建立现代工业、增强国力方面是卓有成效的。它是由国家意志和力量组织和领导投资经营工业，特别是重化工业。这种指令性的产业政策可以用强有力的手段提高积累率，在国民收入极为低下又缺少外资的情况下，从1949至1978年，经过近三十年的重工业优先发展策略，我国已基本建立了门类比较齐全的工业体系，保证了经济的独立性。至六七十年代，航天、原子能、电子等产业已初具规模，一些现代工业中的资本密集型和技术密集型产业也已建成。70年代，虽然我国工业产品的质量和技术水平与世界先进水平相比仍存在差距，但我国的飞机制造业、汽车制造业、船舶制造业、石油化学工业、工业设备制造业等产业都已形成了批量生产能力。[①] 如果单就工农业总产值的构成而言，我国工业化程度已超过了一般发展中国家的水平，如表1-2所示。但是，以牺牲农业、农村的发展为代价换取工业化的快速推进，在工业有了一定的发展之后，农业却未能及时从工业获得必要的资金和技术支持，导致农业发展滞后。

(二) 改革开放后二元结构维系的原因

20世纪80年代，户口政策有所松动，中央提出准许农民进城开店、兴办服务业，提供各种服务。随后，农业劳动力转移明显增加，城市出现了大量的农民工。1985年，我国实施居民身份证制度，这省去了过去外出需要开介绍信的麻烦，为外出务工的农民提供了便利，使传统的户籍制度逐步适应动态经济的需要。90年代后期，我国户籍改革的基本导向是，放开小城镇户籍，对大中城市特别是北京、上海采取控制政策。21世纪初，各地户籍改革有所进展，有的甚至取消了城市户口与农村户口的分割。但是，在全国绝大多数大中城市中，户籍仍然是主要的制度屏障，根本性的变革并未发生。户籍对农民的就业限制为：就业手续繁琐；不能进入正规劳动力市场；工资低，而且拖欠较为普遍；没有城市人享有

---

① 参见刘艾玉：《劳动社会学教程》，北京大学出版社2004年版，第87页。

的福利保障。与之相适应,区域分割的迁徙制度也限制了农业劳动力转移。在过去相当长的时期内,我国基本上不存在劳动力市场,实行统包统配、低工资、高就业的刚性体制,这使就业缺乏弹性,劳资双方失去了双向选择权。不仅如此,企事业内部、城乡劳动者的身份界限依然存在。这些是农业劳动力转移的制度障碍。①

19世纪末,雷文斯坦首次提出了推拉理论。这一理论认为,人口迁移存在着两种动因:一是居住地存在着推动人口迁移的力量,诸如自然环境的恶劣、自然资源的枯竭、严重的自然灾害、人口过剩以及收入水平下降等;二是迁入地存在吸引人口迁移的力量,主要是迁入地的劳动力需求和迁出地与迁入地之间的收入水平与生活水平的差距。这两种力量的共同或单方作用导致了人口迁移。② 人力资本理论对劳动力流动的解释是,迁移是人们追求更大收益的投资决策过程,迁移者预期通过实施这一行为将会得到比较大的收益,即经济上的净收入以及非金钱满足的某种组合。③

与人口迁移的一般规律相比,户籍制度是我国城乡流动最大的制度障碍,它不只是对一般推力与拉力发生影响,它发挥作用的方式是使推拉失去效力,从而使人口流动不再遵循上述流动规律。迄今为止,户籍改革虽然也推出几项重要政策,但原有制度的惯性较强,户籍使推拉失效的现象依然存在。农民工的生命周期模式包括两个阶段:年轻时外出务工,年龄大了回家乡务农、做工或经商。④

综上,在改革开放政策实施后,二元经济结构仍然得以维系。当然,全国各个区域的表现形式不同,在东部沿海发达地区,城乡二元经济结构的强度有所减弱;而在中西部欠发达地区,城乡二元经济结构通常得以固化。原因在于:其一,随着市场经济体制的逐步形成,追求利润最大化成为微观经济组织的重要发展目标。日益加剧的竞争压力,迫使城市工业和乡镇企业难以依赖劳动密集型取得优势,转而致力于提高资本的有机构成。于是,出现了资本排斥劳动的现象,减缓了农业剩余劳动力转移的步伐,强化了城乡二元经济结构。其二,改革开放后,经济发展战略开始转变,从重工业优先发展转向与消费品供应密切相关的轻

---

① 参见黄安余:《大陆与台湾农业劳动力转移比较研究》,载《江海学刊》2005年第2期。
② 参见佟新:《人口社会学》,北京大学出版社2001年版,第142页。
③ 参见姚先国主编:《劳动力产权与劳动力市场》,浙江大学出版社2006年版,第84页。
④ 参见李强:《影响中国城乡流动人口的推力与拉力因素分析》,载《中国社会科学》2003年第1期。

工业,但片面追求工业化的传统思维并没有改变,农业、农村、农民问题一度被忽视,使得城乡二元经济结构不仅没有因为农业的发展而得以缓和,反而更加走向固化。其三,不同区域之间的市场分割,以及对紧俏资源和要素的争夺,严重制约了全国统一大市场的形成,阻碍了市场向纵深发展。再加上原有的城乡分割体制,城乡之间资本、劳动力、技术等要素的流动障碍重重,阻碍了城乡二元经济结构的转换。①

二、二元结构的现状与特征

(一) 与刘易斯模型不尽相符的城乡流动

在刘易斯模型中,有三个重要条件不容忽视:第一,城镇和农村之间劳动力的自由流动是首要条件;第二,通过市场经济本身作用完成剩余劳动力向城镇转移,②市场经济是必不可少的体制条件;第三,城市劳动力充分就业或城镇不存在失业是劳动力市场的基本条件。如果用上述标准衡量,该模型对我国城乡流动的解释力不足,最多只能解释改革开放初期的劳动力流动。

我国是世界上最大的发展中国家,具有明显的二元经济结构特征。但是,在工业化过程中,城乡人口流动不完全符合刘易斯模型的发展轨迹。在计划经济体制下,资源配置是通过行政指令完成的,市场经济中的比较成本优势原则被计划经济的统一调配所取代。与之相适应,城乡流动被户籍制度所压制,大规模的城乡劳动力转移在传统计划经济体制下基本上没有发生。城镇农村人口的构成比例长期保持相对稳定,农业劳动力平均占总劳动力的80%左右,且将近二十年不变,如表4-1所示。1960年,农业劳动力比例有较大幅度下降,因为大规模的基本建设的需要,国家不得不从农村大量招收临时工。不久,这些农村劳动力因为城市就业压力大、社会购买力与商品供给比例失调、城市企业人浮于事以及劳动生产率下降等原因,在政府行政命令下返回农村。至1963年6月,政府共精简城镇职工1744万人,减少城镇人口2600万人。③ 国家从此未再从农村大规模招工,城乡分割被人为地强化了。

---

① 参见夏耕:《中国城乡二元经济结构转换研究》,北京大学出版社2005年版,第99页。
② 参见袁志刚、方颖:《中国就业制度的变迁》,山西经济出版社1998年版,第73页。
③ 参见张建武:《劳动经济学:理论与政策研究》,中央编译出版社2001年版,第86页。

表4-1　1952—1978年我国农业劳动力数量和就业结构比的变化

单位:万人,%

年份 \ 类别	全社会劳动力	农业劳动力	农业劳动力占全社会劳动力的比重
1952	20729	17317	83.5
1955	22328	18593	83.3
1960	25880	17019	65.8
1965	28670	23398	81.6
1970	34432	27814	80.8
1975	38168	29460	77.2
1978	39856	29426	73.8

资料来源:《中国农村经济统计大全(1949—1986)》,中国统计出版社1987年版,第14—15页。

改革开放后,城乡劳动力流动控制有所松动。从农业劳动力流动的原因和城镇劳动力市场就业状况看,都与刘易斯模型不太相符,既不是城市现代工业部门的快速扩张对劳动力有大量的需求,又非城镇劳动力处于充分就业状态。我国农业劳动力转移的外部市场与西方资本主义国家明显不同,即城乡劳动力同时过剩。农业剩余劳动力产生的原因有:(1)农村人口基数大,增长快,人均占有资源量少;(2)农业劳动生产率的提高使剩余劳动力增加;(3)农村产业结构不合理,非农产业发展不足;(4)种粮效益比较低,致使农民外流;(5)多年实行的城乡分割管理体制,使大量剩余劳动力滞留在农村。[①] 因而,农业劳动力转移的基本动因是,农业中大量剩余劳动力需要寻求就业出路。就我国整体情况而言,不但农村存在大量的失业与潜在失业,而且城市也存在着失业与隐性失业。由于特有的人口基数和错误的人口政策,城镇劳动力供给增长过快,尽管大部分劳动力集聚在农村,而事实上,狭窄的城镇就业空间无法为农村剩余劳动力提供更多的就业机会。重工业导向的发展战略使工业产值在总产值中的比重迅速增长,但工业吸收劳动力就业的比重却未能同步增长,而是处于低水平状态。一方面,资本密集型的发展战略给我国带来了较大的就业压力;另一方面,在重工业优先发展战略下,商业、服务业等能够大量吸收劳动力就业的部门受到了计划部门的压制,减少了大量的就业机会。由此可见,以城乡劳动力自由流动为基础的刘易斯模型,不可能成为重工业模式下可供选择的发展途径。同时,我国市场经济体制初步确立,离成熟的市场经济尚有差距,特别是统一的城乡劳动力市场尚

---

① 参见陈俊生:《关于农村劳动力剩余和基本对策》,载《人民日报》1995年1月28日。

未建立。更由于城市现代工业部门吸纳农村劳动力的不稳定性、农民对土地使用权的依恋、农民职业身份和户籍性质的体制性限制等,剩余劳动力流动既缺少产业转移的动力,又经常受到城市体制性阻碍,农村劳动力流向城市工业的成本高,造成了农业就业结构比长期处于较高水平,如表4-2所示:

表4-2 1980—2012年我国农业劳动力数量和就业结构比的变化

单位:万人,%

年份 类别	全社会劳动力	农业劳动力	农业劳动力占全社会劳动力的比重
1980	42361	29122	68.7
1990	64749	38914	60.1
2000	72085	36043	50.0
2010	76105	27931	36.7
2012	76704	25773	33.6

资料来源:参见国家统计局编:《中国统计年鉴—2013》,中国统计出版社2013年版,第123页。

近年来,我国劳动力市场出现了较大范围的"劳工荒"。有学者认为,这就是"刘易斯拐点"来临和人口红利将消失。刘易斯拐点是劳动力过剩向短缺的转折,是指在工业化过程中,随着农村剩余劳动力向非农产业的转移就业,其数量减少的结果。2013年,广东、浙江、河南、安徽、四川、贵州等省的农村剩余劳动力锐减,我国劳动力市场逐步走向刘易斯拐点。因为计划生育政策执行多年后,我国人口结构老化,青年劳动力数量减少,劳动年龄人口总量下降已成定局,2020至2030年,年均将减少800万左右。但是,我国劳动力数量庞大,从而决定了这一过程较为漫长。事实上,我国农村劳动力短缺是一种权利短缺和制度短缺。政府应当以此为契机和动力,加快一体化劳动力市场的建设速度,扫除税收和社会保障的制度藩篱,提供农民工子女就学、职业技能教育等公共产品。此外,多年来的农村剩余劳动力大量转移,已使农村劳动力从无限供给转变为有限供给甚至供给不足。我国作为出口大国需要大量的廉价劳动力支撑,同时部分劳动密集型产业开始向中西部地区转移,对中西部劳动力需求增加。

有学者认为,我国经济是"三元结构",即存在着农村农业部门、农村工业部门和城市部门。农业是国民经济的基础性产业,其体制基础是集体土地所有制。农村工业曾隶属于农业,经过多年的发展,其经济实力不仅超过了农业,而且在一些行业与部门也超过了城市工业的份额,其体制特征是所有制多样化、经营市场化。城市部门主要指城市工业部门,其体制特征是国家对这一部门拥有比较直接的所有权。虽然改革使城市工业部门所有制结构出现了多元化走向,但其主要部门仍属于国有。我国经济发展的目标,就是要通过经济增长最终消除三元结构,真正实现从传统农业经济向现代经济的转型。①

(二) 二元结构的存在方式

重工业优先发展及由此而形成的二元经济社会结构,致使国民经济格局呈现出多元性特征。首先表现为:其一,新中国成立以来,工农业结构发生了重大变化,如表1-2所示。农业劳动力在就业结构中所占份额一直下降,如表1-3所示,工业部门的拉力和农业部门的推力,这两种力量作用的结果使农业部门的劳动力不断分离出来,并转向工业部门。其二,在城市工业中,传统工业部门与现代工业部门并存。其三,在整个国民经济体系中,乡镇工业与城市工业并存。在整个工业化进程中,城市工业化主要是以国有工业为强大推动力而实现的。改革开放后,乡镇企业促进了乡村工业化发展,以乡镇企业为首的农村工业化在一定程度上缩小了二元经济差距,为填平二元经济结构提供了全新的发展思路。随着商品化和市场化的提高,农村工业化在加速经济体制的改革和完善、协调社会经济的发展、缩小城乡之间的差距方面发挥了重要作用。20世纪90年代以来,国有经济效益下降,乡镇企业的发展弥补了国有经济增长效益下滑对整个国民经济增长的影响。然而,二元工业化却带来一些不良的经济后果,对新型工业化形成了制约,造成城乡工业的产业同构和过度、无序的竞争,资源不能优化配置。城乡分离使城市人口、资金、物资、信息和技术等各种要素不能向农村地区扩散,城市工业化成果难以向农村推广和普及,延缓了农村城镇化的进程。二元工业化造成了城镇化的滞后发展,不仅不利于工业现代化,而且也不利于农业现代化。②

其次表现为东西部二元经济并存。主要表现在四个方面:其一,价格二元结构。东部市场化程度高,价格对市场供求关系反应快,东西部工资价格差距较大。西部少数民族所需商品带有民族特点,东部产品即使质优价廉,也难以进入西部民族地区。西部人均收入较低,对东部产品总需求不大,造成东部对到西部投资愿望下降。东部市场化程度越高,非国有制经济生存空间就越大,而非国有制经济比重增加,反过来又将提高市场化程度并影响价格水平。其二,基础设施二元结构。东部交通运输网络密集,西部地区则相对稀疏,东西部邮电通信业发展差距较大。由于西部地区交通、邮电通信落后,造成交易成本高,使西部地区

---

① 参见胡必亮:《发展理论与中国》,人民出版社1998年版,第60—64页。
② 参见任保平:《加快城乡二元经济结构的转变》,载《重庆工商大学学报》2004年第6期。

的资源优势难以转化为经济优势。西部地区旅游业发展受制于交通落后是最好的例证。其三,金融二元结构。特别是证券机构发展程度不同,西部证券机构发展低于全国平均水平,更低于东部地区。西部资金通过银行存贷差、横向投资和股票交易等多种形式,流向东部地区。西部经济落后需要更多资金,但由于金融市场化程度低,反而造成资本外流。其四,财政二元结构。东部地区政府职能主要是宏观调控,而西部地区政府职责较多,这必然导致财政支出的差异。由于西部地区政府职能多,其财政支出比东部地区更大。东西部地区政府职能的差异可能会妨碍两个地区之间的经济交往。

由于区位优势不同,东部沿海经济带拥有较多的优惠政策、灵活的市场机制,扩张的冲动形成对劳动力的巨大需求,较高的工资率则吸引外来劳动力的流入。中西部经济带由于历史包袱较重、开放开发相对滞后,这些地区的劳动力供给远远超过了劳动力的需求,在比较利益驱动下,形成了劳动力往沿海地区流动的浪潮。我国对外开放的格局正从沿海向沿边纵深发展,中西部经济的开放开发进程将大大加快,农业剩余劳动力的转移将在更广泛的区域进行。

最后表现为经济结构二元性导致城乡市场的二元性。在城市,由于社会分工发达,专业化组织能规范地成长,经济主体具有独立的物质利益关系,从而形成了较为完善的市场体系,不仅商品市场中的生产资料市场、生活资料市场和文化与服务市场较为健全,而且城市要素市场中的金融市场、技术市场、信息市场、劳动力市场、房地产市场、产权市场也得到了巨大的发展。在农村,由于传统农村经济和市场化农村经济并存,农产品自给率仍占到40%左右,商品化和市场化程度低于城市,不论是商品市场还是要素市场都落后于城市,其生产要素和生活资料市场得到了一定的发展,但要素市场不发达,特别是金融市场、劳动力市场、信息市场和土地市场不健全,使得城市市场与农村市场不对接。城乡市场二元分割,决定了城市和农村经济转型的任务不同。城市经济转型的任务是,经济体制转型与经济结构转化,既要促进城市经济结构由低级向高级演进,又要加快经济体制由计划经济向市场经济转化,完善城市市场体系。而农村经济转型的任务是,既要由自给自足的传统农业向专业化、集约化、市场化的现代市场经济转变,又要促进农村经济由传统生产方式向现代生产方式转变。①

改革开放后,发展战略调整和经济体制改革,使经济运行机制发生了变化,市场机制对资源配置的调节作用增强,从而推动了二元经济结构的转换。具体表现为:第一,对传统农业改造的步伐加快。我国农业机械化程度明显提高,如

---

① 参见任保平:《加快城乡二元经济结构的转变》,载《重庆工商大学学报》2004年第6期。

表 4-3 所示。同时,国民经济其他各部门对农业的服务贡献率提高。第二,城市化进程加快。我国城市人口在总人口中的比重从 1949 年的 10.64% 上升至 2012 年的 52.57%,增加了 40.93 个百分点;而同期农村人口从 89.36% 下降至 47.42%,如表 1-1 所示。

表 4-3　1978—2012 年我国主要农业机械拥有量的变化　　　　单位:台

类别 年份	农用大中型拖拉机	小型拖拉机	农用排灌柴油机
1978	557358	1373000	2657000
1985	852357	3824000	2865000
1990	813221	6981000	4111000
1995	671846	8646356	4912068
2000	974547	12643696	6881174
2005	1395981	15268916	8099100
2010	3921723	17857921	9462526
2012	4852400	17972300	9823100

资料来源:参见国家统计局编:《中国统计年鉴—2013》,中国统计出版社 2013 年版,第 441 页。

(三) 二元结构的个性特征

作为发展中大国,我国二元经济结构的转换,除了具备其他发展中国家的共性外,由于其结构转换的国内外环境不同,在二元经济结构转换方面还具有独特的个性特征。

首先,就业结构转换滞后于产业结构转换。我国三大产业的产业结构与就业结构变动方向基本上是一致的,但也存在着较大的差异,这在第一产业中表现得最为突出。2012 年,第一产业在 GDP 中的比重为 10.1%,而占社会总劳动力比重为 33.6%,两者相差 23.5 个百分点,第二、三产业也有类似情形。在经济发展过程中,各产业技术进步程度不完全一致,产业结构与就业结构的绝对对称是不可能的。由于发展中国家人口增长过快,劳动力的供给远远超过了非农产业对劳动力的需求,加之在其经济结构转换的过程中,第二产业的技术进步速度快于第一产业,就业结构转换要慢于产业结构转换。与其他发展中国家相比,我国就业结构滞后性更为突出。世界银行在《1979 年世界发展报告》中指出,发展中国家工业与农业的产值份额在人均接近 700 美元时达到相等,当人均国内生产总值再增长一倍,两部门的劳动力份额也达到相等。1965 年,我国工业与农业产值相等,人均国民生产总值约 134 美元。到 1984 年,人均国民生产总值提高

1.3倍,达到310美元,而工业劳动力的比重仅为19.9%,农业劳动力的比重仍高达64%。① 在结构转换过程中,产业结构与就业结构严重失衡,造成了结构性扭曲。这说明,劳动力在社会各个产业之间的转移还存在着较大的阻碍;同时也表明,不同产业间的劳动生产率差距较大。

上述情形的成因主要有两个:其一,如果一个国家资本相对丰裕,资本价格较低,那么生产者倾向于使用劳动节约型的技术,从而降低生产成本。一个产业如果运用了劳动节约型的技术,发生了资本替代劳动,那么产业吸收劳动力的能力会低于产业的增长率和资本投入的增长率。我国第二产业正在发生着这种变化,其增加值和固定资产投资弹性较小;人均资本存量上升,单位资本所吸纳的劳动力减少;全员劳动生产率不断提高,使得在经济增长率恒定之下劳动的需求量减少。其二,第三产业仍以传统的商业、服务业为主,一些基础性第三产业和新兴第三产业发育不足,导致其吸纳劳动力不强。②

其次,第三产业发展滞后于经济发展。除日本以外的大多数发达国家的经济结构转换都表现为由第一产业向第二、三产业依次渐进的结构演变模式。发展中国家与发达国家相比则表现为第三产业的超前发展,钱纳里等人的多国模型表明,在发展中国家的经济结构转换过程中,工业就业的增加,远远低于农业就业的减少,因此,劳动力的转移主要发生在农业和服务业之间。与此相反,我国二元经济结构转换过程中存在着第三产业发展严重滞后的特点,产业结构中第三产业所占的比重,不仅远远低于中等收入国家的水平,甚至低于印度等低收入国家的平均水平;而就业结构中第一产业就业份额过高,这与第三产业就业份额过低直接相关。

再次,城市化滞后于工业化。城市化与工业化是一个相互推动的发展过程。在工业化过程中,生产要素不断向非农产业和区位条件相对优越的地区聚集,这种伴随着工业化而产生的人口聚集效应是城市化发展的动力。在我国经济发展与结构转换过程中,两者关系表现出与上述规律不同的特征,即城市化滞后于工业化。造成城市化滞后有复杂的原因:其一,重工业优先发展战略使然。我国工业化起步于物质资本匮乏的年代,工业比重的提高与国民人均收入规模相分离,从而导致居民消费、服务业发展以及就业结构转换的滞后,使城市化发展丧失支撑条件。其二,在传统计划经济体制下,我国户籍管理和城乡二元结构造成劳动力市场分割,限制了人口从农村流向城市。在产业结构、就业结构、人口城乡结

---

① 参见国家统计局编:《中国统计年鉴——2013》,中国统计出版社2013年版,第123页。
② 参见喻桂华、张春煜:《中国的产业结构与就业问题》,载《当代经济科学》2004年第5期。

构之间,就业结构是中间环节。就业结构随着产业结构发生变化,人口城乡分布就比较合理;就业结构不能随着产业结构的变化而变化,人口城乡分布就会失衡,城市化发展就会受到一定阻碍。其三,工业布局过于分散,企业分散建立在远离城市和铁路、公路干线的边远山区,既不利于企业发展,又不利于人口城镇化率的提高,与原有工业形式脱节,造成了城乡分离的不利局面。[①] 其四,历史上的"逆城市化"发展政策和现实中的城市化模式争论延缓了城市化速度。我国城市化起步晚、底子薄,再加上政府曾推行的"逆城市化"政策,使城市人口流向农村。新世纪,我国步入工业化中期和城市化加速发展时期,但出现了城市化应当以大城市为主还是以中小城市为主的争论。客观而论,城市规模扩张是不以人的意志为转移的,我国在发展大中城市的同时,要合理规划小城镇,从而形成完善的城镇化体系。新中国建立以来,我国城市化发展如表1-1所示。

最后,城乡居民消费差距过大。发展中国家农业部门的收入水平低而收入差距小,工业部门的收入水平高而收入差距大,因此在发展初期部分人口由农业流向工业,将会导致收入增加和经济增长,同时使居民的收入差距不断拉大。城乡人口悬殊,但因农村人均收入过低,有效需求实现值不足,消费水平远低于城镇,如表2-3所示。从消费结构看,农村居民仍停留在对需求弹性很小的生活必需品的消费,恩格尔系数较高,而城镇居民的消费层次要高于农村,特别是高收入阶层,有很大一部分收入用于需求弹性很大的奢侈品的消费上,城镇居民恩格尔系数低于农村居民,如表1-5所示。如果再加上实物商品外的文化、教育和服务等方面的消费,城乡居民的消费差距会更大。

解决上述问题的关键是增加农民收入。我国农业是资源约束型农业,以农业生产为主的家庭经营性收入注定无法成为农民收入持续增长的源泉。而在农业外寻求增加收入的途径就是寻求非农就业机会,即在当地非农就业和在外地非农就业。农民首选在当地非农就业,当无法实现就业时,才选择外地的非农就业机会。非农就业的工资性收入成为农民收入增长的重要来源,这表明,农民收入问题已经是一个和国家的宏观经济形势密切相关的问题。农民收入问题实际上已成为农民的非农就业问题,解决农民收入问题因此就成了解决农民就业问题。但是,目前的就业形势非常严峻,城市居民的就业问题已成为困扰政府的难题,解决农民就业问题则更加困难。[②]

---

① 参见费孝通:《我看到的中国农村工业化和城市化道路》,载《浙江社会科学》1998年第4期。
② 参见张车伟、王德文:《农民收入问题性质的根本转变——分地区对农民收入结构和增长变化的考察》,载《中国农村观察》2004年第1期。

我国二元经济结构转换的特征,既受传统工业化道路和经济体制的影响,又取决于改革开放以来通过农村工业推进二元经济结构转换的非城市化发展道路。二元经济结构转换过程中,就业结构滞后于产值结构的转换,是与第三产业发展滞后直接相关的。塞尔昆在《工业化和经济增长的比较研究》中发现,在工业化过程中,随着人均国民生产总值的提高,服务业相对制造业来说,其就业弹性系数不仅大于1,而且呈现连续递增的发展趋势。与第二产业相比,第三产业能吸收更多的劳动力就业。由于第三产业发展滞后,影响了工业化过程中对农业剩余劳动力的吸纳,导致就业结构的转换滞后于产值结构的转换。而第三产业发展滞后的直接原因是,二元经济结构转换的非城市化道路所造成的城市化发展滞后。这是因为第三产业与第二产业相比更依赖于城市化的进展。与第二产业不同,第三产业所提供的产品服务具有生产与消费的同一性,它不像第二产业所提供的物质产品那样可以在产地以外销售和消费。因此,第三产业只有在人口较为密集的城市才会有发展,而在人口密集度较小的农村会受到需求不足的制约。发展第三产业与第二产业相比,成本高、收益小。因此,要进一步推进我国的二元经济结构转换,必须加速城市化发展进程,以带动第三产业的发展,促进农村剩余劳动力向非农产业转移。

第三节 我国二元结构下的就业困境

一、城市就业矛盾尖锐

20世纪50年代,我国按照苏联模式建立了高度集权的指令性计划经济体制,并采取"国家工业化"的形式,即由国家意志和力量组织并领导投资经营工业化,特别是重型工业。这场工业化取得了巨大的工业建设成就,也付出了惨重的代价。国家工业化的发动方式和体制模式留下了两大问题:一是低效率,工业体制及其掩盖下的大量城市剩余劳动力,企业隐性失业累积严重;二是工业发展长期吸取农业剩余,致使我国农业、农村和工业、城市形成强烈的反差,农业与现代化的差距过大。

城市就业矛盾尖锐有两方面原因:

第一,由重工业优先发展模式和投资倾向所致。① 从劳动需求角度看,重工业创造的就业岗位少,因为重工业的资本有机构成高。马克思认为,劳动依附于

---

① 参见黄安余:《大陆与台湾农业劳动力转移比较研究》,载《江海学刊》2005年第2期。

资本,资本积累是决定对劳动力需求的最重要因素。在资本技术构成不变的条件下,对劳动力的需求将随着资本的增长而同步增长;而在资本技术构成逐渐提高的前提下,资本对劳动力的需求会相对减少。我国工业化基本上走的是资本排斥劳动力的道路。因为重工业优先发展模式并没有带动相应的就业岗位增加,单位边际资本所提供的就业岗位是递减的。早期二元经济理论的代表者费景汉和拉尼斯曾就资本积累对劳动力就业的吸纳程度进行研究,认为由资本积累吸纳的工业劳动力就业增长率等于资本的增长率。如果按此推算,1952 至 1978 年,我国新增工业固定资本应当提供 10225 万个就业岗位,但实际提供量仅为 5009 万个,少提供了 5216 万个就业岗位。据有关学者计算,改革开放以前,每亿元投资在轻工业部门可吸纳 1.8 万人就业,而在重工业部门只能吸纳 6000 人就业,即重工业就业吸纳能力仅为轻工业的 1/3。在 1952 至 1980 年间,我国对重工业和轻工业的累计投资分别为 3742 亿元和 394 亿元,可见,投资严重倾斜于重工业部门。如果在两个部门均衡投资,可能会产生不同的就业效果。① 重工业对劳动力的吸纳能力有限,直接导致我国城市失业人口年复一年的累积。1957 至 1975 年,国家新增工业部门仅仅吸收了预期劳动力增长的 11% 至 17%。② 失业已成为当时我国城市面临的最大问题之一。

第二,由国有企业经济效益低下和改革所致。由于经济效益低下,国民收入中能够用于积累和扩大再生产的部分减少,无法吸收更多的劳动力,导致城市大量新增劳动年龄的青年无法实现就业。为此,中央不得不以"知识青年上山下乡接受贫下中农再教育"的名义,将他们向农村分散。到"文化大革命"结束,政府大约动员了 1200 万人到农村。③ 改革开放后,城市产业部门吸收农业劳动力的能力有限,一方面,这是由于城市现代产业的资本密集型和生产技术的资本密集型约束造成的;另一方面,城市工业在其扩张速度进入稳定期后,本身产生劳动剩余现象,致使它甚至难以对付城镇失业人口的就业压力。在一些亏损的企业中,有许多职工等待新的就业机会。④ 国有经济单位尤其是城市就业矛盾最尖锐的领域,如表 4-4 所示。

---

① 参见李薇辉、薛和生主编:《劳动经济问题研究——理论与实践》,上海人民出版社 2005 年版,第 34 页。
② 参见黎煦:《中国劳动力市场变迁的产权经济分析》,浙江大学出版社 2006 年版,第 126 页。
③ 参见查瑞传主编:《人口学百年》,北京出版社 1999 年版,第 162 页。
④ 参见孙林:《新中国农业经济思想史》,上海财经大学出版社 2001 年版,第 401 页。

表 4-4　1978—2012 年我国城镇失业人数和登记失业率的变化　单位:万人,%

年份 \ 类别	失业人数	登记失业率
1978	530.0	5.3
1985	238.5	1.8
1990	383.2	2.5
1995	519.6	2.9
2000	595.0	3.1
2005	839.0	4.2
2010	908.0	4.1
2012	917.0	4.1

资料来源:参见国家统计局人口和就业统计司、人力资源和社会保障部规划财务司编:《中国劳动统计年鉴—2013》,中国统计出版社 2014 年版,第 139 页。

二、农村隐性失业严重

在计划经济体制下,传统就业制度将城乡就业人为地加以隔离。在就业政策上,农民并未受到重视;在失业统计上,政府不将农民计算在内。国家工业化的制度安排,通过高度的资源动员和耗费取得经济增长,以公有制的体制保护使就业矛盾隐性化,无法解决由于低效而日益累积的突出的农村经济矛盾,农村长期处于贫困和失业的累积之中,农业实际上成为我国隐性失业最严重的产业,存在着数量庞大的隐性失业大军。在城乡隔离的二元结构下,不断增长的庞大的劳动力只能被禁锢在有限的土地上,造成越来越多的农村剩余劳动力。人民公社给予每个农村劳动力一个就业岗位,并且每个劳动者都能够从集体劳动产品中获得一份几乎平均的收入。尽管存在农工收入差异,但农村劳动力向城市转移就业却因制度阻隔而处于停滞状态。即使农村劳动力边际生产率等于零,也不会出现农民失业问题,因为根本就没有劳动力资源合理配置的要求。[①]

改革开放后,农村微观生产组织发生了根本性的变化。农户的经营不同于生产队和人民公社,其经济活动的首要目标是追求家庭经济效益最大化。在市场经济条件下,任何产品和要素的价格都是由市场供求决定的,农产品如此,农村劳动力同样如此。在这两个大前提下,农户作为基本的生产单位,其经济理性就是优化配置所掌握的生产要素,从而实现家庭经济收益最大化。因此,当家庭承包的土地上没有必要容纳那么多劳动力时,或者说当家庭成员中部分人的边

---

① 参见袁志刚:《失业经济学》,上海人民出版社 1997 年版,第 62 页。

际产出等于零时,即某几个成员离开土地并不影响家庭承包土地上的产出时,这部分人实际上就处于隐性失业状态。出于经济利益考虑,他们必然要离开土地,谋求新的就业出路,主要途径有二:一是流向城镇非农产业就业,"民工潮"就是佐证;二是转入农村内部非农产业就业,乡镇企业是重要载体。

1978年以来,我国乡镇企业在很大程度上缓解了农村隐性失业矛盾,吸纳农业剩余劳动力的人数逐年增多,如表4-5所示:

表4-5　1978—2012年我国乡镇企业数量与就业人数的变化

单位:万个,万人

类别 年份	乡镇企业数量	就业人数
1978	152.42	2826.56
1985	1222.45	6979.03
1990	1850.40	9264.75
1995	2202.67	12862.06
2000	2084.66	12819.57
2005	2249.59	14680.11
2010	2742.46	15892.56
2012	671.78	10149.97

资料来源:参见国家统计局人口和就业统计司、人力资源和社会保障部规划财务司编:《中国劳动统计年鉴—2013》,中国统计出版社2014年版,第321—322页。

近年来,乡镇企业数量和就业人数出现了明显的下降,造成上述情形的原因颇为复杂:首先,乡镇工业分散化。农民在从事农业生产的同时,兼营非农产业,导致投资分散化与经营零碎化;企业规模偏小,难以形成规模经济,抗风险能力较弱,而且浪费土地、污染环境。[①] 其次,产权关系不规范,产权制度并未形成。这主要表现为:产权结构单一,只靠集体一家投资;产权主体缺位;政企不分,企业内部经营机制退化;产权封闭。[②] 最后,乡镇企业应当调整产业结构,适应经济发展。目前,乡镇企业产业结构、产品结构层次低,并且与城市工业存在产业同构现象,从而在市场竞争中处于劣势,导致了过度竞争,削弱了盈利水平,进而

[①] 参见王玉华:《中国乡镇企业新产业区的发展理念与特征分析》,载《地理学与国土研究》2000年第3期。

[②] 参见罗汉、李雪梅:《乡镇企业产权制度改革问题探讨》,载《云南民族学院学报》(哲学社会科学版)2000年第3期。

对其生存构成威胁。①

由于上述局限性,乡镇企业一方面极力进行技术模仿;另一方面,为了降低劳动成本,延长绝对劳动时间。因而,其所能达到的对农村剩余劳动力的吸纳与利用有限,而且城市就业矛盾突出,限制了农业剩余劳动力向工业转移。乡镇企业对劳动力就业的吸纳数量呈现衰减之势,甚至表现出对农业劳动力的就业排斥。② 这使农村就业矛盾的彻底解决尚需假以时日。

三、城乡流动就业阻隔

改革开放之前,政府通过户籍制度,隔离城乡劳动力的流动,将广大农村劳动力束缚在土地上。当时在农村,由于人口基数大,劳动力增长快,单位土地上的劳动力配置已经大量过剩,达到刘易斯所描述的劳动力边际生产率等于零的程度,即如果从土地上分离出一部分农村劳动力,农产品数量将保持不变。③ 但是,由于制度阻隔,城乡劳动者流动就业规模较小。在城乡分割的年代,由于推进工业化的需要,政府曾组织4万农民进城,使城市人口比重一度上升。但是,从产业对劳动力技能的要求看,重工业对劳动力技能的要求更高。我国城乡劳动力素质差异较大,即使农村中相对较高素质的劳动力转移到城市,多数也只能沉积在低素质劳动力群体中。因而,农村劳动力技能难以适应重工业的发展要求,转移择业的难度相对较大。④ 更由于轻工业和服务业发展严重不足,城市就业矛盾很快凸现,政府被迫裁员,动员进城农民返乡。从此,城乡流动就业的阻隔得以进一步强化,直到改革开放政策的实施。

在相当长的时期内,我国不承认社会主义国家存在失业,官方出版物只有城镇待业率指标。1993年,国家首次公布城市失业率数据,但它不足以准确反映城市失业状况。因为城市失业统计仅限于公开性失业,而实际失业率要大于统计公布的数据。从理论上讲,城市劳动力也应当向农村地区流动就业,这种现象在我国大陆没有出现,但在台湾地区却形成了农工就业互动现象。⑤ 虽然通过招聘合同工,城市企业从农村吸收了相当数量的劳动力,但是每吸收一名农民

---

① 参见苑鹏、钟声远:《乡镇企业的产业结构调整:优化结构,实现结构升级》,载《中国农村经济》2000年第6期。
② 参见马良华、郑志耿:《经济增长、充分就业和农业发展——兼对中国长期经济增长问题的研究》,浙江人民出版社2004年版,第157页。
③ 参见袁志刚:《失业经济学》,上海人民出版社1997年版,第7页。
④ 参见黄安余:《大陆与台湾农业劳动力转移比较研究》,载《江海学刊》2005年第2期。
⑤ 参见黄安余:《台湾农工就业互动与劳工特点评析》,载《台湾研究》2000年第2期。

工,就有可能加剧正式工的就业不足或隐性失业。农民工和正式工之间存在就业竞争,这种替代关系存在于城市企业中,致使全社会剩余劳动力数量并没有因为国有企业招收农民工而减少,只不过是农村隐性失业转化成了城市隐性失业。因此,城市部门不可能成为吸收农村剩余劳动力的主渠道,①农村劳动力流向城市就业的阻隔短期内难以根本消除。

　　阻隔城乡流动就业,不能消除城乡之间的就业竞争。原因在于:第一,禁止农村劳动力向城市流动,其实质是城市劳动者和农村劳动者之间的竞争被取消。前者在劳动供给上处于某种垄断地位,其收入成为一种垄断收入,是对劳动力实行歧视价格的结果。从表面上看,这似乎有利于缓解城市就业压力,但从深层次看,垄断不利于激励劳动者提高效率,城市劳动者不愿在艰苦的低收入岗位就业。在农村劳动者不得进城的年代里,可以通过提高这些岗位的工资吸引城市劳动者就业。但是,城乡流动合法化后,进城的农民工迅速填补了这些就业空缺岗位,不愿在艰苦岗位就业的城市劳动者则成为自愿失业者。第二,虽然城乡劳动力在劳动力市场上的竞争被暂时取消了,但农村劳动者可以通过在农村兴办工业,最后以农村生产的工业品流动的形式与城市工业产品展开竞争,达到劳动要素的优化配置。因此,原来应当是城乡劳动力在劳动力市场上的平等竞争,现在变成了商品市场上的城乡物化劳动的竞争。由于农村劳动力成本较低,效率较高,乡镇企业产品得以大量进入城市市场,使得不少城市企业在竞争中处于劣势,结果是城市工业产品滞销,开工不足,城市劳动力处于失业状态。与之相似,由于私人企业、三资企业的经营机制比较灵活,劳动用工都实行合同制,劳动者感到压力较大,勤奋工作,企业劳动效率较高。相反,国有企业的经营机制较为僵硬,转换速度较慢,企业劳动就业制度改革难以推进。虽然国有企业与非国有企业处于一种不平等的竞争境地,但是非国有企业的产品照样打垮国有企业的产品,致使城市国有企业失业增加。②

第四节　我国二元结构下的就业歧视

　　我国市场化改革已进行了近三十年,但以劳动力市场多元分割为特征的不平等就业制度尚未完全被冲破。在计划经济体制下,城市政府制定的各种限制外来人口就业的政策,其制度惯性强劲,扭曲了劳动力的市场价格,阻碍了城乡

---

①　参见罗卫东:《反常二元经济结构与我国就业问题》,载《杭州大学学报》1998年第2期。
②　参见袁志刚:《失业经济学》,上海人民出版社1997年版,第62页。

劳动力的自由流动,极大地抑制了劳动力市场的发育,导致市场资源配置效率低下,影响了经济社会的整体发展。2004 年,国家劳动和社会保障部废除了原劳动部颁布的《农村劳动力跨省流动就业管理暂行规定》,这对建立统一的劳动力市场有所促进。为了落实中央规定,地方政府及时废止了各种限制农民工进城就业的歧视性政策,取消了对农民工就业的职业、工种限制,允许企业根据自身需要自主雇用农民工。但是,在转轨进程中,劳动力市场存在的各种就业歧视是不容忽视的。

一、就业的户籍歧视

歧视现象存在于社会的各方面,人们追求平等的过程就是反歧视的过程。在诸多歧视现象中,劳动就业歧视是研究劳动力市场必须涉及的问题。我国《劳动法》第 12 条规定:"劳动者就业,不因民族、种族、性别、宗教信仰不同而受歧视。"这只是法理界定,事实上,任何劳动力市场都存在劳动歧视,它是一种不公正的差别待遇。劳动力市场上对劳动者的评价,诸如职位分配、报酬标准,应当根据其生产率而定。劳动评价有正负之分,例如,把受教育水平作为生产率的基础,从而对受教育时间长的劳动者给予较好的职位和报酬,属于正评价;反之,对受教育时间短、文化水平低的劳动者,给予较差的工作条件和较低的报酬,则属于负评价。如果对与生产率没有联系的因素也给予正、负评价,例如,把劳动力的种族或性别作为生产率高低的标志,以此决定雇用取舍、职位分配和报酬高低,这就是劳动力市场歧视。[①] 劳动力市场歧视主要包括就业歧视、工资歧视等。

就业歧视主要表现为不同劳动力集团在就业范围、职业分布和就业水平方面的差异。按照国际劳工组织的界定,就业歧视是指"根据种族、肤色、性别、宗教、政治观点、民族血统或社会出身所做出的任何区别、排斥或优惠,其结果是取消或有损于在就业或职业上的机会均等或待遇平等"[②]。歧视是社会不公现象,就业歧视会使部分社会成员减少应得的收入,丧失较好的就业机会,以致被剥夺生活权利,这是一个较为严重的社会问题。

由于户籍制度长期存在,就业政策仍然具有对农村户籍劳动力的排斥性。就业制度的歧视包括劳动力在求职、就业、管理等方面的歧视性待遇,如对农村户籍劳动力进入城镇就业实行总量控制,职业、工种限制,强制性收取管理费、用

---

① 参见梁晓滨:《美国劳动市场》,中国社会科学出版社 1992 年版,第 267 页。
② 转引自姚裕群:《论就业目标体系》,载《人口学刊》2001 年第 5 期。

工调节费等歧视性就业政策。如前所述,我国劳动力市场处于多元分割状态,针对城乡劳动者,政府有两套管理制度。对农民工就业歧视的导向为,它是以保障城市劳动力全面就业为目标的排他性就业制度,这本身就是一种劳动歧视。对农民工的排斥,是出于一个基本事实:在城市失业日趋严重的情势下,农民工却占据着很多就业岗位,其数量往往超过本地失业者的数量。由此产生的简单逻辑就是,如果将他们所占据的岗位转移给本地失业者,就足以解决本地失业者的再就业问题。出于此种政策选择,地方性就业政策给予城市户籍者高度的优先权。一些针对农民工的限制措施,也阻碍了农业劳动力转移。这体现在三个方面:第一,设置经济门槛,提高使用农民工的成本,迫使各单位、部门尽量少使用农民工。在我国,城镇劳动力市场是不完全竞争的市场,政府设置了进入限制,致使农民工进入的成本上升,很多农民难以承担。各级政府通过劝告、配额、资格认证等政策,提高农民工进城就业的许可、交通、寻工、居住、心理负担等方面的成本。① 第二,按不同工种限制外来工的吸纳比例。农民工即使能够进入城市劳动力市场,也不能进入城市主流行业。其就业岗位大多数集中在一些社会地位低下或职业危害较大的边缘性行业。这种职业分布典型地反映了农民工在城市劳动力市场中的主体地位是不完全的。② 第三,城市各部门、单位招用外来农民工都需要经过劳动部门批准,否则要清退、罚款。

农民工是否与城镇失业者竞争就业岗位,形成就业挤占,对此要进行具体分析。第一种情况,农民工从事的工作,城市户籍者也愿意从事;同时,对城市失业者较高的工资要求,企业也能够承受。在此情况下,确实存在着农民工与城市失业者竞争就业岗位的情况。第二种情况,农民工从事苦、脏、累活,即使他们被清退了,就业岗位被让渡了,城市失业者也未必愿意承担。此时,两者不存在竞争。节假日民工返乡,城市劳务市场人力紧缺便是佐证。第三种情况,农民工从事的工作,城市户籍者也愿意从事。但由于城乡生活水平、物价和社会保障水平的差异,城市失业者所要求的工资水平高于农民工,使企业难以承受。例如,在家庭服务行业,情形基本如此。但另一个问题是,拥有资本进城的农民,在城市创业,直接增加了就业机会,带来了就业扩张效应。

综上,要消除就业歧视,必须打破二元户籍结构。1998年7月,政府发出了《关于解决当前户口管理工作中几个突出问题的意见》,对户籍管理进行了四项改革。2003年《关于完善社会主义市场经济体制若干问题的决定》指出:"在城

---

① 参见谌新民:《中国劳动力流迁的动因与成本分析》,载《中国人口科学》1999年第2期。
② 参见朱启臻等:《对城乡劳动力就业不平等的再思考》,载《经济与管理研究》2004年第3期。

市有稳定职业和住所的农业人口,可按当地规定在就业地或居住地登记户籍,并依法享有当地居民应有的权利,承担应尽的义务。"①2004年前后,中央再次深化户籍制度改革,其核心是剥离附加在户籍上的各种社会经济差别,实现城乡居民发展机遇平等,享有同等国民待遇。所有这些户籍改革措施,其终极目标都是冲破二元户籍结构。但是,总体而论,这些改革仍是局部性改革,自理口粮户口、投资落户、购房落户、蓝印户口,都没有根本改变户籍的二元性质。以蓝印户口为例,它似乎是独立于农业户口和非农业户口之外,但其利益更加接近于非农业户口,享受着一些非农业户口才能得到的利益,户籍的鸿沟没有因改革而被填平。② 2014年7月,国务院颁布了《关于进一步推进户籍制度改革的意见》,提出了建立城乡统一的户口登记制度。这是一次全局性的、实质性的改革,它彻底抹平了二元户籍结构的鸿沟。文件要求取消农业户口与非农业户口性质区分和由此衍生的蓝印户口等户口类型,统一登记为居民户口,体现户籍制度的人口登记管理功能。该文件就深化户籍制度改革提出了具体政策措施,主要有:一是进一步调整户口迁移政策。全面放开建制镇和小城市落户限制,有序放开中等城市落户限制,合理确定大城市落户条件,严格控制特大城市人口规模,有效解决户口迁移中的重点问题。二是创新人口管理。建立城乡统一的户口登记制度,建立居住证制度,健全人口信息管理制度。三是切实保障农业转移人口及其他常住人口合法权益。完善农村产权制度,扩大义务教育、就业服务、基本养老、基本医疗卫生、住房保障等城镇基本公共服务覆盖面,加强基本公共服务财力保障。这次户籍制度改革具有重大的现实意义,对打破城乡二元结构和促进劳动力流动就业将产生深远的影响。

二、就业的区域歧视

就业的地域歧视是与户籍歧视紧密相连的,它反映了就业歧视政策在不同地区的存在状况。1994年11月,劳动部发布了《农村劳动力跨省流动就业管理暂行规定》,对跨省流动的农村劳动力实行就业总量限制,以满足城市劳动力就业需求。该规定第5条规定:只有在本地区劳动力无法满足需求,并符合下列条件之一者,用人单位才可跨省招收农村劳动力:(1)经劳动就业服务机构核准,确属本地劳动力普遍短缺,需要跨省招用人员;(2)用人单位招收人员的行业、

---

① 《〈中共中央关于完善社会主义市场经济体制若干问题的决定〉辅导读本》,人民出版社2003年版,第8页。
② 参见吴丽萍:《论人权背景下农民工就业歧视的户籍根源》,载《经济论坛》2011年第4期。

工种,属于劳动就业服务机构核准的,在本地招不到所需人员的行业和工种;(3)不属于上述情况,但用人单位在规定的范围和期限内,无法招到所需人员。1998年5月,武汉采取清退农民工措施,以便安置城市失业者。① 1995年后,北京就业歧视政策明显:(1)严格控制外地劳动力数量。表现为:对外地来京做工人员实行总量控制;下岗待工人员达到10%的企业,原则上不准招收外地劳动力;规定招收下岗职工和外地劳动力的比例;对"限制"和"调剂"使用外地打工人员的行业和工种如何招收下岗职工和外地打工人员作出规定。(2)实行证件和收费管理。具体表现为:来京打工经商者必须办理"暂住证"和"外来人员就业证","外来人员就业证"为"证卡合一";从事家庭服务的外来人员须办理"北京市外来人员家庭服务员证";规范办理"北京市外来人员就业证"的程序;根据来京时间、从业人员状况、现实表现等,为外来人口发放 A、B、C 三种新型暂住证。② 此外,上述须办理务工证、培训证、消防证、健康证等,种类繁多。(3)1999年,北京将雇用农民工的行业、工种缩减至200个,并在32个工种中限制使用农民工,导致农民工职业选择性小,而且其劳动待遇、社会保障难以与城市同行相比。

上海也对农民工实行就业歧视政策。20世纪90年代初,因浦东开发、地铁建设等大型市政项目的启动,上海吸收了大批外来民工。此时,政府对外来劳动力持认同态度。但是,为了缓解1994年以后的失业压力,上海成立了外来劳动力管理所,规定农民工在上海就业必须有组织输送。尤其是1996年后,上海加强了招工控制,强化农民工进入的行业和期限,限制以及加强证件管理等,以便设置就业障碍。2001年5月,上海劳动与社会保障局明确规定,单位使用外来工前,必须通过上网发布招聘信息,在确认招聘本市劳动者不足的情况下,方可使用外来工;经济性裁员单位,不许使用外来工。但上述政策遭到企业的排斥,使政策效力被削弱。上海非国有经济部门统一的劳动力市场逐渐形成,而国有部门失业者则要依赖财政支持,并对统一劳动力市场的形成构成阻挠。限制劳动力供给,如加强就业培训、扩大高校招生、控制企业破产和解聘职工等措施,旨在减少劳动力供给。如果不是伴随着劳动力有效需求的增加,当经济结构难以承受重压时,问题必将恶化,因而上海就业经验有局限性。如果经济缺乏新的增长点,城市将面临更大的就业压力。《深圳市经济特区企业经济性裁减员工办

---

① 参见刘尔铎:《改革我国户籍制度实现城乡统一劳动市场》,载《劳动经济与劳动关系》2002年第2期。
② 参见蔡昉、都阳、王美艳:《户籍制度与劳动力市场保护》,载《经济研究》2001年第12期。

法》规定:"在同样能胜任同岗位工作前提下,企业裁员顺序为:(一) 非深圳市户籍员工;(二) 深圳市户籍员工。"①以上就业歧视政策得以实施的主要政策辅助手段为:

(一) 执行歧视性收费政策

山东省威海市的相关政策规定:使用本县(市、区)农村劳动力的,须缴纳每人每月6元管理费。使用省内异地农村劳动力的,每人每月6元,由用人单位分别向输出地和输入地劳动就业服务机构各缴纳50%。使用外省农村劳动力的,由用人单位按每人每月15元向输入地劳动就业服务机构缴纳劳动力管理费。输出到省外的农村劳动力,其管理费标准有合同规定的按合同规定办理;没有合同规定的按每人每月不超过15元的标准收缴管理费。再就业基金来源是从企业收取的就业调节费,具体收取标准为:使用本市行政区域内农村劳动力的,每人每月收取30元;使用本市以外劳动力的,每人每月收取50元。② 北京市的暂住证每人每年198元,就业证每人每年200至400元不等,务工证每人每年50元,健康证每人128元,消防证每人140元,各种收费合计近千元。③

有鉴于此,政府要严禁用工单位对农民工设立行政事业性收费,要全面清理涉及农民工跨区域就业和进城务工的各种收费项目。已明确取消行政审批和行政许可事项的收费项目,一律取消;没有法律、行政法规规定的行政审批和行政许可收费项目,一律取消;其他涉及农民工跨区域就业和进城务工的各种收费项目,凡未经过国务院和省、自治区、直辖市人民政府及所属财政、价格部门批准的行政事业性收费项目,应当取消。

(二) 实行差别性国民教育

这是影响劳动力外出稳定就业的重要制约因素。教育和培训是与流动就业直接相关的深层次问题,也可以作为就业报酬的延伸。在计划经济时代,单位为正式工提供技能培训以及为其子女提供便利义务教育,表现为一种就业福利。教育资源的配置是建立在户籍制度基础上的,因而户籍是获取城市教育资源的凭证,没有城市户籍的流动人口子女只能接受较差的教育服务。虽然大量农民工有学龄子女,有些甚至夫妻同在一个单位,但却为子女不能就近入学所困。农

---

① 转引自郭正林:《当前就业与职业平等状况考察》,载《社会科学报》2004年4月22日。
② 参见《关于转发省劳动厅、财政厅、物价局〈关于劳动力管理费有关问题的通知〉的通知》(威劳人字[1995]25号);《威海市人民政府关于印发〈威海市再就业基金管理试行办法〉的通知》(威政发[1998]9号)。
③ 参见《追踪北京"就业证"收费》,载《农民日报》2002年7月10日。

民工子女应与城市居民子女享受教育平等权,包括入学机会、入学条件、挑选就读学校、交费平等等。很多城市的情况表明,农民工子女受教育的权利受到种种歧视:其一,子女就读难。相当部分农民工子女只能集中于城郊结合部,在不合格的或非法的民工子弟学校就读。这既影响了农民工的工作表现,又降低了潜在劳动力的整体素质。其二,学校收费高。各地学校对农民工子女就学均有额外收费,如借读费、赞助费以及其他各项收费。各种收费是低收入农民工子女就学的高门槛,有些家长不得不将子女送往收费低的民工子弟学校,甚至让孩子辍学。

建立在户籍制度基础上的教育资源分配制度,表现出对农村人口的歧视。教育资源分配在城乡间极度失衡,城市教育资源不仅在硬件和软件上明显优于农村教育,而且迄今资金和人才仍在源源不断地流向城市教育。农村实施税费改革、实行"一费制"后,农民负担减轻了,但农村义务教育经费总投入却在减少,中小学学生辍学率仍然较高,教师队伍不稳定,骨干教师流失严重等。通过城乡之间教师职称结构、教学设备设施、经费投入、信息网络建设等方面的对比,可以看出城乡教育资源差距仍然很大。改革开放后,我国政府重视东部地区,造成中西部地区教育投资不足,再加上我国经济发展的非均衡性,以及教育资源均衡配置的公共财政体系不健全,缺乏城乡之间教育资源均衡配置的有效机制。这种状况使得农村儿童、农民工子女、残疾人等困难群体接受教育的机会相对减少。国民教育不公平是社会不公平的起点,可能会扩大不同社会群体在劳动力市场就业的机会不平等。在这样的教育差距下,农村劳动力要享有与城镇劳动力同等的就业机会和待遇是根本不可能的。

面对这种情形,2003年,中央颁布政策:农民工子女就学以流入地公办中小学为主,入学收费与当地学生相同,农民工子女九年义务教育普及率要达到当地水平,设立民办民工学校条件酌情放宽等。① 这些是培育公平劳动力市场的配套改革措施。2004年,中央确立了公正对待农民工,让农民融入城市的政策框架。为此,必须取消针对农民工进城就业的各种准入限制,实行一视同仁,平等竞争;取消针对农民工就业的就业证卡,简化农民进城就业的手续,按照新的居民身份证管理条例,适时取消对外来人口实行的暂住证制度,实行暂住申报制度;清理整顿对外来务工人员的乱收费,特别要严厉查处以农民工接受培训之名向农民工乱收费现象;保障农民工子女享受义务教育的权利,等等。输入地政府必须将对外来人口的管理费用纳入地方财政预算,绝不能变相向企业或个人转

---

① 参见刘子操:《城市化进程中的社会保障问题》,人民出版社2006年版,第136页。

嫁负担。①

三、就业的工资歧视

"所谓工资歧视是指相同生产能力的工人获得不同的劳动报酬,具体体现为同工不同酬以及私营企业主故意克扣、拖欠农民工的工资,后者属于变相的同工不同酬。"②它是就业歧视的体现或延伸。公平就业应当享有合理工资,但在劳动力市场上,弱势群体和过量供给劳动者工资较低。各国政府均主张同工同酬,要求完成同样多工作的人获得同等数额的报酬,禁止对妇女、青年、未成年人、非本民族本地区的劳动者支付较低的工资。但是,在市场经济条件下,工资歧视却是一种相当普遍的自然倾向。对此,政府要通过公平就业措施予以矫正。在我国,工资歧视的主要表现形式有:垄断和竞争行业工资差别、农民工与城镇职工的工资差别、正式工与临时工的工资差别。

我国垄断和竞争行业存在着工资差距,这是劳动力市场就业工资歧视的重要表现形式之一。广义价值论认为,判断行业间工资差距是否合理,要看这种工资差距与行业间比较生产力的差距是否一致。如果劳动者在垄断和竞争行业获得与其比较生产力相对应的工资收入,其报酬水平是根据比较利益率相等的原则确定的,那就基本上符合公平原则,由此形成的工资差距应当予以保留,否则,工资差距必须被缩小。从这个意义上讲,我国垄断和竞争行业工资水平的差距,主要是由于比较生产力的差异所决定的。这部分是应当予以承认的合理工资差距。其余部分工资差距是由于行业垄断因素造成的,这是不合理的工资差距。从就业岗位性质区分看,垄断行业基层操作人员高工资中不合理部分的比重较大,而管理阶层的行业收入不平等现象相对较少。但是,考虑到垄断行业管理阶层在福利待遇和公款消费方面的特权,其不合理的工资差距可能有所扩大。超出比较生产力差异决定的不合理工资差距应当缩小或消除。正是这部分工资差距加剧了劳动力市场的就业不平等和社会矛盾。政府应当依据价格政策、就业政策、税收政策等措施,消除劳动力市场行业壁垒,减少行政等垄断因素的产生,使行业间工资差距缩小到由比较生产力差异决定的相对工资水平。③

在城市劳动力市场中,相当一部分人仍在享受传统刚性工资体制所带来的

---

① 参见周琳琅:《统筹城乡发展:理论与实践》,中国经济出版社 2005 年版,第 139—140 页。
② 刘子操:《城市化进程中的社会保障问题》,人民出版社 2006 年版,第 133 页。
③ 参见蔡继明、高宏:《垄断和竞争行业的比较生产力与收入差距——基于广义价值论的分析》,载《学术月刊》2014 年第 4 期。

利益。与此同时,农民工的工资却完全由劳动的边际生产率决定,严格按照劳动力市场上供求关系的变化而变化。然而,目前存在可视为无穷的劳动力供给量,致使农民工边际生产率几乎为零甚至负数。两种不同的报酬制度必然导致同工不同酬的现象。李培林对城市农民工工资的研究表明,农民工整体收入低于城镇职工,他们当中收入较高的是从事餐饮业的民工,收入较低的是家庭保姆和在酒家、宾馆、招待所等服务单位务工的民工;从单位所有制结构看,个体工商户和三资企业雇用的民工收入较高,收入较低的是私有企业和国有企业的民工。另外,民工工资与其进城务工时间成正比。①

拖欠农民工工资是工资歧视难以回避的问题。近年来,全国各地存在程度不同的拖欠农民工工资现象,这个问题一时难以得到根本解决,业已引起各界的高度关注。农民工工资被拖欠的原因是十分复杂的。一些建设单位急功近利,在资金不足时开工,加上层层包转,相互推诿,使问题复杂化。少数用工单位谋求利益最大化,恶意拖欠或克扣农民工工资。再加上农民工文化程度低,缺乏法律知识和法律意识,不签订劳动合同,不能用法律维护其权益,出现欠薪时甚至引发群体性事件,影响社会和谐与稳定。2010年2月,《国务院办公厅关于切实解决企业拖欠农民工工资问题的紧急通知》明确规定,从维护社会稳定的高度,将解决企业拖欠农民工工资问题视为紧迫任务抓紧抓细,实行属地管理、分级负责;开展农民工工资支付专项检查,切实维护农民工的合法权益,加强行政司法联动,加大对欠薪逃匿行为的打击力度;督促企业落实清偿被拖欠农民工工资的主体责任,各类企业都应依法按时足额支付农民工工资,不得拖欠或克扣;加大力度解决建设领域拖欠工程款问题;加快完善预防和解决拖欠农民工工资的长效机制;地方各级政府要健全应急机制,完善应急预案,及时妥善处置因拖欠农民工工资问题引发的群体性事件,坚决防止事态蔓延扩大。如果这些规定都能被切实贯彻,我国劳动力就业的工资歧视必将有所减轻。不仅如此,政府还应当建立健全农民工工资支付保障和合理增长机制;同时,要改变农民工现在的无组织化状态,增强组织化程度,成立各级农民工工会,以提高农民工群体争取合理权益的能力;不断完善并严格执行最低工资制度,确保农民工享有城市普通职工同等的劳动报酬。②

---

① 参见李培林、张翼、赵延东:《就业与制度变迁:两个特殊群体的求职过程》,浙江人民出版社2000年版,第202页。
② 参见蔡武:《劳动力市场分割、劳动力流动与城乡收入差距》,载《首都经济贸易大学学报》2012年第6期。

临时工受到低工资对待,是劳动力市场的普遍现象。因为实行就业双轨制,直接导致劳动力价格双轨制,即对正式工支付"计划价格",对临时工支付"市场价格"。由于计划价格包括工资、劳保福利及各种补贴,因而其实际价格远高于临时工的市场价格,至少要高出80%以上。企业雇用临时工比正式工有利,不仅可以支付较低工资,而且可以节约可观的福利开支。[①] 从某种意义上讲,劳务派遣员工在用人单位没有正式的人事编制,也属于临时工范畴。这类就业者主要是由农民工、下岗工人、城镇失业人员、企业内退人员、大中专毕业生所构成,他们大部分集中在东南沿海地带。从劳动力市场现实看,他们与正式用工正在形成新的劳动力市场二元结构,受到工资歧视等不公平的待遇。其工资通常是根据劳动力市场指导价格确定,远远低于企业正式工的工资标准。不仅如此,劳务派遣职工的福利待遇也较低,其社会保险费是从用人单位支付给劳务派遣公司的劳务费中提取的,并由派遣公司负责缴纳,而派遣公司总是按非正规就业的比例低标准缴纳。

农民工与城镇职工同工不同酬,是就业最大的不平等和歧视,其心理层面的危害要大于经济层面的危害,使农民工感到低人一等。因此,政府要在全国范围建立同工同酬制度,从而使农民工获得合法的劳动收入,确保他们的平等待遇,调动其劳动积极性。建立同工同酬制度,首先要规定农民工的最低工资标准,避免农民工工资过低问题;其次要从制度上进行规定,在签订劳动合同时明确农民工的工资,将农民工的劳动工资管理纳入法制轨道;最后要建立农民工与城镇职工相同的激励机制,在加薪和提职方面一视同仁。[②]

四、就业的社保歧视

改革开放以来,我国社会保障制度仍有多元结构的特征。在城镇,国有企业和集体企业保障的二元性现状是与我国经济发展状况密切相关的。从经济结构看,我国经济结构是一个典型的城乡二元经济结构,城市发展水平高于农村;从所有制结构看,城镇存在国有经济和集体经济,两者的生产力水平相差甚远。与此相适应,在社会保障方面,城镇居民有较好的社会保障体制的保护,而农村社会保障制度基本上是空白的,生老病死等风险引起的损失基本由家庭承担。当前,农村家庭仍是基本的生产和消费单位,社会保障制度的缺位导致家庭处于巨

---

① 参见姚先国:《劳动力的双轨价格及经济效应》,载《经济研究》1992年第4期。
② 参见陈晓华等主编:《建立农村劳动力平等就业制度》,中国财政经济出版社2005年版,第8页。

大风险之中。大量农民因为经济困难无法看病吃药,农村居民的健康指标出现了恶化趋势。① 社会福利的早熟与缺位并存,国有企业和机关、事业单位的福利高于经济发展水平,具有明显的早熟特征,而城镇集体企业和广大农村,福利制度基本上是缺位的,与经济发展水平不相适应。

造成农民和市民社会保障差别的原因是复杂的。从制度的角度考察,社会保障制度设计的初衷只是保障市民,而不包括农民。② 这也为农民工转变为市民设置了障碍,因为实现社会保障由依托土地向社会保险的转变,是农民变市民的重要前提条件。长期以来,政府对农民的社会保障只局限于救灾救济,受益者仅是小部分农民,缺乏能包容全部社会保障的农村社会保障制度。农民的社会保障状况差,表现为医疗条件差,缺医少药现象在农村普遍存在;灾害防治既缺乏预警机制,又缺乏防范措施,更缺乏协调补救、灾后援济方案;农民没有购买保险的实力和意识;农民无权享受社会低保。这使农民实际上处于社会保障的边缘地带,在遭受意外时不能获取补偿性保障。随着农业经营风险的增加,农村家庭结构小型化、人口老龄化和城市化趋势的加剧,农民的社会保障状况亟待改善。③ 农村人口是我国人口的主体,不建立起农民的社会保障,就没有真正的中国社会保障。现今社会结构中的农民和市民处于不协调甚至对立状态,市民对农民鄙视,农民对市民厌恶。农民很难将其社会网络融入市民的网络之中,从而难以在城市积累社会资本,更无法利用它谋求就业。农民只能利用他们在家乡的社会资本在城市谋求生存。城乡和城市内部二元结构,市民网络和农民网络的不兼容,从根本上影响着人群协调与社会和谐。

打破城乡二元社会保障制度,无论从就业的角度或是从社会公平、稳定的角度看,都是十分必要的。因此,要建立与国情相适应的社会保障体系,包括社会救济、社会保险和社会福利制度;通过国家立法,采取强制手段对国民收入进行再分配。社会保障的原则就是公平性,因而它要将全体国民包括农民纳入社会安全网之中,它应当在人群中有最广泛的覆盖面。我国社会保障制度的改革取得了良好进展,但社会保障覆盖率偏低。因此,不但要加大城镇社会保障吸纳在本地就业农民工参保的力度,实行属地原则,而且要尽快建立健全农村社会保障制度,以求实现社会保障体系的整合。随着城市化步伐的加快,城市人口的快速

---

① 参见郭金丰:《城市农民工人社会保障制度研究》,中国社会科学出版社2006年版,第63页。
② 参见杨立雄:《"进城"还是"回乡"——农民工社会保障政策的路径选择》,载《社会保障制度》2004年第6期。
③ 参见王怡等主编:《社会保障概论》,山东人民出版社2005年版,第86页。

增加,城市"低保"制度也将难以为继。因此,必须通过建立科学、有效、规范的社会保障制度,在政府、用人单位和劳动者之间确立合理的分摊机制,使其共同承担社会保障责任。

目前,"新农保"已与城镇居民养老保险实现了并轨运行,这为妥善解决城镇农民工的社会保障提供了制度保障。农民职业已分化成八大方面,即农业劳动者群体、农民工群体、私营者群体、雇工群体、乡镇企业管理者群体、乡村管理者群体、农村知识分子群体和其他从业人员群体。① 除了农业劳动者等少数群体外,农民中的相当一部分在城镇就业,应当按照他们的实际需求层次,实现社会保障全覆盖。对那些在非正规部门就业的劳动者,如个体商贩等,主要以个人储蓄和参加商业保险的方式取得养老、失业和医疗保障。对那些在正规部门就业、已签订劳动合同的劳动者,可以纳入城市社会保障范围。②

另一个重要的问题是,必须要切实解决我国养老保险双轨制问题,那就是机关事业单位不缴纳养老保险金,反而能享受到相对较高的保险待遇,而广大企业职工要缴纳一定数额的保险金,退休后获得的养老待遇却相对较低。这种养老保险制度在造成社会不公平的同时,可能成为导致社会阶层割裂、诱发社会不稳定的因素之一。有鉴于此,2014年7月,《事业单位人事管理条例》正式实施,使养老保险改革成为定局。文件明确规定,"事业单位及其工作人员依法参加社会保险,工作人员依法享受社会保障待遇"。养老保险制度改革是事业单位人事制度的关键环节之一。六年前出台的方案在山西、上海、浙江、广东、重庆五省市试点,没有取得实质性进展,因为当时的思路是"事业单位先改,公务员暂时不动",而这次改革旨在破除双轨制的藩篱。与企业单位相同,雇主缴费参加社会统筹(20%入统),个人缴费建立个人账户(8%入户),同时用人单位和个人共同缴费建立职业年金(16%入年金,其中,单位和个人分别缴纳8%)。可见,单位和个人总缴费率达到44%,其中,单位总缴费率为28%,个人总缴费率为16%。养老金计发办法是:个人缴费年限累计满15年,退休后按月发放基本养老金(基础养老金加上个人账户);个人缴费不满15年,不发放基础养老金,个人账户储存额一次性支付给本人,终止基本养老保险关系。

值得注意的是,《事业单位人事管理条例》并未明确事业单位及其工作人员参加社会保险的具体措施,以及各事业单位如何让其工作人员参保的细致步骤。

---

① 参见申明浩、周林刚:《农民就业选择制约因素分析》,载《财经研究》2004年第1期。
② 参见刘子操:《城市化进程中的社会保障问题》,人民出版社2006年版,第136页。

虽然新政使养老金并轨方向更加明确，具有历史进步性，但尚需出台配套政策措施，以解决实际操作与公平性问题。诸如，如何妥善解决公务员财政买单建立年金，事业单位构成复杂且大多数没有能力建立年金；现有企业年金涉及两千万人左右，基本是大型垄断企业职工，而普通企业特别是民营中小企业年金如何建立，是否会增加企业用工成本并减少劳动力就业，都是值得深思和需要深入研究的课题。

第五章
劳动力市场与就业

劳动力市场与国民就业存在着最直接的关联。"劳动力市场是市场经济的重要组成部分,没有完善的劳动力市场,就没有完善的市场经济。当今世界,劳动力市场已经成为判断一个体制是不是市场经济的重要指标。因此,研究劳动力市场对完善社会主义市场经济体制具有重要的现实意义。"[①]改革开放之前,城乡隔离制度使传统农业得以保留,建立在血缘关系基础之上的社会保障机制导致农村人口过度增长。改革开放之后,农民能够进城就业,但是户籍、住所和就业分离,形成了特殊的生产和消费模式,农村劳动力处于超量供给状态。而城市内部劳动力市场的存在,使工资失去了调节劳动力供给的能力,工资水平与劳动力市场供求及价格无关。这种劳动力市场的非均衡,不但极大地限制了就业扩张,而且也带来了严重的社会不平等。因为个体身份特征不同,国民被分割在不同的劳动力市场上,承受着两种不同的命运。因此,加强劳动力市场建设,实行城乡一体化劳动力市场和统筹就业,是理顺劳动力市场与就业关系、根本解决我国就业问题的关键所在。

第一节 劳动力市场及其分割

一、劳动力市场概述

(一)劳动力市场及其构成

"劳动力市场是指劳动力需求和供给相互作用的一个场所,或者说,劳动

[①] 宋湛:《中国劳动力市场动态调节研究》,经济科学出版社2004年版,第1页。

市场体现了劳动力供给与需求相互作用的一种关系。"①劳动力使用权的转让，是出于自愿而进行的劳动力交换活动，反映了以劳动力交换合约为基础的劳动力供给与需求之间的关系，当这种关系成为较为普遍而非偶然的社会现象时，才形成劳动力市场。对劳动力市场的理解，应当从以下三个主要方面进行把握：首先，它是劳动力要素交换场所。劳动力市场与其他商品市场一样，作为一种交换市场既可以是有形的，又可以是无形的。有形市场包括职业介绍所、人才市场、职工交流中心等；无形市场主要包括劳动力信息中心、法律服务中心。其次，劳动力市场的基本因素是价格。市场机制是以价格为中心的运行机制，价格影响着供需双方。劳动力的交换也遵循价值规律，当供给大于需求时劳动力价格下降，反之，劳动力价格就会上升。最后，劳动力市场的运行受到多种因素的影响。由于买卖双方受一定市场、组织和社会要素的影响，因此劳动力市场机制是在多种要素的共同作用下影响劳动力供求双方的行为。②

劳动力市场是由劳动力、用人单位、工资、劳动力市场组织者等主要因素构成的。劳动力是劳动力市场的供给方。在劳动力市场充分发育并与其他生产要素市场互相配套、正常运转的情况下，劳动力是指全部的社会劳动力，即国家或地区范围内全部从事和要求从事社会劳动的人口。用人单位是劳动力市场的需求方。改革开放后，我国在劳动力需求方面出现了多元化趋势。用人单位包括企事业单位、党政机关、社会团体以及城镇居民等。工资作为劳动力市场活动中劳动力交换的支付手段，在调节劳动力供求关系中起着重要作用。目前，工资的调节功能在我国的作用十分有限。只有在劳动人事、工资分配、社会保障制度进行全面改革，劳动力供求关系由工资决定的情况下，工资才具有真正的市场支付手段的意义。劳动力市场组织者是指劳动力市场机构。这是劳动力供需之间洽谈、互相选择的场所，也是直接体现劳动力市场的组织形式。随着市场经济体制的建立，全国范围内已建立了比较系统的劳动力市场机构，为供需双方双向选择提供了较好的服务场所。③

(二) 劳动力市场的类型

按照劳动力市场竞争的自由程度，劳动力市场包括完全竞争市场、垄断市场和不完全竞争市场。完全竞争市场是一种理性市场，要求具有完全的市场竞争信息条件，劳动力供求双方信息环境基本相同，信息交流对称，具有充分的流动

---

① 李亚伯：《中国劳动力市场发育论纲》，湖南人民出版社2007年版，第14页。
② 参见胡学勤、李肖夫：《劳动经济学》，中国经济出版社2001年版，第86页。
③ 参见何承金主编：《劳动经济学》，东北财经大学出版社2002年版，第94页。

性,不存在任何其他非市场化障碍因素;具备完全的决策条件,供求双方可以根据自己的意愿选择劳动力交易的方式、数量和价格。满足这些条件很困难,因此,只要是劳动力交易活动建立在市场信息和公平交易的基础上,由劳动者按自己的意愿进行决策,都可以认为属于完全竞争市场。

竞争性劳动力市场的基本特征主要有:第一,市场主体利益明晰化,[①]通过双向选择实现就业。劳动者作为劳动主体,具有支配自身劳动力的权利,可以根据自身的条件和市场价格信号,选择用人单位;用人单位作为用工主体,具有按照生产经营需要和工作岗位特点选择必要数量、相应素质劳动力的权利。这就是劳动者的择业自主权和用人单位的用工自主权。这种双向选择权利的充分贯彻,需要有一个统一劳动力市场,不仅要消除所有制、职工身份的界限,还要冲破城乡隔离、地区封锁的格局。劳动力必须能在各个部门、地区和企业之间流动,不存在任何行政规定和人身依附性而阻碍这种自由流动。第二,在劳动力市场上,价值规律的作用通过双向选择得以体现。[②] 劳动者根据劳动力市场价格决定就业或转业;用人单位则根据社会平均劳动力价格及经营状况调节分配用工数量。供求关系直接影响着收入分配的变化。价值规律和供求关系共同决定着劳动力的配置和组合,推动着劳动者跨地区、跨行业、跨部门合理流动。工资率作为劳动力供需之间的一种比例,既反映现有劳动力在各部门、各企业的供求状况,同时又给出了引导劳动力供求状况,以及调整的指示信号;不仅引导劳动力供求行为调整,而且也受劳动力供求状况的左右,由劳动力供求双方利益的共同平衡点决定工资率的水平。因此,任何劳动力供给者和需求者都以社会决定的工资率为前提,按照利益最大化决定劳动力供给和需求的数量。

垄断性劳动力市场是一种极端的市场形式,分为买方垄断和卖方垄断两种,信息极不对称是其基本特征。买方垄断市场是指由一家或数家劳动力需求方掌握就业机会,面对众多的求职者。供求双方的地位不平等,就业机会和价格控制在买方手中,求职者只能被动地接受。例如,国家机关公务员市场就是典型的买方垄断市场。卖方垄断市场是指极少数劳动力供给者,面对巨大的劳动力需求,或者劳动力组织形成极强的谈判力量,使市场交易较为明显地有利于卖方。作为极端的市场形式,垄断市场很容易形成政府对市场的干预。

不完全竞争市场是指介于完全竞争市场和垄断市场之间,市场力量和非市场力量同时起作用所形成的市场竞争格局。它通常是指一定程度上存在垄断的

---

① 参见邱小平主编:《劳动关系》,中国劳动社会保障出版社2004年版,第21页。
② 参见李亚伯:《中国劳动力市场发育论纲》,湖南人民出版社2007年版,第15页。

劳动力市场。供求双方既受市场因素的引导,又受行政因素的约束,其竞争是有限度的。不完全竞争市场是一种常见的市场形式。

(三) 劳动力市场运行机制

劳动力市场运行机制包括劳动力供求机制、流动机制和工资机制等。劳动力市场是劳动力供给和需求及其运动关系的总和。劳动力供求规律是劳动力市场运行的基本规律。在市场上,供求和价格之间是相互作用的,劳动力市场价格是通过劳动力供求双方的作用体现的。劳动力供给机制表现的是劳动力价格和劳动力供给数量的对应关系,即相对于工资率的增加或减少,市场将会提供多少劳动数量、工作小时或劳动者人数。

劳动力需求主体是企业、政府机关、家庭等。企业是劳动力市场最大的需求主体,对整个劳动力市场的需求具有决定性影响。市场对劳动力的需求是由商品需求派生出来的。市场的劳动力需求量间接地取决于商品市场对商品和劳务的需求,直接地取决于生产活动中投入的资本总量。如果资本技术构成不变,投资的扩大会引起对劳动力需求的增加。随着经济发展,资本不断积累,对劳动力的需求规模不断扩大。与此同时,资本有机构成提高,每个劳动力平均占用的资本量也在不断扩大,要保持原有的劳动力需求量,需要增加资本量,否则,劳动力需求会减少。除了受资本总量及结构影响外,劳动力需求也受经济周期波动、企业组织形式的变化以及经济结构变化影响。①

劳动力的配置和再配置,以劳动力的流动为必要前提。只有通过流动,才能实现劳动力资源的高效配置。劳动力流动是指劳动力的职业、就业岗位、就业地区的变动。从流动区域看,劳动力流动包括单位内部就业岗位的流动、企业间流动、地区间流动、城乡流动、国家间流动;从职业性质看,劳动力流动分为职业流动和非职业流动。从流动原因看,劳动力流动包括结构性流动和个别性流动。制约劳动力流动的主要因素是国民经济产业结构和地区结构的变化、科技进步、市场媒介的发育程度、经济和社会管理制度、劳动者内在需求和自身条件等。②劳动力流动必须具备四个条件,即劳动者对其劳动力有自由支配的权利,可以在使用与不使用等方面自主决策;劳动力就业通过市场实现,而不是行政配置;社会上存在各种形式的经济福利差异,这是劳动力流动的推动力;社会分工的发展带来劳动者劳动能力的专业化和社会对劳动力需求的专门化。劳动力在职业、地区、行业、企业之间的流动选择,遵循利益最大化和成本最小化原则,即在追求

---

① 参见于法鸣主编:《培训与就业》,中国劳动社会保障出版社 2005 年版,第 221 页。
② 参见童星等编著:《劳动社会学》,南京大学出版社 1992 年版,第 108—113 页。

整体利益最大化的同时,使流动付出的代价最小。在自愿流动的情况下,利益最大化原则占主导地位,对更高利益的追求是劳动力自愿流动的动力。如果能够带来净收益,劳动力就会流动。而当流动处于被迫时,代价最低原则首先被考虑。[①]

(四) 劳动力市场运行的主要制约因素

影响劳动力市场运行的因素有两类:经济因素和非经济因素。经济因素主要是以供求为核心的市场性要素,非经济因素包括以工会、政府为核心的组织性要素和以文化、习俗为中心的社会性要素。市场性要素是指在劳动力市场上由供求对比状态所决定的劳动资源配置及其价格。对需方而言,劳动力需求者以利润最大化为经营目标,对劳动力的选择有两个基本条件:一是所雇用的劳动力具有较高的劳动生产率,即能创造较多的财富;二是在劳动生产率既定的前提下,尽可能雇用那些对工资要求较低的劳动力。对供方而言,劳动力的供给者在效用最大化目标下,会寻求那些能提供机会使其发挥才能,并获得较高收入的雇主。工资是关键性因素,工资下降,劳动力需求增加,劳动力供给减少;工资上升,劳动力需求减少,劳动力供给增加。在劳动力价格作用下,供求双方达到均衡。

组织性要素是指工会、政府以及大型企业等各类组织。它们对劳动力市场的运行的制约作用颇为明显。劳动力市场理论认为,组织性要素能为劳动力市场提供交易规则,确定最低工资,保护劳动力供需双方的利益,促进劳动力资源的合理配置。

首先,工会力量制约着劳动力市场运行。工会可以直接限制每个工人的小时、日或周产量;工会能坚持使用费时的生产方式,如工会禁止漆匠使用喷枪并规定漆刷的宽度;工会要求保持超过必需数量的工人。[②] 单个劳动者在工资谈判中微不足道,而当工会介入工资谈判时,罢工威胁使工会对整个工资水平具有较强的谈判能力。对此要作具体分析,当经济繁荣时,工会谈判力强,资方则弱。因为经济高涨时,接近充分就业,如果工人罢工,工人找工作容易,而资方劳动力替补困难;当经济衰退时,资方谈判力强,因为库存积压,即使工人罢工,损失也小,工人找工作难,而资方找工人容易。

在东欧国家转型过程中,工会保护职工合法权益和对劳动力市场的影响就是最好的例证。在转型初期,捷克私有化是全民持股,匈牙利是外资持股,俄罗

---

① 参见于法鸣主编:《培训与就业》,中国劳动社会保障出版社2005年版,第224页。
② 参见张德远编著:《西方劳动经济学》,上海财经大学出版社1999年版,第98页。

斯和部分独联体国家是官僚或寡头主导的少数人持股。由于波兰工会力量的强大和干预,波兰私有化不同于上述各国,是一个"民主私有化"或"工会统治下走向资本主义"的过程。波兰实行了"工人民主"特色的内部人持股,或者说雇员股份制,这有助于保护劳动者合法权益。在波兰私有化过程中,企业员工利益得到了工会力量的保护,工会参与有利于缓解私有化对社会劳动力市场的冲击。在工会组织的阻挠下,有些本应私有化的项目未能如期实行或中途流产,这在某种程度上延缓了私有化的步伐,缓和了就业压力和社会动荡。

其次,当政府介入劳动力市场时,组织性要素的作用力量更为明显。一是政府规定的最低工资水平超过劳动力市场均衡的价格水平时,企业必须要付出更高的代价以获得劳动力,这必然对企业的经营产生负面影响。因此,对劳动者的保护要适度,单纯强调劳方利益而损害资方经营,最终受到更大伤害者还是劳动者。二是政府能够修补劳动力市场,如调整效率与公平的关系、妥善处理劳资纠纷等,这必将对劳动力市场发生作用。三是政府采购鼓励向残疾人企业、妇女企业以及少数民族企业购买产品。① 四是政府通过转移性支付影响劳动力市场。转移性支付直接表现为资金无偿的、单方面的转移,如养老金、周转金、公债利息支出及上级政府对下级政府、居民及企业的转移支付等。其特点是政府付出了资金,但无任何利益可得。② 这些支出会改变总需求结构,从而引发对特定劳动力的派生需求。例如,以现金或实物形式给老年人的健康补贴,会增加老年人对这方面产品和服务的需求,这种需求反过来增加了对生产、提供或销售这些物品和劳务的派生劳动的需求。③ 五是政府扩大公共产品的供给,以增加劳动需求。特别是在经济萧条时期,政府可以实行积极的财政政策,通过扩大基本建设增加就业机会。此外,政府还能通过个人所得税、社会保障税等途径直接或间接地影响劳动力市场。

社会性要素是指家庭背景、所属阶层、文化、歧视和习俗等。它影响劳动力市场的人员构成以及供求与工资水平。从人员构成看,家庭背景、父母职业、社会阶层对个人职业选择幅度和在劳动力市场的流动性具有重大影响。人可以通过个人奋斗改变所属的社会阶层,其改变的可能性越大,机会就越多。改革开放以来,我国逐步实现从传统农业社会向现代工业社会的转型,后致性因素对劳动者职业地位获取的影响力比先赋性因素大。社会公众对先赋性因素造成的个体

---

① 参见苏明主编:《政府采购》,中国财政经济出版社2003年版,第38页。
② 参见童道友等:《效益财政:政府采购》,经济科学出版社2002年版,第76页。
③ 参见张德远编著:《西方劳动经济学》,上海财经大学出版社1999年版,第114页。

社会地位的差异认可度较低,而对后致性因素导致的个体社会地位的差异认可度较高。① 但是,在进行职业选择时,个人能跳出其所属社会阶层的可能性很小。就劳动力供求与工资而论,劳动者不仅要考虑工资收入水平的高低,还要考虑对某种职业的喜爱程度。

二、劳动力市场分割

(一) 劳动力市场分割的类型

从宏观上考察,劳动力市场分割可以分为制度分割和技术分割。制度分割是社会经济制度造成的分割,是指在特定经济体制下劳动力市场被人为分割的状态,以及政府为了特定的目标限制部分劳动者进入特定市场的情形。在发展中国家或市场经济不成熟的国家,劳动力市场被人为分割的现象十分普遍,并且日益成为制约经济发展和社会公平的重要根源。例如,我国城乡分割的劳动力市场和就业管理体制,根源于新中国成立后的制度安排。经济体制改革并没有消除这种分割,而是使这种分割的表现形态发生了变化,即由城市劳动力市场和农村劳动力市场分割演变为体制内劳动力市场和体制外劳动力市场的分割。② 技术分割在劳动力市场分割中更为普遍,它是指由于掌握不同技能的劳动力,在劳动力市场中的分层。

二元劳动力市场理论起源较早,19世纪末,穆勒和凯恩斯提出了劳动力市场具有非竞争性的理论。③ 19世纪60年代末和70年代初,劳动力市场分割理论产生。该理论认为,传统理论无法解释劳动力市场的许多现实,如贫穷、歧视、人力资本与收入分配不相符等,未能注意妨碍工人选择的制度和社会因素,研究的重点应当是劳动力市场职业结构的性质和制度因素的作用。该理论的主要特点,一是劳动力市场不再被视为连续的统一体,而是被分割为几个不同的市场,其特点各异,独立分配劳动和决定工资;二是劳动力市场之间具有相对封闭性,原因是集团势力的联合和制度因素的约束。④

1954年,科尔发表了《劳动力市场的分割》一文,首次提出了内部劳动力市场和外部劳动力市场。1971年,多林格和皮奥里出版著作《内部劳动力市场及人力政策》,将劳动力市场划分为主要劳动力市场和次要劳动力市场,并作了详

---

① 参见洪一云:《试论教育与中国劳动力市场分割下代际流动的关系》,载《企业导报》2013年第3期。
② 参见赖德胜:《论劳动力市场的制度性分割》,载《经济科学》1996年第6期。
③ 参见张建武:《劳动经济学:理论与政策研究》,中央编译出版社2001年版,第84页。
④ 参见姚先国、黎煦:《劳动力市场分割:一个文献综述》,载《劳动经济与劳动关系》2005年第3期。

细论证。上述思想构成了分割劳动力市场理论的核心内容。该理论认为,劳动力市场远非是竞争和统一的,其运作结果将其分割成两大部分,即主要劳动力市场和次要劳动力市场。① 主要劳动力市场,是指可以获得现代雇佣条件,包括较为合理的工资待遇和社会保障福利的市场,它主要存在于城市正规部门的国有、集体以及现代企业部门。在主要劳动力市场,求职者往往是出身于富裕家庭、受过良好教育的劳动者。次要劳动力市场,是指工资水平低,没有社会保障,劳动者权益难以得到保护的市场。它广泛存在于农村的传统部门和正式部门,并且在城市的传统部门和正式部门中迅速发展。在次要劳动力市场,求职者一般为移民、年轻人、妇女劳动者等。这两种劳动力市场差异很大。主要劳动力市场的求职者一般不愿光顾次要劳动力市场,而次要劳动力市场的求职者根本无法进入主要劳动力市场。如果主要劳动力市场的求职者愿意进入次要劳动力市场,一般来说,他们能较为顺利地实现就业。②

(二) 劳动力市场分割的差异

劳动力市场分割所形成的主要区别在于:首先,劳动条件与保护不同。主要劳动力市场是高价市场、保护市场和刚性就业市场,③其运行更多地受到制度性因素的制约,诸如工会组织力量的强弱、劳动保障制度、最低工资法等。次要劳动力市场是低价市场、无保护市场和弹性就业市场,劳动者几乎不受制度性保护,而是更多地遵循市场的竞争法则,可以通过工资的较大幅度调整调节劳动力市场的供求关系。受保护程度和劳动力转让的自由度之间存在替代关系,放弃受保护,意味着劳动者获得了较高的自由度,同时其就业风险加大;反之,寻求更多的保护,则要放弃一定程度的劳动力转让自由度。其次,供给与需求弹性不同。工资率每增加1%引起的劳动力雇佣量变化百分比,称为对某类劳动力的需求弹性。马歇尔派生需求定律认为,劳动力越容易被其他生产要素替代,产品的需求弹性越大,劳动力成本在全部生产成本中的比率越大,与劳动力相配合的其他投入要素的供给弹性越大,则对劳动力的需求弹性越大。次要劳动力市场的供给与需求弹性高于主要劳动力市场。与主要劳动力市场相比,次要劳动力市场的供给更为充分,因为有庞大的农业剩余劳动力作为市场储备。由于后者的劳动力价格低于前者,因此厂商更愿意通过次要劳动力市场招聘劳动力,其制

---

① 参见赖德胜:《分割的劳动力市场理论评述》,载《经济学动态》1996年第11期。
② 参见袁志刚:《失业经济学》,上海人民出版社1997年版,第145页。
③ 参见李建民:《中国劳动力市场多重分割及其对劳动力供求的影响》,载《中国人口科学》2002年第2期。

约要素是劳动力素质。

（三）劳动力市场理论的新发展

20世纪80年代中期后,劳动力市场分割理论受到了部分经济学家的批评。一种观点认为,该理论并没有得到足够的数据支撑;另一种观点认为,分割理论主要是描述性的,而不是解释性的,是对劳动力市场部门的分类,而不是对其进行深入地分析。因而,部分经济学家对劳动力市场分割的研究集中在三个方面：

首先,运用效率工资理论对劳动力市场分割的解释。效率工资理论的本质特征是,工资不是简单地通过计量劳动的边际成本配置劳动力资源。支付效率工资既有成本,也有收益。收益主要包括两个方面：一是支付较高工资可以提高工人的努力程度和劳动生产率;二是支付较高工资能减少离职率,增加企业雇用新员工的能力。对这一理论进行深刻阐述的是怠工模型,其基本思想是：在绝大多数工作中,工人对其工作业绩完成的好坏有自由权。劳动合同不可能准确规定员工业绩的全部。由于监督成本太大,再加上劳动产品难以单独计量,在此情况下,企业支付高于市场水平的工资就是一种激励,力求使工人勤恳工作而不再偷懒。在市场均衡条件下,如果不存在失业,工人偷懒就不会有任何损失,那么所有的工人都会偷懒,因此每个企业为了杜绝偷懒,就会提高本企业的工资。当所有企业都提高工资,平均工资水平就会提高,就业率随之下降。失业就成为惩罚偷懒的手段。失业者即使愿意在较低工资水平下就业,也不可能得到就业机会,因为如果企业以较低工资雇用他们,这些工人就会偷懒。鉴于上述分析,该理论划分了主要和次要两个不同的劳动力市场。假设次要劳动力市场的劳动能完美监督,而主要市场不能,根据效率工资理论,主要市场工人获得高于市场水平的效率工资。因此,在均衡状态下,即使所有工人都是同质的,主要市场的工资也会超过次要市场。次要市场的工人即使要求更低的工资,也不可能在主要市场实现就业。[①]

其次,劳动力流动的障碍。在劳动力市场上,一方面,企业内部就业不足,特别是随着实际工资的降低,企业能够扩大其雇工规模;另一方面,劳动力市场上存在着大量的失业者,他们愿意在现行实际工资水平下谋求就业。如果劳动力市场功能健全,这部分失业者是能被吸纳的。但现实并非如此,即使工资下降,企业也不愿扩大就业规模,从而使劳动力流动出现了障碍。因为企业要雇用外部失业者代替内部已就业的人,有三方面阻力和成本：一是工会只代表内部人的

[①] 参见张德远编著：《西方劳动经济学》,上海财经大学出版社1999年版,第226—229页。

利益,而不考虑外部人的利益。企业不能用降低工资的办法雇用更多的工人,因为工会代表内部人要求雇主提高工资,而不管失业者的就业需求。① 二是企业解除劳动合同要支付内部人补偿工资,在外部人当中寻找合适的替代者要支付寻找成本,包括录用外部人之前的各种搜索、会面、考核以及培训成本。同时,使用外部人代替内部人,必将引发内部人的不满与抗争。内部人会联合行动,降低外部人的劳动效率,最终迫使雇主对外部人支付的工资远远低于他们的工资水平。三是由于企业会形成对内部人可能产生敌视态度及其后果的预期,如果他们要提高效率和降低成本而需雇用外部人时,就不得不对外部人提出不同于内部人的工资。而内部人利用已经就业的优势与外部人不平等竞争,与企业讨价还价,阻止外部人被企业录用。

最后,劳动力市场分割与失业的关系。主要劳动力市场的运行受制度因素制约,诸如劳动保障、工会、最低工资立法等,而次要劳动力市场的运行不受制度性因素牵制,工资是调节劳动力市场运行的力量。现代分割理论认为,这两类劳动力市场之间劳动力很难互相流动。如果高技能劳动者在主要劳动力市场失业,他宁愿等待,也不愿去次要劳动力市场就业。低技能劳动者很难去主要劳动力市场就业,而只能在次要劳动力市场就业。从这个角度看,失业具有自愿和非自愿双重特点。劳动者在主要劳动力市场失业是非自愿的,但他又不接受次要劳动力市场较差的雇佣条件,自愿处于失业状态。②

第二节 我国劳动力市场多元分割

我国劳动力市场绝非统一的劳动力市场,而是处于多元分割状态。其中,最主要的是城乡劳动力市场分割问题,这个问题已在第四章中进行了探讨。本章将对我国劳动力市场的其他分割形式进行分析。虽然这些分割的劳动力市场有相互交叉的领域(例如,内部劳动力市场可以被认为包含在主要劳动力市场之内),但却不存在统一的劳动力价格、社会保障制度、劳动用工制度以及劳动力供求关系,这就使得在某项政策下对劳动力市场的调整信号,并不能在整个分割的劳动力市场得以反映,甚至会有适得其反的结果。因此,如何将分割的劳动力市场整合成统一的劳动力市场,是经济体制建设的重大理论课题。

---

① 参见胡学勤、李肖夫:《劳动经济学》,中国经济出版社2001年版,第300页。
② 参见姚先国、黎煦:《劳动力市场分割:一个文献综述》,载《劳动经济与劳动关系》2005年第3期。

一、劳动力市场主次分割

（一）劳动力市场主次分割及特征

依据就业条件和进入壁垒等主要因素不同,我国劳动力市场可以分为主要劳动力市场与次要劳动力市场两种。这对我国未来就业影响颇大。从现状看,其他形式的劳动力市场分割有所弱化或逐步消除,劳动力市场趋于整合。但是,主要劳动力市场与次要劳动力市场依然稳固。这对劳动力的供需产生影响,表现为:次要劳动力市场的劳动供求关系和工资不受政府的直接干预,劳动者既享有就业权,又承担失业风险,工资弹性较大,能较为真实地反映和调节劳动力供求,引导劳动力转移和流动。次要劳动力市场容量大于主要劳动力市场,两种市场上的劳动力价格相差悬殊。但两者是相通的,当次要劳动力市场的劳动力能取代主要劳动力市场的劳动力时,资方在主要劳动力市场的需求会下降,导致其供给过剩。对于劳动者而言,失业或步入次要劳动力市场是必然选择。一旦加入次要劳动力市场的人数剧增,必将使其工资率水平受到影响。可见,劳动力供给方处于劣势地位,而劳动力需求方处于优势地位。其根本原因是:市场经济迅速发展与社会政治领域制度变革滞后产生了矛盾;劳动力供需变化与传统的社会控制体制发生了冲突。[①]

我国主要劳动力市场和次要劳动力市场的部分结构性特征有所不同。从职业结构看,主要劳动力市场的就业人员以专业技术人员、企业管理者或行政官员、办公室人员为主;次要劳动力市场以非技术工人、技术工人、服务行业人员和司机为主,其比例高于平均水平。从劳动者户籍结构看,拥有城市户籍的劳动者占据着主要劳动力市场绝大多数的职业岗位,主要在政府机关、事业单位和国有企业就业;他们在次要劳动力市场同样更多地占有技术人员、企业管理者或行政官员、办公室人员、司机、技术工人等就业岗位;次要劳动力市场的非技术工人、服务行业人员多数是农村户籍的劳动者。从单位性质结构看,政府机关、事业单位、国有企业是主要劳动力市场的主体,其比例高于平均水平,而集体企业、私营和个体企业在主要劳动力市场的比例低于平均水平;这两种情形在次要劳动力市场恰恰相反。[②]

---

① 参见李建民:《中国劳动力市场多重分隔及其对劳动力供求的影响》,载《中国人口科学》2002年第2期。

② 参见乔明睿、钱雪亚、姚先国:《劳动力市场分割、户口与城乡就业差异》,载《中国人口科学》2009年第1期。

我国经济采取计划和市场共存的双轨调节机制。劳动力价格富有弹性,但劳动力市场并非完全地由市场调节价格,计划调节因素较大,整个劳动力市场仍处于非均衡状态。从主要劳动力市场看,随着政府对企业实行放权让利的改革,劳动者在企业利益刺激下,能逐渐在劳动力市场上选择工资较高、福利较好的企业就业,还能在业余时间兼职。不同的工资水平、社会地位、福利条件都影响劳动力供给的方向和结构。随着利润留存制度和承包制的推行,企业对劳动力的需求有所增加,而国有企业则不然,致使主要市场劳动力供给仍大于需求。但对此要作具体分析,高技术人力在主要市场仍供不应求,从而导致工资的上涨。从次要市场看,改革后兴起的乡镇企业、私营企业、集体企业以利润最大化为目标,根据生产周期的需要,能自主招聘或解雇职工,劳动力需求已完全实现了自主化。家庭联产承包制实行后,农村隐性失业显性化,大量剩余劳动力流入城镇,与主要市场的劳动力竞争,加剧了主要劳动力市场的在职失业和公开失业。① 因为在传统体制下,国有企业非技术劳动力的价格高于其边际生产率和市场工资率,加上养老、医疗、住房等各项福利开支,主要劳动力市场普通劳动力的价格高出次要劳动力市场农民工很多。由于农民工勤劳,在就业岗位的增加主要来自非公有制企业的情况下,将就业机会大量提供给农民工成为市场主体的必然选择(但是,面对这种情况,大多数城市政府并非积极促进市场统一,而是进一步加重市场分割)。② 因此,主要劳动力市场与次要劳动力市场的非均衡要通过价格和数量双重调整。此外,体制创新更为重要,跨所有制的劳动力流动障碍多。在这种僵硬的用工体系中,进入大城市就业的外来劳动力,主要分布于职业队列末端、城市劳动力供给不足的行业,他们是本地劳动力市场的补充。这种按照户籍屏障形成的劳动力市场分层现象,已引起学界的关注。③

相对于农村劳动力市场而言,城市劳动力市场基本上可以划归为主要劳动力市场。但是,城市劳动力市场内部并不是均衡的,而是处于分割状态。首先,不同性质的单位之间相互分割,劳动力难以流动。长期以来,我国管理体制具有条块分割特征,中央政府职能部门和地方政府之间经常发生摩擦,其各自所属的资源不能相互流动。这种冲突和相互隔离源于各自的利益关系。改革开放以来,这种状况虽然受到了抑制,但其制度惯性尚存,各种不同系统之间的资源流

---

① 参见胡学勤、李肖夫:《劳动经济学》,中国经济出版社2001年版,第100页。
② 参见于法鸣主编:《建立市场导向就业机制》,中国劳动社会保障出版社2001年版,第22页。
③ 参见杨云彦、陈金永:《转型劳动力市场的分层与竞争——结合武汉的实证分析》,载《中国社会科学》2000年第5期。

动仍受到颇多限制。对于劳动者而言,无论最初是如何进入某一系统,要想在以后从一个系统转换至另一个系统是极为困难的。换言之,各个系统不但为农民工设置了进入障碍,而且也为城市内部劳动者、其他系统的劳动者设置了进入障碍。其次,以国有单位为代表的主要劳动力市场,平均主义分配机制与全面的福利制度仍在相当程度上存在。在这里,工资水平的高低仅仅反映了一个人工作时间的长短,并不能反映职工的生产率水平、劳动成本以及劳动力供求关系。一个职工只要进入这个劳动力市场,他就全面继承了这个单位的工资标准,并享受各种相关的福利待遇。[1]

劳动力市场主次分割的重要原因之一是城乡分割的教育体制。长期以来,我国城乡学校教育经费来源不同,前者由国家承担,后者由乡镇和农民自筹解决。城市中学不对农民子女开放,造成了城乡学生求学机会起点的不平等。改革开放使这种情形大为缓和,但体制惯性使农村劳动力的整体素质较低,阻碍了他们向城镇和非农产业的转移。由于受教育年限短,人力资本存量较低,农村劳动力只能在次要劳动力市场谋求低端职业,难以在主要劳动力市场实现高层次就业。近年来,劳动者是否获得高等教育文凭成为能否进入城市主要劳动力市场的标准。我国高等教育进入的不平等和其文凭对市场进入的重要性都在上升,文凭甚至成为划分劳动者群体的分界线,由此导致的劳动者群体分化是劳动力市场的一种分割现象。[2]

(二) 内部劳动力市场及特征

我国主要劳动力市场的另一类形态是企业内部劳动力市场。这是劳动力交易双方在企业内部的职位空缺中搜索的劳动力市场形式,其交易形式以晋升、换岗、短期解聘、加班、修改工作量或工作速度为主。因此,为了降低外部劳动力市场的交易成本,可以用企业内部劳动力市场加以替代。科斯曾指出:"显而易见,采用一种替代性的经济组织形式能以低于利用市场时的成本而达到同样的结果,这将使产值增加。"[3] 在计划经济体制下,企业内部劳动力市场的存在,并不一定以外部劳动力市场的存在为必要前提,与企业内部劳动力市场相对称的不是外部劳动力市场,而是一个附属于政府的劳动力资源配置体系或地方劳动

---

[1] 参见徐林清:《中国劳动力市场分割问题研究》,经济科学出版社2006年版,第152—153页。
[2] 参见吴愈晓:《劳动力市场分割、职业流动与城市劳动者经济地位获得的二元路径模式》,载《中国社会科学》2011年第1期。
[3] 〔美〕罗纳德·科斯:《企业·市场与法律》,盛洪等译,上海三联书店1990年版,第92页。

局。① 或者说,企业内部劳动力市场是政府强加的,而非企业的选择。前提是消灭外部劳动力市场,扶持内部劳动力市场,其结果是内部劳动力市场丧失了必要的外部条件。因为企业必须参照外部劳动力市场的劳动标准,与其他企业展开人才竞争。更为重要的是,外部劳动力市场为劳资双方提供机遇,即劳动者可以根据市场机遇辞职,企业能按职工素质和市场变化解聘职工。外部劳动力市场流动性越高,建立内部劳动力市场的必要性就越大。因为职工的高流动对企业不利,特别是核心人才。②

企业内部劳动力市场是引入市场职能的内部组织,强调企业组织内部的劳动力分配功能,由企业劳动人事部门专职人员负责管理。它是在企业的组织惯例、章程或雇佣制度等各种规则下进行的。它承担职业介绍的任务,表现为:(1)从内部补充职位空缺,节省招工成本。它是稳定劳动力队伍、减少失业人员、不使人才流失的有效措施。但是,内部补充要考虑企业技术特点。高度自动化的、复杂的、协作性强的技术行业,诸如钢铁、石油、化工等行业,多倾向于内部劳动力市场填补空缺。生产技能非单一行业独有,如服装、制鞋等企业,则多从外部劳动力市场招工。(2)内部劳动力市场具有流入、流出和储存功能。流入是补充劳动力不足,特别是招聘英才。流出是将冗员释放至外部劳动力市场。储存是有选择地储存一定数量的劳动力,以供将来扩大生产或改革技术之需。(3)内部劳动力市场解决了企业部分富余人员。企业对内改组改造,减轻经营主体的负担,提高其市场竞争力。一些企业进行了主体与生活后勤、生产辅助两部门分流,后两部门实行独立核算,自主经营。在经营上,这两部门以总厂任务为主,同时开辟新品种,扩大新业务,将富余人员安置其中。③

企业内部劳动力市场,是企业转换经营机制的必然产物。由于企业用工机制改革,实行优化组合,使一些技能较低的富余工人下岗;进行技术改革,使企业对劳动力的需求减少;精简机构,采取满负荷工作法,也使一部分职工成为富余人员。他们继续留在原岗位上,不能为企业创造效益,给企业造成严重负担。因此,让企业富余人员走向社会,实行市场化就业,无疑是解决企业富余人员的根本出路。④ 由于企业内部劳动力市场的辐射面比外部劳动力市场更为狭窄,它在运行过程中对市场主体有一定的约束性,即用人单位无条件接受市场安置的

---

① 参见陆铭:《劳动经济学——当代经济体制的视角》,复旦大学出版社 2002 年版,第 127 页。
② 参见赵增耀:《内部劳动市场的经济理性及其在我国的适应性》,载《经济研究》2002 年第 3 期。
③ 参见苑茜:《论我国的市场就业》,载《南开经济研究》1995 年第 6 期。
④ 参见陈少晖:《从计划就业到市场就业:国有企业劳动就业制度的变迁与重建》,中国财政经济出版社 2003 年版,第 223 页。

富余人员等特征,加上我国劳动力市场还不健全,用企业内部劳动力市场替代外部劳动力市场尚不切实际。特别是在政府对社会稳定优先导向下,企业难以根据利润最大化原则向社会释放无效劳动,社会无法形成一个真正意义上的劳动力市场,使得劳动力无法在整个社会需求中进行流动和调节。因此,企业内部劳动力市场只是经济转型中的过渡模式。

二、劳动力市场区域分割

这是根据劳动力买卖双方彼此搜寻的地理范围划分的劳动力市场形式。诸如,全国性劳动力市场,地区性劳动力市场;农村劳动力市场,城市劳动力市场;国际劳动力市场,国内劳动力市场,等等。对于较小的国家而言,或许并没有全国性劳动力市场和地区性劳动力市场之分。但是,对于地理跨度较大、经济较为落后的国家来说,相对独立的地方性劳动力市场是存在的。很多厂商在雇用一些特定工种的劳动力时,甚至仅仅从本地区招聘。[①] 一般来说,我国城镇经济发展快于农村,东部沿海地区经济长期好于中西部内陆地区。这种发展差异也表现在劳动力市场上,原因在于城镇地区和东部沿海地区的劳动力接受新知识、新技术的机会多于农村地区、中西部内陆地区的劳动力。各区域之间提供教育的机会也存在差异,原因在于城镇地区的居民接受高质量的普通教育、职业培训的机会要多于农村地区的居民,而且每年高校毕业生绝大多数选择在城镇与东部沿海地区就业。[②]

我国东部地区劳动力市场内部分化比较大。在东部地区的特大城市,形成了以高级人力资本、非农户籍、外地户籍、白领、正规单位就业为主的劳动力市场。它遵循高度市场化进行人力资源配置,人力资本因素和内生的经济性因素在劳动力市场分割中占据主导地位。特大城市市郊、大城市、中小城市直至镇,在这些城市梯度空间之内,形成了以中级人力资本、非农户籍、本地户籍、蓝领、非正规就业为主的劳动力市场。它基本遵循市场化进行资源配置,但同时行业因素、地区因素、个人资历因素等在劳动力工资收入差异中产生一定影响。农村非农就业劳动力市场带有居民自我服务的特征,尽管人力资本因素产生重要影响,但简单的经济组织结构、极少的公有制单位就业、单一的蓝领职业构成、高比例的自雇劳动者群体、占绝大部分的本地农业户籍、高度的居住自有率等特点,

---

① 参见徐林清:《中国劳动力市场分割问题研究》,经济科学出版社2006年版,第30页。
② 参见李亚伯:《中国劳动力市场发育论纲》,湖南人民出版社2007年版,第42页。

都表明其自我服务的劳动力市场特征。① 在现有的区域经济格局下,由于东部沿海省份保持着较高的经济增长率,其固定资产投资能力较强,东部地区、大城市和部分中心城市就业压力相对较小。

  东北、西北和西南地区就业困难群体集中、就业矛盾突出、再就业困难,主要集中在三类重点区域,即资源枯竭的矿城、军工密集的大三线地区、国有企业集中的老工业基地。其一,老工业基地国有经济占主导地位,由于国有企业经济效益不佳,就业矛盾逐步上升,大批职工离开原来就业岗位;由于赶超型工业化的历史原因,老工业基地工业结构偏重,所有制单一,重工业创造的就业机会相对较少。东北老工业基地建立初衷是为全国提供能源、原材料、技术装备和军事装备。随着产业结构的升级和调整,传统支柱产业的发展空间日益变窄,处于衰退萎缩之中,而新兴产业未能及时形成产业化发展,不能为劳动力的调整和流动提供足够的空间,从而出现了结构性失业。更由于对传统福利和正式工身份的依恋,导致下岗职工不愿解除劳动关系,难以很快融入劳动力市场,通过自由市场竞争,实现再就业。其二,由于历史、经济和自然原因,西部地区经济发展落后于东部沿海地区,居民总体收入水平不高,还有相当一部分人尚未解决温饱问题。我国贫困人口主要分布在西部地区,正是因为西部地区经济落后和贫困问题,使西部城乡就业矛盾加剧,而就业矛盾加剧反过来使西部地区陷入贫困的恶性循环之中。② 由于经济发展水平的限制,西部地区劳动力在本地区选择就业的机会较少,加上传统意识的局限和家庭的拖累等,又不愿意外出寻找就业机会,剩余劳动力逐年积累,就业压力越来越大。其三,西南地区就业结构性矛盾突出。特别是云南劳动者就业技能不足,素质偏低,全省持有职业资格证的技能劳动者占城镇从业人员比重只有三成,低于全国平均水平。部分素质较高的劳动者对就业岗位和薪酬的期望值过高,不愿意到民营企业、中小企业等基层、偏远地区就业。正式工和临时工、国有经济和非国有经济的分割,形成了两个明显不同的劳动力市场,且各自表现出较强的刚性,一体化劳动力市场的形成需假以时日。

  由于强劲的区位优势,在工业结构和所有制结构上,东南沿海新兴工业城市与老工业基地不同。新兴工业城市国有经济比重小,非国有经济成分多,特别是改革后外资、个体、私营经济占主导地位,劳动力市场的主体部分是靠市场机制

---

① 参见范雷:《城市化进程中的劳动力市场分割》,载《江苏社会科学》2012年第5期。
② 参见吴亮:《关于西部地区缓解城乡就业矛盾对策探讨》,载《内蒙古煤炭经济》2010年第2期。

调节的,政府的控制力有限。① 劳动力市场的主次分割相对模糊。与上述两类地区不同,开放型大城市既有庞大的国有经济,又有实力雄厚的非国有经济,所以劳动力市场具有多元化特征。这些城市劳动力市场走向将代表劳动力市场的发展趋势,劳动力市场的地区差异性将持续有年。

在市场机制下,区域就业机会差异必然导致劳动力跨区域流动。随着改革的深入,劳动力市场已具有了初步的理性,劳动力在省内流动阻力小。但从全国看,由于受多种因素的制约,尤其是户籍制度的存在,当前劳动力在省际的流动仍然有阻力。尽管改革开放后,出现了农村劳动力大规模的跨区域流动,但对城市劳动力来说,他们和所在单位存在紧密的利益关系,难以跨区域流动,进而形成劳动力市场的区域分割。②

20世纪70年代末以来,为了消除沉重的就业压力,一度形成了部门、地区和企业负责安置本系统、本部门、本地区、本企业职工子女就业的做法,就业的封闭性特别突出。招工制度改革后,这一问题没有得到很好的解决,城镇居民就业、复员军人安置等,主要仍按地区进行划分。政府对城市劳动者就业实施正规的劳动合同、人事档案、下岗证、失业证等制度,对农村劳动者就业实行就业许可证、流动就业卡、计划生育证、暂住证等制度。制约城乡统筹就业的一个重要原因是城市福利供给水平,如果标准过高,而农村没有福利供给,城乡巨大福利级差就会导致两股力量的碰撞:农村劳动者有强的利益驱动涌入城市,而城市为减少福利供给的负担会阻挡农民进城。这也是大城市城乡统筹就业难以迅速推进的原因,其阻力与福利级差正相关。因中部城市福利供给水平低,加之难以兑现,改革又使这些微薄的或名义上的福利不断取消,这种城乡福利级差产生的阻力在中部经济中已基本消失。不仅如此,劳动力市场区域分割还源于保护主义。"对地方政策的制定者而言,其业绩考核的主要标准之一,就是该地区城镇劳动力的就业率。因此,排斥外地劳动力,保护该地区劳动力就业的制度壁垒性质的政策就应运而生。"③

改革开放以来,由于选择渐进式道路,东部地区率先实行改革开放政策,较快地促进了经济的发展,从而使得东西部的经济增长速度逐渐拉开了距离。地区之间劳动者收入差距在分割的劳动力市场表现较为明显,如表5-1所示:

---

① 参见袁志刚主编:《中国就业报告》,经济科学出版社2002年版,第37页。
② 参见黄安余:《我国劳动力市场分割与就业》,载《理论建设》2005年第6期。
③ 宋湛:《中国劳动力市场动态调节研究》,经济科学出版社2004年版,第149页。

表 5-1　2012 年我国城镇单位劳动力平均工资的地区差距　　　　单位：元

北京	84742	浙江	50197
河北	38658	江西	38512
吉林	38407	河南	37338
广西	36386	广东	50278
黑龙江	36406	云南	37629
上海	78673	海南	39485
江苏	50639	甘肃	37679

资料来源：参见国家统计局编：《中国统计年鉴—2013》，中国统计出版社 2013 年版，第 135 页。

三、劳动力市场产业分割

20 世纪 90 年代后期，我国现代企业制度改革使更多的国有企业转制或破产，大批正式职工丧失了就业岗位，国有企业职工因失业和收入少而丧失了昔日优越的地位。但是，深入观察可以发现，国有企业职工失业和收入下降并不带有全局性，只是工业、商业和服务业等产业部门的局部现象，而金融保险业、邮电通信业、铁路业等产业部门却呈现出欣欣向荣的景象，其职工失业人数少且收入较高。这就有力地说明我国城市劳动力市场出现了产业分割。这是根据劳动力交易的产业范围划分的劳动力市场形式，如建筑业劳动力市场、煤炭业劳动力市场等。这是同一产业的厂商共同面对的劳动力市场，在这种劳动力市场上发生的是同一产业内不同厂商之间的竞争。产业分割是一种新形式的劳动力市场分割，与市场经济条件下的政府垄断相联系。它限制非国有经济进入，主要由国有单位经营，收入水平较高的产业排斥外来劳动力，包括流动中的原国有部门职工，从而导致不同劳动集团进入垄断产业的机会差异，产生新的就业不平等。这表明，劳动力市场远非统一的劳动力市场。

在计划经济时期，国家全面垄断非农产业，城市中大部分行业由国有企事业经营管理。改革冲破了国有经济独大的局面，形成了多种经济成分竞争的格局。但在向非国有经济开放部分产业的同时，国家对一些重要产业保持了全面或部分垄断，对非国有经济进入实行了严格的限制，通过行业立法或制定行政规章，对非国有经济主体限定经营范围。其政策效果是非农产业出现了分化：一类是没有限制的开放产业，如工业、商业、建筑业、服务业等；一类是严格限制的垄断产业，如邮电业、铁路业、银行业、大众传播业等。随着改革深化和成功入世，垄断性产业的垄断程度有所削弱,但其垄断地位并未发生实质性动摇。国有企业市场化后,竞争加剧,并出现开放产业总体效益恶化和垄断产业利润增长的情形,这必然促进劳动力市场竞争。[1]

劳动力市场产业分割的实质是保护正式就业的城市劳动者。产业分割不依赖国家再分配,而是与产品市场有关,垄断产业获取超额利润,维持职工的工资、福利和保障。产业分割不完全是旧体制的延续,而是与市场发展相联系,反映我国经济转型中新旧体制要素的互动。在市场竞争取代国家分配的领域,计划体制的城市用工制度趋于全面消亡;在垄断取代国家分配的领域,旧制度的框架依然部分地维系,因而在不同产业就业有不同的待遇。劳动力市场产业分割限制了劳动力就业与流动的产业选择。农民难以进入主要由国有单位经营的垄断产业,因为他们要同时跨越产业分割、户籍障碍和就业身份障碍,但他们进入当地垄断产业就业的机会大于外地农村劳动力。城市迁移劳动者在垄断产业就业机会小于未迁移城市劳动者,而大于农村劳动者。[2]

劳动力市场的产业分割造成不同产业及行业之间工资差别较大,如表5-2所示。原因包括:一是行业之间对劳动力的素质要求不同,一些行业对劳动力素质要求较高,而高素质的劳动力供给有限,从而使这些行业保持较高的工资。二是行业劳动力市场处于分割状态,在不同行业之间,尚未形成统一开放的竞争性劳动力市场。劳动力进入特定行业有非经济障碍,如这些行业有一些正式或非正式的规则,禁止劳动力自由进入。在一些垄断行业劳动力工资过高;相反,专业技术人员的工资被压得很低,大大低于市场工资率,结果造成专业技术人员纷纷外流至市场主导的非公有制企业,同时加剧了非技术劳动力对国有企业和政府的就业依赖性。垄断性行业高工资、高福利状况的存在,说明城镇内部不同行业的劳动力市场仍处于分割状态,缺乏竞争性和流动性。垄断行业在缺乏适当约束机制的条件下,将垄断收益大量地分配给劳动者个人,形成了这些行业不合理的高收入,如金融保险、城市供应、邮电通信和房地产等行业。这既是市场化不够、市场机制不健全的结果,也是国家对这些企业监督管理不力的结果。

---

[1] 参见黄安余:《我国劳动力市场分割与就业》,载《理论建设》2005年第6期。
[2] 参见张展新:《劳动力市场的产业分割与劳动人口流动》,载《中国人口科学》2004年第2期。

表5-2 2003—2012年我国城镇主要行业劳动力平均工资的变化   单位：元

年份\行业	农、林、牧、渔业	制造业	建筑业	交通运输、仓储和邮政业	住宿和餐饮业	金融业	科学研究和技术服务业	教育
2003	6884	12671	11328	15753	11198	20780	20442	14189
2005	8207	15934	14112	20911	13876	29229	27155	18259
2006	9269	18225	16164	24111	15236	35495	31644	20918
2008	12560	24404	21223	32041	19321	53897	45512	29831
2009	14356	26810	24161	35315	20860	60398	50143	34543
2010	16717	30916	27529	40466	23382	70146	56376	38968
2011	19469	36665	32103	47078	27486	81109	64252	43194
2012	22687	41650	36483	53391	31267	89743	69254	47734

资料来源：参见国家统计局编：《中国统计年鉴—2013》，中国统计出版社2013年版，第140—142页。

综上所述，我国劳动力市场分割和成熟的市场经济国家有所不同，分割的程度远远大于这些国家。对于成熟市场经济国家来说，劳动力市场分割与产品市场的特征有关，稳定的产品需求创造了能够提供充分就业保障的主要劳动力市场，而不稳定的产品需求则创造了次要劳动力市场。但是，在我国，劳动力市场分割首先是一种体制性分割，源于户籍制度和用工制度等一系列的制度安排，正是这些制度及其惯性作用导致了我国严重的城乡分割和不同所有制部门之间的分割。目前，这些制度仍然在发挥作用，因为各种利益集团在自觉或不自觉地维护着这些带有明显歧视特征的旧制度。另一方面，我国以劳动密集型为主要特征的工业结构，以及多变的产品市场也正在造就一个庞大的城市次要劳动力市场。劳动力市场分割的程度可以从农村剩余劳动力的流向特征以及城市失业者再就业的部门分布特征得以证明，而劳动者较低的流动性也是市场分割的重要体现。劳动力的供给过剩极大地降低了劳动者的谈判能力，强化了雇主对劳动力进行挑选的能力，在一定程度上固化了劳动力市场分割。[①]

由此看来，统一均衡的劳动力市场有利于人力资源的高效配置，不但使劳动力就业范围得以扩大，而且能提升就业质量，降低就业成本，加快劳动力市场信息传递，促进劳动力流动和转移。劳动力市场的改革与完善受到政府的高度重视。中央提出要"逐步统一城乡劳动力市场，加强引导与管理，形成城乡劳动者平等就业的制度。深化户籍制度改革，完善流动人口管理，引导农村富余劳动力

---

① 参见徐林清：《中国劳动力市场分割问题研究》，经济科学出版社2006年版，第212页。

平稳有序转移"①。打破劳动力市场的体制性分割,从劳动力角度看,是为了使全体劳动者享有同样的就业权利、机会和待遇;从市场体系的角度看,是为了在全国尽快形成统一、开放的劳动力市场,提高劳动力资源的宏观配置效率;从发展的角度看,是为了促进社会公平和社会融合,实现经济和社会的协调发展。

第三节 我国劳动力市场分割的影响与对策

劳动力市场的多元分割是我国国情的产物,是与温和渐进式改革方式相适应的。在改革进程中,宏观经济波动、劳动力过量供给、就业岗位紧缺,特别是与劳动力市场相配套的社会保障体系建设滞后。因而,政府采取双轨就业政策,以防社会矛盾全面激化以及社会秩序失控。这就是西方经济学家称为"中国改革模式"的有机构成。可见,分割的劳动力市场在特定的历史阶段有其积极性。但是,从长远发展目标看,劳动力市场多重分割的弊端较多,既影响了我国社会公正,延缓了城市化进程,又阻碍了生产要素的自由流动,降低了企业效率,具体体现为:

一、影响就业公正与城市化

劳动力市场的多元分割,影响了我国就业公正,进而削弱了社会公正,具体表现为:其一,实行差别国民待遇,将城乡居民划分为就业、物资供应、医疗保健等待遇不同的社会集团。在此体制下,公民的现实待遇不公平,发展机遇也不平等,如国家招工指标均为城市居民所垄断。农业人口要改变户籍性质,仅有升学、参军、婚嫁等途径。如果农村男居民因各种机会进城工作并取得城市户口后,其家属及子女是不能随其迁入城市并取得城市户籍的。总之,城乡分割体制使国民的身份、地位、权利不平等,使他们的生存和发展权益有差别。农村劳动力是利益受损者,城市居民是既得利益者。市民阶层对农民工阶层充满排斥心理。其二,城乡分割体制把农村劳动力固定在农村,既无法使农业剩余劳动力及时转移到非农产业中,又使某些产业吸纳农业劳动力的需求受到限制。如果国际市场农副产品价格降低,国家可能会削减出口并造成对农业劳动力需求的减少。但是,服装行业对工人有大量需求,在没有市场分割的前提下,农民会选择流向服装工厂就业,从而使农业剩余劳动力被加工工业消化。在市场制度性分

---

① 《〈中共中央关于完善社会主义市场经济体制若干问题的决定〉辅导读本》,人民出版社2003年版,第8页。

割下,国家禁止农民流向加工工业必然导致农民失业,我国农村曾出现的隐性失业就是这种分割的产物。这既不利于城市各个产业社会化分工的发展,也阻滞了农村社会分工的发展,大量农业劳动力累积在有限的耕地上,造成分工受阻,农业劳动生产率难以有效提高。① 其三,就业领域不平等。目前,农民工的就业领域主要集中于建筑、采掘、社区家政服务等行业。这些就业领域主要是以体力劳动为主的行业或者高风险的行业。农民工难以拓展其就业领域,既有自身素质原因,又有用人政策原因,即缺乏平等的用工意识。从地域上看,在城乡劳动力市场分割下,在农村就业的大学生要考虑城乡就业流动需要支付额外成本,他们重返城市要面临户籍和档案双重关卡。不仅如此,农村雇主总会尽量阻碍大学生的就业选择行为,通过将劳动合同期限延长和缴纳违约金等手段设置障碍。而城市雇主可能认为,农村大学生没有城市就业大学生素质高。这就造成大学生不愿意到农村就业,滞留在拥挤的城市劳动力市场,造成城市大学生供给相对过剩和失业。其四,就业培训不平等。现代产业发展使社会分工日益专业化,而专业岗位需要有专业技能和知识。因此,技能培训成为就业中的重要发展内容,能够接受良好的就业培训就意味着能得到更好的就业岗位和收入。② 劳动力市场分割使处于弱势地位的农村劳动者丧失了上述各种机遇。

劳动力市场的多元分割,还延缓了城市化进程。城市化程度低制约着社会经济的健康发展,增加了农村劳动力外出成本,限制了劳动力的就业空间,使其获得就业机会的风险加大,降低了其收益,使得外出成本收益发生根本性的转折,迫使部分人选择返乡。返乡并不是在更高的水平上,而可能是在更低的水平上追求收益的最大化。在农村劳动力返乡的同时,大量的资金也随之流向农村地区。这些消费资金以不同形式在农村成为农民住宅、生产和生活消费,农民在农村建设的房屋是城市化发展过程中的资源浪费。如果这些人口和消费资金能够留在城市,可以缓解农村人地矛盾与生态环境压力,推动城市消费需求和城市化发展步伐。因为只有城市人口大量增加,才能创造更多的就业需求和商品消费需求,促进整个社会经济的良性发展。③

---

① 参见柳思维:《进一步破除城乡分割体制加快农村城市化的探讨》,载《湖南商学院学报》2000年第2期。
② 参见杨宜勇等:《劳动就业体制改革攻坚》,中国水利水电出版社2005年版,第40—41页。
③ 参见吴宏洛:《论劳动力市场的制度性分割与非农就业障碍》,载《福建师范大学学报》(哲学社会科学版)2004年第5期。

二、削弱资源配置与市场功能

首先,劳动力市场多元分割使市场效率降低,从而削弱劳动力资源高效配置。劳动力市场分割不仅导致劳动力拥有的生产资料不均等,而且也扭曲了劳动力价格,对经济发展产生不良影响。城乡劳动力市场分割将大量农村劳动力束缚在农业部门,致使工业劳动生产率和农业劳动生产率产生了巨大的差距。一般而言,低效率生产部门的劳动力会流向高效率的生产部门,由此提高整个社会的劳动生产率,促进经济发展。由于市场分割来自于劳动者自身无法控制的因素,因此不同地区劳动力相互准入程度差,进而会对劳动力的地区结构调整带来负面影响。劳动力市场分割无助于就业机会的区域平衡,反而使得某些地区就业矛盾区内积累,不利于这些地区的稳定。更由于劳动力市场区域分割,使不同地区的劳动力供需主体处于非公平竞争状态。对于地区劳动力紧缺企业而言,获取其所需的劳动力难度加大,从而提高了经营成本,进而提高了企业总生产成本;在劳动力过剩地区,企业所需劳动力的获取相对容易。因而,前一类地区劳动力就业容易,而后一类地区劳动力就业较难。

不仅如此,农村剩余劳动力和城市失业者的主体是在次要劳动力市场谋求就业的,而次要劳动力市场人力资本投资的回报率较低,降低了这两大群体进行人力资本投资的积极性。因为他们没有机会进入主要劳动力市场,丧失了在主要劳动力市场积累人力资本的可能性,而较少的人力资本积累反过来增加了他们进入主要劳动力市场的难度。分割的劳动力市场同样不利于主要劳动力市场的劳动者增加人力资本投资。因为各自为政的内部劳动力市场将竞争局限于较小的范围内,职工一旦被纳入固定编制之内,再被除名的可能性极小,致使他们不需要进行更大的努力,就可以保住职位。分割的劳动力市场使内部人享有较多的特权,他们和外部人的就业竞争完全处于不平等的地位。

其次,劳动力市场的多元分割,降低了我国企业的经营效率。在完全竞争的劳动力市场,企业对劳动力的需求取决于市场上劳动力的工资率和边际生产率,均衡原则是工资率与边际劳动生产率相等。但是,如果在一个地区同时存在着主要劳动力市场和次要劳动力市场,同样的劳动力是在两个分割的市场上进行交易,尽管次要劳动力市场的工资率低于主要劳动力市场,企业仍不得不支付较高的工资才能雇用到与企业岗位需求相匹配的劳动力。由此可见,制度能决定劳动力交易成本的高低。在我国劳动力市场分割的背景下,劳动者只能在特定地区和特定劳动力市场上提供劳动力供给,企业往往只能在特定地区和特定劳动力市场上提出并实现对劳动力的需求,劳动力在不同市场之间的流动需要承担较为高额的成本,从而增加了企业经营成本。① 当宏观经济衰退,产业结构调整时,我国企业特别是国有企业无法像私营企业、外资企业那样,快速调整劳动力的雇佣规模和结构。因为政府出于政局稳定考虑,对就业存量有一定控制。结果是,很多低技能劳动者对国有企业工资和福利形成较高期望,不愿去其他经济部门就业;而高素质劳动者纷纷流向新经济部门就业,以便获得较高的收入,实现个人价值,从而形成劳动力流动的非对称性。"另一方面,依靠传统就业方式就业的内部人不能因为效率水平与其工资水平不相称而得到解雇,使得工资这一重要杠杆在劳动力市场的调节作用受到严重削弱。"②因此,国有企业对市场经济变化的适应性不及非国有经济,经营效益可想而知。

三、阻碍建立城乡统一的劳动力市场

综上所述,打破劳动力市场多元分割,建立统一的劳动力市场势在必行。统一的城乡劳动力市场的主要特征是:第一,劳动和社会经济法规健全,所有劳动者都能在国家法律的规定下自由流动、自主择业,不受所有制、区域和部门的限制;第二,企业是自主经营、自负盈亏、自我约束、自我发展的经济实体,有权决定对职工的录用和辞退;第三,工资是基本的调节手段,工资收入根据劳动者提供劳动的质与量和劳动力市场供求的变化而变化,自由调节劳动力资源的配置和流动;第四,劳动力市场信息及时、准确、通畅,就业服务机构的工作规范化、标准化、现代化,且能提供优质服务;第五,对于失业者和其他弱势群体,国家通过社会保障制度对他们提供物质帮助。③

我国劳动力市场尚处于形成时期,劳动力商品化程度较低。这种状况严重影响了劳动者的择业观念和劳动力的合理配置。计划配置要素的基础已经破除,市场配置要素的机制还存在许多问题,特别是我国政治体制和干部人事制度决定了劳动力市场短期内难以整合。首先,管理人力资源的政府机构有人事部门、组织部门和劳动部门,而非单一部门。多年来,各级政府都明确人才市场由人事部门管理,劳动力市场由劳动部门综合管理,并强调按照职能分工,各司其职。人事部门管干部,劳动部门管工人。虽经过改革,但实质没有变,"干部"的概念具体演化为公务员、专业技术人员、企业经营管理人员,也就是人才队伍。

---

① 参见沈琴琴、张艳华:《中国劳动力市场多重分割的制度经济学分析》,载《西安交通大学学报》(社会科学版)2010年第2期。
② 宋湛:《中国劳动力市场动态调节研究》,经济科学出版社2004年版,第143页。
③ 参见邓大松、方晓梅等:《失业对策论》,中国劳动社会保障出版社2002年版,第121页。

在进行市场配置人力资源时,为高层次人才队伍建立专门的人力市场是必要的。其次,劳动力市场中政策法规不统一。因此,我国要清理各种规章制度,制定一个标准模式,对一些地区严重违反劳动法和侵犯劳动者权益的地方法规要加以取缔。①

区域之间就业压力的平衡有多种政策选择,诸如通过中央对资本的再分配,在中西部地区增加投资;给予该地区优惠政策,促进经济发展,旨在缓解就业压力;改革户籍、就业政策,打破城市就业壁垒,促进劳动力跨区域流动,达到区域就业平衡。前两种方式的作用是有限的,第三种选择才是推进就业制度市场化的必由之路。② 因为改革户籍制度是关键,其方向为:建立全国统一的户口登记管理制度;逐步放宽户口迁移限制,以具有合法固定住所、稳定职业或生活来源为基本落户条件,调整户口迁移政策,根据经济、社会发展的客观需要和社会的综合承受能力,最终实现户口自由迁徙;逐步剥离有关附加在户口上的行政管理职能,恢复其本来面目。同时,争取有关部门的支持、尽快出台《户籍法》。

解决劳动力市场的多元分割问题,可以从体制内和体制外着手。首先,消除劳动力市场的分割,需要国家放弃对特定群体的庇护政策。国家对城市居民的政策性保护,仍然是他们规避市场风险的关键途径。政府承诺或保证下岗职工优先就业的政策,使得城市失业者处于比农民工更高的市场地位,几乎没有受到任何市场力量的威胁。从这个意义上讲,国家力量对部分群体就业的倾斜保护,直接塑造了分割的劳动力供给结构。不同劳动者获得市场外部资源的能力不同,从而造成他们在市场上与资本议价的能力也不同。城市居民可以获得的基本生活和医疗保障,相比在城市劳动力市场上完全商品化的农村劳动力,他们还能依靠国家力量抵抗市场风险。因此,市场化改革不彻底或单位制的残存,是导致劳动力市场分割的重要原因。③

其次,要明确企业和劳动者在劳动力市场的主体地位,按市场规则深化工资制度改革;同时,加快劳动力市场的法制和法规建设,完善社会保障制度,大力促进社会服务体系的建设,加强宏观调控体系和制度建设。对体制外发育的劳动力市场,既要宽松,又要规范,从而形成劳动力市场良好的运作环境,确保劳资双方的利益。对体制内存在的合同工、临时工、农民工,要逐步打破既有的身份界

---

① 参见杨宜勇:《中国转轨时期的就业问题》,中国劳动社会保障出版社2002年版,第222页。
② 参见谭友林:《中国就业压力的空间格局与区域经济发展》,载《人口研究》1999年第6期。
③ 参见李怡乐:《关于中国劳动力市场分割的政治经济学解读》,载《科学·经济·社会》2012年第2期。

限,深化改革就业、工资、福利、社会保障、住房等各项制度,形成平等的劳动和竞争关系。

最后,调整产业结构,降低产业结构中劳动密集型产业的比重。国家要制定促进地区产业发展的需求引导和产业组织优化方面的政策,积极营造良好的投资环境和商业环境,鼓励地区内企业的竞争与合作,使企业快速成长,并在成长中增强企业技术创新能力。鼓励企业积极参与全球资源、技术与产品的自由贸易体制,促进有优势的制造业基地向世界制造业中心或分中心发展,更多地利用全球资金和技术资源促进产业协调发展和结构优化升级。① 从发展趋势看,我国最终将建成统一管理的人力资源大市场。其统一运作,将随着社会经济的发展、市场经济制度的完善、劳动力素质的整体提高等因素而最终实现。人力资源市场两个子系统的界线会逐渐淡化,当然,这需要一个相当长的发展过程。现阶段必须稳步发展劳动力市场,加快开发人才市场,以适应市场经济发展的需求,为统一的人力资源大市场奠定基础。

第四节 我国城乡统筹就业的发展目标

一、城乡统筹就业的内涵

正确理解城乡统筹发展的含义,是分析城乡统筹就业的前提和基础。中共十六大报告指出:"统筹城乡经济社会发展,建设现代农业,发展农村经济,增加农民收入,是全面建设小康社会的重大任务。""农村富余劳动力向非农产业和城镇转移,是工业化和现代化的必然趋势。要逐步提高城镇化水平,坚持大中小城市和小城镇协调发展,走中国特色的城镇化道路。"②中央的重大决策,是针对我国城乡二元结构和多元劳动力市场的现实而提出的,是发展思路的根本转变,是妥善处理现代化过程中城乡关系、工农关系的理论和实践创新。

所谓城乡统筹发展,就是要求劳动力、资本、土地和技术等要素在城乡之间能够合理流动,促进城乡经济发展的良性互动。③ 也就是说,既要发挥城市对农村的辐射功能,发挥工业对农业的带动作用,又要发挥农村对城市、农业对工业

---

① 参见苏永照:《劳动力市场分割的可持续性研究》,载《经济理论与经济管理》2010年第2期。
② 江泽民:《全面建设小康社会,开创中国特色社会主义事业新局面》,人民出版社2002年版,第23页。
③ 参见杨翠迎:《中国社会保障制度的城乡差异及统筹改革思路》,载《浙江大学学报》(人文社会科学版)2004年第3期。

第五章　劳动力市场与就业

的促进功能，以改变城乡二元经济社会结构，协调发展城乡关系和工农关系，实现城乡经济社会一体化。这在客观上要求政府将工业与城市现代化、农业农村和农民的现代化整合为同一历史进程，实施双向整体推进，即将城乡经济社会作为整体统一规划，最终打破二元经济社会结构，使整个国家现代化基本同步。[①]

城乡统筹发展并非单纯将经济社会资源从偏向城市转变为偏向农村，而是要切实转变传统的发展观念，根本摆脱就农业抓农业、就农村抓农村和城市偏向的发展模式，彻底摈弃城乡分割和差别发展的思路，走城乡互动、工农协调发展的道路。在制度创新上，国家要建立城乡统一的制度，诸如户籍制度、产权制度、就业管理制度、社会保障制度、教育制度、财税金融制度等，以便建立平等和谐的城乡关系。在经济发展上，要统筹城乡产业的融合和结构调整，有效解决城乡产业分割、产业关联性不强的问题，增进城乡产业优势互补。在社会发展上，要加快建立促进农村教育、文化娱乐、医疗卫生等各项社会事业的公共财政体制，改变农村公共财政缺位的现象。

城乡统筹就业包括以下含义：首先，将统筹城乡就业作为统筹城乡经济社会发展的重要内容，置于国民经济和社会发展总体规划中，从国民经济和社会发展的全局高度统一考虑就业及产业政策等关系，实现就业和宏观经济良性循环。其次，兼顾城市就业和农村就业，并且将两者作为一个有机整体慎重对待，立足于城乡就业的内在联系，促进工业化、城市化、市场化和现代化的进程，实现城乡就业的统筹规划和健康发展。政府要对促进城市就业和农村就业统筹兼顾，统一规划实施，克服长期以来农民就业被排斥在国家就业制度之外的现状；城乡劳动力市场要逐步实现统一开放，引导农村劳动力合理有序地流动，形成城乡平等的就业制度；政府要切实履行城乡就业的管理和服务责任，改变过去重城市、轻农村，先城市、后农村的服务责任格局；要减少劳动力市场信息供求错位现象，保障城乡劳动力在就业机会等方面的公平；实现劳动力在城乡之间、产业之间、不同所有制之间的合理转移，等等。[②]

城乡统筹就业，关键在于妥善处理政府与市场的关系。在市场经济条件下，由于城乡物质资源、社会结构、生产方式以及人力资源状况的差别，城市处于优势地位，农村处于劣势地位。从经济发展和社会稳定的角度考虑，这种状况不应继续存在下去。政府理所当然要用宏观调控的手段促进城乡经济社会发展。因此，城乡统筹就业的主体是政府，要充分发挥公共财政政策在国民收入再分配或

---

① 参见周琳琅：《统筹城乡发展：理论与实践》，中国经济出版社2005年版，第2页。
② 参见莫荣：《统筹城乡就业是政府工作的一项重要职责》，载《中国党政干部论坛》2007年第4期。

转移支付中的重要作用,彻底纠正城乡差别发展政策,诸如人口迁移与就业、城镇发展和规模等政策。① 2003 年,国务院公布了《工伤保险条例》,首次将农民工纳入保险范围。这说明,政府已经逐步将农村劳动力转移就业纳入国家的总体就业制度之中。② 但是,政府不能包办城乡就业,而是要加强要素市场建设,消除劳动力市场的多元分隔,调整和完善宏观经济政策和产业政策,利用市场机制和政策导向,同时辅以必要的行政手段,促进城乡协调发展和结构升级,促进城乡劳动力享有平等的就业机会。政府应当抓住城乡统筹就业规划与宏观调控、城乡统筹就业促进、城乡统筹就业管理与服务、政府在城乡统筹就业方面的职能和责任等核心问题。③

城乡统筹就业,需要加强相关立法,其实质是给予农民真正的国民待遇。例如,对农村劳动力进行失业登记,并定期公布就业和失业状况,建立覆盖城乡的职业培训体系,制定职业培训计划,实施各类培训,完善公共就业服务网络布局,强化对企业劳动用工的监督检查等,都需要落实项目资金和工作经费。由于没有相应立法,在各种财政支出挤压之下,统筹城乡就业的财政支出对政府是一种软约束,通常只能象征性地支出一部分,根本无法保证开展工作所需的经费支持,最终导致规划很好,但难以落实。由于没有明确的法律依据,相应的机构不仅没有法律上的责任压力,反而存在法律上的担忧;实施机构也难以采取法律上的救济手段。④

二、城乡统筹就业的发展目标

城乡一体化发展目标的实现,是实现城乡统筹就业发展目标的基础。城乡一体化的具体标志包括:一是城乡居民地位平等,即不存在差别国民待遇,能够平等享受工业化成果,特别是就业机会和社会保障待遇。二是城乡界限消除,即国民能在城乡之间自由迁徙,各种生产要素按市场机制自由流动,特别是农村劳动力流向城市各行业部门就业。三是城乡互补互利,以城市文明带动农村文明,形成城乡相得益彰的发展格局。四是消除城乡差别和对立,即工农之间阶级差别和城乡之间人口分布不均衡现象消失,农村生活环境得以改善,诸如解决自来水供应、改善卫生条件等。目前,政府已投资在农村兴建了很多公用设施,并通

---

① 参见杨宜勇:《完善劳动力市场的政策着力点》,载《中国党政干部论坛》2007 年第 4 期。
② 参见陈晓华等主编:《建立农村劳动力平等就业制度》,中国财政经济出版社 2005 年版,第 3 页。
③ 参见游钧主编:《2005 年:中国就业报告——城乡统筹就业》,中国劳动社会保障出版社 2005 年版,第 96—97 页。
④ 参见张丽宾:《逐步完善统筹城乡就业的法制环境》,载《中国党政干部论坛》2007 年第 4 期。

过兴办项目和农村工业化提高农村非农就业和收入,以缩小城乡收入差距和促进农村社会发展。

在此宏观发展目标下,城乡统筹就业只是阶段性发展目标或实现城乡一体化的手段之一。其宗旨在于改变我国现存的二元经济和社会结构,也是消除劳动力市场多元分割的重要途径。这一发展目标的最终实现,必将冲破计划经济体制下的劳动就业制度,终结使用行政手段将劳动力分割为城镇劳动力和农村劳动力的就业管理体制和社会保障体制,有利于真正实现社会公平。城乡统筹就业的核心内涵,就是承认人的平等,赋予全体劳动者自由择业权利,让劳动力在比较利益的驱动下于城乡之间、产业之间、行业之间自由流动,实现劳动力市场的自由公平竞争,调动劳动者的生产积极性,并以此提高企业的竞争力,增加整个社会的福利供给水平。

城乡统筹就业的发展目标包括:第一,为劳动力在区域内、区域间的流动提供理论和政策的支持和指导。城乡统筹就业是与地域统筹紧密联系的,因为劳动力流动必然涉及地域问题。城乡统筹就业是实现地域之间的统筹,要消除劳动力区域间转移的障碍,逐步淡化和弱化就业的地方本位意识,消除歧视和排斥外来劳动力的观念,树立劳动者平等思想,变堵为疏,降低劳动力流动成本。[①]第二,为城乡劳动者创造平等的就业环境和制定平等的就业政策,并为农村生产要素重新配置带来新的增长点,旨在冲破体制性歧视造成不同社会群体之间的就业歧视。[②] 城乡统筹就业就是要结束计划经济体制下城乡劳动力各自处于自我再生的状态,促进城乡劳动力自由流动。第三,通过就业政策和社会保障制度,为农村劳动力向中小城镇转移提供便利。其关键是将就业与户籍脱钩、就业与社会保障剥离,并将转入城镇的农村劳动力也纳入城镇社会保障体系;改变过去城乡分割的社会保障制度,建立适应工业化社会的社会保障制度;探索在本地区实行个人自由参保为主体的社会保险制度,以及适合产业发展需求的社会保障制度。第四,尽快建立起符合市场经济发展要求的新型劳动管理体制,建立竞争公平、运行有序、调控得力、服务完善的现代化劳动力市场体系。第五,通过建立城乡统一的劳动力市场,发挥我国劳动力资源丰富的优势,进一步降低企业成本,增加企业产品在国际市场的竞争力。[③] 如果实现上述发展目标,并最终建立

---

① 参见游钧主编:《2005年:中国就业报告——城乡统筹就业》,中国劳动社会保障出版社2005年版,第99页。
② 参见刘伟:《统筹城乡就业是发展中国家实现发展的实质所在》,载《中国党政干部论坛》2007年第4期。
③ 参见张建武:《劳动经济学:理论与政策研究》,中央编译出版社2001年版,第95页。

统一的城乡劳动力市场,城乡统筹就业就得以基本实现,二元结构的鸿沟将基本被填平,社会和谐度必将提高。

三、城乡统筹就业的制约因素

随着经济增长方式的转变、国有企业改革、机构改革、城市产业结构调整、农村剩余劳动力向城镇转移,以及每年新增大量劳动力,"就业三碰头"出现,就业压力巨大,而且短期内难以根本消除。能否妥善解决国民就业问题,不但影响经济的健康运行以及社会的和谐安定,而且也是对执政党执政兴国能力的考验。城乡统筹就业关系到全体劳动者的利益,特别是国有企业劳动者的利益将会在此过程中经受挑战。实现这一发展目标将面临诸多制约因素,主要有:

第一,经济增长方式由粗放型转向集约型,制约着城乡统筹就业,尤其是农村剩余劳动力向城镇非农产业部门转移就业。改革开放以来,我国城乡生产力水平得以提高,国民经济维持了较快的增长速度。但增长的源泉主要是投资扩张,从而增加了对劳动力的需求量。然而,我国业已告别短缺经济时代,随着卖方市场的退出,城乡经济、三大产业都要面临转变经济增长方式问题,而这必将降低对农业剩余劳动力的容纳能力。从城乡工业看,资本深化、技术进步降低对劳动力的需求将成为必然。从农业发展看,土地刚性供给与相关资源规模的限制,特别是农业集约经营程度上升,农业机械化和劳动生产率提高,农业部门增加就业的可能性不大,相反还会继续释放相当数量的剩余劳动力。从服务业发展看,随着国民财富增长、收入增加,有效需求的实现值也将上升,从而为服务业发展奠定经济基础,该产业对劳动力的需求也会有所增长。但城市失业人员将是占据服务业新增就业岗位的生力军,而农村劳动力在该产业的就业机会相对稀少。由于"三农"问题尚未得到根本解决,农民收入低限制了其消费规模和结构,给农村第三产业的发展投下阴影,而农村第三产业是吸纳农村劳动力就业的重要部门,其容纳劳动力就业能力的下降,必然会将农村剩余劳动力更多地推向城镇劳动力市场,从而加重城镇就业负担。

第二,低素质的农村劳动力制约着城乡统筹就业。从城乡统筹就业的层面看,该群体一般倾向于继续留在农业部门就业。在城市非农产业,由于其技术构成相对较高,因此对劳动力的素质要求也相应较高。从农业剩余劳动力的具体情况看,具有较高素质和工作技能的劳动力在剩余劳动力转移中所占比重加大。产业升级和技术要求提高应当是发展的大势所趋,因此低素质的农村劳动力在城市就业将面临更多的挑战。研究表明,农村剩余劳动力向非农产业转移的规模和速度与其素质紧密联系。大量低素质的农村劳动力流入城市,增加了流入地的管理成本。若农村劳动力素质高,则能降低城市政府的管理成本,减少城市居民对他们的反感和抵触;同时,高素质农村人口能尽快适应城市生活。① 更为重要的是,农民工是经济社会转型过程中出现的新兴阶层,但是,无论从经济资源、政治资源抑或文化资源的占有状况看,他们都处于整个社会分层体系的底层。农民工的群体特征是否会复制到子女教育过程中,从而产生新一代低素质劳动力,值得关注。② 从这个角度看,城市化及城乡统筹就业的发展目标必须建立在高素质劳动力的基础之上。

第三,区域经济发展失衡制约着城乡统筹就业。我国区域经济发展非均衡特征十分明显。东部地区经济发达,工资收入水平较高,就业机会多。中西部地区经济落后,工资收入水平较低,就业机会较少。在比较利益的驱使下,劳动力必然要从中西部地区流向东部地区。因此,东部地区不但没有人力紧缺之虞,反而有就业压力。在劳动力普遍供过于求的经济环境下,城乡统筹就业还要通盘考虑劳动力跨区域流动问题,以及劳动力在区域间的流动给输入地和输出地带来的影响,从而进一步提高劳动力市场的运行秩序和效率。③

第四,体制因素制约着城乡统筹就业。我国劳动力市场中存在着一些不利于城乡统筹就业和农业劳动力转移的体制性因素:其一,统包统配的就业制度。1957年,中央规定,使用临时工的指标也需经过中央主管部门或省、自治区、直辖市政府批准。由于政府收回用工权,以"统包统配"和固定工为主要特征的就业制度在我国确立,直至改革开放的启动。这一制度的弊端是:劳动关系一旦建立,如果没有政府的行政指令,将终身保持不变,直至劳动者退休,从而使用工主体和劳动主体均丧失了自由选择权;企业劳动力结构老化,冗员多,整个社会宏观就业数量的扩张是建立在微观经济单位对劳动力的过度需求之上的,导致生产和组织效率低下;降低了职工的工作努力程度,也使劳动纪律松弛。其二,城乡分割的户籍制度。户籍制度使农民就业手续烦琐;不能进入正规劳动力市场;工资低于市民,而且有拖欠现象(廉价农民工业已成为部分企业维持竞争力的手段和秘密武器);缺乏城市居民享有的社会保障及城市福利。总之,农民工因为没有城市户籍而难以实现从农村到城市的真正转移。其三,区域分割的迁徙制度。作为户籍制度的延伸,这种制度直接限制了农业劳动力的转移。人口迁

---

① 参见〔美〕盖尔·约翰逊:《中国农业调整:问题和前景》,载《经济学家》1999年第6期。
② 参见徐小霞、张翠娥:《弱势在延续:农民工在子女教育过程中的角色分析》,载《青年探索》2005年第4期。
③ 参见张建武:《劳动经济学:理论与政策研究》,中央编译出版社2001年版,第103页。

徙,特别是农业人口的迁徙,具有如下特征:一是受国家计划控制;二是迁徙数量少;三是迁徙渠道狭窄,仅有诸如升学、参军、婚嫁以及大型工程建设移民等少量途径。附加在户籍上的诸多功能使人户分离现象突出,如出生难入户、死亡不注销。其四,企事业内部、城乡劳动者有身份界限。诸如,干部和工人;全民所有制职工、集体所有制职工和其他所有制职工;正式工和临时工等。劳动者一旦获取干部身份,则可享受工人无法得到的待遇,而职工只能单向由工人向干部流动,难以形成内部人员对流。① 其五,就业服务制度。由于非农产业多集中于城镇地区,职业介绍和培训机构一般都在城市,农村严重缺乏职业介绍和培训机构,因而农民难以通过这些机构及时获取就业信息,也难以获得相应的职业培训。因此,他们流向城镇就业的机会成本较高。特别是大多数贫困地区,没有规范的就业服务机构,没有经费保障,没有现代化的信息网络,没有专门的职业培训机构,难以向农村劳动力提供优质服务,这限制了农村剩余劳动力的转移和城乡统筹就业。

因此,要实现城乡统筹就业,必须彻底冲破上述体制性障碍。

四、城乡统筹就业的政策措施

中共十六届三中全会提出了统筹城乡发展的思想,其核心内容是统筹城乡就业。从统筹城乡发展、建设和谐社会的大局看,解决农民工被长期排斥在城镇主流社会之外的问题,实行城乡统筹就业,改善农民工就业环境,已成为当前经济和社会发展中刻不容缓的问题。统筹就业与政府的作用是分不开的。为了实现这一发展目标,政府应当转换自己的角色定位,从传统计划经济体制下的管制者、大家长变为市场经济体制下的调节者。就劳动力市场而言,政府的施政方式应当是提供优质服务,宏观调控引导,是劳动力市场运行的促进者。政府通过建立相关机制、出台有关政策帮助实现城乡统筹就业的目标,具体措施如下:

(一) 加快推进城镇化发展战略

工业化和城市化的同步发展,对于创造更多的就业机会是至关重要的。城市本身的集聚效应有利于创造更多的就业机会,因此加快推进城镇化发展战略,是未来解决农村剩余劳动力就业、实现城乡统筹就业的根本出路。为此,一是要引导乡镇企业发展与小城镇建设结合,使农民就地转入小城镇就业,从而既降低农村剩余劳动力转移成本和就业风险,又减轻城市的就业压力,避免农民过度涌

---

① 参见黄安余:《大陆与台湾农业劳动力转移比较研究》,载《江海学刊》2005年第2期。

入城市而产生的现代城市病。从产业布局看,发展劳动密集型产业,既有利于大量农村劳动力就近转移就业,又有利于产业经济凭借劳动力优势加快发展,符合我国劳动力资源充裕、资本短缺的国情。劳动密集型产业主要在小城镇,使我国劳动力资源优势在很大程度上变成小城镇的优势。从企业发展看,民间投资创业经营小企业,是按照市场机制向城镇集聚,成为农民以创业、务工多种形式大量转移就业的载体。从管理体制看,小城镇在经济、社会管理体制改革上比大中城市更加容易,在市场调节、户籍开放、统筹就业等方面阻碍农村劳动力转移和人口城镇化的体制性障碍较少。为了促进小城镇的发展,应当制定优惠政策,鼓励乡镇企业连片集中发展,建立大批乡镇企业工业区,引导乡镇企业向小城镇集聚,并通过多种渠道解决建设资金问题。二是要走大中小城市与小城镇协调发展之路,发挥城镇产业和要素的集聚作用和对农村的辐射带动作用,最大限度地利用农村剩余劳动力,促进城乡共同繁荣进步。我国长江三角洲和珠江三角洲的发展经验表明,只有走大中小城市与小城镇协调发展的多元化的城镇化道路,才能有效地实现城乡统筹就业。①

(二) 统筹城乡产业布局和结构调整

改革开放以来,农村乡镇企业得到了较大的发展,但其局限性明显。从产业布局上看,乡镇企业仅仅局限于农村内部,采取单纯的农村工业化发展策略,没有在合理分工的基础上,形成城乡工业一体化的发展格局,产业关联性差。与此相关,从产业结构上看,乡镇工业与城市国有工业存在较为严重的同构现象。因此,必须对农村乡镇企业的产业结构进行战略性调整,彻底消除同构现象,走错位发展和优势互补之路,促进城乡产业融合。一方面,通过城市工业向农村扩散实现农村工业化;另一方面,通过保护传统乡村工业,使其发展壮大,以实现农村工业化。这是一条农村新型工业化道路,是促进农民就业和收入增长的关键。

首先,大力发展农村农产品加工工业等劳动密集型产业。我国台湾省农村农产品加工工业较为发达,从而吸收了大量的农民就地就业,而不一定要将农民转移至城镇非农产业部门就业。同时,应当充分发挥农村的资源优势,乡镇企业的发展应当与农业产业化紧密结合,农产品加工应成为乡镇企业发展的主要内容之一。这既能提高企业的生命力,又能避免与城市工业的恶性竞争。工业发达国家和地区一般都有发达的农产品加工工业。美国农业产前、产后部门大,产中部门小,呈"哑铃型"结构,是典型的现代化农业,而我国农业产前、产后部门

---

① 参见周琳琅:《统筹城乡发展:理论与实践》,中国经济出版社2005年版,第134—135页。

小,产中部门大,呈"橄榄型"结构,基本停留在传统农业阶段。

其次,大力发展农村服务业。相对于农村工业化而言,农村服务业发展滞后。目前,农村服务业主要停留在传统的、低水平的、小规模的交通运输业和商业餐饮服务业领域。一些农村急需的服务行业,如农业科技服务、技术信息咨询、金融保险等,发展严重不足。如果这些行业得以发展,将能吸收大量劳动力就业。统计表明,同量的资金注入服务业,所创造的就业岗位是工业的三至四倍,因而对于我国这样的人口大国而言,加快农村服务业发展有特殊的意义。另外,服务业对生态环境危害程度较小,符合可持续发展理念。为此,中央和农村基层政府要加快农村服务业的发展,一是建设好农副产品批发市场,积极开拓农村资金和劳动力等要素市场;二是把交通、通讯、保险、金融、信息服务、科技服务等行业列为重点发展对象;三是发展农村新兴产业,从而增加农民的就业机会。

(三) 动态疏导与信息服务相结合

城乡统筹就业的重要原则之一是,基本保持本地劳动力供求的动态平衡,为当地经济发展提供一支高素质、数量稳定的劳动力队伍。在市场经济条件下,劳动力在经济利益的驱动下按市场规律流动,其最重要的调节杠杆是工资待遇。过去通过政府命令的方式进行堵塞流动的做法违背市场经济规律,必须摒弃。政府可以根据本地区产业不同发展阶段的需求,引导劳动力在产业、地区、行业之间合理流动,保持宏观和微观的大致均衡。政府可通过各种媒体发布劳动力市场的动态信息,包括需求总量和类型、工资待遇、用工期限、劳动就业环境和劳动保护等,以便让城乡劳动者获得均衡对称的信息,让市场信息引导劳动力流动。政府的积极作用还体现在加强市场硬件建设上,如交易场所、信息网络、技能培训基地等。县以上劳动保障部门应设立公共就业服务机构,并向乡镇和村延伸,形成省、市、县(区)和乡镇四级就业服务的组织体系。以此为依托,推进劳动力市场信息网络建设,完善劳动力供求信息收集、分析和发布制度,加强职业教育和培训体系建设。

(四) 消除低素质劳动力制约和障碍

城乡统筹就业,特别要增加对农村人力资本的投入。人力资本的投资主体,主要由国家、企业和个人组成。国家投资旨在提高社会总体收益和劳动力整体素质;企业投资是受经济利益的驱动,为了在市场竞争中不断创新;个人投资是通过提高自身知识水平和能力,取得个人生存发展的最佳效益。人力资本投资除了直接给投资者带来多重价值收益外,还可以获得巨大的社会效益。例如,政府用于教育、卫生保健、劳动保护、人才流动等方面的人力资本投资,有利于促进社会平等,改善社会投资环境,从而有效提高社会的整体素质。① 经济转型中,在劳动力市场的匹配模型中,新兴的经济部门往往要求从旧的经济部门中分离出来的劳动力具备新的知识和技能,因而不是所有失业者都能立即实现再就业。失业率上升的原因在于失业者劳动能力不足。劳动力供给数量的增加是否会加剧失业取决于劳动力供给的质量;与经济结构变动相伴随的失业率取决于失业者重新就业的速度,也取决于失业者的劳动能力;技术进步是否会引起失业率上升主要取决于劳动者对它的适应能力,这与劳动者的素质密切相关。因此,劳动力的整体素质是失业率及其变动之依据。劳动者的创新能力决定了一个经济系统可能实现的就业规模,而当产业结构、技术水平等随着经济发展而变化时,劳动力的素质又决定了其适应这种变化的能力。如果劳动力的素质高,则能创新产品供给并实现就业;即使他们不能创造出新的供给,但如果失业者与就业者的劳动能力没有明显差别,则能够推动工资下降,从而实现再就业。因此,长期失业者能否实现再就业取决于其所具有的就业能力。

  劳动者的劳动能力依靠人力资本投资。人力资本投资可以不断提高劳动者的劳动能力,使他们适应性更强,保证他们能够持续地满足经济发展的需要。有关研究表明:"拥有较高人力资本的劳动力,比较容易获得较好报酬的职位,失业的风险相对较小;拥有较低人力资本的劳动力,获得劳动报酬相对较低,在经济结构调整往往处于不利的就业地位,失业的概率较高。"②如果对新增劳动力、在业人员、非经济活动人口的人力资本投资是充分的,使他们具有较高的就业能力,就可以缓解失业问题;否则,会不可避免地引起失业人员的增加。经济转型期内,高失业是过去人力资本投资不足所致。由于劳动力整体素质低,经过劳动力市场调节,最终失业的又是其中素质最差的部分,大部分失业者重新就业的可能性较低。失业者不断积累必将加剧失业恶化。③

  鉴于上述分析,首先,应当加强对农村劳动力人力资源的开发,特别是农村人口的教育问题。开发的途径有:一是技能培训,包括技术培训和经济管理知识的培训,加强农村成人教育。二是素质教育。农村人口文化普遍偏低,主要由受过初中和小学教育的群体构成,而城市人口主要由接受了高中及以上教育的群体构成。这是城乡之间最大的不平衡。从这种现实出发,即使在农村区域,九年

---

  ① 参见杨成:《人力资本投资的特性》,载《社会科学报》2000年1月20日。
  ② 蔡昉主编:《2002年:中国人口与劳动问题报告——城乡就业问题与对策》,社会科学文献出版社2002年版,第174—175页。
  ③ 参见毛炳寰:《制度创新与持续性就业——我国转型时期的失业政策选择》,载《劳动经济》2001年第1期。

制义务教育也难以适应经济发展的新需求。中央和地方财政应当从我国现代化发展的全局出发,加大对农村基础教育的支持力度,特别是要保证农村地区九年制义务教育的经费。另外,将农民工的培训纳入各级公共财政的支出范围。进城的农民工大多没有接受任何职业技能培训,输入地政府应当做好培训工作,建立"政府主导、多方筹资"的投入机制;将满足市场需求作为出发点,实行定向培训,并积极探索出新的培训方式。2003年,农业部、财政部等六部门联合出台了《2003—2010年全国农民工培训规划》,将农村劳动力转移就业培训纳入到财政预算支出之中。以前,农村劳动力外出就业主要靠出卖劳动力,通过简单的体力劳动就能够获得就业和收入。随着城镇经济发展和加工制造业对劳动力素质要求的提高,特别是近年来东南沿海、京津地区的大量劳动密集型产业向资本和技术密集型转变,资本有机构成提高,新兴高技术产业迅速发展,对劳动力的技术素质要求不断提高,对高级技术工人的需求不断增加,对纯体力劳动需求量减少。在此背景下,没有技术的劳动者,就业竞争力越来越弱,就业空间越来越小。因此,对农村劳动力进行培训,是提高农民工就业竞争力的关键。

农村劳动力转移就业培训要以提高职业技能为重点,突出职业技能培训,区分不同行业、工种、岗位,对外出就业的农村劳动力进行基本技能和技术操作规程的培训,实现与岗位需求紧密联系;要鼓励各类培训机构主动与用工单位签订合同,定向培训;在突出专业技能培训的同时,要注重法律法规的培训,帮助外出就业的农村劳动力及时了解有关劳动工资、社会保障、投资创业等方面的政策法规,如《劳动法》《安全生产法》《消费者权益保护法》《治安管理处罚法》等,增强预防和处理不测事件的能力。

(五)清除城乡统筹就业的社会保障制约

政府要妥善解决民众的社会保障问题。首先,必须打破城乡二元分割的社会保障制度,这是实现社会公平、构建和谐社会的重要支撑。与此同时,要进行制度创新,并增加制度的变通性。诸如,实行以农民自愿投保、自选投保比例的社会保险。由于城镇就业形式的多样化、工作时间和收入来源的多元化,传统的社会保障制度难以适应这些变化,因而应当辅以个人自愿投保为基础的城乡社会保障制度。[①] 其次,必须采取措施,重点解决困难群体的社会保障问题。对贫困农家提供社会救济,加大城乡困难群体的医疗保障,将大量农民工纳入城镇社会保障体系,解决失地农民就业和社保问题等,都是城乡统筹就业难以回避的

---

① 参见张建武:《劳动经济学:理论与政策研究》,中央编译出版社2001年版,第107页。

问题。

政府可以通过建立农村养老保险制度,实行家庭保障、社区保障、国家救济、计划生育奖励制度等多元化政策,推进农村社会保障事业,建立统一的乡镇社会保障事业经办机构,全面负责农村社会保障各项事业。促进困难群体就业是城乡统筹就业的难点,政府首先要鼓励和支持困难群体的职业技能培训,对培训给予适当的经费补助,困难地区由中央财政给予必要的补贴。其次要进一步深化行政管理体制改革,真正减少政府对市场和企业的各种不正当干预,为社会成员提供尽可能多的创业机会。再次要大力扶持中小企业的发展,使之成为吸收农村劳动力就业的重要途径。农村各种中小企业,尤其是民营中小企业对农村劳动力就业贡献巨大。中小企业规模不大,资本有机构成低,对劳动力的素质和工作技能要求不高,所需求的职业培训费用不多,颇为适合我国的国情。中小企业充分发展,不仅可以大大缓解农村劳动力就业压力,而且可以为中小城镇发展提供良好的物质基础。复次要统一和规范就业管理,包括对劳动力的就业管理和对企业的用工管理,内容涉及用工制度、劳动合同、登记制度、资格证书、岗位规范等。最后要加大财政支持力度。社会保障支出一般要靠国家财政,我国庞大的困难群体必须依赖国家增加投入。

(六) 城乡统筹就业需要制度重构

政府要冲破制约城乡统筹就业的制度障碍,扫除城乡劳动力各种不平等的就业政策。我国以保障城市劳动力全面就业为目标的排他性就业政策,本身就是一种就业歧视。但与之相配套,地方性就业政策仍给予城市人口高度的优先权,而一些针对农民工的限制措施,阻碍了农业劳动力转移。例如,劳动部曾发布《农村劳动力跨省流动就业管理暂行规定》,对跨省流动的农村劳动力实行就业限制;武汉曾采取清退农民工措施,以便安置城市失业者;北京限制使用农民工的范围。这些都导致农民工职业选择性减小,而且其劳动待遇、社会保障难以与城市同行相比。农民工所得偏低的原因之一是农村劳动力过量供给,但更重要的是农民工劳动力市场政策性歧视。[①] 因此,制度重构的核心是废除二元户籍制度,以此为推力,在农村财产制度、生育制度等方面进行改革,保证农村劳动力在经济权利和社会权利上与城镇劳动力平等,促进农村劳动力在城乡之间自由流动,建立一元化劳动力市场。

---

① 参见黄安余:《大陆与台湾农业劳动力转移比较研究》,载《江海学刊》2005 年第 2 期。

(七) 城乡统筹就业需要政府财政政策倾斜

计划经济体制下,我国的资源分配以城市和国有企业为中心,政府财政对农村基础设施、基础教育、生态环境建设、农业科研等公共物品和设施投入长期严重不足,使农业发展的资金和技术短缺,整个农村经济结构的调整升级缺乏财政支撑。改革开放后,我国在处理工农关系、城乡关系方面进行了三次重大调整:第一次是在农村全面推行家庭联产承包责任制,让农民对其生产时间和农产品具备支配权和使用权;第二次是始于2000年的农村税费改革,从制度上动摇了城乡分割的税制基础;第三次是十六届三中全会提出统筹城乡发展的战略思路,实行"以工补农"、以城带乡,开展社会主义新农村建设。其目的是通过改革和发展,给予农民更多的公平待遇,从而缩小城乡在公共产品供给上的差距。①

在世界各国中,美国政府实行工业发展农业的制度最具有代表性。美国农业政策的中心目标是,通过农产品计划和价格支持政策保障农民的收入,并且这种支持与保障力度越来越大。2002年5月,美国颁布的新农业法规定,今后10年政府补贴农业的资金为1900亿美元,比1996年农业法增加约830亿美元。相比之下,我国这方面政策力度不够。2012年,政府财政用于农业的支出为11973.88亿元,占当年财政总支出的比重为9.51%,比1990年的10%和1980年的12%有所下降。可见,我国尚未形成"以工补农"的发展战略。②

要实现城乡统筹就业目标,必须重视农业、农村基础设施建设,为增加农民收入提供有力保障。我国农村有效需求不足,除了收入制约外,还有消费环境方面的制约,因而要以道路、电网、饮水、通信、广播、电视和农产品的仓储、保鲜市场设施等建设为重点,大力加强农业基础设施建设。这样不仅可以帮助农民减少自然风险和市场风险,降低农业生产成本,还有利于改善农村的消费环境和农民的生产、生活条件,扩大农民消费需求。因此,政府应实施积极财政政策,加大国债资金对农村基础设施的投入力度,这是扩大内需、促进经济增长的重要内容。

(八) 城乡统筹就业需要赋予农民工维护劳权的权利

农民工权益保障存在七大问题:一是没有建立劳动关系,许多用人单位不肯与农民工签订劳动合同,由于没有合同约束,农民工随时可能被解雇;二是只有少数发达地区的用人单位为部分农民工办理了社会保障,并为其缴纳费用;三是

---

① 参见马晓河:《新农村建设是统筹城乡发展的战略举措》,载《社会科学报》2005年12月1日。
② 参见杨德才:《制度的彻底变迁与三农问题化解》,载《江苏行政学院学报》2005年第2期。

我国的劳动强度分为四级,其中,三级为餐饮业,四级为建筑业,几乎所有农民工的劳动强度都在三级或四级;四是就业机会不同和同工不同酬;五是私营企业就业环境恶劣,缺乏安全卫生保护措施;六是农民离乡务工手续多,办证费用高,进城门槛高;七是农民工子女教育问题突出。从政策层面考察,各地政府要打破劳动力市场的政策性歧视,破除农民进城就业的门槛,清理各种不合理收费,规范用工合同管理,培养农民的维权意识,赋予他们维护劳动权不受侵犯的权利。从现实层面看,部分用人单位雇用农民工时,给予的劳动报酬偏低,拖欠工资,特别是沿海地区的部分私营企业和个体工商户歧视对待进城农民工,不与其签订劳动合同,不为其缴纳社会保险费等。这时,政府的管理职能就要发挥作用。劳动监察部门不但要严肃查处违规经营者,而且要鼓励并帮助农民工捍卫劳权。

第六章
人力政策与就业

所谓人力政策,又称积极的劳动力市场政策,是指政府通过对劳动力进行重新教育和培训,提高其就业适应能力,改善劳动力供给结构,提高劳动力市场运行效率。人力政策的目标,旨在根据经济发展对劳动力的要求,调节和改善劳动力供给,进而提高劳动力市场资源配置功能。① 它是针对劳动力市场结构性失业而提出的扩大就业的对策,主要是指以适当地利用和开发人力资源为目标,集中向每个有就业意愿的人提供生产性职位,提供开发每个劳动者的全部知识、能力和技巧潜力的机会,使劳动者在更高的技巧和收入基础上继续就业。开发人力资源,是对一个国家或地区人力资源状况及其发展进行总体规划,是经济社会发展整体战略的组成部分,其主要依据是人力资本理论。在相当长的时期内,我国对人力政策不够重视。人力资本存量不足,对经济增长的贡献率较小。人力资本形成是一个长期的过程,主要经历家庭抚养、家庭早期教育、学校正规教育、工作中的培训和实践教育;人力资本作用的发挥和结果与人的主观努力紧密联系。② 从投资角度看,长期以来,国家为了保持经济增长速度,重视物质资本而轻视人力资本投资。改革开放后,虽然教育投资的绝对量有所增长,但相对比重下降。所有这些都与传统的就业制度、分配制度、社会保障制度和社会歧视政策有关。近年来,我国政府提出"科教兴国"发展战略,已经将人力政策提到了相当重要的高度。

---

① 参见杨河清主编:《劳动经济学》,中国人民大学出版社2005年版,第370页。
② 参见袁庆明:《新制度经济学》,中国发展出版社2005年版,第203—204页。

第六章　人力政策与就业

第一节　我国人口控制政策

人口政策是一个国家或地区从社会的、经济的、政治的、资源的、生态的综合战略利益出发，同时考虑到大多数群众的接受程度，对其人口的生育行为所采取的政策。① 也有观点认为，人口政策是一个国家的统治阶级为维护统治利益，对人口发展过程施加影响和干预而作出的具有法令性的规定。② 人口政策包括狭义和广义两个方面。前者指直接对人口现象施加影响，如计划生育、移民政策、妇幼保健、教育普及等，旨在控制人口数量，改变人口结构，提高人口素质的政策。而许多社会政策，其目标不是直接对人口现象施加影响的，但也会间接对人口变动产生影响，如促进妇女就业政策在提高其社会地位的同时，能降低生育率，有利于控制人口，可以将之视为广义人口政策。③ 研究一个国家或地区人口总量与结构，是了解其劳动就业状况必须涉及的问题，而这又与政府人口政策密切相关，因此在分析人力政策与就业关系之前，必须对人口政策展开整体性探讨。

一、人口控制政策的发展

新中国成立初期，我国没有控制生育。一方面，政府工作的重点是巩固新生政权，医治战争创伤，恢复和发展社会生产力，而无暇顾及人口问题。另一方面，社会经历了长期动荡后，需要加快经济发展，人口也需要补充。政府不但不实行人口控制政策，甚至鼓励人口增长。毛泽东指出："中国人口众多是一件极大的好事。再增加多少倍人口也完全有办法，这办法就是生产。西方资产阶级经济学家如像马尔萨斯之流所谓食物增加赶不上人口增加的一套谬论，不但被马克思主义者早已从理论上驳斥得干干净净，而且已被革命后的苏联和中国解放区的事实所完全驳倒。"④再加上国民经济迅速恢复和发展，人民生活得以改善，医疗卫生条件明显好转，人口增长较快。1949 至 1952 年，平均每年人口增长 1000 万以上。"一五"期间，政府曾经执行奖励生育政策，再加上医疗卫生事业的较快发展，导致平均每年净增人口 140 万以上。正是在此背景下，形成了第一个生

---

① 参见冯立天：《中国人口政策的过去、现在和未来》，载《人口研究》2000 年第 4 期。
② 参见侯文若：《中国人口政策评估》，载《人口研究》1988 年第 6 期。
③ 参见黄荣清等：《转型时期中国社会人口》，辽宁教育出版社 2004 年版，第 9 页。
④ 《毛泽东选集》（第四卷），人民出版社 1991 年版，第 1511—1512 页。

育高峰,出生率维持在35‰以上,人口总数从5.42亿增加至6.72亿。①

我国人口繁殖过快,影响了工业化进程和人民生活水平。解决我国人口问题,一是要进行新的人口普查;二是要破除封建思想,实行节制生育政策。因为我国人口与社会经济发展产生了矛盾,表现为人地矛盾,即人均耕地面积减少;人口与工业原料、人口与物资供给、人口与教育及就业之间的矛盾。② 理论界曾就人口问题展开了争论,双方从诸多领域探索人口规律,在人口政策上出现了分歧。马寅初的"控制人口"主张,没有被中央接受,并遭到了批判。人口研究被视为禁区,人口控制因此被推延。

由于政策失误,加上自然灾害的影响,农业生产水平下降,国民经济面临困难,人民生活水平和健康状况降低,人口出生率下降,一度出现了负增长。1960年比1959年人口总数减少了1000万人,但这并没有从根本上扭转人口高速增长的趋势。1962至1973年,人口持续高增长,形成了第二个生育高峰。1962至1965年,平均每年人口增加1600多万人。"文革"开始后,人口失控,形成了人口高增长期,1966至1973年,平均每年人口增加2000多万人。70年代初期,人口已接近9亿,给社会经济发展造成了压力,控制人口增长成为大事。1973年底,全国第一次计划生育汇报会后,政府确立了"最好一个,最多两个"的生育目标。70年代末,中央研究了人口与社会经济及环境的关系,确立了实行计划生育、控制人口数量、提高人口素质的基本国策。1978年《宪法》明确了"国家提倡和鼓励计划生育"人口政策。1979年,中央提出到2000年将人口控制在12亿内,计划生育政策要求城乡普遍只生育一胎。1974至1984年,平均每年人口增加1300万,是新中国成立后人口稳定发展时期,人口总量从8.52亿扩大到10.39亿。③

1984至1990年,计划生育政策有所松动,有的地区严格执行一胎政策,有的地区允许生第二胎。家庭联产承包责任制强化了农民的多子欲望,再加上计划经济下的管理体制逐步解体,一胎生育政策难以推行。为此,中央采取了较为宽松的政策:(1)提倡晚婚晚育,少生优生;(2)提倡每对夫妇只生一胎,允许农村困难农民间隔生育第二胎;(3)为了少数民族的繁荣,其计划生育政策由自治区或省政府自行决定;(4)计划生育政策要考虑地区差异。1985年以来,平均

---

① 参见罗灿:《中国的人口问题》,载林珏主编:《发展经济学案例集》,中国社会科学出版社2005年版,第65页。
② 参见马寅初:《新人口论》,载《人民日报》1957年7月5日。
③ 参见林珏主编:《发展经济学案例集》,中国社会科学出版社2005年版,第66页。

每年人口增加 1500 多万以上。第三次人口增长高峰一直持续到 1996 年。尽管政府继续执行计划生育基本国策,但 50 年代高峰时期出生的人口,这一时期均已经到达育龄时期,巨大的人口基数使人口总量不断上升。

90 年代中期以后,我国人口增长步入稳定期,如表 1-1 所示。在此背景下,计划生育开始向生殖健康转化,重视生育年龄、生育间隔和生育次数、妇幼保健以及预防疾病。政府颁布了各种保障计划生育的法规,如《中国 21 世纪议程》《妇女权益保障法》《母婴保障法》等。我国执行计划生育基本国策的具体目标是:(1) 2010 年将人口控制在 14 亿内,本世纪中叶,总人口为 16 亿;(2) 搞好优生优育,改善人口素质和结构;(3) 促进人的全面发展,提高生活质量;(4) 促进人口与经济、社会、资源、环境协调发展和可持续发展。人口政策体现了人口可持续发展的总体思路。

人口增长既会促进经济发展,又会延缓经济发展,甚至使社会处于停滞不前状态。人口过度增长使资源消耗加快,环境急剧恶化,失业人口增加,犯罪活动猖獗,社会冲突加剧。人口和就业的巨大矛盾将是制约经济发展的巨大障碍。庞大的人口与有限的自然资源之间形成尖锐的矛盾,难以克服。随着人口的增长,水、石油、粮食等战略性资源紧缺,将对今后的可持续发展构成严重威胁。巨大的人口数量、较低的人口素质和不合理的人口结构,对我国社会整体系统承载能力造成重压。这使我国在经济快速持续发展的基础上,实现社会全面发展的进程显得困难重重。① 因此,要实行积极的人口政策,并保持人口的适度增长。

控制人口增长对缓解失业压力,调整劳动力与生产资料的关系是十分重要的,但是这需要 20 年左右的时间才能见到效果。劳动力的培养既是一个人口投资问题,又是一个就业问题。劳动力培养费用不仅与人力资源数量相关,也与增加人力资源存量紧密相关。加大对劳动力的培养投资和培养时间,有利于减轻人口对就业的压力。②

二、人口政策的利弊与趋势

三十多年来,计划生育政策成就卓著,少生三亿多人,节约少儿抚养费八万亿元左右。人口效益带来经济效益,新增人口的减少使国家节省了大量的生育、抚育和教育费用,减轻了国家负担,有利于资源利用和资源保护,同时减轻了就业压力,为我国现代化建设提供了一个有利的人口环境。计划生育政策为科技

---

① 参见王洪春、张占平、申越魁:《新人口学》,中国对外经济贸易出版社 2002 年版,第 102 页。
② 同上书,第 311 页。

进步和人力资本的积累赢得了时间,提高了人口质量,促进了经济发展。但是,任何问题都具有两面性。低生育水平的人口发展,不仅可能会对未来人口发展产生影响,而且也会影响经济发展,主要表现为:

第一,人口老龄化问题。老年人口的绝对规模与现在及未来的生育率高低并无联系,但却与过去的人口政策有关。现有的生育水平不可能改变老年人口的绝对规模,而只能改变人口老龄化的水平和速度。随着新生人口的减少,老年人口相对增加,我国人口老龄化速度加快。下表说明我国人口自然增长率一直在下降,人口老龄化程度和老年抚养比长期处于上升态势。

表6-1 1990—2012年我国人口自然增长率、人口老龄化和老年抚养比的变化

单位:%,万人

年份\类别	人口自然增长率	65岁及以上人口		老年抚养比
		人口数量	人口比重	
1990	14.39	6368	5.6	8.3
1995	10.55	7510	6.2	9.2
2000	7.58	8821	7.0	9.9
2005	5.89	10055	7.7	10.7
2010	4.79	11894	8.9	11.9
2011	4.79	12288	9.1	12.3
2012	4.95	12712	9.4	12.7

资料来源:参见国家统计局编:《中国统计年鉴—2013》,中国统计出版社2013年版,第96—97页。

人口学者预测,到2040年老年人口比重将达到20.9%,在全社会中,每5个人中就有1个65岁以上的老人,老年人口的数量将从2000年的8821万人上升到2040年的2.9亿人。这个数字几乎相当于2000年发达国家老年人口总和1.6亿的2倍。[1] 2050年,我国60岁及以上老人将超过4亿,65岁及以上老人将超过3亿。[2] 这导致从高少儿抚养比向高劳动年龄人口比的转变。[3] 因此,我国老龄化的高峰期应在本世纪的30至40年代。据预测,届时60岁及以上老年人比重将达25%,这既加重了养老负担,又制约了劳动力的供给总量。

第二,计划生育政策和对男孩的强烈偏好,导致部分地区乃至全国的人口出

---

[1] 参见翟振武:《中国人口规模与年龄结构矛盾分析》,载《人口研究》2001年第3期。
[2] 参见关秀芳:《发展社区老年服务是构建老年社会的重要环节》,载《南方人口》1997年第4期。
[3] 参见蔡昉:《人口转变、人口红利与经济增长可持续性——兼论充分就业如何促进经济增长》,载《人口研究》2004年第2期。

生性别比失调。出生婴儿性别比是指每百名出生女婴对应的出生男婴数。通常情况下,出生性别比基本上是在103—107之间。长期以来,我国出生人口的性别比偏高,2012年0至4岁人口的性别比仍高达100∶118.46。特别是安徽、河南、江西、湖南、江苏、广东、河北、湖北、贵州、广西、陕西等省份更为典型。出生人口性别比有地区差异,农村出生人口性别比失衡比城市严重,边远贫困地区比沿海富庶地区严重。其成因主要有已出生女婴被瞒报、女性胎儿在性别鉴定后被人工流产、女婴被溺亡。两性人口比例协调是自然规律,长期失衡的出生人口性别比危害较大:一是增加未来婚姻市场的挤压或将有千万适龄男性难觅婚姻对象;二是边远贫困地区男性过量,可能会增加买卖婚姻、拐卖妇女、卖淫嫖娼等犯罪行为,危及婚姻家庭和社会的稳定;三是将加剧人口结构的失衡,使未来社会阶层结构、消费结构、组织结构等可能为男性所主导,将贻害久远。要根治这一顽疾,从近期看,国家要加大执法力度,严惩医务人员鉴定胎儿性别,违规者将受到罚款、终身不得从医、承担刑事责任的处罚;从长远看,出生人口性别比偏高本质是一个女性发展问题,要改变传统观念,推进两性平衡发展,特别是要提高女性的社会地位。

第三,独生子女问题。随着计划生育政策的推行,独生子女问题逐步成为一个社会问题。有研究认为,我国城镇独生子女达到6140万,农村独生子女达到3206万,全国独生子女达到9346万。[①] 传统家庭结构已经或正在受到计划生育政策的影响,兄弟姐妹、侄子侄女与姑姑叔叔、外甥外甥女与阿姨舅舅之间的亲情都将消失。独生子女家庭存在着较大的风险,主要有:其一,成长风险。如果独生子女成长过程中出现了意外,那么整个家庭将受到沉重打击,如经济损失、家长未来的保障、情感损失等。其二,成才风险。独生子女经常被父母和双方的老人所溺爱,不利于他们的成才。其三,养老风险。由于社会保障制度不健全及保障力度不够,家庭养老依然重要。如果独生子女在外地就业,将难以照顾老人;再加上夫妻双方均为独生子女,家庭结构简单,降低了对老人的保障。

面对上述问题,政府首先要制定既不会加剧人口高峰,又有利于减缓老龄化的生育政策。2013年11月,中共十八届三中全会审议通过了《中共中央关于全面深化改革若干重大问题的决定》。决定规定,坚持计划生育的基本国策,启动实施一方是独生子女的夫妻可生育两个孩子的政策,逐步调整完善生育政策,促进人口长期均衡发展。"单独二孩"政策的核心内容是,夫妻一方是独生子女可以生育两个孩子。我国《人口与计划生育法》规定,国家稳定现行生育政策,鼓

---

① 参见宋健:《中国的独生子女与独生子女户》,载《人口研究》2005年第2期。

励公民晚婚晚育,提倡一对夫妻生育一个子女;符合法律、法规规定条件的,可以要求安排生育第二个子女。具体办法由省、自治区、直辖市人民代表大会或其常务委员会规定。按照这一规定,各地人口与计划生育条例对再生育政策作出了具体规定。单独两孩政策,由各地依据《人口与计划生育法》,通过省级人民代表大会或其常委会修订地方条例或作出规定,依法组织实施。其次,制定既有利于减缓劳动就业压力,又能充分发挥教育优先的发展战略,逐步延长城乡青少年平均受教育的年限和大力发展成人教育。最后,制定既有利于减少过多农村人口数量,又不使大城市人口过度膨胀的人口城镇化发展战略。① 就我国而言,必须从国情出发,将控制人口数量作为首要的战略任务。

三、人口与经济发展及就业

人口与经济可持续发展的关系主要表现为人口与生活资料、生产年龄人口与生产资料、人口质量与技术进步、人口老龄化与养老保险、人口城市化与产业结构合理化以及人口地区分布与生产力合理布局的可持续发展。在不同历史时期,人口与经济可持续发展的重点不同,在人口增长过快时,重点是如何控制人口增长,减轻人口对经济可持续发展的压力,因为经济发展成果被人口过度增长所抵消。人口每增加1%,就需要有3%的经济增长率,才能达到充分就业的目标。有些发展中国家人口增长率为3%,因此必须保持9%的经济增长率才能实现充分就业。劳动力超量供给,而经济增长缓慢,就业机会相对短缺,必将导致失业或就业不充分,这是发展中国家存在的突出问题。人口的大幅度增长,抵消了发展中国家经济增长中的相当比例的国民财富。贫富分化导致低收入与营养不良。低收入还导致低储蓄,资本积累难以达到经济起飞的临界值。② 在老龄化到来之际,重点是如何挖掘劳动力资源,发展经济,减轻人口老龄化对经济发展的负担。

人口素质的高低制约着经济发展,具体表现为:一是对经济增长方式有重要影响。经济增长方式是粗放型还是集约型,与人口素质的高低密切相关。在一个人力资本投入不足、文盲充斥的国家,转变经济增长方式的难度较大。二是制约着经济体制的转变。在从计划经济向市场经济转变的过程中,劳动力素质不适应是一个阻力。三是制约着经济发展速度。人口素质低,难以提高劳动生产率,难以开发和有效使用先进的科学技术和机器设备。经济发展对人口素质具

---

① 参见桂世勋:《人口问题》,载《社会科学报》2005年12月22日。
② 参见王洪春、张占平、申越魁:《新人口学》,中国对外经济贸易出版社2002年版,第458页。

有决定性作用。经济增长方式的转变使得大量劳动力因教育程度低、技能差、就业观念陈旧而不适应。生活水平提高,为提高人口素质提供了直接的物质条件。①

马尔萨斯对人口与经济发展持悲观论调,认为人口增长会限制经济发展,人口的自然增长快于经济增长,收入增加立即会引发人口的更快增加,因此,无论经济发展多快,人均收入将永远处于维持生存状态。经济繁荣导致人口增长,而人口增长又往往超过生产发展,并使居民生活水平下降。这种结论基本上符合工业革命之前的实际,他对人口过剩后果的论述同样具有合理成分。但是,其理论前提是技术水平不变和人类永远无法实现节育,这显然不符合客观事实。他的论断未能成为现实,因为一方面,技术进步增加了食物供给和其他消费品的数量;另一方面,收入增长减缓了人口增长。在人类的发展进程中,法国和西班牙曾出现过人口减少及生活水平停滞不前的现象。而在荷兰和英国,虽然人口持续增加,但实际生活水平却提高了,两国第一次能持续地向不断增加的人口提供良好的生活水平。②

人口失业论对人口和就业的关系展开了深入的分析。人口增长过快失业论者认为,人口是劳动力供给的来源,在毫无节制的情况下,人口增长会超过物质资料的增长。因此,伴随人口增长必将出现人口过剩,导致失业、贫困等问题。二战后,西方学者更加深入地研究了人口增长过快带来的人口过剩、资源短缺、环境恶化、粮食紧张、人口爆炸等危及人类生存等问题,代表作有《生存之路》《人口爆炸》《增长极限》等。人口增长减缩失业论者认为,人口作为商品的消费者,人口增长减缓必将导致有效需求不足,并进而导致失业。劳动作为生产要素是资本积累的主要源泉,人口减少会形成资本积累和投资下降,从而降低对劳动力的需求并产生失业。凯恩斯在《人口减少的经济后果》一文中指出,人口增长停止可以减少过剩人口的威胁,但是,人口增长减少又带来了有效需求不足,导致了慢性失业和经济长期停滞不前,并且失业"魔鬼"比人口"魔鬼"更可怕。汉森提出,人口增长的停滞意味着外延扩张的减退,并认为19世纪经济繁荣是发明、新领土新资源的开发和人口增长三要素共同作用的结果。如果人口减少,则购买力降低,从而引起投资减少和失业增加。因此,增加人口就能解决失业问题。因为人口增加引起劳动力增加,从而增加资本需求和扩张,其结果是资本和劳动力同时增加。人口减少降低了有效需求,减少了投资出路,以致出现经济萧

---

① 参见王洪春、张占平、申越魁:《新人口学》,中国对外经济贸易出版社2002年版,第126—127页。
② 参见[法]勒帕日:《美国新自由主义经济学》,李燕生译,北京大学出版社1985年版,第100页。

条和大规模的失业问题。

库兹涅茨等人对人口增长与经济增长关系进行了实证研究。他们搜集了多国的人口增长率和经济增长率数据,检验人口增长率高的国家是否有低于平均水平的经济增长率,以及人口增长率低的国家是否有高于平均水平的经济增长率。研究结论是,较快的人口增长与较慢的经济增长无关。事实上,经济的活力在于创新,经济增长取决于注入经济的新知识,因为新知识是提升全要素生产率的动力。人口增长可以从需求和供给两个方面促进创新的发生。从需求角度看,一定规模的人口会对生存环境造成压力,从而刺激人们发明创造新的制度和技术,以缓解人口压力。同时,庞大的人口也意味着更大的消费市场,使创造和利用新知识更加有利可图。从供给角度看,只有当人口总规模达到相当大数量时,才能有各种各样的人才涌现,其新思想和新方法是创新发展的基础。

贫穷落后的根源不是过多的人口,而是不合理的经济、政治和社会制度,再加上自然环境因素以及国际因素的共同作用。日本以及我国香港、台湾地区都是在人口稠密、自然资源贫乏之下实现了经济起飞,取得了良好的发展业绩。舆论认为以日本的土地和资源,容纳不了日本七千多万人口。但是,日本在二战后保持了十几年的经济高增长率,到60年代后期,劳动力剩余已经转变成劳动力短缺。直到现在,由于妇女生育率长期处于更替水平以下,虽然日本人口已达到1.27亿,但政府担心的不是人口多,而是人口少了。

客观而论,全球人口增长不一定意味着对环境造成更大的破坏,同样,人口增长速度减缓,也不能保证环境就不遭受破坏。与发展中国家人口负担相比,发达国家过度消费与浪费行为对全球生态系统的破坏可能更为严重。但必须承认的是,过快的人口增长在一定时期的确可能约束经济发展,发展中国家人口迅速增长已经造成了对自然资源的破坏。在以农业经济发展为主的非洲,为了满足对人口增长的需求,结果导致了森林的大规模砍伐、水资源的不足和生物物种的锐减。我国人口增长对资源的消耗很大,特别是改革开放以来,随着人口增长和资源消耗量的加大,总体资源稀缺性加剧,制约着经济可持续发展。工业化和城市化的推进以及资源过度开发,使生态系统遭受破坏。环境污染对经济发展产生极为不利的影响,也使经济蒙受巨大损失。因此,采取适度的人口控制政策是十分必要的。

现代西方控制人口增长理论认为,人口增长对经济增长有负面影响。1986年,美国科学院的研究报告《人口增长和经济发展:政策问题》提出的定性结论是:对大多数发展中国家来说,放慢人口增长有利于本国经济发展,因为人口增长会提高抚养负担系数,影响有形资本构成比率和人力资本构成,进而影响经济发展;而人口增长率下降会使人均收入增长率上升;解决人口和经济关系的关键在于降低生育率和增进经济福利。①

当人口变动与经济发展不相适应时,出现了人口问题,因为人口和经济增长的规律不同,变动的周期各异。一个国家或地区人口数量的多少、人口年龄结构、劳动力的供给、老年人的数量等,已经在十几年甚至几十年内固定化,并且难以改变。然而,经济周期的长度并不相同。在经济扩张期,市场需求不断扩大,带动生产增加,劳动需求增加;而在经济萎缩期,市场需求不断减少,带动生产减量,劳动需求减少。这说明,在市场经济条件下,在经济周期的不同阶段,对劳动的需求是不同的,它和人口状况并不是一致的,所以有时表现出劳动力不足或过剩的人口问题。当一个国家因政策失误或其他原因,出现了长期的经济萧条或长期的劳动力过剩,就会导致持续的人口问题。

20世纪90年代以来,失业已经成为世界最大的发展难题之一。发达国家失业率居高不下,已经构成长期性的失业挑战。遍及西方国家的就业危机具有结构性、非周期性等特征。对于劳动者而言,就业作为决定性的生活内容,作为参与社会工作、分享经济发展成果的基本途径是不可替代的。同时,发达国家继续缩短工时是以放弃部分工资为代价的,这种放弃达到一定极限时,必然会遭到就业者的抗争,从而恶化劳资关系,并影响整个经济发展的稳定性。② 发展中国家的就业矛盾较大,存在着大量的显性失业和隐性失业。近年来,亚非和拉美国家就业机会虽然有所增加,但增加幅度却落后于劳动力人口数量的增加,这又与总人口规模和人口结构有关。由于人口增长率过高,发展中国家的劳动力数量增长也较快,90年代年平均增长率为2.1%,明显高于发达国家0.5%的增长率。从全球范围看,对资本的需求远高于对劳动力的需求,并且资本的流动性远高于劳动力的流动性;对高技能劳动者的需求远高于对低技能劳动者的需求,并且高技能劳动者生成需要较长时间昂贵的人力资本投资。全球性的经济结构调整实际上是就业创造与就业摧毁并存的过程。③ 被摧毁的是低技能的就业岗位,而被创造出来的是高技能的就业岗位。这又必然涉及就业人口的质量问题。发展中国家教育不发达,劳动力素质较低,难以适应劳动力市场,特别是新兴产业对劳动力的需求,因而产生了结构性失业。

---

① 参见李竞能编著:《现代西方人口理论》,复旦大学出版社2004年版,第280页。
② 参见王怡等主编:《社会保障概论》,山东人民出版社2005年版,第251—252页。
③ 参见齐良书编著:《发展经济学》,中国发展出版社2002年版,第99页。

四、我国人口与经济发展

改革开放以来,我国经济增长率高,消费总额增长快,这与人口因素的劳动力数量增加和劳动力素质提高存在紧密联系。但是,同期人口的快速增长降低了资本积累和经济发展速度。人口与经济发展的关系,成为发展过程中必须妥善处理的问题,主要表现为:

首先,人口快速增长使劳动力超量供给,加剧了劳动力市场就业矛盾,成为经济发展中的不稳定因素。由于在20世纪有两次人口出生高峰,劳动力数量急剧增加,25年内增加了约2.4亿,直接导致失业的产生。改革开放初期,针对社会需求和供给失调、产业发展不平衡等经济矛盾,政府不得不实施经济紧缩政策。随之而来的是,政府加快了产业结构调整的步伐,国有企业从许多领域中退出,企业减员增效,造成城市就业状况恶化。从农村就业看,农村劳动力数量超过农村对劳动力的需求,特别是乡镇企业吸纳劳动力的能力逐步下降,给农村劳动力就业造成困难,每年约900万农村剩余劳动力需要向城市转移就业。

其次,人口快速增长使劳动力的资本投资降低,进而使劳动力素质下降,对经济发展带来不利影响。人口文化程度具有生产率效应,劳动者文化程度高,其劳动技能就强,对新技术的反应也就更加敏感;而且文化水平的高低还直接影响到劳动者获取信息、处理信息从而走向成功的能力。我国人口素质低下不但影响了劳动生产率的提高和经济增长的质量,而且还限制了国民科学素养的改善、科技人才数量的增长以及科技创新能力的提高。现代经济发展表明,在一国经济增长中,劳动力资源的文化、技术素质提高对经济增长的贡献比物质资本和劳动力数量增加重要得多,高质量的劳动力资源对经济增长能够产生倍数效益。不仅如此,高素质劳动力资源与就业扩张、就业质量关系紧密。人口素质低也是就业瓶颈和贫困的成因。贫困地区学龄人口入学率低,造成了上代人受穷、下代人还受穷的恶性循环。由此可见,人口质量与经济发展、劳动就业关系重大。

最后,人口增长对经济发展过程来说,具有促进和阻碍的双重影响。欧美和日本等发达国家的适度人口增长扩大了市场,增加了投资,并扩大了经济规模,刺激了经济发展。与发达国家相比,我国人口增长的经济效果并不理想。在过去二十多年,虽然我国经济高速增长的确从人口结构中获得了较大红利,人口结构优势在经济体制改革中得到了充分发挥,从而有力地促进了我国经济高速增长和社会发展。但是,人口的迅速增长,不但抑制了人均国民生产总值的增长,也抑制了国民储蓄额的增长,阻碍了资本的形成,对经济发展产生了负面影响。更为严重的是,我国人口增加导致了就业水平降低,出现了大量的失业人口,造成了劳动力的生产率衰减,进而抑制了经济的良性发展。未来数十年人口年龄结构变化对经济增长的影响不容乐观。随着人口进入低生育率低死亡率阶段,人口老龄化必将加剧。特别是我国劳动力人口老化出现加速发展的趋势,这对劳动生产率提高、对经济发展创新力和竞争力都将产生负面影响,并有可能制约我国经济的可持续增长。计划生育政策目标是控制人口数量,但却导致了人口结构问题,即加速的人口年龄结构老化与性别结构失衡。这可能是我国经济发展长期需要面对的课题。

第二节 我国人力开发政策

一、增加人力资本存量

(一) 近年来人力投资与教育发展

科技革命的不断兴起,新技术、新工艺在生产领域的推广应用,不仅要求劳动者的基本素质不断提高,而且要求劳动者的生产技能也要更新。同时,与生产领域相关的其他行业的从业者也要与科技发展相适应,在素质和技能上不断提高。为了适应经济发展对新型劳动力的需求,促进高质量劳动力供给的手段是政府对基础教育、高等教育的投资。[①] 国家和地方政府加大财政支出,以确保基础教育、公立部门教育培训和社会公益教育等各方面有较为充裕的人力投资费用。

在人力投资方面,1993年颁布的《中国教育改革和发展纲要》提出,要逐步提高国家财政性教育经费支出占国民生产总值的比例,20世纪末达到4%,计划、财政、税务等部门要制定相应的政策措施,认真加以落实。然而,教育投入低于发展中国家平均水平的状况没有改变,这与现行的教育体制有关。目前,基础教育的投资由地方政府负责,中央教育投资用于高等教育的占95.45%。教育经费向高等教育倾斜,与基础教育的不平衡加剧。但是,像我国这样的大国,由中央直接负责基础教育经费是困难的,因此,基础教育由地方负责的体制不能改变,但存在的问题是,地方政府的财政能力差别太大,原因是财政和税收体制不合理。在没有进行根本性的财税体制改革的条件下,中央可以明确地提出对地方教育投资的水平要求,并给予相应的转移支付资金。如果实行这种体制,不但

---

① 参见何成金主编:《劳动经济学》,东北财经大学出版社2002年版,第337页。

地区之间的教育不平等将大大缩小,而且对教育的投入也可以大大增加。[①]

表6-2 1992—2011年我国教育经费的变化 单位:亿元

年份 \ 类别	教育经费总额	国家财政性教育经费支出	国内生产总值	教育经费总额占国内生产总值的比重
1992	867.0	728.8	26923.5	3.22
1995	1877.9	1411.5	60793.7	3.09
2000	3849.1	2562.6	99214.6	3.88
2005	8418.8	5161.1	184937.4	4.55
2010	19561.8	14670.1	401512.8	4.87
2011	23869.3	18586.7	473104.0	5.05

资料来源:参见国家统计局编:《中国统计年鉴—2013》,中国统计出版社2013年版,第44、707页。

表6-3 1980—2012年我国普通高校数量、招生和在校生数量的变化

单位:所,万人,人

年份 \ 类别	普通高等学校数量(所)	普通本专科学校		研究生数量(人)	
		招生数量	在校生数	招生数量	在校生数
1980	675	28.1	114.4	3616	21604
1985	1016	61.9	170.3	46871	87331
1990	1075	60.9	206.3	29649	93018
1995	1054	92.6	290.6	51053	145443
2000	1041	220.6	556.1	128484	301239
2005	1792	504.5	1561.8	364831	978610
2010	2358	661.8	2231.8	538177	1538416
2012	2442	688.8	2391.3	589673	1719818

资料来源:参见国家统计局编:《中国统计年鉴—2013》,中国统计出版社2013年版,第683—685页。

随着高等教育跨越式发展,办学体制逐步打破政府包揽的格局,形成了国家办学为主和民办高等教育、公有民办、社会办学、中外合作办学的多元格局。办学形式多样化,有普通高等教育、高等职业教育、成人高等教育、远程高等教育、高等教育自学考试等;办学层次多样化,包括博士、硕士、本科、专科;培养目标多样化,有理论、应用、技能、复合、管理等多类型人才。由于教育主体多元化,高等教育质量成为社会关注的焦点。同时,学生数猛增,师资、设备和管理跟不上,教育质量不能保证,学生毕业后的就业难度加大。因此,从当前高等教育状况,以

[①] 参见张路雄:《改革财政体制,攻坚教育不公》,载《社会科学报》2005年12月8日。

及社会经济、人口等因素看,高等教育在数量上已不能大幅度扩张,而应该在保持适度数量增长的基础上,将发展重心转移到质量提高上来。①

制约高等教育发展的主要因素是投入不足与资源浪费并存,其主要原因是高校办学层次不清和结构性浪费。因此,高校应分为四个层次:第一层次为研究型大学,约十所,规模大,层次高,以培养博士生、硕士生、本科生为主,其质量接近国际一流大学;第二层次为教学科研型,以培养本科生、硕士生为主,个别专业培养博士生;第三层次为教学型本科院校,以培养本科生为主,招收少量硕士生;第四层次为高等专科院校,只培养专科生。后两类应占总数的90%以上。同时,要调整专业结构,增强适应性。

妥善处理人力资本投资效益与公平的关系,并非机械地强调投资总量的增加,而主要是通过提高人力资源回报率,适当减少不合理的教育收费。我国目前的学费水平已经相当高,政府要努力减少不产生积极效用的教育收费,保证城乡贫困家庭的子女不因费用问题而辍学;防止打着教育"产业化"旗号,通过高收费解决高校资金短缺问题,将很多有才华的学生挡在高校门外。高收费的直接结果是,大学生中的工农子女比例不断下降。② 同时,政府应注意教育机会在城乡之间的公平分布,因为高考制度对落后地区和农村考生不公平。城乡教育差距持续扩大,已成为经济发展中的突出矛盾。教育的根本目标是缩小社会的阶层差距,而非加剧教育的不平等,加深社会的阶层鸿沟。

人力投资的另一个突出问题是,教育与经济发展实际需求脱节,对学生操作能力、应用技术能力、创造力的训练和培养欠缺。基础教育主要是为升学打基础,片面追求升学率,机械地进行题海战术,既压制了学生的创新能力,又造成了学生的厌学情绪。高等教育的学科设置、教学内容、课程安排大多照搬发达国家的模式,衡量教育发展的标准是国际学术标准,而不是对经济发展的贡献。从某种程度上说,教育成了选拔人才的机制,未能充分发挥其促进经济发展的功能。因此,必须要进行人力投资和教育结构性调整。

二、调整人力投资结构

教育可以划分为基础教育、职业教育、高等教育、继续教育。在经济发展处于低水平时,一个国家对初等教育优先发展是增进社会平等、促进经济增长的基

---

① 参见谢作栩:《新阶段我国高等教育应从数量增长转向质量提高》,载《社会科学报》2005年12月8日。
② 参见丁宁宁:《中国教育如何上台阶?》,载《社会科学报》2005年12月8日。

本保障。但是,我国教育结构过分偏重高等教育。这是因为随着完成基础教育的学生人数的增长,对高等教育的需求在不断提高;再加上精英思想的影响,近年来,政府将高等教育作为教育发展的新目标和经济的新增长点。高等教育公共开支的迅速增加,一方面,挤占了基础教育经费,影响了基础教育的发展;另一方面,国家对高层次人才需求有限,从而产生知识失业。因此,要根据社会需要,重新定位高等教育,做好对高等教育总量规模和专业结构的引导工作;要大力提高各层次教育的质量,使新生代人力资源具有知识经济时代的高素质。目前,我国教育发展中需要调整的方面主要有:

第一,现行的教育体制缺乏预测和规划、调节机制,缺乏市场优化配置教育资源的功能,办学分散重复,降低了教育投资的边际产出和产品质量。近年来,高校合并、建国际一流大学,存在为扩大高校规模乱升级、乱招生问题;专业系科目录调整缩减后盲目扩招,导致毕业生不适应市场;一些专业畸形过热。同时,我国高等教育中存在知识和理论陈旧、专业面狭窄、轻应用技能教育、基础欠缺等问题,使得所培养的人力资源难以较好地满足社会需要,降低了人才个体的发展、职业生涯顺利与成功,以及取得应有成就的概率。

第二,教育部门的生产计划与教育产品的销售之间存在着较大的结构性差距。高等教育专业设置,甚至院校设置再三调整,但所培养的专业人才仍与社会需求岗位脱节,造成教育投资应当产生的经济效益、社会效益和促进人力资源个人发展的效益降低。[①] 因此,要改善课程设置,强调教材、教法、教学内容的时代性;要进一步放宽政策,大力发展社会多种力量办学;要关注我国高等教育的市场需求与生产能力,从宏观上解决招生规模和结构合理化问题;要推进高等教育体制改革,解决好专业招生体制与市场用人需求之间的矛盾;要采取多种措施,解决好已经出现的大学生和研究生就业难问题。事实上,我国更加缺乏技能教育、高职教育,即使技能教育和高职教育所培养的学生,也会因为质量差存在就业难问题。

除了调整教育结构外,国家还重视高技能人才队伍建设。高技能人才是在生产和服务等领域岗位一线的从业人员中,具备精湛专业技能,关键环节可发挥作用,能解决生产操作难题的人员。它主要包括技能劳动者中取得技师和高级技师职业资格及相关职级的人员,可以分为技术技能型、复合技能型、知识技能

---

① 参见杨河清等主编:《新世纪人力资源开发与就业》,中国劳动社会保障出版社 2005 年版,第 26 页。

型三类人员。① 目前,在全国 7000 万技术工人中,技师和高级技师不足 4%。青年高级技能人才短缺,高级技师年龄普遍偏高。随着老一代高级技师逐渐退休,很多企业紧缺的高级技能人才将后继无人。技术工流动比例逐年上升,国有企业技工因待遇低,流失较为严重。从劳动力市场的供需看,高等级技能劳动者供不应求。

  从调整人力资本结构出发,首先,国家将高级技能人才队伍建设纳入人才工作的总体规划。2003 年 12 月,全国人才工作会议提出,要建设规模宏大、结构合理、素质较高的人才队伍,从人口大国转化为人力资源强国。围绕全国人才工作会议精神的贯彻落实,各省级和地市劳动保障部门建立了由主管领导负责,政府各有关部门参加的高级技能人才工作办公室,制定实施方案,明确目标。其次,国家加大高级技能人才培养力度,实施高级技能人才培训工程。2002 年,劳动保障部联合机械工业联合会和航空、航天、兵器、船舶、机车车辆等十大企业集团,以及信息产业部、中国电力企业联合会等实施"国家高技能人才培训工程"。工程紧密结合企业生产发展、技术更新、产品升级的要求,充分依靠行业和企业,利用社会资源开展高技能培训,重点在部分工业集中的大城市和大中型企业,通过企业培训和学校培训相结合、在职培训与脱产培训相结合、个人自学提高与企业社会支持相结合等方式,加快高技能人才的培养。最后,在继续推动国家高技能人才培训的基础上,实施技能人才队伍高端带动发展战略,即从 2004 至 2006 年,在制造业、服务业及有关行业技能含量较高的职业中,实施 50 万新技师培养计划,紧密结合市场需求,加快培养企业急需的技能人才。②

  此外,我国应重视创业培训。创业培训是对具有创业愿望和相应条件的人员所进行的开办小企业或自谋职业所必备的基础知识和能力的培训。它是近年来在促进就业再就业过程中逐步发展起来的一种新的培训形式。创业培训的对象可以是下岗失业人员,也可以是高等院校毕业生、军队复员转业退伍军人、农村准备向非农产业转移的人员或返乡创业人员。创业分为创办企业和自谋职业两种。前者要在工商行政管理部门办理私营企业注册登记;后者是指在工商行政管理办理个体营业执照或在社区举办非正规就业组织。

  SYB(START YOUR BUSINESS,意思是"创办你的企业")创业培训项目,是由联合国国际劳工组织开发,为有愿望创办自己中小企业的人士量身定制的培训项目。我国劳动和社会保障部将这个项目引进后,部分省市进行试点运行,取

---

① 参见于法鸣主编:《培训与就业》,中国劳动社会保障出版社 2005 年版,第 66 页。
② 同上书,第 72 页。

得了良好的效果。创业培训的作用主要体现在四个方面:一是它不仅使学员的就业观念发生了转变,更激发了他们的创业意识;二是通过学习创业知识和技能,提高创业者的综合素质,减少创办企业盲目性,降低了企业的经营风险;三是帮助创业者制定周密的创业计划,如企业能否盈利,增强融资能力;四是增强了信用度和降低贷款担保风险。通过启动资金的预测,制定利润计划和现金流量计划,可以理性使用资金。为了增加社会信誉度,在创业培训中特开设了诚信课程,以培养劳动者的职业道德。

该项目采取小班教学,注重师生之间的互动。创业培训采用的教材是劳动保障部组织修订的中国版《创办你的企业》教材,分创业意识册、创业计划册和创业计划书三本。培训的总学时为 80 个,分创业意识培训和创业计划培训两部分。培训结束后,学员能独立完成自己的《创业计划书》,进而逐步实施创业计划。整个创业培训分为理论学习阶段、咨询辅导阶段和后续扶持阶段。在理论学习阶段,主要进行创业意识、创业基础知识和有关经济法规教育。在咨询辅导阶段,由咨询委员会专家或培训机构的教师对学员制定的《创业计划书》进行分类指导和咨询,帮助学员确定有发展前景、符合市场需求的创业项目,修改和完善《创业计划书》。在后续扶持阶段,主要针对学员在实际创业过程中遇到的问题,提供咨询和服务。[①]

如果要使创业培训项目可持续发展,我国可能要在以下几个方面进一步加强扶持力度:其一,创业培训政策扶持。国家要将创业培训置于经济发展和促进劳动力就业的战略高度,统筹规划和统一指导,通过有关立法以确立创业培训的法律地位,从而使各级地方政府有法可依,并根据当地实际制定相应的法规和政策,从法律和政策的高度确保创业培训的发展。其二,创业培训环境扶持。国家要在全社会倡导并形成创业之风,促使社会就业观念的多元化,以化解就业矛盾。政府可以借助大众传媒,加强舆论引导与宣传,介绍国内外创业理念、创业政策、创业典型、创业经验等,为创业培训提供良好的社会环境和舆论环境。不仅如此,政府要推动创业基地、创业指导和服务中心建设,努力选拔和培养优秀的培训师资,营造良好的硬件和软件环境。其三,创业培训资金扶持。这是创业培训可持续发展的经济基础和财力保障。中央政府可以建立创业培训专项资金以保障培训的基本需求,各级地方政府要根据当地的实际财力按比例建立配套资金。企业和培训参与者承担部分培训经费,还可以动员和吸纳社会捐赠资金。

---

① 参见于法鸣主编:《培训与就业》,中国劳动社会保障出版社 2005 年版,第 99 页。

三、突出人力开发重点

(一) 职业培训与职业资格证书制度

职业培训包括职业分类与职业标准、职业培训、职业技能鉴定和职业资格证书、技能竞赛等。1992 年,我国颁布了首部《工种分类目录》;2000 年,颁布了《职业分类大典》,将职业分为 4 个层次,包括 8 个大类,66 个中类,413 个小类,1838 个细类。[①] 职业培训包括就业前培训、转业培训、学徒培训和在职培训。依据职业技能标准,培训的层次又分为初级、中级、高级职业培训和其他适应性培训。培训工作主要由技工学校和各类职业培训机构承担。技校是培养技工的基地,就业训练中心是培训失业人员的基地,以实用技术和适应性培训为主。此外,还有企业培训中心、社会和各方面举办的培训机构,承担在职培训和其他培训。综合性培训基地是在改革现有的技校、就业训练中心以及企业培训实体基础上,建立兼有职业需求预测、职业培训、技能鉴定和职业指导等多种功能并与职业介绍结合的综合性职业培训基地,为学员提供培训、鉴定、就业服务。职业技能开发集团是在城市,依托社区,联合各类培训机构,并实行劳动部门内部培训、鉴定与就业机构的联合运作,扩大培训规模效益,为促进就业服务的新型培训联合体。

目前,我国已建立了职业资格证书制度,对职业学校和职业培训机构毕业生实行职业技能鉴定制度,对各类企业的技术工种实行必须经培训考核合格后,凭证上岗的制度,对个体工商户、私营企业从业人员推行持证上岗制度。《劳动法》第 69 条规定:"国家确定职业分类,对规定的职业制定职业技能标准,实行职业资格证书制度。"《职业教育法》第 8 条规定:"实行学历证书、培训证书和职业资格证书制度。"这些都为推行职业资格证书制度提供了法律依据。职业资格证书是通过政府认定的考核鉴定机构,按照国家规定的职业技能标准或任职资格条件,对劳动者的技能水平或职业资格进行客观公正评价和鉴定的结果,是劳动者具备某种职业所需要的专门知识和技能的证明。与学历文凭证书不同,它与某一职业能力的具体要求相结合,反映特定职业的实际工作标准和规范,以及劳工从事该职业所达到的实际能力。技术性职业的职业资格证书,分为初级技能、中级技能、高级技能以及技师、高级技师五种,由劳动部门统一印制,劳动保障部门或有关部门按规定办理和核发。职业资格证书是劳动者求职、任职、开业和用人单位用工的依据,也是境外就业、对外劳务合作人员办理技能水平公证

[①] 参见刘艾玉:《劳动社会学教程》,北京大学出版社 2004 年版,第 70 页。

的有效证件。

实行职业技能鉴定和资格证书制度,是提高劳动者素质、促进就业的重要措施。它使城乡新增劳动力根据经济发展和劳动力市场需求,接受职业教育和培训,同时延迟他们进入劳动力市场,有利于缓解就业压力,并为失业者再就业创造宽松环境,是培育和发展劳动力市场的基础。它可以为劳动者择业和用人单位用工提供客观公正的职业技能凭证,既为形成有序竞争的劳动力市场奠定基础,又促进了人力资源合理配置。同时,将职业技能鉴定和企业内人力资源管理相结合,有利于促进企业建立培训、考核与使用相结合并与待遇相联系的激励机制,调动职工学习技术的积极性,从而提高产品和服务质量,促进经济发展。

职业培训必须走社会化、产业化之路,应从办培训转向指导培训,调动社会力量办培训。政府将运用法律和经济手段,对职业培训进行社会化管理,通过评估认证、培育劳动力市场等措施,引导整个国家职业培训的发展。同时,鼓励私有和多种形式的公有私营职业培训机构的发展。作为发展中国家,政府财力有限,必须鼓励社会力量办职业培训。另外,私有培训机构的发展也加快了公共培训市场化步伐。实现培训社会化应以培训的产业化为前提。政府应尽快制定培训产业化的发展规划,注重劳动者的整个职业生涯培训。因为产业结构变化既使原有的某些职业岗位衰退,又会新增加大批职业岗位;而技术结构的变化既会影响社会职业岗位的构成,又会影响相关职业岗位的内涵,表现为技术含量的日趋丰富和智力成分的不断增长。因此,职业培训的目标不应单纯地针对职业岗位。

职业培训产业化,一是有利于吸引教育投资,实现职业培训公益性与投资性的统一。产业化不但能吸引企业、个人投资,形成办学主体多元化、市场化格局,而且企业加入有利于职业培训。二是克服职业培训内部无序竞争,逐步走上规模效益之路。职业培训在遵循教育规律的同时,也要遵循经济规律,实现职教资源优化组合。三是减少教育资源浪费。职业培训完全作为公益性事业,由政府包办,用人单位作为教育的直接受益者,却未进行教育投资,用人也较少实施成本核算,而是盲目追求高学历,导致人才浪费。[1]

(二) 农村职业培训

目前,我国农村人力资源现状为:首先,农村人力资源基数大且有扩大趋势,农村劳动力就业压力较大。2012 年,我国农村就业人口仍高达 2.58 亿。其次,

---

[1] 参见于法鸣主编:《培训与就业》,中国劳动社会保障出版社 2005 年版,第 27、30 页。

伴随着农村经济发展,农村劳动力受教育的程度明显提高,人力资源的素质有所改善。但是,农村劳动力绝对水平仍很低,除了许多青壮年农业就业劳动力依然是文盲半文盲外,还有相当一部分低龄者进入就业状态。最后,农村人力资本质量较低。农村劳动力总体素质较低,很难适应现代非农产业发展的要求,影响劳动力的有效转移。没有技术的农村劳动力,就业竞争力越来越弱,就业空间越来越小。①

农村职业培训需求源于制度变革、经济战略转变和资源条件。家庭联产承包制的实行,打破了行政资源配置,给予农民经营自主权。但人地矛盾迫使农民改变农业结构,以增加就业量,或寻找其他就业出路。就农业培训需求而言,农产品市场的变化导致农业结构调整,用高新技术改造传统农业,增加农产品的技术含量,这必然引发对农业技术培训的需求。产业间收入差距是农民从事非农职业的推力,因此,劳动力从纯农业转向兼业和非农业,从低收入地区流向高收入地区,以及从农村转向城市。有特长者在城市获取就业岗位,加上更多城市对农民工的素质提出了高要求,促使对流动农民工进行职业培训。这首先是出于降低城市管理成本,其次是适应城市产业结构和经济发展的需要。农村职业培训需求不同:其一,经济发达、市场意识强的地区,培训需求是全方位的。环境迫使农民外出就业,从而引发培训需求,其培训主要是非农产业的培训。其二,农民需求的培训层次,取决于现时的农业结构和当地经济发展状况,年轻和文化程度较高者在非农产业就业较多,因而需要非农培训。而中年及文化程度较低者从事农业较多,更需要农业方面的培训。

农村职业培训主要由农业、科技和劳动等部门承担。作为农业的主管者,农业部门是开展农村培训的主力。它在乡镇设有农技推广站,承担着农村科技推广和服务工作。农业部所属的农业广播电视学校是农村职业培训的又一生力军。多年来,政府科技部门、科委、科协广泛开展了科技下乡、科技咨询和培训活动。星火计划是其中影响最大的活动,已形成了以国家、省、地、县各级星火培训基地为骨干,以社会相关培训力量为基础,覆盖全国农村的星火培训网络。近年来,劳动部门所属的技工学校和就业训练中心也成为农村职业培训的重要角色。我国共有技工学校四千多所,在校学生约两百万,每年毕业学生六十多万。过去就业训练中心的培训对象主要是城镇职工,但它们也按市场运作招收相当多的农民工进行培训,特别是县级就业训练中心,主要培训对象是农村劳动力。

"农村劳动力开发就业"试点是新中国成立以来规模大、范围广的农村就业

---

① 参见周琳琅:《论城乡统筹发展中的农村劳动力转移》,载《学术论坛》2005年第4期。

开发项目。其特点是,将农村开发就业和职业培训放在经济发展规划中实施。各地在项目实施中,制定了符合当地经济发展的规划,并以此为中心开展对农村劳动力的开发就业和职业培训,创造了就业的多种途径,如向农业的深度和广度挖掘;推进农业产业化经营,发展农业服务体系;发展乡镇企业;向外地转移劳动力;建设小城镇等。这些就业门路,都围绕加强职业培训、提高劳动力素质和优化就业结构而展开。它不仅培训了大量的农村劳动力,而且在一些地区建立和完善了农村职业培训体系,大力推广适用技术,提高农村劳动力的知识技能素质。①

　　对农村职业培训的效果要进行具体分析:首先,它提高了农业效益,增加了农民收入,涌现出科技致富带头人。其次,它增加了农业的就业容量,促进了旧结构优化和农村剩余劳动力就业。新品种、新技术的推广应用,农业科技含量的提高,专业化水平的提高,新产业链的形成,在提高农业生产率的同时,也提高了资源的利用率,加深了农业的就业深度,扩大了农业内部的就业容量。虽然职业培训的规模和数量较大,但接受过正规职业技术培训的劳动力不多。农村培训有地域差异,经济发达地区,如东南沿海、城市郊区等,培训开展较好;而欠发达地区和贫困地区,种植业仍占主导地位,农民市场意识和科技意识弱,政府对农村培训推动和组织不够。

　　农村职业培训的主要问题在于:其一,农村经济制度决定着培训的兴衰。由于土地产权不清、土地征用城市利益导向严重,征用范围过宽、补偿过低、失地农民安置不当,②导致大量农村青壮年劳动力外出就业。其二,高校、科研机构未与农村经济发展密切结合,它们既不参与农业发展政策,又缺乏指导农业实践。大量农学毕业生未到农业科技前线就业,而是滞留于机关。其三,职业培训与经济发展、与农民和农村的实际需要及就业相脱离。它未被纳入国民经济和社会发展的总体规划,未与调整农业结构、推进农业产业化经营、发展乡镇企业,以及转移农村剩余劳动力和开发就业统筹规划。其教学内容和方式不适应劳动力市场变化的需求,教师对实际生产服务第一线的经营管理、劳动组织、技术工艺了解不够,专业技能和实践教学能力薄弱。其四,职业培训没有稳定的资金来源,成为制约其发展的瓶颈。为此,要克服上述弊端,推动农村职业培训的发展。

　　推动农村职业培训可持续发展的关键,是解决培训资金保障问题。政府在

---

① 参见周琳琅:《论城乡统筹发展中的农村劳动力转移》,载《学术论坛》2005年第4期。
② 参见曲福田、高艳梅、姜海:《我国土地管理政策:理论命题与机制转变》,载《管理世界》2005年第4期。

农村职业培训经费筹集中应当发挥主导作用,因为政府的政策支持与经费投入是农村职业培训可持续发展的可靠保障。中央政府和各级地方在财政支出中要安排专项经费扶持农村职业培训事业,并且要以各级地方政府财政为主。各级地方政府可以实行资金筹集的多元化:一是在土地出让金净收益中提取部分资金,用于农村职业培训。根据出让土地不同使用状况,确立不同的提取比例,体现了合理分担的原则。二是在社会劳动保障基金的投资收益中划拨部分资金,支持农村职业培训事业。其划拨比例和数量应以当年投资收益为依据。三是大力提倡社会各界捐资助教,广开资金筹措渠道。完善捐赠公益性科普事业个人所得税减免政策、企业捐赠减免政策和相关实施办法,广泛吸纳境内外企业、组织机构和个人的资金,以支持农村职业培训事业。① 地方财政紧张的地区更要采取多方筹资的办法,解决培训资金瓶颈问题,地方财政宽裕的地区应当将外来农民工纳入当地职业培训范畴。② 否则,政策不能落实、经费相互推诿,也将使农村职业培训陷入两难境地。

(三) 再就业培训

再就业培训概念出现于20世纪80年代末。随着国有企业改革和劳动合同制的实行,下岗职工数量庞大。劳动部制定了《关于加强待业职工转业训练工作的通知》,提出国有企业下岗职工要参加职业培训。但是,由于失业者大都无法承担再就业的培训费用,只能由政府出资对失业者进行各种再就业的培训,使他们拥有适应需求的知识技能,帮助他们重返就业岗位。因此,再就业培训是职业培训的组成部分。

再就业培训的具体政策包括:首先,免费再就业培训政策。国家对国有企业下岗职工实行免费再就业培训政策。各地根据财力执行具体政策,如对符合条件的下岗失业人员进行每年一次的免费再就业培训;将免费再就业培训政策覆盖至集体企业下岗职工;对参加培训的人员给予生活补贴、交通补助等,鼓励其参与培训。政策效果较为明显,既促进了再就业,又使下岗职工感受到了政府的温暖。其次,培训经费发放与再就业效果直接挂钩政策。这是一种激励政策,必将引导培训机构根据市场需求设置培训项目与组织实施培训,针对性强,能够吸引下岗职工参与培训,提高培训规模和效果,促进培训与就业的结合。更为重要的是,这种政策有利于增强资金的使用效率,将有限的政府财力用于关键之处。

---

① 参见邹少霏、苗雪艳:《农民工职业培训体系建设的路径选择》,载《中国成人教育》2010年第2期
② 参见姜涛、李福来:《返乡农民工职业培训的问题与对策研究》,载《湖南农业科学》2010年第3期。

从长远看,这种政策明确了以就业为导向的教育培训改革发展方向,可以有效推动教育培训机构围绕社会需求和劳动力市场需求调整办学行为,推动教育培训事业的改革。在实践中,政府根据培训的合格率和培训后的再就业率、创业成功率等指标,对培训机构给予经费补贴。通过综合考核、分段考核和定向考核等多种方法发放经费。① 再次,再就业培训机构资质认定制度。2003 年,劳动保障部制定了《关于进一步推动再就业培训和创业培训工作的通知》,要求各地建立健全再就业培训机构资质认定制度,形成动员全社会力量参与再就业培训工作的格局。最后,实施两期"三年千万"再就业培训计划,培训对象是下岗职工和失业人员。

第三节 人力政策与就业的关系

在分析人力政策与劳动者就业关系时,不能不涉及国家的竞争力问题。无论是发达国家还是发展中国家,都竭力增强其国家竞争力,以便在国际竞争中处于有利地位。人力政策被认为是任何国家提高竞争力的关键因素,为此,对教育和培训的投资极为重要。除了提升国家竞争力以外,人力政策对劳动者就业的影响主要通过三个途径发挥作用:一是良好的人力政策能促进经济增长;二是调节劳动力市场供给数量;三是调整劳动力市场供给结构,以减少劳动力结构和质量与需求不相称所引发的结构性失业。②

一、人力政策与经济增长

人力政策可从根本上提升一个国家的整体竞争力,从而促进经济增长和经济发展。从宏观层面考察,舒尔茨通过对农业经济的长期研究发现,从 20 世纪初期到 50 年代,促使美国农业生产产出迅速增长和农业生产率提高的重要因素,已经不再是土地、劳动数量或资本存量的增加,而是人的知识、能力和技术水平,即人力资本。后来,一些经济学家研究发现,妨碍穷国赶上富国的因素,是人力资本的缺乏,而不是缺少物质资本。1998 年,世界银行发表的年度报告《知识促进发展》指出,知识是经济增长的关键,已经超过物质资本和劳动力而成为经济增长的主要因素。

随着经济发展,产业结构正在发生明显变化,即含有大量知识、技术的高技

---

① 参见法鸣主编:《培训与就业》,中国劳动社会保障出版社 2005 年版,第 84—85 页。
② 参见袁志刚、方颖:《中国就业制度的变迁》,山西经济出版社 1998 年版,第 244 页。

术产业在整个经济中所占的比重迅速上升,并已经超过一般工业部门。2010年开始,美国工业经济时代的支柱产业之一钢铁业开始复苏,2012年粗钢产量达到8870万吨。钢铁业的复苏是其他下游产业复苏的集中体现,其产业覆盖面广、产业链长,包括建筑、汽车、机械制造、能源、集装箱、家用电器等。美国的另一支柱产业汽车行业销售良好,2013年5月,美国实现汽车销量140万辆,同比增长8%。汽车销量增长有效地促进了就业机会的创造,福特公司2013年1至4月在密苏里州的工厂增加了2000个就业岗位。这必须要以坚实的人力资本为基础,反过来,人力资本有力地促进了产业结构的升级。

从微观层面考察,就出口增长而言,通过人力资本投资,提高了劳动生产率以抵消其他为提高竞争力所需要采取的调整方式,诸如汇率调整和降低劳动者工资。在建立新的生产线和提高劳动附加值方面,人力政策和人力资本投资是至关重要的。一般来说,高收入和高生产增长率的国家,其投资和产出增长率也高,设备更新换代的速度较快,因此促进了技术进步,扩大了通过实践学习的内容,加快了对新产品的开发。所以,其出口更加具有竞争力,不是通过降低工资的方法得以实现。但是,发展中国家受原有的经济发展水平和技术进步水平限制,技术进步在经济增长中实际所起的作用与发达国家存在较大差距。通过对我国和印度两个发展中大国的比较,能更加清楚地看出这一点。印度经济增长依靠其人力资本优势,而不是依靠其自然资源和廉价劳动力。人力资本是印度出口的发动机,这与我国依靠制成品大量出口带来的高速经济增长形成鲜明对比。印度在IT服务业领域较之我国有着绝对优势,IT等人力资本密集型的服务是印度服务业出口中的重要组成部分。在2002至2008年,印度IT产业产值仍保持着31.6%的高增长速度,大大高于全球同行业总产值9.27%的平均增长速度。2008年,印度IT产业出口额达到470亿美元;同年,该产业提供了220万个就业机会,既促进了劳动力跨产业流动并优化了劳动力就业结构,又缓解了国内就业压力。[①] 印度的制药行业同样超过我国,美国一半以上的疫苗是从一家印度私人公司采购的。事实上,受过高等教育训练有素的劳动者在IT业和医药行业的高速发展中发挥了重要作用。我国经济发展多依赖廉价的劳动力和充裕的物质资本,而印度经济发展则主要依靠人力资本,人力资本密集的产品出口成为

---

① 参见陈利君、陈雪松:《印度IT产业发展现状及其原因——基于国家竞争优势理论的分析》,载《东南亚南亚研究》2010年第4期。

印度经济增长的动力。① 目前,我国技术进步对经济增长的贡献率仅为 30% 左右,不仅远低于发达国家的水平,而且也比许多发展中国家低。

就投资增长而言,工人的人力资本质量与投资关系密切。跨国公司一般倾向于到那些能提供其所需要的技工的国家投资。虽然某些高水平的技工能够引进,但长期竞争力的维持主要依靠当地提供其所需的技术和管理人才。即使一些技术层次较低的初加工或经营活动,如服装加工,投资者也要寻找能够提供识字工人、具有培训能力、拥有技术和管理技能人员的国家进行合作。一个国家吸收外资并能够从中获益,或者说外国投资可能带来的技术转移,在很大程度上依赖于本国的人力资本投资,投资者往往通过当地培训和输送新招劳动力到其他地方集体培训获得发展所需的特别技能。这种相互作用使得国家可以开发人力资源和增加技能工人总量,并培养自己使用和改造技术的能力。②

人力资本投资、技术进步导致对新产品的开发,使各种生产要素和商品的价格发生了变化,从而改变各种生产活动的比较利益,使总产出的产品组合即产品结构发生了变化。技术进步和人力资本投资是社会分工和专业化水平提高的基础,而分工和专业化的状况直接影响产业结构。技术进步一方面通过改变产品结构和产业结构影响市场结构,另一方面直接促进市场结构的变化。更为重要的是,技术进步改变了就业结构。③

二、人力政策调节就业总量

劳动力的供给调节,既要针对就业存量,又要关注就业增量,即城乡新增劳动力。我国由于人口基数大,在 20 世纪七八十年代相继出现了几次人口生育高峰,这部分人已汇集在劳动力年龄段上。国家每年需要解决两千多万人的就业问题。由于受人口年龄结构和惯性的影响,生育高峰的削平需要几代人的时间,这导致未来劳动力自然增长量大,就业压力难以在短期内消除,供过于求将经年维持。

劳动力供给调节要根据劳动力市场的实际情况。有人把通过扩大投资规模引起的就业岗位的增加称为绝对增加;把投资规模不变,通过对影响就业的因素进行调整而引起的就业岗位的增加称为相对增加。我国就业岗位的绝对增加量

---

① 参见李艳:《人力资本对经济的贡献——中印比较》,载林珏主编:《发展经济学案例集》,中国社会科学出版社 2005 年版,第 109、111 页。

② 参见国际劳工局编:《世界就业报告:1998—1999 年》,中国劳动社会保障出版社 2000 年版,第 98 页。

③ 参见齐良书编著:《发展经济学》,中国发展出版社 2002 年版,第 141 页。

有限,应依靠相对增加。① 面对市场供过于求的状况,减少劳动力供给总量,逐步降低就业人员占总人口比率,显得十分必要。长期以来,国家执行计划生育基本国策,有效控制了人口的无度增长,生育率迅速下降,从而缓解了劳动力市场的供给压力,其影响是多方面的:首先,由于生育率的下降,总人口的增长速度和劳动力人口的增长都将随之下降。其次,生育率的下降,有可能提高已婚妇女的劳动参与率,从而增加全社会的劳动力供给。因为经济发展一般会导致劳动力需求增加和工资率上升,这为妇女参与社会劳动提供了更多的就业机会和更高的生育成本。反过来,妇女人力投资增加,劳动参与率升高后,她们不愿过早结婚,不愿在家生儿育女当一名家庭主妇,从而使人口出生率逐年下降。最后,生育率的持续下降,必将引起社会人口结构的变化,退出劳动力市场的老年人口所占比重不断加大,将使全社会劳动力供给呈现下降趋势。② 这表明,计划生育对人口总量的控制已经达到了极限,所引发的人口老龄化问题值得关注。除了人口政策以外,人力政策调节还能从以下几个方面直接影响就业总量,减少劳动力市场供给量:

第一,人力资本投资,特别是教育事业的发展,直接降低了青年劳动参与率,延缓其进入劳动力市场就业。根据国家统计局的有关资料,总人口的就业率从新中国成立初期的36.1%,逐步增加至1998年的56.8%。近年来,我国总人口的就业率不仅高于发展中国家,而且也高于发达国家。我国就业率偏高的主要原因是青少年和妇女劳动参与率过高。1995年,初中毕业后就参与劳动的青少年占同龄人口的42%,不在学校也未就业者占同龄人口的15%,在校学习者约占43%;高中毕业就参加劳动的青少年占同龄人口的77.65%,不在学校也未就业者占同龄人口的8.5%,在校学习者约占13.77%。③ 因此,大力进行人力资本投资,发展教育事业,可以降低劳动参与率,延缓劳动力供给和就业。

对于进入城镇正规部门就业的职工,国家给予年龄限制,即年满18周岁的成年人方可录用,以保障其接受义务教育、职业培训的权利。④ 对这部分青年增加职业培训量,推迟其进入劳动力市场,具有现实意义。职业培训各种费用将由多方分担,国家承担部分职业培训费用,家庭负担其生活费用。这部分青年可以参加非正式部门和正规部门的有偿服务。这既将部分劳动力由就业转为就学,

---

① 参见黄任民等:《就业岗位的绝对增加与相对增加》,载《经济理论与经济管理》1998年第5期。
② 参见杨先明等:《劳动力市场运行研究》,商务印书馆1999年版,第87页。
③ 参见杨宜勇等:《劳动就业体制改革攻坚》,中国水利水电出版社2005年版,第67页。
④ 参见胡鞍钢:《关于降低我国劳动力供给与提高劳动力需求重要途径的若干建议》,载《中国软科学》1998年第11期。

以缓解就业压力,又提高了未来劳动力的素质。

1999年6月,中央颁布了《关于积极推进劳动预备制度,加快提高劳动素质的意见》,首次提出了建立劳动预备制度和就业准入控制政策。这是国家为提高青年劳动者素质、培养劳动后备军而建立和推行的一项新型培训制度。目前,部分城镇已付诸实施,其基本内容是组织新生劳动力和其他求职人员,在就业前接受约三年的职业培训和职业教育,使其取得相应的职业资格或掌握一定的职业技能后,在国家政策的指导和帮助下,通过劳动力市场实现就业。根据劳动力市场需求,按照职业分类和职业技能标准,对劳动预备制人员进行职业培训和职业教育,主要实施职业技能和专业理论学习,并进行必要的文化知识学习和创业能力培训,同时进行职业道德、职业指导、法制观念等教育。

这项制度的实质是以就学替代就业,即通过扩大教育规模,大力发展非义务教育,鼓励社会力量投入教育培训,开展就业前的职业教育培训,以延迟新生劳动力的就业年龄。就业准入控制是推行劳动预备制度和职业资格制度的重要手段。在一定范围内实行强制性就业准入控制,全面落实先培训、后就业制度,青年劳动者未经必要的职业培训,不得就业;劳动者从事国家规定实行就业准入的职业,必须持有相应的职业资格证书。

第二,执行刚性退休政策。退休年龄是重要的法律界定,其确定是否合理,既要考虑到它对养老保障运行的影响,又要考虑到它对就业的影响。我国法定退休年龄是政府在解放初期确立的,虽然在发展中国家处于普通水平,但考虑到人口的预期寿命较高,老龄化问题日益严重,退休年龄较低。在计划经济下,大多数劳动者既不提前退休,退休以后又不再寻找新工作。国有部门职工基本上按照国家规定办理退休手续,退休后返聘只是极少数。2000年底,我国离退休人数仅为3170万人,2012年增加至7446万人。[①]

改革开放后,部分离退休人员由原单位返聘或受聘于其他单位。事实上,他们退休以后的生活保障状况至关重要。退休者一般能获得稳定的经济来源,从而使他们愿意并能享受闲暇。如果退休金或养老金过少,甚至还有其他经济负担,那么他们会继续在劳动力市场谋求就业。如果不能在正规部门就业,他们就会进入非正规部门,因而又会成为与劳动年龄人口竞争就业岗位的力量。他们已从退休单位获得住房、医疗保险和退休金,能接受新单位较低的工资,这是其他劳工不具备的优势,从而形成劳动力市场的不公平竞争。如果提高退休年龄,就会减少退休者的预期退休期间,从而减轻养老保险的负担,同样金额的养老金

[①] 参见国家统计局编:《中国统计年鉴——2013》,中国统计出版社2013年版,第377页。

就能保障年龄较大、已丧失工作能力的老人。在提高退休年龄和养老基金社会统筹的基础上,对于退休者重新就业,尤其是原国有职工进入非国有部门,政府可以执行弹性政策。如果法律规定退休者在重新就业时必须全部或部分放弃退休金,那么,他们只有找到报酬相当高的工作时才愿意重新就业。

在高失业的经济环境下,政府应当执行刚性退休政策,甚至适当调低退休年龄,使劳动者提前退出就业岗位。因为退休年龄是世界各国普遍采取的调节本国劳动力供需矛盾的重要手段和机制。凡超过工作年龄,且在正规部门就业者,一律实行离退休制度,适当避免老年人挤占青年人的就业岗位,缓和就业供需矛盾。按我国就业有关规定,凡已到法定退休年龄的职工、领导干部、业务骨干、高级专家应实行离退休制度,除特殊情况外,不予延长退休时间,按国家有关规定办理离退休手续。少数高级干部和专家已超过规定退休年龄时,如工作需要,应按中央有关部门规定,在办理退休手续后,由需用单位按照政策规定予以聘用,但不列为在编人员。已经达到法定退休年龄的在职劳动者,退出正式部门就业岗位。为了减少退休人员再就业与新生劳动力之间就业竞争,国家应严格规定,国有、集体经济单位等正规就业部门不得聘用离退休人员,但他们在非正规部门再就业不受限制。

但对政府而言,为提高养老基金应付人口老龄化的支付能力而提高法定退休年龄,必然导致实际退休年龄与法定退休年龄差距扩大。因此,在市场经济下,法定退休年龄并不是政府规定劳动者必须工作的终点,而是社会养老保险开始支付的起点。与法定退休年龄是按照法律统一确定的时点相对应,企业和个人的退休规定或退休决策,应该具有较大的弹性。政府利用影响社会养老保险的计算方式,间接影响个人退休行为和老年人的劳动供给决策。寻求两者的最佳切合点至关重要。

第三,实行弹性就业方式。政府应当鼓励部分失业者实行阶段性就业、工时就业,或进入非正规部门就业,从而使得总人口就业率和妇女劳动参与率逐步下降至与经济发展阶段和劳动力市场供求均衡相适应的水平。由于劳动力供给远远大于劳动力需求,当就业需求和选择是由市场机制决定,而不是由政府包揽时,必然会导致总人口就业率和妇女劳动参与率出现下降趋势。政府在提出较高再就业率目标的同时,更要允许在职女职工保留公职,实行分阶段就业,如怀孕、生育、照顾年幼子女、照顾家中病人或老人;鼓励失业者从事非全日制的计时、计件工作;实行灵活工时制度。

三、人力政策调节供给结构

调整劳动力供给结构的主要措施是实施广泛的职业培训计划。在现代经济中,社会分工精细化使职业的专业化程度上升,各种职业专用技能要求增高,因此,职业培训不仅对需要岗位转移的失业者是至关重要的,而且对已经就业者来说也是十分必要的。职业培训是伴随劳动者终身的教育,否则,就业者就有失业的危险。职业培训的目的,一是为了提高劳动者的素质;二是为了失业转岗的需求,使劳动力供给不仅在质量上,而且在结构上符合劳动力需求方的需求,因此,职业培训对于消除结构性失业有重要意义。

人力投资的核心就是大力发展教育事业,不断调整其结构,从而有助于形成劳动力的合理供给。我国就业的一个明显特征是,劳动者整体素质低,同时劳动力供给结构不合理,智能型劳动力比重过小,这与经济发展很不相称。劳动力供给结构失调会造成劳动力市场供需失调,影响经济发展。因为劳动力的供给对于特定的劳动岗位具有方向性。社会劳动体系中存在不同种类、等级、复杂程度、劳动强度、工作环境的岗位,这相应要求有不同类别的劳动者担当。从劳动力供给总体上看,不同类别和等级的劳动力替代性较差。现代教育由普通教育、职业技术教育、高等教育和成人教育组成,每个部分都有各自不同的特点和功能,各个部分相互影响,构成一个合理的结构,根据国民经济和社会发展需要,对劳动者进行不同水平的职能和专业技能训练,使他们获得某种专门知识技能,并成为某一层次的劳动力。可见,现代教育的各个组成部分是难以替代的,对劳动力市场供给具有调节作用。[①]

面对我国劳动力市场出现的结构性矛盾,特别是近年来大学生求职难和技术工人供给短缺的问题,政府认为我国职业教育萎缩和企业对员工培训的匮乏,以及高等教育规模扩张过快,专业设置不合理等因素都是重要的成因。因此,政府必须在人力政策方面有所调整,旨在通过人力政策调整来调节劳动力市场供给结构。出于这种考虑,教育部、财政部、人力资源和社会保障部等六部委联合发布《现代职业教育体系建设规划(2014—2020年)》,要求到2015年初步形成现代职业教育体系框架,到2020年基本建成中国特色现代职业教育体系。在这个规划中,现代职业教育体系建设的量化目标十分具体。例如,到2015年,中等职业教育、专科层次职业教育在校生数分别达到2250万和1390万;2020年将分

---

① 参见范东佐、朱述宾:《试论教育、劳动力供求与经济发展的关系》,载《江苏教育学院学报》(社科版)1996年第3期。

别达到 2350 万和 1480 万。到 2020 年,大中型企业参与职业技术教育办学的比例要达到 80% 以上,高职院校招收有实际工作经验的学生比例要达到 20%,有实践经验的专兼职教师要占教师总量的 60%,初步建成 300 个有引领作用的骨干职业技术教育集团。

这个规划确定了我国职业教育的办学类型和层次结构。职业教育的办学类型包括政府办学、企业办学和社会办学,全日制职业教育与非全日制职业教育,学历职业教育与非学历职业教育。职业教育的层次结构包括初等职业教育、中等职业教育、高等职业教育。其中,高等职业教育在办好现有专科层次高等职业学校的基础上,发展应用技术类型高校,培养本科层次职业人才,建立以提升职业能力为导向的专业学位研究生培养模式。根据高等学校设置制度规定,将符合条件的技师学院纳入高等学校序列。高等职业教育规模占高等教育总规模的比重将要扩大。

2012 年,我国普通高等学校数量达到 2442 所。[①] 2014 年初,教育部决定要对现有高等教育进行革命性调整,将 600 多所地方本科院校逐步转型为职业技术学院,目标是培养工程师、高级技工、高素质劳动者等。普通本科转变为职业教育类型,将有利于缓和劳动力供给结构失衡的矛盾,减轻大学生过剩和技工不足,完全符合我国产业结构和劳动力需求结构的特征。这种人力政策的调整不但会调节劳动力供给结构,而且必将影响着整个社会的人才培养观念,改变着社会的职业教育心理。那种轻视职业教育并将之与传统本科教育相对立的观念将不能适应时代的发展,而根据产业结构和劳动力市场需求结构确立人才培养模式与类型,可能成为人力政策的一种科学选择。

---

① 参见国家统计局编:《中国统计年鉴—2013》,中国统计出版社 2013 年版,第 680 页。

第七章
区域经济发展与就业

　　区域经济发展与就业问题,是经济发展的重要研究范畴。区域的概念在不同学科有不同的界定:地理学中,区域指地球表面具有相对一致性的地域单元;社会学中,区域指具有相同语言、相同信仰和民族特征的人类社会聚落等;经济学中,区域指经济活动相对独立、内部联系紧密而相对完整、具有特定功能的地理空间。[①] 随着通讯和交通的发达,生产要素在区域之间流动空间扩大,资源配置逐渐超出区域范围,区域间的联系得以加强。在全球化浪潮推动下,区域经济合作进程加快。因此,区域经济可持续发展不仅要求在区域内部资源的优化配置,也要求区域与其周边其他区域之间的相互协调。

第一节　台湾地区经济发展与就业

一、台湾地区人口及人力政策

（一）人口政策与人口特征

　　20世纪50年代,台湾地区没有实行人口控制政策,其理由是,节制生育违反了孙中山"要大量增加人口,以免有灭种之虞"的遗教。台湾当局认为,虽然人口增加较快,但只要积极从事工业和农业增产,绝不会因人口增长而造成粮食不足、经济生活无力负担的现象。1963年底,台湾当局首次公开承认人口增长过快:"台湾人口增殖过高确为事实,为了解决这一问题,我们一方面使农工生产力的增加可以与人口的增加相适应,以免使生活水平降低,同时设法使人口增

[①] 参见张象枢主编:《人口、资源与环境经济学》,化学工业出版社2004年版,第201页。

加的速率逐渐减慢。"①1968年5月,台湾公布了《台湾地区家庭计划实施办法》,实行人口控制。为贯彻人口政策,台湾当局与民间组织积极配合,大力倡导避孕节育,要求每对夫妇根据身体状况、经济能力、心理需要、照顾子女时间多少,以及社会需要,适当调节好生育数量和间隔;宣传口号为"生男生女一样好"、"两个恰恰好,一个不嫌少"。该办法的实施使台湾人口增长率下降。

20世纪80年代,台湾人口政策进行了新的调整。1988年6月,台湾对人口政策进行了新的阐释:"订定合理的人口政策,重视优生保健,提高人口素质,维持适度人口增加率,实施区域计划,促进人口合理分布。"台湾已将降低人口增长率的政策改变为提倡适当的人口增长,改善人口结构和提高人口素质,人口政策已着眼于人口转型。1990年,台湾开始实施"台湾地区新家庭计划"。新家庭计划与旧家庭计划的区别在于,新计划在整体上更加强调保持人口的适量增长,而不同于过去强调人口增长率的降低;宣传口号从"两个恰恰好,一个不嫌少"转变为"两个孩子不嫌多"②。人口政策调整的主要原因是,实行了二十多年的人口控制政策目标基本实现,人口增长率明显下降,如果再继续实行人口紧缩政策,未来人口结构老化的步伐将加快;防止未来人口断层,影响经济发展。③

表7-1显示了台湾人口的主要特征:其一,人口增长快、数量大。人口猛增与二战后高出生率有关,特别是20世纪50年代前期的"婴儿潮"和70年代后半期生育高峰。④ 与此相应,台湾人口密度过高。其二,在人口结构方面,20世纪80年代以后,人口老龄化程度加深,这与人口政策带来的出生率下降以及人均寿命延长有关,台湾已步入老龄化社会。人口老龄化直接降低劳动参与率。其三,在人口分布方面,台湾西部沿海平原地带人口密度高,而东部、中部山地地区人口密度低。在西部平原地区,又以城市为中心形成三大人口密集区:以台北市为中心的人口密集区;以高雄市为中心的人口密集区;以台中市为中心的人口密集区。上述三大人口密集区集居了台湾人口的2/3以上,⑤而土地面积只占全省的1/3强,而且这种状况日趋严重,三大区域人口总量均呈上升之势。由于人口向都市集中,台湾城乡人口数量差距较大。

---

① 台湾《中央日报》1964年9月20日。
② 台湾《联合报》1990年4月9日。
③ 参见谢大伟:《台湾的人口问题与人口政策》,载《杭州师范学院学报》1991年第2期。
④ 参见郑启五:《台湾省人口出生率下降因素剖析》,载《中国人口科学》1992年第5期。
⑤ 参见台湾"行政院"主计处编印:《"中华民国"统计月报》2003年3月第446期。三大人口密集区数字是笔者按照第8页统计数字计算得出。

表 7-1　2004—2012 年我国台湾地区人口基本状况的变化　　　单位：万人，%

类别 年份	人口总数	人口密度 （人/平方公里）	劳动力总数	65 岁及以上 人口的比重
2004	2268.9	626.98	1024.0	9.48
2005	2277.0	629.22	1037.1	9.74
2006	2287.7	632.16	1052.2	9.99
2007	2295.8	634.39	1071.3	10.21
2008	2303.7	636.57	1085.3	10.43
2009	2312.0	638.82	1091.7	10.63
2010	2316.2	639.99	1107.0	10.74
2011	2322.5	641.70	1120.0	10.89
2012	2331.6	644.20	1134.1	11.15

资料来源：参见台湾"行政院主计处"编印：《"中华民国"统计月报》2011 年 6 月；国家统计局编：《中国统计年鉴—2013》，中国统计出版社 2013 年版，第 940 页。

（二）人力政策的发展

台湾人力投资与教育发展较快。20 世纪 50 年代初期，教育经费主要由台湾省、市县财政负担，而"中央"财政主要用于军事。随着台湾经济的"起飞"，因财政收入好转，台湾预算中用于教育的经费逐年增加，各级各类学校学生数不断上升，台湾初等教育、中等教育和高等教育的入学率一直比较高。目前，台湾劳动力教育结构是以中等以上教育程度为主体，如表 7-2 所示。在发展教育的过程中，台湾当局十分重视职业教育和科技人才培养。前者旨在大力培养各种实用型人才，特别是在技术密集型产业成为台湾主导产业后，技能和职业教育更加受到推崇；后者主要是借助于高科技园区聚集科技人才。台湾当局在新竹市建立了科技园区，园区内公共设施完善，物流和工商服务配套。这些人力政策有效地扩大了台湾高素质人才的数量，从而使教育成为台湾经济增长的助推器。

表 7-2　2004—2012 年我国台湾地区入学率和教育经费的变化　　　单位：%

类别 年份	粗入学率			教育经费 占 GNP 比重	政府教育经费 占其支出比重
	初等教育	中等教育	高等教育		
2004	100.8	98.3	78.1	5.6	19.7
2005	100.3	97.9	82.0	5.7	20.0
2006	99.5	99.1	83.6	5.6	21.2
2007	100.8	98.7	85.3	5.4	20.8
2008	100.7	99.2	83.3	5.7	20.5

(续表)

年份 \ 类别	粗入学率			教育经费占 GNP 比重	政府教育经费占其支出比重
	初等教育	中等教育	高等教育		
2009	101.4	99.0	82.2	6.1	19.9
2010	99.7	100.3	83.8	5.5	20.1
2011	100.4	100.0	83.4	5.7	20.4
2012	101.4	99.0	84.4	—	—

资料来源:参见国家统计局编:《中国统计年鉴—2013》,中国统计出版社2013年版,第949页。

台湾人力规划与结构调整较为合理。20世纪60年代中期,台湾进行了人力资源发展规划,并将之纳入总体经济发展规划之中,通过增加教育投资和调整教育结构,促进教育发展,增强劳动力素质,使人力政策适应经济发展。在美国的帮助下,台湾进行了教育评估与设计,首先,对在一段时间内经济发展可以提供的就业职位实施预测;其次,明确各行业的人力与所需具备的教育资格之间的关系,从而确定教育程度与种类;再次,了解现存教育制度所培养人才与整个经济发展所需人力总量的差距;最后,制定教育发展方案,力求消除差距,保持人力需求与供给的平衡。这能够使教育部门掌握各行业的职位需求以及需要何种等级的教育资格与职业培训。台湾中级技术人力短缺,而未受过专门技术培训的大学毕业生过剩。

1964年,台湾出台了长期教育发展规划。"人力发展小组"专门负责人力资源发展规划,并协调各有关部门在人力发展方面开展工作。从1966年起,"人力发展小组"以每两年修正一次的方式,共连续制订过四期人力发展计划。1966年7月,"经合会"公布了第一期人力发展计划。其长期发展目标为十年内,提高人力素质,保证高就业率,实施就业安全,倡导专业分工,提高劳动生产率;中期发展目标为五年内,确定教育岁出政策,统筹规划全区职业训练,加强劳工行政;短期发展目标是完成小学毕业生志愿就学方案,筹设工商职业训练协会和职业训练示范中心。该计划标志着台湾人力政策的正式形成,从此开始有步骤地解决劳动力供需的相关问题,对台湾劳动力市场建设发挥积极作用。[①] 1968年8月,"经合会"公布了第二期人力发展计划,进一步完善人力政策,包括宽列预算,积极推行家庭计划;增加对劳动密集型工业的投资;发展职业教育,扩大职业训练,并设立职业训练基金;改善就业辅导;加强劳工保险及劳工福利。该计划

---

① 参见崔之清主编:《当代台湾经济辞典》,南京大学出版社1993年版,第63页。

主要是实施改变教育结构政策,使教育产出逐渐适应经济发展对人力的需求。1971年2月,"行政院"公布了第三期人力发展计划。其长期发展目标为在1971至1980年间,基本实现减低依赖人口比例;加速资本积累,创造就业机会;降低农业就业人口比重;贯彻九年义务教育方案;加强高等教育;提高职业教育入学比例;建立职业训练体制;建立就业安全制度;公平雇佣关系。中期发展目标为在1971至1974年间,实施人口政策,加强教育训练与人力供需配合,扩展就业辅导,改善劳动条件。短期发展目标是调整大专系科,加强辅导毕业生就业,筹设地区职业训练中心。人力政策既成功地维持了低失业率,又促进了劳动力技能培训,提升了劳动力的综合素质。①

为规划劳动力供需,1972年12月,台湾第四届人力研讨会通过了第四期人力发展计划。其长期发展目标是将人口增长率降至1.8%以下,失业率维持在3.5%以下,农业就业人口比重降至25%以下,提高高级科技人才的比例,职教与普教招生比例由5.5∶4.5变为7∶3。中期发展目标为从1973至1976年推行家庭计划五年计划,通过优生保健法,改进人口统计,革新劳工保险,发展各级各类教育。② 短期发展目标是落实人口生育政策。

20世纪90年代以来,台湾"人力发展小组"开展了科技人力供需预测。例如,预测大学教育程度人力供需状况是工程人力供不应求,理科人力普遍供过于求;研究生人力供需状况是工程类人力不足;专科教育程度人力总体上供过于求。由于科技、经济发展计划和教育发展计划的调整,特别是台湾大学加快发展,使大学人力供应有了明显改善。更为重要的是,台湾能根据工业发展的需要并结合人力供需预测,调整大专系科,除原有的系科调整外,共增设六个工程学系和两个工程科。③ 随着知识经济时代的来临,人力质量将是未来成败的关键所在,台湾强调精致高等教育、精致国民教育、精致师资培育与精致职业技术教育。人力政策的推行和人力结构的调整,使得台湾地区的竞争力明显提高。瑞士洛桑国际管理学院发表的"世界竞争力报告"显示,台湾技术建设从2007年第15名上升至2010年第5名,科学建设从第6名上升至第5名;世界经济论坛"全球竞争力报告"同样表明,台湾创新指标同期从第9名上升至第7名。近年来,台湾经济稳定发展和科技能力的上升,是重视科技人力资源开发的必然结果。

---

① 参见崔之清主编:《当代台湾经济辞典》,南京大学出版社1993年版,第68页。
② 同上书,第70页。
③ 参见王宗烘、余松锵编著:《台湾科技教育与经济发展》,厦门大学出版社1992年版,第143—146页。

二、台湾地区经济增长与结构变迁

(一) 经济增长及其阶段

台湾经济长期保持较高增长率。1952 至 1980 年,经济年均增长率达到 9.1%,其中经济增长最高的是 1978 年,达到 14%;最低的是 1974 年,仅为 1.2%①,因为受到世界性石油危机的影响。1980 年以后,台湾经济进入稳定增长时期,1981 至 1989 年,经济年均增长率为 8.3%。20 世纪 90 年代以来,台湾经济增长率有所下降,1990 至 1995 年,年均经济增长率达到 6% 以上。② 1996 至 2000 年,经济年均增长率为 5.7%。③ 近年来,台湾经济出现波动增长,本地生产总值始终维持在 11 万亿元新台币以上。台湾经济增长对外贸的依存度较大,贸易总额与速度增长较快,如表 7-3 所示。台湾外贸对日本和欧洲贸易长期保持逆差,而对美国、祖国大陆及香港地区贸易都出现大额顺差。特别是两岸经贸往来的迅速发展,是近年来台湾经济增长的重要源泉。

表 7-3　2004—2012 年我国台湾地区经济增长和失业的变化

单位:%,亿元,万人

年份\类别	经济增长率	GDP 总额（新台币亿元）	进出口总额（新台币亿元）	失业人数	失业率
2004	6.19	113653	117539	45.4	4.44
2005	4.70	117403	122517	42.8	4.13
2006	5.44	122435	138837	41.1	3.91
2007	5.98	129105	152997	41.9	3.91
2008	0.73	126202	155615	45.0	4.14
2009	-1.93	124811	124661	63.8	5.85
2010	10.88	135521	166003	57.7	5.21
2011	5.06	136743	173220	49.1	4.41
2012	1.30	140369	169215	48.1	4.20

资料来源:参见台湾"行政院主计处"编印:《国民经济动向统计年报》2011 年;国家统计局编:《中国统计年鉴—2013》,中国统计出版社 2013 年版,第 940—941、946 页。

台湾经济增长大致经历了以下阶段:

第一阶段,从 1949 至 1952 年,台湾处于经济恢复期。岛内军粮民食紧缺,

---

① 参见姜殿铭主编:《台湾一九九二》,吉林文史出版社 1993 年版,第 520 页。
② 参见姜殿铭主编:《台湾一九九四》,北京出版社 1995 年版,第 471 页。
③ 参见台湾"行政院主计处"编印:《"中华民国"台湾地区国民经济动向统计季报》2003 年 2 月。

通货膨胀,民生困顿,百业萧条。严峻的经济形势迫使台湾必须恢复经济,稳定社会。因而,革除经济流弊,使之尽快复苏并步入正轨,是当务之急。根据省情,台湾选择了优先发展农业以解决物资供给。但是,台湾农村资源占有状况却阻碍了经济复苏的步伐,表现为:人地矛盾突出,即人多、耕地少,土地过度集中,耕者无其田;租佃关系恶化,地租高,租率要占收获的五至七成,而且地主随意撤佃增租,佃农生计维艰,农村阶级对立。这些状况制约了农村生产力以及经济发展与就业。"因此之故,台湾必须实施土地改革,是一种客观需要。"[1]实施土地改革的同时,实行币制改革,抑制通货膨胀;加强贸易管制,节省外汇支出;恢复和发展工业,重点是肥料、纺织和电力工业。

第二阶段,从1953至1960年,台湾经济从稳定走向增长。1953年,台湾大部分生产已经恢复,货币发行量和物价指数呈现稳定趋势,民众的生活逐步脱离困苦,就业机会明显增加。在此阶段,台湾采取的经济指导方针是:"以农业培养工业,以工业发展农业,实行土地改革,发展进口替代工业";主要的经济措施是:完成土地改革,实现耕者有其田。1953年4月,台湾通过了《实施耕者有其田法条例》,这是本次土地改革的重点,核心是征收地主出租的耕地。地主拥有耕地超出中等水田三甲或旱田六甲时,必须将超出部分由当局征收(给予适度补偿),再由当局转放给现耕农民。与此同时,台湾注重提高农业生产技术,发展进口替代工业,提高工业品的自给率。为了实现"进口替代"工业战略,台湾实施一系列配套措施,以保护进口替代工业的发展。

第三阶段,从1961至1972年,台湾经济步入"起飞"阶段。在实施"进口替代"战略并取得经济增长的同时,台湾内需市场饱和,工厂开工不足,能源矿产短缺,人口由1956年的939万增至1965年的1200余万。[2] 这些限制了工业增长与民众就业,内向型经济业已发展至极限。正值此时,发达国家着力提升资本有机构成,大兴资本、技术密集型工业,向欠发达国家和地区转移夕阳产业,从而导致国际产业分工的变化。鉴于内外情势,台湾确立了"出口扩张"工业战略,而外贸是有力的推进器。台湾促进经济增长的方针是:"以贸易促增长,以增长促贸易",大力发展出口导向工业,其措施有实行出口退税,降低出口产品成本;对出口企业实行优惠贷款;调整汇率,提高出口产品在国际市场的竞争力;鼓励投资,加快出口工业的发展。台湾经济在此阶段迅速完成了从进口替代向出口扩张的转变。

---

[1] 陈诚:《台湾土地改革纪要》,台湾中华书局1961年版,第10页。
[2] 参见台湾"行政院主计处"编印:《"中华民国"统计月报》1990年10月,第297期。

第七章 区域经济发展与就业

第四阶段,从1973至1981年,台湾经济处于波动增长期。台湾确立了"稳定中求发展,发展中求稳定"的经济策略。稳定是发展的基础,发展是稳定的力量。发展过快,会招致物价上涨,引起经济波动;发展太慢,则会导致经济停滞,稳定必将难以持久。尽管奉行这样的经济政策,但在此阶段台湾经济仍难以保持稳定。因为外部环境影响台湾经济的稳定,表现如下:其一,经济发展模式的制约。二战后,台湾构建了依附型经济发展模式,经济对外依赖性强,"大进大出,两头在外",其原料来源和产品销售主要依靠外部市场,尤其是美日市场。这一特征使台湾经济容易受制于人。当国际经济繁荣时,出口量加大,台湾经济就繁荣;当世界经济低迷时,出口萎缩,岛内经济随之萧条。① 其二,贸易保护的限制。两次石油危机后,西方经济出现了衰退,发达国家贸易保护主义抬头,依赖出口实现增长的台湾经济首当其冲。其三,新兴工业群体产业同构。亚洲"四小龙"、南美洲、东南亚新兴工业化国家和地区发展与台湾类似的加工出口工业,从而形成竞争,使台湾丧失了良好的出口机遇。上述诸因素汇合,使台湾经济在20世纪70年代末至80年代初步入不稳定期。

由于基础设施差、工业结构畸形以及经济依赖性,为了保持经济稳定,台湾制定了相关政策:第一,扩大内需。台湾进行了"十项"和"十二项"建设,总投资约6000亿元新台币。第二,分散外贸市场。1972年,台湾外贸依存度达77.25%,1980年达108.8%。② 这增加了经济风险,台湾因此开始分散外贸市场,减轻对美、日市场的依赖,扩大对祖国大陆、东南亚、欧洲市场的出口量。从工业结构看,1978年,重化工业的比重达51.6%,并持续超过轻工业。这使台湾既提升了经济竞争力,又增强了经济独立性与稳定性。

第五阶段,从1982年至今,台湾经济处于经济转型与升级期。20世纪80年代初期,台湾经济的整体结构仍然是以劳动密集型产业为主。然而,经过多年的快速增长,无论是外部经济环境,还是内部的经济发展都面临更为严峻的挑战。诸如,岛内劳动力供需矛盾突出,低廉工资优势丧失,劳动成本大幅度上升;岛内工业原料和能源奇缺;自然环境污染严重,环保意识的加强在一定程度上限制了重化工业的发展;土地价格急剧上涨;经济增长与社会建设脱序,等等。③ 台湾劳动密集型产业的发展面临挑战。

为了促进经济增长和适应国际环境,台湾在20世纪80年代提出了经济转

---

① 参见黄安余:《剖析台湾高失业的原因》,载《港澳经济》1996年第11期。
② 参见台湾"财政部统计处"编印:《"中华民国"进出口贸易统计月报》1984年第2期。
③ 参见黄安余:《台商投资大陆的动因及现状剖析》,载《经济科学》1996年第3期。

型的方针,主要包括:第一,加快经济转型。措施有设立科技工业园,发展策略性工业等,①使台湾以劳动密集型为主的产业结构转变为以资本密集型和知识、技术密集型为主的产业结构。第二,确立"三化"为目标的政策,包括经济"自由化、国际化、制度化"。其内容是实行全面开放和吸收外资,鼓励自由竞争,健全市场调节机能,以便在工业转型升级后,确保经济继续发展。所谓自由化,就是消除行政对经济的干预,由市场经济机制调节经济的运行,创造公平、合理的市场竞争环境,更加合理有效地配置资源,提高经济效率。所谓国际化,就是将台湾经济纳入国际经济之中,参与国际经济大循环,岛内经济更加开放,关税、外贸政策更加符合国际贸易惯例。从微观经济的角度看,经济国际化则是指企业国际化。所谓制度化,就是"制定一套合理的法规,用法制调节控制经济运行"②。若台湾经济"三化"目标能顺利实现,将使经济更接近西方工业发达资本主义国家的经济体系。第三,1995年,台湾提出了"发展台湾成为亚太营运中心计划",计划用10年时间在台湾建立包括制造中心、金融中心、电信中心、媒体中心、海运中心、空运中心在内的六大专业营运中心,以加强台湾在国际经济中的地位。

(二) 经济社会结构的变迁

1. 经济结构的变迁

20世纪60年代以前,台湾经济基本上是以农业为主体的经济。时至今日,台湾经济结构已经从以农业为主的落后的经济结构,逐步转变为以工业、服务业为主的现代经济结构。具体表现在:

第一,产业结构和就业结构的变化,如表7-4所示。农业就业人口在总就业人口中的比例下降,工业就业劳动力的比重由上升到稳定,再趋于下降。服务业就业劳动力占总劳动力的比例呈上升之势。台湾制造业受雇劳动力的退出率高于进入率,③他们转向服务业,致使服务业就业人口呈逐渐上升态势。一些服务性行业部门,如金融、保险、资讯、工商服务等部门正在迅速扩张,对劳动力需求也日趋增加。与传统工业部门相比,服务业部门不仅就业人数上升显著,而且受雇劳动力进入率高于退出率。劳动力就业结构的变化,使加工工业陷入严重的人力紧缺困境。随着台湾经济国际化和贸易自由化,金融、保险、工商服务、运输、仓储以及通信等服务业部门快速发展,服务业应是劳动力未来就业的最大行业。

---

① 参见黄安余:《论台湾经济转型与就业关联》,载《中国经济史研究》2005年第3期。
② 台湾《联合报》1984年5月26日。
③ 参见台湾研究会编:《转型期的台湾》,河南人民出版社1990年版,第206—207页。

表 7-4 1970—2012 年我国台湾地区产业结构和就业结构的变化   单位:%

年份 \ 类别	产业结构			就业结构		
	第一产业	第二产业	第三产业	第一产业	第二产业	第三产业
1970	18.0	34.5	47.5	36.7	28.0	35.3
1980	9.2	44.7	46.1	19.5	42.4	38.1
1990	5.5	43.1	51.4	12.8	40.9	46.3
2000	2.0	30.5	67.5	7.8	37.3	54.9
2010	1.6	31.3	67.1	5.2	35.9	58.9
2011	1.8	29.8	68.4	5.1	36.3	58.6
2012	1.9	29.0	69.1	5.0	36.2	58.8

资料来源:参见台湾"行政院主计处"编印:《"国民"经济动向统计》2011 年 5 月第 133 期;国家统计局编:《中国统计年鉴—2013》,中国统计出版社 2013 年版,第 940—942 页。

第二,社会资本结构的变化。台湾社会资本结构由官营资本、民营资本和外国资本三部分构成,官营资本曾经占主导地位。但是,随着经济的发展,台湾一方面大力扶持民间私人资本的发展,另一方面将部分官营资本转化为民营,从而使官营资本占绝对优势的局面大为改观。1953 年,台湾实施经济建设四年计划。第一期四年计划所需资金来源以美援比率最高,政府投资次之,民间投资最少;第二期四年计划所需资金来源,美援仍然居首位,但民间投资超过了官方投资;到了第三期四年计划,民间投资来源占了首位。至 1969 年,岛内储蓄占资本形成毛额的比率达到 95%,岛外投资财源仅占 5%。[1] 在 1986 年台湾第七次工商普查中,民营资本的资产总值处于领先地位。在轻纺工业、工商、整体就业和外销方面,民营工商企业占绝对优势。然而,关键性的经济部门如钢铁、能源、铁路、交通运输等产业仍然控制在官营资本大企业手中,民营资本多为中小企业。外国资本主要包括外国跨国企业和华侨在台湾的直接投资,还有外国政府、私人垄断资本或其他经济组织的间接投资。外国资本对促进台湾经济增长发挥了较大的作用,与官营资本、私人资本并列成为台湾经济的三大支柱。但从经济实力上看,外国资本不足以控制台湾经济命脉。

2. 社会结构的变迁

20 世纪 50 年代初,台湾实行了"土地改革",致使农村阶级结构变化颇大,地主阶级逐步消亡,自耕农数量上升,农民人口数量占优势地位,台湾尚处于农业社会。60 年代中期后,台湾推进"出口导向"工业化战略,引发了产业结构和

---

[1] 参见茅家琦:《混合经济制度加强了台湾经济的总体活力》,载《南京大学学报》1995 年第 2 期。

阶级结构的巨大变动,农业劳动力大量外流,成为产业劳工,导致农民阶级人口数量下降;劳工阶级人口迅速增长,成为人口数量最多的阶级;中产阶级逐渐兴起于都市;民间资本不断扩张,地方私人财团实力雄厚。这些是台湾社会结构变迁的轨迹。

第一,农民阶级人口减少。在"土地改革"后的一段时期内,农业曾对台湾经济发展起了积极作用。为了推动工业化,台湾有效地利用了政策杠杆的作用,实行了"以农业培养工业"发展战略,导致农业在整体经济中的地位下降,农业就业份额减少。① 1956年前,农民占总人口半数以上,之后比重呈逐年下降态势。在台湾农业劳动力转移史上,1968年是一个转折点,从此农村历年外移人数均超过自然增长的数量,农业劳动力则趋于绝对减少态势。② 大量农民离开土地,向非农产业转移。因农业收入微薄,留在农村的农民数量不断减少。截至2011年,农业就业人口仅为55万人,占总就业人口的5.24%,③农业劳动力结构女性化和老化。

第二,劳工阶级人口剧增。随着台湾工业化的推进,劳工阶级人口随之逐步增加。20世纪60年代伊始,台湾制定了较为正确的经济政策,抓住了世界经济发展的机遇,利用美日提供的资金、技术和市场,大力发展"出口导向"工业化,推动了岛内经济快速发展。工业企业的快速扩张,提供了更多的就业机会。于是,农村劳动力逐步转向工业部门,致使劳工阶级人口剧增,工人数量从1978年的246.0万上升至2007年的378.8万。20世纪70年代后,台湾服务业成为劳动力就业的主要行业,其职工数量增幅较大,从1978年的222.1万上升至2007年的596.2万。④ 两者合计达到九百多万。可见,劳工阶级占台湾人口总数1/3以上,已成为台湾社会重要的经济与政治力量。

台湾劳工阶级年轻化,非熟练劳工和女工比重较大;工作场所分散,流动性较大;生活保障相对薄弱,社会地位低下;劳工组织程度和觉悟程度低,阶级意识薄弱。⑤ 这些特征严重限制了劳工的凝聚力,极大地阻碍了劳工阶级认同的产生与阶级意识的形成,在相当长的历史阶段制约了台湾劳工运动的发展,也造成了劳资对立的缓冲带。70年代以来,劳工意识与思想形态变化颇大,因为新生代劳工的乡村依存度低,争取生存的积极性相对提高。由于文化素质提高和所

---

① 参见黄安余:《台湾农业结构和战略转变对就业的影响》,载《特区经济》2007年第6期。
② 参见黄宝祚:《劳工问题》,台湾五南图书出版有限公司1988年版,第58页。
③ 参见台湾"行政院主计处"编印:《台湾省统计手册》2012年。
④ 参见黄安余:《台湾职业流动及其成因探究》,载《台湾研究》2012年第2期。
⑤ 参见黄安余:《台湾农工就业互动与劳工特点评析》,载《台湾研究》2000年第2期。

处时代环境不同,新生代劳工不仅易于接受社会新思潮的影响,而且对不平等待遇、社会地位低下也抱有抗争情绪。

第三,中产阶级逐渐兴起。台湾学界将介于掌握主要财富和权力的上层阶级与下层阶级的劳工、农民之间的"白领"阶层的绝大部分统归为中产阶级。中产阶级的兴起,是与"出口导向"工业化息息相关的。劳工阶级是在20世纪60年代中期后迅速扩大的,而中产阶级则是在70年代中期前后出现,80年代形成实力的阶级。就规模而论,瞿海源教授认为,中产阶级约占城市职业人口的14%到21%,该群体有100万人。台湾中产阶级主要包括官营、民营企业中经营管理阶层;科技专家学者等知识阶层,诸如律师、会计师、建筑师、工程师、医师、教授等;中上层公务人员;地方乡绅和各级"民意代表"。中产阶级的利益是与台湾资本主义体制紧密相连的,是台湾资本主义化的受益者,占有相当多的社会财富,拥有一定的经济实力。中产阶级内部由于经济、社会地位不同,因而诉求存在差别。总体而言,他们在经济上倾向于发展工商事业,表现出进步性和冒险精神。①

第四,地方私人财团崛起。20世纪60年代以前,台湾一直维持着官营资本独大的局面。随着资本主义经济的发展,私人资本日渐扩张,外国资本竞相涌入,逐渐打破了官营资本的垄断地位,从而形成官营资本、民间私人资本、外国资本平分秋色的局面。此后,台湾地方私人财团逐步壮大,以一批民营大企业为核心的企业集团逐渐形成,其资本实力一直保持着高速增长之态势。台湾辜家的和信集团、蔡万才的富邦集团、张荣发的长荣集团、徐旭东的远东集团、施振荣的宏碁集团等,在经济中的地位举足轻重。近年来,台湾前20%的高收入人群中,大多数人是财团的领导者或是其亲属,他们掌握着全台湾四成以上的收入。地方私人财团的经济实力大有追上官营资本之势,因而它与官营资本之间的利益冲突日益明显。私人财团要求开放官营资本垄断的金融、电力、交通运输等行业,使民间资本与官营资本平等竞争,对扩大就业贡献较大。

三、台湾地区劳动力市场与就业

台湾劳动力市场发展大致经历了如下几个阶段

第一阶段,1952年前。当时,台湾尚处于农业经济社会,二战后大量人口从大陆迁移至台湾,劳动力市场供给大于需求,由此产生了较大的就业压力。但是,大陆移民劳动力年龄结构合理,受教育程度也比较高,其中不乏专业技术和

---

① 参见陈士诚:《台湾社会结构变动初析——关于台湾社会特征的探讨》,载《台湾研究》1998年第3期。

管理人才,弥补了台湾技术性和管理性岗位人才的匮乏。这一时期,台湾每年新增劳动力约为 9 万人,其中 50% 为农业和工业所吸收,50% 转入服务业。"进口替代"民营企业的发展,也扩大劳动力的就业机会。

第二阶段,1953—1964 年。在此期间,台湾"土地改革"成功、美国援助台湾、推行三期四年计划,工农业经济有了显著增长。当时,农业成为吸收劳动力就业的主要部门,减缓了农村劳动力流向城市的就业压力;工业选择了优先发展劳动密集型产业,有利于扩大就业。在此阶段,劳动力就业规模明显扩大,但是由于人口增长过快和有效需求不足,台湾就业人口占总人口的比例有所下降,失业率有所上升,劳动力市场供需矛盾仍然存在,就业状况没有得到根本性的改善。

第三阶段,1965—1979 年。在此阶段,台湾推行"出口导向"工业化,劳动密集型加工工业得以快速发展,就业压力有所缓和。但是,随着对非技术性劳动力需求的增加,工资增长迅速,雇佣工人成本上升。70 年代,台湾劳动力市场出现了新的供需矛盾,劳动密集型产业发展受到劳动力短缺的制约,投资开始流向技术密集型和资本密集型的工业部门。1968 年,台湾实行人口控制政策,出生率有所下降。70 年代中期,各行业人才不足的矛盾开始显现,劳动力短缺影响了经济发展。台湾出口导向外贸战略在改变劳动力就业方面发挥了重要作用。70 年代,台湾纺织品、成衣、家具、鞋类、塑胶、家用电器等劳动密集型产品出口增加,市场和出口扩张都能改善劳动力就业,创造了占就业量 60% 的就业岗位。

第四阶段,1980 年后。在此阶段,台湾产业转型升级,以电子工业为主,石化、机械工业为辅,资本的有机构成明显提高。1999 年,台湾半导体芯片、计算机及其外围设备的电子硬件产品挤入了世界前三位;信息产品中有 14 种市场占有率居全球首位;资讯产业的产值仅次于美国和日本。信息产业既对台湾经济增长具有重要作用,又对劳动力就业产生影响。特别是两岸贸易的扩大,增加了台湾劳动力就业机会。从短期看,台湾对大陆进出口贸易能明显增加就业,因为两岸要素禀赋所决定的产业分工使各自占据价值链的不同生产环节和工序,形成了优势互补,因此对大陆的进出口贸易会促进台湾就业人数增长。从长期看,两岸贸易对台湾就业的拉动效果将有所下降,因为台湾面临着产业升级,如果对大陆贸易结构未能随着产业同步升级,则其向大陆贸易对台湾劳动力市场的就业拉动效应将趋缓。因此,台湾在两岸贸易上推行不对等政策,对大陆进口实行的各种限制,已对其劳动力就业产生负面影响。①

---

① 参见陈心颖:《海峡两岸贸易对台湾就业水平的影响——基于 VAR 模型分析》,载《上海财经大学学报》2012 年第 1 期。

在经济发展过程中,台湾劳动力市场运行的特征,一是经济发展导致对劳动力需求的增加,劳动力不足在建筑、制造业和服务业表现尤为明显;二是经济结构调整,内需市场迅速膨胀,导致对劳动力需求增长,建筑业、汽车、服务业等产业劳动力短缺;三是社会服务业兴起,并以劳动密集型的特点大量吸收劳动力,服务业劳动力需要保持在40%以上,超过了农业和制造业;四是劳动工资提高,制造业和服务业因出口带来的收入占所有劳动者收入的1/3;五是劳动力参与率下降,低于日本和新加坡;六是人口增长速度放缓和老龄化问题加剧。当局对劳动力市场供需的调节措施包括:其一,积极推动劳动密集型产业外移。80年代后期,我国大陆和东南亚等国家,劳动力密集型制造业快速发展,给台湾劳动力密集型产业增加了竞争压力,台湾传统产业因此外移。其二,允许企业从海外高薪聘请高级管理人员。由于高素质劳动力不足,台湾将吸引留学人员回来服务作为人力资源开发的重要工作,并取得一定成效。其三,引进外籍劳工以保持传统产业的优势。

在台湾经济发展和劳动力市场逐步发育的过程中,就业呈现出新的特征,表现在下列几个方面:

(一)劳动力结构的变化

20世纪50年代初,台湾社会分工处于初始阶段,职业种类单纯。在劳动力结构中,专门性技术工、主管及监督人员等所占比重小;工业化导致农民、制造业以及服务业中非技术性劳动力比重下降,如表7-5所示。在劳动力供给上,台湾在工业劳动力以及以从事体力工作为主的劳动力出现短缺的同时,社会对高中级科技人员与行政管理人员的需求增加,而昔日体力工、操作工、半技术工等面临考验,劳动力供给的层次呈现明显差距。

表7-5 1978—2010年我国台湾地区劳动力职业结构的变化　　　　　单位:%

类别 年份	民意代表、企业主管及经理人员	专业人员	技术及助理专业人员	事务工作人员	服务工作人员及售货员	农、林、渔、牧工作人员	生产及有关工人、机械设备操作工及体力工
1978	3.09	3.71	6.63	5.95	13.99	24.57	42.06
1980	3.74	3.86	7.61	6.35	14.79	19.17	44.48
1985	3.86	4.15	8.45	6.88	16.49	17.26	42.91
1990	4.72	5.16	11.63	7.97	16.69	12.72	41.11
1995	4.82	5.53	14.79	9.70	16.35	10.41	38.40

（续表）

类别 年份	民意代表、企业主管及经理人员	专业人员	技术及助理专业人员	事务工作人员	服务工作人员及售货员	农、林、渔、牧工作人员	生产及有关工人、机械设备操作工及体力工
2000	4.34	6.43	16.76	10.82	18.04	7.65	35.96
2005	4.51	7.99	18.45	11.39	18.77	5.81	33.08
2010	4.18	8.78	20.94	11.53	18.84	5.09	30.71

资料来源：参见台湾"行政院主计处"编印：《人力资源调查统计年报》2011年。

（二）劳动力流动性的加强

台湾产业结构变动，致使劳动力跨越生产部门和专业技能流动，由衰落的旧产业流向崛起的新产业，总体规模较大。从区域上看，大批劳动力在城乡之间流动，形成农工就业互动。① 城乡流动也导致了台湾就业劳动力区域分布的失衡，1996年，在工商及服务业就业的劳动力中，台湾北部地区有356.7万人，中部地区有140.4万人，南部地区有151万人，东部地区仅有9.7万人；台湾主要城市该行业劳动力人数悬殊较大，同年，台北市为151.4万人，台中市为35.3万人，台南市为19.5万人，高雄市为49.9万人，基隆市为9.4万人。② 就台湾各区域而论，北部地区劳动条件好，吸纳劳动力的能力最强，流入者主要来自中部、东部地区；南部地区劳动力外流相对较少；东部地区劳动力外流最严重。这既为发达地区工业和服务业提供了充足的劳动力，又产生了就业等其他社会问题。③ 从不同所有制企业看，公营企业劳动者实行退休制度，持续在职至法定退休年龄者较多；而民营企业却没有退休制度，劳动力流动性较大。

（三）结构性和摩擦性失业并存

台湾结构性失业包括：其一，工业内部结构性调整，尤其是公营事业民营化过程中大量裁员，工厂停业、企业转产等，加剧结构性失业。台湾工业结构变化快，因劳动密集型产业大量被淘汰，制造业迅速缩减，产生了结构性失业。其二，台湾推动产业升级，使大量劳动密集型产业被淘汰，大批劳动力的技能不符合新兴产业需求，因而面临失业。其三，由于投资环境恶化，很多企业已经或正在外移。外移企业大多数属于劳动密集型，外移是设备和资金等生产要素的转移，原

---

① 参见黄安余：《台湾农工就业互动与劳工特点评析》，载《台湾研究》2000年第2期。
② 参见台湾"行政院主计处"编印：《工商及服务业普查初步报告》2001年，"历次普查结果摘要表"。
③ 参见单玉丽：《台湾的人口问题与经济发展》，载《福建社科情报》1990年第6期。

先雇用的劳动力不外移,造成一些劳动力丧失就业机会。台湾失业率再创历史新高,这与经济面临重新定位有关,如表7-3所示。

台湾社会就业期望值上升,从过去注重就业数量转向对就业质量的关注。这意味着劳动者对工作环境和工资的要求提高。经济发展和生活水平提高后,很多人似乎觉得没有必要勤奋工作。社会普遍重视物质享受,民众工作意愿显著降低。一方面,很多人不愿意靠诚实劳动获取生活所得,或者根本不想工作。他们宁可用投机的方式获得财富。20世纪80年代末,台湾赌博之风盛行,许多劳动者辞掉工作投入其中。90年代,同样的情形发生在股票市场,一些人辞职或者利用上班时间炒股。另一方面,由于生活品质的提高,民众在选择职业时宁愿暂时等待,也不愿从事意愿之外的工作,如制造业、营造业,而涌向服务业。除了因为有些服务行业待遇较高外,另一个原因就是服务业工作较轻松,能在较为舒适的环境中着装整齐地工作。

(四)劳动者收入差距扩大

台湾曾成功地缩小了收入差距。1980年以前,劳动密集型企业大量吸收中下层家庭剩余劳动力。此后,劳动密集型产业面临着升级问题,这对基层劳动力不利,既造成就业不稳定,又导致工资水平下降。台湾确立了"三化"作为经济发展的指导原则,使经济再上新台阶。特别是80年代中期开始的金融自由化,对原有的收入分配格局产生了较大冲击。金融工具有规模效益,即资金越多,可供选择的余地越大,风险性越小,增值可能性也更高,增值速度更快。这意味着伴随金融自由化而来的,将是收入分配状况的裂变。基层劳工是社会的弱势群体,与其他富有的社会阶层相比较,其收入来源主要是工资。80年代后,虽然台湾劳动力工资有所增长,但是,由于产业结构的调整以及金融自由化弊端的影响,工资收入在居民家庭收入中的比重却呈下降趋势。

第二节 香港特区经济发展与就业

在经济发展过程中,香港劳动密集型制造业比较优势逐步丧失,大部分制造业企业内迁,港商在珠三角兴建的制造业企业超过数万家,雇用内地劳动力达数百万人,相当于香港制造业劳工数量的5倍。制造业"产业空洞化"迫使香港地区政府重新进行产业定位,以适应经济发展。香港确立的主导产业是综合服务业,是与世界经济五大中心紧密相关的高级化第三产业。至2012年,香港以贸易为中心的服务业产值占生产总值比重达88.34%,成为仅次于美国的世界第二大服务型经济体系。香港产业结构高级化和转型,对劳动力市场产生了深刻的影响,这是探讨香港经济发展、劳动力市场与就业问题的宏观经济背景。

一、香港特区人口与经济增长

(一)人口规模、结构与质量

香港人口是以华人为主的,来源于二战后内地和世界各地的华人移民及其后代。首批来港主要是苦力及建筑业的劳工。民国时期,移民香港的条件严苛,通常是一些富商或专业技术人士才能被接受移民。大陆军阀混战、日本侵华,香港在英国保护下,西方先进的教育制度和法治精神,中西文化交流,使香港聚集了大陆和东南亚各地的华商、知识分子与精英阶层。香港人大多数来自广东和福建。新中国成立后,申请程序几乎中断,富人也难以申请入港定居,期间,相当一部分偷渡人士非法进入香港,因为只要非法入境者能进入香港市区范围,便可申请成为永久居民。这加速了香港人口增长速度。20世纪50年代初,内地人口大规模迁入香港,导致香港人口增加较快。70年代以来,香港人口增长较快。由于生活富裕,医疗保健制度健全,香港市民平均寿命延长,如表7-6所示,这使香港人口规模扩大,人口结构出现了老化。根据人口发展趋势预测,到2031年,香港每4个人就有一个年满65岁或以上;其中85岁或以上的人口会增加两倍,从6.7万人增加至20.9万人;总人口从2001年的672.5万增加至872万,但劳动人口只增长8%。这表明,到2031年将有500万人(占总人口58%)不再参与经济活动。[①] 因此,保持香港适度的人口总规模并改善人口结构,是维持经济发展的重要课题。

表7-6 近年来我国香港特别行政区人口和劳动力数量的变化 单位:万人,%

类别 年份	人口总数	人口自然增长率	劳动人口	劳动力参与率	平均预期寿命(岁)	
					男	女
2008	695.8	5.3	363.7	60.9	79.4	85.5
2009	697.3	5.9	366.0	60.8	79.8	85.9
2010	702.4	6.6	363.1	59.6	80.1	86.0
2011	707.2	7.5	370.3	60.1	80.3	86.7
2012	715.5	6.8	378.5	60.5	80.6	86.3

资料来源:参见国家统计局编:《中国统计年鉴—2013》,中国统计出版社2013年版,第867、872页。

---

① 参见杨河清等主编:《新世纪人力资源开发与就业》,中国劳动社会保障出版社2005年版,第32页。

香港人口快速增长的原因有二:一是战后人口自然增长。战后初期,香港人口年出生率平均高达35‰,港人家庭倾向生育多个子女,使之成为世界出生率较高的地区。后来,香港开展了计划生育指导,致使出生率逐渐下降。目前,香港居民中约有六成的人是在港出生的。二是多年来的人口机械增长。香港经历了20世纪三次移民浪潮的巨大冲击,特别是最后一次移民潮,内地移居香港的人口达到一百多万,加上香港许多妇女参与社会劳动,家庭需要佣人,香港从菲律宾、印度尼西亚、印度等国家引入了大量家庭女佣。上述两者的深层原因是,香港经济发展和社会安定。香港成衣、玩具、钟表出口,金融、旅游业等产业有力地推动了经济和就业增长,也使民众安居乐业,社会欣欣向荣。

香港特区政府规定,劳动人口年龄在15至64岁之间。据此,2012年,劳动力人口为378.5万,如表7-6所示。就劳动力质量而言,2001年,15岁及以上人口当中,48%的人口只有初中或以下教育水平,高中或以上教育水平者占52%,大学以上学位不足13%。在25至40岁这一人力资源黄金年龄段中,拥有学位的人口比例占该年龄段总人口的20%。香港劳动参与率一直比较高,一般都在60%左右。男性劳动参与率更高,基本维持在75%以上,明显大于女性劳动参与率。有学者认为,内地新移民大量涌入是导致20世纪80年代香港劳动参与率上升的重要原因。[①]

香港建立了较为科学的人口管理制度。一是将人口决策的最高机关与行政执行的职能部门分开。其最高决策机关由政务管理系统中的保安科和市政管理系统中的教育与人力统筹科承担。保安科主要研究人口的政治管理,其行政职能部门主要有警务处、人民入境事务处、消防事务处、惩教处、民众安全服务队等;教育与人力统筹科进行人口质量管理,其行政职能部门有教育署、劳工处、工业教育及训练署、职工会登记局、大学及理工教育资助委员会等。二是建立人口咨询机构,配合决策机关和行政执行机关参与人口管理。香港各类专家、学者和社会知名人士参加扑劳工顾问委员会、香港家庭计划指导会等。三是制定人口政策。这些政策包括:内地居民移居香港的单程证计划;新来香港人士在培训及其他方面的需求,教育及人力政策;输入内地专才和优才,投资移民,影响生育政策;长者政策;外籍家庭佣工,享用公共福利的资格等。这些政策表明,香港人口与人力政策发生了重要变化。[②]

[①] 参见林洁珍、廖柏伟:《移民与香港经济》,香港商务印书馆1998年版,第81页。
[②] 参见杨河清等主编:《新世纪人力资源开发与就业》,中国劳动社会保障出版社2005年版,第29页。

（二）经济增长的历程

香港经济发展经历了两次经济转型。1950 年以前，香港经济主要以转口贸易为主。从 50 年代起，香港实行经济工业化，到 1970 年，工业出口占总出口的 81%，标志着香港已从单纯的转口港转变为工业化城市，实现了第一次经济转型；70 年代初，香港推行经济多元化，金融、房地产、贸易、旅游业迅速发展，特别是从 80 年代始，内地成为推动香港经济发展的主要因素，香港制造业大部分转移到内地，各类服务业得到较大发展，香港实现了从制造业转向服务业的第二次经济转型。

20 世纪 50 年代初，香港出口总值中 70% 是转口产品，港产品仅占 30%；1959 年，转口产品占 30%，70% 是港产品。同期，就业人数由 11 万增加到 20 多万。纺织、服装、食品、印刷以及发行、五金制品等都是当时的主要行业。进入 60 年代，工业在原有基础上又取得了较大发展。到 1969 年，加工工厂达 1.4 万余家，从业人数达 52 万多人，港产品在出口总值中的比重跃升到 80%。这时，除纺织、服装业仍占主导地位外，一些新兴行业如电子、玩具、钟表等陆续建立和发展起来，使香港由转口港迅速转变为制造业城市。进入 70 年代以后，工业除了生产地点部分北移之外，并无多大特色，总体状况仍处于转型性的结构调整之中。1987 年，工业被贸易超过，1989 年被地产、金融及服务业超过，居第三位。香港经济出现了下滑趋势，如表 7-7 所示。这与我国改革开放后，香港为数众多的工厂迁入内地有关。但是，近年来，两地的经济合作呈现停滞状态。随着外资企业、产品大规模进入内地，港商制造的产品受到威胁。港商在内地的制造业承受转向资本、技术密集型产业的压力。

表 7-7 近年来我国香港特别行政区经济增长和失业的变化

单位：%，亿港元，万人

类别 年份	经济增长率	GDP 总额 （亿港元）	进出口总额 （亿港元）	失业人数	失业率
2008	2.1	17075	58494	12.8	3.5
2009	-2.5	16592	51614	19.3	5.3
2010	6.8	17768	63959	15.7	4.3
2011	4.9	19361	71018	12.7	3.4
2012	1.5	20419	73465	12.4	3.3

资料来源：参见国家统计局编：《中国统计年鉴—2013》，中国统计出版社 2013 年版，第 867、875、887 页。

2012 年，香港房地产业在流动性充裕和低利率的利好下，住宅市场总体较为景气,这与住宅市场长期供不应求有关。香港特区政府决定增加土地供应和商品房供应,旨在确保住宅供应充足稳定、防止按揭信贷过度增长、打击投机活动和管理非香港永久性居民的需求等。支持香港经济增长的旅游业较为繁荣,来自祖国内地的访港旅客成为主要的增长动力。[①] 香港地处亚太地区中心,拥有可供大型邮轮停靠的天然良港。长期以来,西方邮轮视香港为远东邮轮旅游的必停站。目前,香港是亚太区仅次于新加坡的第二个最繁忙邮轮旅游港口。香港可与上海、天津、海南、厦门、大连、青岛以及台湾的主要港口合作,形成一条大中华区邮轮旅游线路。

香港经济具有如下特点:工业企业以小型为主;整个工业以轻工业占绝对优势,产品高度集中;工业产品的内需市场狭小,依赖出口;工业原料、燃料和80%的食品都要进口,加工后再出口,形成了"两头在外"的典型的外向型加工工业格局。如果特区政府要干预经济,将会面对土地紧缺、租金过高、人才与教育未能配合发展需要、香港制度规则弹性低(税制)等问题。土地租金和税率没有新加坡调整弹性大。政府还要面临行业集中度过高、贫富差距过大以及一系列政治和社会领域的问题。

80年代后,以制造业北移为特征的香港工业经济迈出了转型的第一步,经济过分偏重发展服务业,已形成了无工业基础的经济。工业萎缩,直接影响经济增长,并伴随失业问题。但是,香港发展工业经济,困难重重,归纳起来,主要有四个方面:其一,工业和服务业要协调发展。70年代以前,工业是推动香港经济发展的主力,80年以后,大量工业迁入内地。一旦国际形势变化、地产和金融业不景气,整个香港经济就将失去依托。其二,重视研究和实施产业政策,特别是工业产业政策,在工业中积极主动地放弃不干预政策,通过政府扶持和推动工业发展。其三,在保持香港强势工业的基础上,着重开发和培植几个适合香港资源条件的支柱产业,牵引和带动整个香港工业经济的发展,改变目前以地产、金融和转口贸易等第三产业单一凸进的经济格局。其四,缺乏工业技术和熟练工人。

二、香港特区产业结构与劳动力流动

劳动密集型制造业曾是香港经济发展的支柱。香港制造业重点发展纺织、印染、服装、塑胶、玩具、搪瓷、钟表、电子等轻工业,吸收了大量的劳动力就业,即使是技术含量低的体力劳动者也有就业机会。20世纪70年代,香港推行工业多元化,以生产高增值产品应付欧美各国的贸易保护主义,同时又以市场多元化

---

① 参见陈广汉、邓鑫:《2012年香港经济发展回顾与展望》,载《当代港澳研究》2013年第10辑。

对付竞争对手的挑战。香港工业基础薄弱,以中小型工厂为主,技术水平低,研发能力差,行业结构仍以传统工业为主,国际竞争力弱。①

80年代,香港的产业结构从以制造业为主体转型为以服务业为主体,实现了第二次产业结构转型。在此阶段,制造业的内外环境发生了较大的变化。内部不利因素主要包括劳动力短缺、高地价、高租金、高工资,从而削弱了香港企业的国际竞争力。外部竞争因素是,东南亚国家和临近的台湾地区劳动密集型制造业对香港工业构成了较大的竞争压力。另外,我国内地经济改革与开放,促使并推动了香港制造业内迁,导致本地制造业份额下降,低技术就业岗位迅速减少,这种缩减是永久性的,不会因经济周期好转而明显改变。② 与此同时,产业结构快速转型,出现了明显的非工业化倾向,金融、贸易、运输、地产、旅游、资讯等第三产业迅速增长,成为经济的主导型产业。香港地区政府成立了科学技术委员会和香港科技大学,培养高科技人才,以适应这种结构性转变。

但是,90年代以来,香港产业结构向知识经济转型却遇到了相当大的困难。因为产业结构转型,受到经济周期性衰退和结构性调整的双重压力,以及创新能力低下的制约。尽管如此,近二十年来,香港产业结构高级化的方向没有逆转。香港金融服务、贸易及物流、旅游和工商业支援及专业服务是支柱产业。金融服务包括银行、保险、证券经纪、资产管理及其他金融服务。物流是指筹划、实施和控制货物、服务及相关资讯,包括货运、货运代理、仓库、邮政及速递服务。入境旅游包括零售业、住宿服务、餐饮服务、其他个人服务、客运服务及旅行代理、代订服务及相关活动。专业服务包括法律服务、会计服务、核数服务、建筑及工程活动、技术测试及分析、科学研究及发展、管理及管理顾问活动、资讯科技相关服务、广告、专门设计及相关服务等。工商业支援服务是指提供本地经济体系内其他公司使用的服务,以及向公司及个别人士输出的服务。

香港工资水平由劳资双方协商决定,劳动力市场供求状况、市场物价波动等会对其产生较大影响。香港工资制度的特点是,多种工资形式并存;没有法定最低工资;除基本工资外,还有其他报酬。工资的具体形式包括:其一,职务工资。其对象是政府各部门和大公司的公务员。公务员分为三大类:一是长俸公务员,约占总数的70%以上;二是非长俸公务员,约占总数的26%,主要是政府部门内的技工和体力劳动者;三是合约雇员,按合约薪酬的25%为期满酬金。除政府各部门外,香港其他执行月工资的机构,工资级别从一般职员到高级职员分为几

---

① 参见黄安余:《香港经济发展述论》,载《江海学刊》1997年12月。
② 参见叶秀亮:《香港经济前景及财政预算》,载《香港信报》2002年3月6日。

个等级,领取不同的月工资。学徒工、辅助工也按年限分级,每级支取不同的月工资。其二,计时工资。它以工作时间长短作为计算工资的依据。大多数工商企业都采用计时工资形式,但行业之间平均差距较大,各个行业的平均日工资也有差别。其三,计件工资。计件工资制主要在制衣行业实行。该行业劳工较多,除组长、管工和厂长享受月工资外,生产劳工都实行计件工资制。其工资的确定,是根据成衣的款式、技术难度、近期行业内部劳工日工资的时价除以每位劳工日最大生产量的估计数,得出每件货品的工作量。这种计件工资的计算方法是目前最为普遍采用的形式。

在劳动就业问题上,香港雇主与雇工都有充分自由。雇主可以自由地选择雇工,自行决定工资形式和标准,自主解雇雇工;雇工也能自由地选择雇主、就业岗位和工种等,有辞职的自由。因此,劳动力市场流动性较大。劳动力流动主要是为了改变就业条件,获取高工资收入。工资既成为劳动力市场的信号、调节劳动力流动的杠杆,又是劳动者对劳动力市场最主要、最敏感的反应。从行业上看,香港金融业十分发达,越来越显现高端化和专业化态势。普通金融从业人员尚能满足,但金融业就业难以过度扩张,金融服务业使得高端金融人才供不应求,加上香港金融人才储备不足,金融业就业结构有待优化。香港航运业从基础型、服务型向智能型转变,就业准入门槛越来越高,可能出现一般航运劳动力过剩与高端航运人才缺乏并存的局面。随着入境旅客的剧增,香港交通、酒店和购物场所不堪重负,相关配套和服务设施滞后,对香港旅游业的发展产生影响。旅游业短期增长形成较强的就业吸纳能力,但行业长远发展必将受到旅游公共服务体系不完善的影响,从而减少劳动力就业。[①] 产业结构的这些变化必将影响劳动力就业结构,并加快劳动力在不同行业之间的流动速度。

香港劳动力与人口流动量较大,究其原因,一是繁荣的商业。香港进出口量在世界名列前茅,这既增强了其经济实力,又为促进商贸发展奠定了基础。与此相适应,香港商品博览会和展览会盛况空前,为劳动者提供了更多的就业机会。二是旅游业的发展。长期以来,旅游业一直是香港经济的重要支柱,旅游业的产业关联度较好,促进了餐饮、酒店、零售等行业的发展,再加上香港人善于经营管理,该行业催生的就业机会十分可观。三是优良的购物环境。香港是亚洲乃至世界的购物天堂,商品几乎来自世界各个国家和地区,品种丰富,价格实惠。此外,香港是世界著名的股票市场,所有这些都成为人口和劳

---

① 参见谢宝剑:《香港四大支柱产业结构对就业结构的影响及发展分析》,载《暨南学报》(哲学社会科学版)2013年第7期。

动力流动的重要促进因素。

三、香港特区就业结构与就业矛盾

香港劳动力就业结构的变化,是与经济转型和产业结构的转化密切相关的。近半个世纪以来,香港就业结构变化较大。按照三次产业就业结构进行划分,1980年至2003年,第一产业就业人数的比重从1.5%下降至0.3%;第二产业就业人数的比重从50.1%下降至14.4%;而第三产业就业人数的比重从48.4%上升至85.2%。从这个意义上讲,香港已步入后工业化社会。

香港的就业行业通常分为九大类:渔农业;采矿及采石业;制造业;电力及燃气业;建筑业;批发、零售、进出口贸易、饮食及酒店业;运输、货仓及通讯业;金融、保险、地产及商业服务业;社区、社会及个人服务业。20世纪六七十年代,以出口为主的劳动密集型制造业发展迅速,导致制造业就业人数快速增长。在高峰时期,就业人口有半数集中在制造业。1961年,制造业就业人数占劳动力总就业的43%,1971年上升至47%。但80年代初期后,制造业的就业比重大幅度下降,近年来再度下降,如表7-8所示:

表7-8 近年来我国香港特别行政区劳动力就业结构的变化 单位:万人

年份 类别	就业人员总数	制造	建筑	进出口贸易及批发	零售、住宿及膳食服务	运输、仓储、邮政速递服务、资讯及通讯	金融、保险、地产、专业及商用服务	公共行政、社会及个人服务	其他
2008	350.9	16.6	26.5	58.9	55.2	43.4	63.9	84.3	2.2
2009	346.8	15.0	26.2	56.2	54.5	42.3	63.7	86.7	2.1
2010	347.4	13.3	26.5	54.7	55.8	42.2	64.1	88.5	2.3
2011	357.6	13.3	27.7	53.9	57.8	43.4	67.6	91.5	2.4
2012	366.1	13.4	29.1	56.4	59.1	43.4	68.7	93.5	2.4

资料来源:参见国家统计局编:《中国统计年鉴—2013》,中国统计出版社2013年版,第872页。

香港作为国际金融、贸易和航运中心,对专业技术人员和管理人员的需求日益增加,而对生产性工人需求减少,劳动力市场逐步转变为以脑力劳动者为主体的知识密集型的专业和管理人才市场。因此,制造业就业比重锐减,从20世纪六七十年代的约50%下降至10%左右。这是导致香港就业行业结构变化的重要原因,也使就业过度依赖服务业。香港经济转型的主要特点是,从制造业转向服务业,而不是制造业升级,转向发展高科技、高附加值的产业。香港工业空洞化和对服务业就业的极大依赖导致产生了新的就业矛盾。

失业的变动与经济中总需求的变化呈逆向关系。当经济繁荣时,投资旺盛,就业机会增多,失业减少;当经济衰退时,产品积压,工厂倒闭,失业增加。这种经济运行周期引发的失业现象在香港经济运行中也有所体现。1975年以前,香港没有完整的失业统计;此后,受严重的经济危机的影响失业增加,同年失业率达到9.1%;随后,失业率有所下降,1976至2000年,基本维持在较低水平,一般年均都低于4%。80年代中期后,香港经济增长,劳动力市场需求量大,劳动力几乎处于充分就业状态,失业率低。除个别年份外,失业率均在2.0%至2.8%之间,不充分就业率在1.0%至2.3%之间。近年来,香港就业基本稳定,如表7-7所示。

从行业结构看,香港失业问题较为严重的行业为营造业、零售业、餐饮业、进出口贸易及通讯业。从职业构成看,半技术与非技术工人的失业率最高。从教育程度看,小学或以下程度工人的失业率上升明显。中学与预科程度的失业者人数最多,主要因为他们在劳动人口中所占比例较大,可见,低教育程度的就业者首先遭受失业打击。从年龄结构看,青少年失业问题较为突出。青少年过早就业是问题产生的根源。发达国家青少年劳动参与率低,美国为40%,新加坡为15%,而我国香港地区青少年劳动参与率高达50%左右。[①]

香港产业结构从以制造业为主转向以服务业为主,迅速转变成为一个非工业城市,大量制造业工人转向服务业就业。亚洲金融危机后,香港股市、楼市暴跌,本地消费不足,建设工程放缓。与旅游业、饮食业、零售业有关的部门,也由于港人的消费购买力和意愿降低而陷入困境。从某种程度上说,香港失业是与经济不景气密切相关的。香港经济过分依赖地产业,而过去数年香港地产业几乎陷于崩溃。香港地产经济以短线和巨大利润吸纳了大量资金,但也使企业经营成本上升,将留守企业主力放在地产投资上,令企业难以承担高昂租金。这可能也是香港经济转型步伐蹒跚乏力,缺乏富有创造力和竞争力的大企业,以及很多企业被迫向北迁移的关键所在。

香港结构性失业明显。一方面,产业结构的转型使制造业等行业的劳动力不断被释放出来,增加了劳动力市场的供给。在产业结构转变的进程中,制造业产业转移至广东等内陆省份,但是,原来雇用的劳动力并没有随之迁往内地就业,制造业在产业转移过程中释放了大量的劳动力,一部分就地转向服务业就

---

① 参见杨河清等主编:《新世纪人力资源开发与就业》,中国劳动社会保障出版社2005年版,第225页。

业,另一部分因此失业。另一方面,服务业的快速扩张吸收了大量的劳动力就业。这是香港能够保持较低失业率的重要原因。在 1981 至 1996 年间,香港制造业就业人数减少了四十多万人,而同期金融、保险、地产和商业服务业的就业比重上升了两倍多,这些行业新增就业岗位的总量大大超过制造业丧失的就业机会。传统经济学理论认为,行业转换与失业率关系密切,但这一观点并不符合香港的实际。香港就业占有率变动对失业率的影响并不十分明显。就业占有率下降幅度大的行业,并没有出现较高的失业率;而就业占有率上升的行业,并没有因此造成较低的失业率。

20 世纪 80 年代中期以后,香港部分行业劳工短缺,缺少劳工约 20 万人。① 造成劳工短缺的主要原因是,经济增长导致劳动需求增加,直接造成劳动力市场供不应求;人口变动减少了劳动力供给,特别是家庭计划使生育率降低,以及香港 80 年代人口外流;青年人不愿去工厂工作等。香港地区政府应对基层劳工短缺的措施有:一是产业北移至祖国内地,二是输入外地劳工。② 有观点认为,香港失业增加主要是因为输入外地劳工,并提出了反对输入劳工计划。1996 年,香港地区政府终止了一般输入劳工计划。在新计划下,雇主必须证明确实在本地难以招收到适合的劳工,才能获准引进外地劳工。但事实上,输入劳工并不是导致失业增加的主要原因。因为输入劳工占总劳动力的比重不大,1994 年与新机场建设有关的劳工输入总量不超过 5000 名,而该年劳动力人口增加将近 10 万人。外地劳工大多数属于低技术劳动力,而香港的失业人士包括各个技术层面的劳动力。因此,输入劳工有可能对特定劳工群体的就业产生影响,但尚不至于导致香港整个劳动力市场失业增加。

四、香港特区的就业政策

香港劳动力市场运行的基本特征是,最大限度的市场调节与最小限度的政府干预并存,劳动力市场的供求通过市场调节实现均衡。在政府"积极不干预"的自由经济政策指导下,劳动供给方拥有对其劳动力的转让权和充分的择业自主权,追求工资最大化是职业选择的主要依据。劳动需求方是独立的经营主体,拥有完全的用工自主权。除了必须遵守政府劳动法规外,企业可以根据经营状况,制定用工标准并自由辞退雇员。劳动力供需双方的绝对自由,是香港劳动力

---

① 参见郭森浩:《输入劳工,症结何在?》,载香港《经济导报》1991 年第 2226 期。
② 参见黄安余:《香港外地劳工问题述论》,载《江淮论坛》1997 年第 3 期。

市场的基本特征,工资是调节双方均衡的力量。①

20世纪80年代以来,由于经济转型,香港劳动力市场出现了问题,各种利益集团的介入促使政府干预劳动力市场。例如,雇主团体以维护香港竞争力为名,要求制止工资上涨。劳工团体以失业率上升为由,反对输入外地劳工。香港的就业政策要兼容不同利益集团的主张。政府主要通过各种政策法规,对劳动力市场结构和运行进行调节。结构调节主要是对供求关系和劳资关系的调节,而运行调节通过制订和实施工资政策、失业保险政策、反歧视政策等进行。同时,政府还提供就业服务、保障就业安全、职业许可证制度等。② 总之,就业政策主要包括调剂劳动力供需的宏观经济政策,如输入劳工计划、雇员再培训计划等,以及保证劳动力市场运行的各种政策法规。

(一)调节劳动力供需的就业政策

首先,输入劳工计划。20世纪80年代中期以后,香港工资上涨以及部分行业劳工短缺,在工商界的压力下,香港开始输入劳工。香港公布接受输入劳工的申请,并按缺工程度列出行业。劳工输入政策经历了弹性输入、放宽输入和扩大输入三个不同的阶段。香港回归后,为了配合发展高科技产业,解决人才短缺和维持竞争力,香港特区政府经与中央政府协商,执行输入内地专才政策。2003年,香港特区政府正式开始执行"输入内地人才计划"。这项计划旨在吸引内地优秀专业人才赴港就业,以满足其劳动力需求,提高香港在国际市场的竞争力。政策不再设定行业限制,允许内地驻港公司选派高级管理人员及专业人才在港就业。计划还包括输入艺术、文化、体育乃至饮食界的人才。输入的内地人才必须拥有香港缺乏或渴求的专业知识和技能,必须能对香港本地企业日常运转及有关行业有所贡献,以促进香港经济发展。

香港地区政府外劳政策主要有:明确外地劳工在港工作期限,合约期限为两年;保护港人就业权益,诸如雇主在招聘外地劳工前,应当公示吸引本地劳工及时应征申请;雇主不能在本地工人开工不足的情况下招聘外地劳工,如果遇到裁员,必须先裁减外地劳工;不允许存在外地劳工占多数,以外地劳工代替本地劳工的就业岗位。③ 在解决劳工短缺问题上,香港将输入劳工制度化,并且外地劳工政策与移民政策界限模糊。尽管如此,劳工输入政策是非常必需的,它缓和了劳动力不足的矛盾,使重大建设工程和产业缺工问题得以缓解,有助于降低劳动

---

① 参见黄安余:《香港就业结构转化特征与政策》,载《特区经济》2006年第11期。
② 参见徐宗玲:《粤港产业合作与劳动市场》,经济管理出版社2002年版,第114页。
③ 参见高君慧:《香港劳工短缺纾缓办法的探讨》,载香港《经济导报》1989年第22期。

力成本,改善产业经营条件,对香港整体经济是有利的。① 但是,长期以来,香港地区政府对内地专业人才持有矛盾态度,既要利用内地优秀人才提升经济竞争力,又担心形成就业挤出效应。新人口政策改变了这种矛盾心态,成为香港提升竞争力的重要策略。

其次,雇员再培训计划。为了解决因经济结构转型而引起的失业问题,帮助失业工人重新就业,香港地区政府于1992年推行雇员再培训计划,并且成立了再培训局,由政府、雇主和雇员三方代表共同组成。该局通过培训机构网络提供训练,所举办的认可课程获得再培训基金资助。香港地区政府先后出资6亿多港元。雇员再培训计划的参与对象为30岁及以上的本地劳动力。后来,范围逐步放宽至家庭主妇、老年人、伤残人和新移民。再培训课程主要包括专业课程、技术课程、基本技术以及技术提升课程。再培训局鼓励雇主参与课程设计以及筹办工作。除了技术提升课程外,所有再培训课程都是免费的,对参与全日制课程的学员,政府给予一定的补贴。政府调节劳动力供需的就业政策旨在振兴经济,期望经济复苏能带动投资和消费增长,由此增加对劳动力的需求,减少失业。从后来的经济复苏看,政府的就业政策产生了预期的效果,劳动力市场失业率和就业不足开始下降。

再次,增加就业岗位,减缓失业压力。香港特区政府为了缓解失业压力,特别是帮助众多青少年就业,近年创造了2.9万个临时就业岗位,大部分在2004年3月底届满。香港特区政府在压缩财政赤字的同时,已经拨款12亿港元,推出三项就业措施:一是用于延长大约1.1万个临时就业岗位,年限从半年到两年不等,需动用8.7亿港元。二是将2002年推出的青少年见习就业计划延长两年,为1万15至24岁的青少年提供就业机会,需动用3亿港元。推行至2004年初,已有近1.9万人通过此计划成功就业。三是香港政府采取有效的财政措施促进劳动力就业,设立了就业援助基金。金融危机期间,政府拨款两千多亿港元进行公共基础建设,为香港市民提供了大量就业机会。除了政府财政之外,香港就业经费还有企事业组织和私人捐款、政府就业援助基金的利息,以及政府支持的再就业机构向求职者的收费。香港就业困难人士可能获得的经费来源有社会福利署(综合社会保障援助计划)、李宝桩慈善基金、邓肇坚何添慈善基金、群芳救援信托基金、蒲鲁贤慈善信托基金、香港家庭福利会(摩根士丹利基金)、再就业培训基金等。

香港地区政府还采取其他措施创造就业岗位,诸如在反吸烟运动和健康生

---

① 参见黄安余:《香港外地劳工问题述论》,载《江淮论坛》1997年第3期。

活推广活动中招聘更多的劳动力;聘请额外的员工,以加强都市清洁、绿化和沿岸的废物收集工作;聘请更多的员工从事环境改善和小区建设工作;在起居照顾、院舍服务等方面增加后勤支持员工的数量,为病人提供更好的服务,以及加强对妇女、新来港人士、单亲家庭、长者和残疾人的服务。这些措施增加了约1.5万个就业岗位。

最后,充分发挥就业服务的功能。香港就业服务包括非政府组织和政府组织的双重参与。非政府组织为失业者提供企业招聘信息、就业压力疏导、再就业培训以及就业指导和心理辅导,这种间接服务体现了香港就业市场化的内在要求。政府组织设立社会福利署和劳动局就业服务处,负责制定整个就业服务计划与监督计划实施,力求充分保障香港劳动力的就业需求。长期以来,香港劳工处就业中心一直为雇主和求职人员提供免费就业服务。特区政府还利用"互动就业服务"网站提供网络就业服务。通过网络,雇主可以将职位空缺数据送交就业服务中心。雇主可以观看就业服务中心登记的求职人员数据,挑选合适人选。

香港特区政府是高校就业指导的主导者,政府专门设立机构负责大学生就业指导工作。劳工处就业科设置了教育就业辅导组、统筹招聘组、择业辅导组等机构,免费协助大学生求职就业,对大学生就业进行实质性指导。香港高校是大学生就业指导的主体,普遍设置了就业指导中心,一般由副校长牵头,联合教务委员会和学生发展及资源中心共同领导,形成有力的保障机构。就业指导贯穿于整个教育过程,不仅如此,就业资源库建设是高校就业指导的核心组成部分,包括就业信息网络化、就业资源共享化、就业资料集成化等。香港企业是高校就业指导的积极参与者,通过各种活动或项目参与大学生就业指导。诸如,企业伙伴计划,香港企业重视企业形象宣传,将提升企业形象作为吸引大学生就业的手段,企业一般会主动联系高校,寻求合作。事业导师计划和职业空缺配对都产生了积极作用。[①] 香港高校大学生就业服务有其特色,"大学生专线"包括联校系统、高校热线、事业中心、专函推广、履历特刊。高校热线是专门为毕业生求职开设的招聘和传真热线,设立在校园内部,全天候为企业招聘员工服务。事业中心是指学校负责毕业生就业服务的相关机构。只要企业或公司有需求,事业中心随即为招聘单位安排广告、见面会、校园招聘宣讲会、展览、面试等。专函推广指学校主动联系就业单位,每年向多家企业发出邀请函,推荐学生暑期勤工俭学及

---

① 参见何海翔:《政府、学校、企业联动:香港高校就业指导的经验》,载《思想政治教育》2011 年第 12 期。

就业。①

（二）保证劳动力市场运行的政策法规

香港劳动力市场的政策法规包括消除劳动力市场歧视和职业保障两大类。在劳动力市场上，男性收入平均高于女性，残疾人求职困难，年老与年轻人的失业率高于中年人，英国公民在港职业比港人及其他外国人待遇优厚。例如，香港回归祖国前，英国人在港招聘、晋升和从事公务员等职业享受特别优待。英国人在港的工资高于港人四倍。港人收入比在港工作的菲律宾人收入高出两倍。这些与劳动者的劳动生产率无关，而是一些非经济因素在发挥作用。②

为了进一步消除劳动力市场就业不平等或就业歧视，1996年，香港平等机会委员会成立。该委员会的工作职能包括受理和处理公民投诉，采取法律行动，推广平等就业机会，制度及政策检讨以消除歧视，培训及顾问服务，就有关平等机会及歧视课题进行研究等。平等机会委员会的主要任务是负责执行和推动一些反歧视条例，它们分别是《性别歧视条例》《残疾歧视条例》《家庭岗位歧视条例》和《种族歧视条例》。事实上，这些反歧视条例涵盖了性别、残疾、婚姻状况、怀孕、家庭岗位和种族歧视等方面。特区政府将这些条例运用到香港社会生活的各个方面。③ 规定：以性别依据对劳动者雇佣、工资福利、设施或服务上进行歧视的行为是违法行为。香港平等就业委员会实施了同工同酬政策，当女雇员和男雇员从事相同或类似工作时，可以获得相同的报酬。在职业保障方面，就业政策主要体现在《雇佣条例》中，条例规定了与雇佣有关的雇员福利及其他权益，例如，休息日、法定假日、年假、产假、疾病津贴、遣散费、长期服务金、离职最短通知期、不公平解雇等。香港劳工处的劳工督察人员负责监督雇主遵守条例的程度。

但是，香港缺乏完善的失业保险政策。在高失业环境下，劳工界多次在立法会发起有关设立失业保险的讨论，但香港地区政府却以失业保险容易挫伤工人以工作谋生和积极提升技能的愿望，而且财政上也容易出现危机为由加以拒绝。失业补救措施包括：《雇佣条例》对终止雇佣合约的通知期限要求、裁员时雇主必须支付资遣费、服务年资长雇员享受长期服务金等规定，以及设立破产欠薪基金，用于支付特惠款项给雇主无力偿债的雇员。此外，劳工处也为失业者提供免

---

① 参见张红军、丁辉：《九十年代后香港就业保障机制的形成及特点》，载《重庆科学院学报》2012年第23期。
② 参见黄安余：《香港就业结构转化特征与政策》，载《特区经济》2006年第11期。
③ 参见冯祥武：《反就业歧视法律：香港走在亚洲前列》，载《中国社会科学报》2011年7月19日。

费的就业信息服务,而为家庭收入及资产低于一个界线的失业者提供援助。①

(三) 劳资关系的协调机制

香港长期沿袭英国"自决式"劳资关系模式,政府执行不干预政策,任由雇主和雇员自由调整相互间的关系。劳资关系较多地反映为雇主与雇员的个别契约关系,而且劳资关系的维系和发展也缺乏必要的立法保障。20世纪60年代后期,随着经济的发展以及人口的膨胀,社会经济结构日趋复杂,产生了一系列的社会问题,特别是由于香港地区政府在劳工保障方面缺乏立法管制,导致劳资矛盾逐步升级,并达到白热化。为了适应社会发展的需要,缓解劳资双方的矛盾与民众对政府的不满,香港地区政府决定调整劳工政策,变"不干预"为"积极的不干预",通过推行劳工立法,加强劳工立法管制,并对工会的发展进行疏导,开辟多种民众向政府反映民意的途径,从而扭转了政府在调整劳资关系中的被动局面。20世纪六七十年代后,香港建立了劳资关系协调机制的初步框架,并逐步加以完备。这对于解决劳资冲突、稳定工业秩序发挥了积极的作用。②

首先,雇主与劳工的关系。香港地区政府奉行自由经济政策,企业可以根据经营状况,制定用工标准并自由辞退雇工。因此,企业层级的雇佣规则一般由雇主单方面制定,或者经过劳工与雇主个别谈判制定,或者由劳工和雇主组成的特别小组制定。在一些较老的工业和手艺行业中,由雇主协会和职工会通过劳资协商会议,就工资和其他雇佣条件达成一般集体协议。在整体经济中,规则由香港地区政府同雇主和工会代表协商后制定。然而,雇主的力量比工会的力量强大得多。因此,雇主在制定规则中起重要作用,在劳资关系中占据主导地位;而工场层级的劳工组织力量相对薄弱,职工会在整个社会中所起的作用有限。③在协调劳资关系的方式上,很多雇主认为,解雇持反对意见的劳工要比同他们谈判更为方便。香港雇主身份较为复杂,部分雇主甚至秘密监视劳工的行动,这是殖民地劳资关系的常态。

其次,劳资关系中的政府角色。1967年事件后,香港地区政府对劳资关系态度有了转变,转向有积极的作为。调解员不再等待请求才出面干预,而是主动前往纠纷厂家。他们安排会议,展开现场调查,寻求问题的解决。与此同时,香

---

① 参见杨河清等主编:《新世纪人力资源开发与就业》,中国劳动社会保障出版社2005年版,第337页。
② 参见黄安余:《香港劳资关系与协调机制》,载《产业与科技论坛》2007年第4期。
③ 参见〔英〕乔·英格兰、约翰·里尔:《香港的劳资关系与法律》,寿进文、唐振彬译,上海翻译出版公司1984年版,第388页。

港地区政府给予劳工立法以优先权,使雇佣条件发生了实质性变化。更重要的是,港府为劳资双方提供一个协调的机制。突破性进展则是1975年制定了《劳资关系条例》。通过该法规的动机是,必须废除严厉的非法罢工和闭厂条例,将劳资关系纳入法律轨道,以适应现实情势。

根据《劳资关系条例》,劳资冲突能够通过三个连续阶段得以解决:首先是普通调解。其过程是自愿的,取决于劳资冲突双方当事人的意愿。如果调解失败,调解员必须将事件汇报至劳工处长,由他决定是否需要任命一名特别调解员承接此案。其次是特别调解。特别调解员或是劳资关系科的官员,或是社会上有声望的人士。如果他不能使纠纷得以解决,必须向劳工处长报告,劳工处长自行决定是否向总督和行政局报告并提出建议。再次是自愿仲裁或建立调查委员会。总督会同行政局提交仲裁庭的劳资纠纷,应当征得当事人的同意,仲裁庭的裁决对纠纷双方均无约束力。此外,总督还能够会同行政局即刻建立调查委员会,其人员构成由总督会同行政局决定。如果总督任命的委员有多名,则由他指定固定人选担当主席。劳资冲突可以提交给调查委员会处理,而不考虑纠纷双方当事人的意志。调查委员会有权自行决定是公开还是秘密审理。但是,一旦调查委员会组建,总督会同行政局必须给该会限定期限,在此期限内,调查委员会必须向总督提出报告。在其终结报告中,不但要载明调查结果,而且还要提出解决纠纷的具体建议。①

最后,协调机制走向成熟。一是劳工立法较为完善。主要法规有《雇佣条例》《劳资关系条例》《职工会条例》《雇员补偿条例》《破产欠薪保障条例》等。其中,《雇佣条例》提供了雇佣标准,是规范非政府机构雇佣劳工的主要法律;《劳资关系条例》规范了调解非政府机构劳资纠纷的程序;《雇员补偿条例》明确了职工发生工伤时雇主应承担的相应责任。二是协调机构完备。香港重视协调劳资关系,成立了劳工顾问委员会、劳资协商促进组、劳资关系扩展组等专门机构。劳工顾问委员会,类似内地的三方协商。在促进劳资协商方面,香港地区政府还成立了劳资协商促进组和劳资关系扩展组,负责提高民众对劳工法律的认识,推广有效的人事管理措施,鼓励雇主采用妥善的劳工管理办法,与雇员建立良好的沟通,以及实行良好的人力资源管理办法等工作。此外,香港雇主联合会、工会联合会、人力资源管理协会等非政府机构在维护雇主、雇员利益,提倡良好雇佣守则、维持高效率和融洽的工作环境,提供培训服务,促进劳资关系和谐、

---

① 参见〔英〕乔·英格兰、约翰·里尔:《香港的劳资关系与法律》,寿进文、唐振彬译,上海翻译出版公司1984年版,第345—347页。

稳定等方面协助香港地区政府开展工作,也起到了积极的作用。①

(四) 加强劳动就业的行政管理

2002年前,香港劳动就业和劳工事务主要由教育及人力统筹局负责。2002年7月,香港特区政府政策局重组,成立了经济发展及劳工局,接管有关事务。其工作有:第一,将由职业训练局和再培训局分别负责的职业培训集中,由香港地区政府政策局统一管理。香港地区政府政策局需要为所有课程制定级数,方便各项课程的衔接,以及计算失业人员可以领取的职业训练基金。学员入学时要根据学历就读合适的级数。香港地区政府政策局也根据社会需要,对所有课程不断进行更新,并进行专业学历评估和推动有关部门学历的认受程度。第二,重整劳工处的各项就业服务,并将就业服务与职业培训紧密结合,以发挥全面信息统筹的功能。第三,在立法和训练政策上,争取积极的就业保障。立法方面,要求企业在倒闭或大量裁员前有所通知,使工会组织、劳动及就业局以及失业者及时得到有关信息,以便迅速为失业者提供培训和就业服务。② 此外,香港"劳顾会"是一个非法定组织,就一般劳工问题,包括法规、国际劳工组织的公约及建议书,向经济发展及劳工局常任秘书长提供意见,由该秘书长出任主席,另有12名非官方委员分别由雇主及雇员方面的各6名代表出任,下辖5个专责委员会,即雇员补偿委员会、就业辅导委员会、实施国际劳工标准委员会、劳资关系委员会、职业安全及健康委员会。③

第三节　澳门特区经济发展与就业

澳门是一个自由的经济体系,政府不直接干预各行各业的经营和发展,而是着力建设和改善宏观经济运行环境,使澳门经济持续稳定地发展。为了增强综合竞争能力,澳门支持中小企业的发展,促进劳动就业和整个社会阶层之间的和谐与协调。澳门地区政府继续采取得力的措施,适度发展多元化产业部门,以形成互相依存、互相促进的产业结构。与澳门的城市定位紧密相关,博彩业和旅游业成为澳门经济支柱产业,这种产业结构和行业结构特征与劳动力市场运行存在着较大的关联。

---

① 参见黄安余:《香港劳资关系与协调机制》,载《产业与科技论坛》2007年第4期。
② 参见杨河清等主编:《新世纪人力资源开发与就业》,中国劳动社会保障出版社2005年版,第344页。
③ 参见艾音方:《香港劳工市场及其发展》,载《国际工程与劳务》2004年第8期。

一、澳门地区人口与经济增长

澳门是一个人口密度较高的地区,充裕的人力资源是劳动力市场供给的重要前提和基础。2013 年,总人口为 60.75 万。就其人口结构看,中国居民占 95% 以上,城市人口占 97% 左右。澳门民众勤劳敬业,因此劳动力参与率一直较高,通常维持在 70% 左右,如表 7-9 所示。在劳动力资源总量恒定的前提下,劳动力的供给总量由劳动力参与率决定。劳动力供给总量变化,取决于总劳动力参与率的变化,因而在总人口中劳动力人口总量较大。2012 年,劳动人口为 35.0 万,其中就业人口为 34.3 万,失业人口为 0.7 万,失业率约为 2.0%,如表 7-9 所示。

表 7-9 近年来我国澳门特别行政区人口和劳动力数量的变化 单位:万人,%

年份 \ 类别	人口总数	人口自然增长率	劳动人口	劳动力参与率	平均预期寿命(岁) 男	女
2008	54.1	5.5	32.7	70.7	78.9	84.7
2009	53.5	5.8	32.3	72.3	79.1	85.1
2010	53.7	6.2	32.4	72.0	79.2	85.3
2011	55.0	7.3	33.6	72.5	79.1	85.5
2012	56.8	9.6	35.0	72.4	79.1	85.7

资料来源:参见国家统计局编:《中国统计年鉴—2013》,中国统计出版社 2013 年版,第 915—917 页。

2013 年,澳门人口统计数据显示,其人口性别结构是:男性人口占总人口的比重为 48.6%,女性占 51.4%。人口年龄结构是:0 至 14 岁人口占总人口的比重为 11.3%,减少 0.3 个百分点;15 至 64 岁人口占 80.7%,减少 0.1 个百分点;65 岁及以上人口占 8.0%,增加 0.3 个百分点,澳门已进入老龄化社会。澳门人口平均预期寿命达到 80 岁以上,在全世界名列前茅。2010 年,澳门共有 80 所学校(公立学校 11 所,私立学校 69 所;不含高等院校),在校学生总数约八万人,教师五千人左右。澳门私立学校主要是由教会或社会团体管理。所有政府学校都强调三文四语教育。澳门文法学校教授语言、数学、科学科目和社会科目。澳门只有少量职业学校,教授职业性科目如汽车维修、电子工程等。

长期以来,澳门经济以博彩业为主。20 世纪 60 年代,经济结构开始变化。70 年代,经济发展较快。80 年代,形成以出口加工业、旅游娱乐业、建筑地产业和金融业为支柱的多元化经济。澳门采取自由经济政策,工业力求多元化和现代化,发展目标有电子行业,与工业有关的生产管理、产品开发和设计等辅助行业,服务行业如银行、保险业等。2012年,澳门生产总值已达到3244.0亿澳门元。其中,博彩业贡献较大。博彩业开放促进了旅游业发展,使访澳游客不断增加,酒店入住率有所上升;同时,澳门失业率也随之下降,从2009年的3.5%下降至2012年的2.0%,基本上实现了充分就业,如表7-10所示。博彩业已成为澳门吸纳劳动力就业的关键性行业,再加上旅游业发展需要一些服务性行业配合,如旅店业、餐厅、商店和各种娱乐设施等,澳门从事旅店、旅行社、餐厅等与旅游有关的就业人员数量可观。促进澳门与内地和国际合作的深入发展,使博彩、旅游、文化、金融服务更加融合,经济适度多元化发展,将是未来澳门经济战略转型的一个重要选择。随着经济全球化步伐加快,跨国公司已成为澳门经济的重要组成部分,为澳门创造了就业机会,带来了先进的技术和管理,促进了澳门技术深化和产业升级,也使博彩业的经营环境、博弈产品、管理理念、融资方式发生着变化。

表7-10 近年来我国澳门特别行政区经济增长和失业的变化

单位:%,亿澳门元,万人

年份\类别	经济增长率	GDP总额（亿澳门元）	进出口总额（亿澳门元）	失业人数	失业率
2008	3.4	1867.7	590.6	1.0	3.0
2009	1.7	1899.7	445.7	1.1	3.5
2010	27.5	2422.1	510.8	0.9	2.8
2011	21.8	2950.5	692.6	0.9	2.6
2012	9.9	3244.0	790.9	0.7	2.0

资料来源:参见国家统计局编:《中国统计年鉴—2013》,中国统计出版社2013年版,第916—917、923页。

澳门经济增长的主要原因有:一是博彩业发展良好,收益大幅增加,带动了其他行业的发展。特别是2001年,澳门地区政府决定适度开放博彩业,2002年发放了三个博彩经营牌照。这标志着博彩专营制度结束,为澳门支柱产业的发展注入了动力。二是内地省市开放港澳游,大量内地游客涌入澳门,在增加博彩业收益的同时,带动了澳门旅馆、餐饮、零售、交通等行业的发展。三是澳门与欧盟的联系。澳门1991年被纳入欧共体投资合作伙伴计划;1992年与欧共体签署了贸易与合作协议,内容涉及贸易、工业、能源、科技等多个方面;欧共体还在澳门设立了资讯中心、文献中心和欧洲旅游培训中心。1998年,欧盟批准澳门成为亚洲投资计划受惠地区,澳门商业中介团体可与欧盟联合申办有关亚洲投资项目。2000年,欧盟委员会通过了给予澳门护照持有人免签证进入欧盟13个成员国。2002年,英国和爱尔兰宣布给予澳门护照免签证待遇。2006年,欧盟委员会发表《委员会致理事会及欧洲议会的沟通文件》,确定了欧盟与澳门贸易及海关、金融、民间及学术联系、交通运输、卫生及食物安全、环境等合作目标。联合国的粮农组织代表机构、教科文组织文献中心,以及世界银行、世界贸易组织等都在澳门设有机构。四是澳门实行自由港和不干预政策。货物进出口自由,只有极少数货物进口需缴纳少量关税;资金和外汇进出境自由,没有任何管制;人员进出境自由;企业经营自由,无论内资或外资,都可以自由地开设企业。

近年来,澳门经济发展也面临着一些困难。例如,博彩业的产业关联度较低,经营方式老化,发展旅游博彩业的压力加大;制造业有所萎缩,导致商品贸易出口增长缓慢;房地产业开始走向衰退,楼价波动,并导致建筑业增长下降。特别是银行业经营困难增多,因为贷款结构单一,风险加大。银行资金出路困难,存贷比率偏高。银行同业竞争加剧,增加了成本和风险负担。由于澳门经济结构单一,主导产业缺乏关联。这种过于单一的经济结构将面临较大的市场风险。澳门四大支柱产业中,旅游博彩业约占本地生产总值的四成,为各业之首;在旅游博彩业总收入中,博彩业的比重高达七成,而观光旅游及酒店等仅占三成。澳门其他行业的行业关系也较为松散,旅游业的发展主要取决于外部游客数量;出口加工业发展则取决于外部市场特别是欧美国家市场的需求变化;银行业受内地的影响较大;建筑业与澳门关系密切,但其发展受到外来资本和外来用户的影响;澳门企业规模小,技术设备较为落后,其工业生产水平尚处于低层次加工、低附加值和低技术密集状态。面对东盟国家和内地的竞争,澳门劳动密集型产业劳动成本上升,纺织业已丧失了昔日的竞争优势,这也是制造业衰退的原因之一,而博彩业受到东南亚新赌业中心的挤压,发展面临着变数。

澳门未来经济增长状况,主要与两方面因素有密切关系。从内部因素看,澳门经济规模小,抗风险能力弱,未能形成有效的资本积累和再生机制。经济结构不合理,从而形成对外依赖性,这些结构性问题难以在短期内改变。但是,博彩业对整体经济的带动,对政府税收、市民就业等各方面的贡献都不容低估。旅游博彩业具有很大的发展潜力,在区域合作与分工中占有较大竞争优势。影响澳门经济发展的主要问题是葡萄牙落后的管理制度,其他还有投资环境欠完善、与内地往来不便、没有深水港、货物进出要经香港中转、行政效率低、社会治安恶化、贪污贿赂盛行等。这些问题的存在,影响了投资者的信心,资本结构长期以港资、中资及本地华资为主体。

从外部因素看,主要是国际金融市场动荡,许多国家和地区的社会需求萎缩。澳门是外向型经济,其经济发展容易受外部因素影响。澳门与内地存在着紧密的联系。因受地理环境及人口等因素的制约,澳门经济对内地的依赖性很强,食用水、蔬菜、粮食、副食品等主要来自内地,内地是澳门最大的进口来源地和第四大出口市场。这在三大方面对澳门产生影响:一是促进澳门龙头产业的发展。澳门回归后,内地客源市场所占比重越来越高。据澳门海关统计,黄金周期间,每天进入澳门的游客达 10 万人次,其中来自内地的游客占四成以上。二是有助于产业结构适度多元化发展。澳门产业结构过于单一,不利于抵御外来冲击。[①] 在澳门制造业中,纺织服装占主导地位,虽然已经逐渐失去了往日的地位,但在出口贸易和就业等方面,依然发挥着重要作用。目前,澳门的纺织品及成衣出口市场集中在美国和欧盟。由于过于依赖纺织品配额,随着 2005 年全球纺织品配额的取消,澳门生产企业面临着较大冲击。三是有助于澳门打造服务平台。根据自身优势条件,澳门提出打造中国内地与葡语系国家之间的经贸服务平台、粤西地区商贸服务平台和世界华商联系与合作平台等。澳门经济发展与经济结构性特征对劳动力就业产生直接的影响。

二、澳门特区就业结构与就业矛盾

(一) 就业结构与就业矛盾

1997 年亚洲金融危机后,澳门失业率一度保持在 7% 以上。与此相比,澳门目前的就业形势已经明显好转。旅游业快速增长,博彩业开放以及吸引外来投资增加,是澳门失业率下降的主要原因。随着政府和私人投资大型项目的逐渐展开,失业率将持续下降。

从劳动力就业的产业结构看,20 世纪 90 年代中后期,澳门农业就业人口为 0.27 万,占 1.38%;工业就业人口为 7.87 万,占 40.61%;服务业就业人口为 11.23 万,占 58%。可见,服务业发展较快,就业人数最多。从就业劳动力的文化素质结构看,1997 年劳动人口中受教育程度的比例,小学占 30.4%,初中占 33%,高中占 15.3%,受过专业教育的占 2.2%,受过大学教育的占 6.6%,文盲半文盲占 12.5%。劳动力就业的行业结构,如表 7-11 所示。

---

① 参见黄安余:《澳门劳动力市场运行与特征》,载《现代经济》2007 年第 5 期。

表 7-11　近年来我国澳门特别行政区劳动力就业结构的变化　　　单位:万人

行业＼年份	2009	2010	2011	2012
就业人员总数	31.19	31.48	32.76	34.32
农业、捕鱼业及采矿工业	0.11	0.06	0.08	0.08
制造业	1.64	1.52	1.28	1.03
水电及气体生产供应业	0.09	0.09	0.13	0.15
建筑业	3.18	2.71	2.82	3.23
批发及零售业	4.08	4.14	4.34	4.23
酒店及餐饮业	4.32	4.28	4.61	5.30
运输、仓储及通信业	1.62	1.82	1.60	1.60
金融业	0.73	0.73	0.81	0.82
不动产及工商服务业	2.53	2.75	2.80	2.43
公共行政及社保事务	1.97	2.41	2.30	2.51
教育	1.18	1.15	1.23	1.31
医疗卫生及社会福利	0.75	0.81	0.85	0.86
文娱博彩及其他服务业	7.37	7.54	8.20	8.95
家务工作	1.60	1.74	1.68	1.80
其他及不详	0.01	0.01	0.02	0.01

资料来源:参见国家统计局编:《中国统计年鉴—2013》,中国统计出版社 2013 年版,第918 页。

澳门就业结构的主要问题有三:其一,劳动力就业渠道单一,过度依赖于博彩旅游业。该行业发展推动了澳门经济增长,成为劳动力就业的主要渠道。然而,劳动力就业过度依赖于博彩旅游业,其他产业、行业吸纳劳动力的能力较弱。建筑业是澳门就业的另一个主要渠道,受限于土地面积,其发展会受到一定程度的限制,增长速度会减缓,就业吸纳能力会减弱。从长远看,促进产业多元化将会创造更多的就业机会,有利于解决不同层次劳动力就业。其二,就业结构影响劳动力素质的提高。博彩业提供了大量就业机会,但行业就业门槛较低。低素质劳动力的工资比其他行业高,这种就业结构会对其他劳动力产生一种不良的示范效应,即没有较高的知识与技能水平,也可以获得较高的收入,从而降低劳动者学习知识与技能的动力,减少教育、培训等人力资本投资行为,不利于劳动者素质的提高,也会削弱澳门的竞争力。其三,单一的产业结构会影响高素质劳动力的就业选择。如果技术附加值高的第三产业发展缓慢,不能形成良好的聚集效应,那么高素质的劳动力可能就会选择去其他地区谋求发展,从而会减少澳门高素质劳动力的数量,影响本地产业与经济的发展质量。①

然而,失业始终是澳门劳动力市场运行难以避免的问题,也是经济发展的需要,但要将失业的程度控制在合理的范围之内,避免失控而引发社会动荡。从劳动力失业的行业结构看,2005年以来,澳门建筑业的失业有所改善,不动产及工商服务业、批发及零售业、酒店及饮食业的失业持续缓解,促进了澳门劳动力市场需求,劳动力就业有所改善,部分失业劳动力重新进入劳动力市场。尽管如此,劳动力市场仍有一批长期失业者,原因在于失业者的技能与岗位技能需求难以适应。失业者相对集中于年龄偏大以及教育程度偏低劳动力群体,澳门地区政府已经采取对策,通过技能等方面的针对性培训,提升他们的就业竞争能力。

澳门女性劳动参与率呈持续稳定增长之势,女性劳动者就业有所扩大,职业妇女比重上升,其社会地位得以提高。2002年,在20.1万就业人口中,女性劳动者占48%。她们所从事的行业和职业较为广泛,从专业、技术或辅助专业到参政议政、医疗卫生、文化教育、商业服务等各个领域都占有相当大的比重。其原因在于,女性接受高等教育呈现上升趋势,高中毕业女生升大学的比例近八成,年轻一代女性学历的提高,将增加她们在未来知识经济社会中的竞争力。但是,阻碍澳门女性就业的问题不容忽视,诸如女性整体教育程度偏低,特别是低学历、中年女性失业率较高;新移民女性劳动者难以较快融入社会;在就业和晋升等方面对女性存在某些限制等。因此,改善女性整体素质和就业公平仍然需要各界予以关注。②

(二) 输入外地劳工

澳门大量输入外地劳工,解决本地劳动供需矛盾问题。从输入原因看,随着经济的快速发展和转型,本地劳动力供给不足的矛盾日益突出。特别是内地开放港澳游后,澳门博彩业、旅游业及相关的服务性行业出现了繁荣,很多企业扩大经营规模,致使劳动力市场需求有所扩大,尤其是对专业技术性劳动力的需求,以配合各行各业的发展,增强经济发展后劲和竞争能力。从劳工政策看,政府输入外地劳工,前提是不影响本土劳动者的就业机会,外地劳工主要是补充性劳动力,弥补基层劳动力的不足,而不是竞争性或替代性劳动力,排挤本地劳工的就业岗位,否则必然会影响社会和谐与安定。从实践看,澳门地区政府只允许雇主在本地招工不足的情况下,合法输入外地劳工;雇主在输入外地劳工后,不能以使用廉价劳动力为竞争手段,不正当解雇澳门本地劳工。因此,在基本保障

---

① 参见郭宇强:《澳门的就业结构特征分析》,载《特区经济》2009年第4期。
② 参见黄安余:《澳门劳动力市场运行与特征》,载《现代经济》2007年第5期。

本地劳动力就业和合理工资水平不受侵害的基础上,澳门地区政府大批引进外地劳工,特别是专业技术劳工。从输入数量看,截至2011年10月,澳门外地劳工总数达到8.53万,占就业人口的25.93%以上。从外地劳工来源看,他们主要来自祖国内地、菲律宾和泰国等国家和地区。一般来说,内地劳动力多数在制造业或服务性行业就业。由于地缘和人缘关系,珠海对澳门输出劳动力较多,主要集中于酒店业和建筑业。菲律宾劳工以女性劳动者为主体,她们主要从事家庭帮佣、清洁工或在公司、银行和金铺等担任保安护卫员。泰国劳工多数在浴室、酒吧或夜总会就业。从经济和社会影响看,外地劳工的大量输入,有助于缓解澳门基层劳动力不足的矛盾,改善产业的经营条件,增强澳门的国际竞争力,并已产生积极的经济效益。但是,必须注意的是,大量外地劳工的存在,除了带来部分消极的社会影响之外,也侵害了本地非熟练劳动者的就业权益,外地劳工过于频繁的流动扰乱劳动力市场秩序,对劳动力市场的运行产生了一定的消极影响。[①]

(三) 工会参与引进外地劳工

长期以来,澳门社团组织对公共政策形成缺乏影响力,即使是那些被界定为政治性的社团组织,也难以出现有政治和社会声望的领导人,一些社团的领导者缺乏号召力,在社会政治生活中的影响力十分有限。其他一些社团无论是参政层次还是参政意识都比较低下。这是澳门社团的整体特征之一,也是分析工会对公共政策参与能力的宏观前提。尽管如此,工联总会还是积极影响公共政策。特别是对引进外地劳工的政策参与,工联总会选择较为理性的政策参与方式,既没有出现盲目反对倾向,又没有采取无原则支持立场,而是根据具体情况提出政策建议。反过来讲,要发挥工会的政治影响力,就必须有公共政策参与,将劳工阶层的诉求带进政治机构。通过影响公共政策制定,推动澳门工运发展与工会地位提升。工联总会对政府引进外地劳工的政策参与主要体现在以下三大方面:

1. 限制外地劳工数量,以防止减少澳门劳动力就业机会

随着外地劳工的大量引进,黑中介和黑工问题日渐严重,外地劳工及黑工剥夺本地劳动力的就业岗位,使许多本地工人谋生艰难,引发本地工人的强烈反对。这使得政府外地劳工政策陷入两难境地,严厉的引进政策又受到企业指责,如外地劳工政策过严、配额不足、时间冗长等。同时,政府担心放宽外地劳工政

---

① 参见黄安余:《澳门劳动力市场运行与特征》,载《现代经济》2007年第5期。

策会使不良雇主有机可乘,而政策过严又可能导致劳动力短缺,损害企业发展与效益。政府的某些做法,如允许外地劳工不断变换工作,而他们在劳动力市场频繁流动又加剧了外地劳工与本地工人的就业竞争。本地劳动力的就业机会和工资水平受到了直接的冲击,特别是在经济从快速增长转入正常增长或低速增长时,本地非技术性劳动力面临较大失业压力,大量外地劳工的存在必然引起了工会的强烈关注。1976年,澳门曾引进外地劳工,在工会的强烈反对下,引进外地劳工业务被迫停止。经过多年思考,工会的外地劳工政策参与渐趋理性。

工联总会提出,严格限制引进外地劳工数量,因为他们还将对澳门社会治安、教育、医疗、保险等各项社会福利产生一些负面影响。澳门应参照新加坡外地劳工配额政策,规定各行业能引进外地劳工的最高比例,每一行业都有不同的配额上限,其总量会随着该行业整体引进外地劳工人数的不同而变化;政府应根据澳门劳动力就业状况,规定每年引进外地劳工的配额上限;规定企业内澳门劳动力与外地劳工的比例,作为引进外地劳工的审批标准;政府只能允许企业在本地招工不足的情况下,合法引进外地劳工;在引进外地劳工之后,企业不能以廉价劳动力为竞争手段,不正当地解雇本地劳动力,禁止有外地劳工的企业以单方解约的方法裁减本地职工,防止他们的就业岗位被外地劳工替代。因此,在基本保障本地劳动力就业和合理工资水平不受侵害的基础上,澳门可以逐步引进外地劳工。

2. 调控外地劳工结构,旨在增强澳门外地劳工的针对性

澳门引进外地劳工不能影响本地劳动力的就业机会。引进互补性外劳是为了弥补一个国家或地区内所难以提供的劳动力,如高科技人才,有助于提高当地的科技水平,并且可以填补在人才培育方面的断层。澳门引进的外地劳工大多数属于非技术性基层劳动力,以弥补企业劳动力的严重不足。其劳工政策对本地劳动力就业的稳定性,以至整体社会的和谐发展产生了极为深远的影响。工联总会认为,要合理优化引进外地劳工的结构,具体表现在三个层面:其一,调控引进外地劳工的行业结构。政府应禁止一些行业和职业引进外地劳工,如文职人员、司机和赌场职工,特别是一些获得政府审批的垄断性企业,不能引进非技术性外地劳工。对建筑业实行政策倾斜,因为大型建筑公共工程和私人建筑公司不断发展,建筑业出现了劳动力短缺,加上建筑工人工作的短期性和不稳定性,政府引进建筑工人不设置配额上限。对中小企业实行政策倾斜,引进外地劳工不受配额上限限制,让澳门中小企业雇用外地劳工,减少其经营成本。企业在申请外地劳工配额时,政府应派员进行查核,考查企业规模和外地劳工与本土工

人比例是否合理,但不能只强调比例而限制引进外地劳工,以免缩小中小企业的生存空间。但是,对大型企业,政府应执行外地劳工配额政策。其二,调控引进外地劳工的技术结构。日本、瑞士、新加坡、美国、德国等多数国家和地区都实行"蓝领"工人从严,"白领"工人从宽的劳工引进政策。澳门引进外地劳工政策主要是针对输入大陆的非技术劳工,工联总会提倡不引进非技术或替代性外地劳工,但建议政府要有通盘的政策考虑,并根据企业实际确定标准,政策要富有弹性,不能过于僵硬。对外地劳工的技术结构,不能过分强调引进高级专业技术人员。如果基层劳动力的需求得不到满足,政府片面强调引进高级管理人员,必将减少澳门职工的晋升机会。其三,调控引进外地劳工的来源结构。在引进外地劳工过程中,澳门外地劳工来源地构成出现了不合理的现象,政府应调控其来源地结构,控制各来源地外地劳工的人数,防止大型企业外地劳工多数来自马来西亚等国家。由于文化因素,输入内地劳动力来澳就业有交流方便、易于管理、缓解内地就业压力等多种利好,有助于加强澳门与内地的经济合作与交流。

3. 维护外地劳工尊严,防止出现社会阶层的冲突与对立

工联总会向政府提出,必须保障外地劳工的合法权益,以消除澳门劳动力市场对他们的就业歧视,以及由此形成的劳动力市场的不公平竞争。为此,政府应设立劳方、资方和政府三方组成的劳动监察委员会,接受外地劳工政策建议和处理投诉与纠纷,完善有关引进外地劳工的监督机制。政府要增强公信力,提高引进外地劳工政策的操作透明度,要将全部雇用外地劳工的企业名称,企业内外地劳工和本土工人的数量,外地劳工职位和工资等信息在政府报刊或网站上定期公布。更为重要的是,工联总会建议政府要真正保障外地劳工的劳动人权,与他们签订劳动合同,杜绝剥削他们的现象,实现"体面劳动",旨在降低外地劳工对本土劳动力的替代性。根据澳门劳动力市场的运行状况,政府要在妥善保障本土劳动力合理工资的前提下,建立外地劳工最低工资制度,规定企业保障外地劳工住宿,为他们购买劳动和医疗保险。

工联总会向政府建言,政府应倡导全社会形成尊重外地劳工的社会风气,以免出现社会歧视、社会阶层的冲突与对立。外地劳工与澳门工人之间的就业竞争,在很大程度上改变着澳门工人的劳动态度,使他们产生了生存危机感,进而导致澳门工人和部分工会对外地劳工的抵触情绪与逆反心理。在澳门社会,业已出现了本土居民与外地劳工之间的隔阂,本地人对外地劳工的轻视态度、仇视心理造成了他们在澳门生活困难,难以融入当地主流社会。工联总会提出,要有效增强政府公共政策的公信力,消除外地劳工政策的间接歧视。在政策执行过

程中,政府要防止执行人员对裁量权的行使出现偏差,加强政策执行的监管机制。澳门应推行多种形式的融合教育计划,使本土居民加深对外地劳工的认识,减少群体之间的偏见与歧视。①

三、澳门特区就业培训与反就业歧视

澳门促进就业培训和规范就业的措施与政策较为得力。澳门实施职业培训与发放津贴并行政策,既能保障失业者基本生活,又为他们再就业创造条件,从而有利于经济的长远发展。为了缩短劳动者技能的差距,澳门劳工事务局等部门推出了一些培训计划。它们是:第一,"中壮年人士就业辅助培训计划"。这是为中壮年劳动者提供职业技能培训机会,协助这一群体转业至职位空缺较多的行业。就业辅助培训计划主要针对35岁或以上的中壮年劳动者,但并不局限于失业者,在职劳动者同样可以参加培训。澳门存在结构性失业,政府扩大培训对象范围,旨在进一步消除结构性失业。因为部分企业开工不足,其劳动力面临转业,但这些劳动者中年后由于技能低而难以转岗至高工资、高技术的新兴岗位实现再就业。这种培训涉及酒店服务课程、初级美容师课程、社团助理员课程、文职助理员课程、中式侍应课程、厨师助理课程等。第二,为了解决中年、低学历妇女再就业难问题,澳门妇联开展了"失业人士培训课程"、佣工转业服务项目。多年来,虽然课程名额只有二百多名,但报名者逾千人,并且大部分都是中年、低学历妇女。与此同时,澳门鼓励企业雇用长期失业者,政府向雇主提供相当数额的补贴或税收减免。第三,国际酒店就业培训项目。由于澳门经济增长良好,各行各业都出现了劳动力短缺,必须输入更多外地劳工并强化就业培训,以确保劳动力供给的质量。澳门酒店业的工资和福利高于其他行业,其就业扩展空间较大,而本地劳动力难以满足劳动力市场的增长需求。在此背景下,这种培训属于单式酒店管理与服务人才培训,完成培训并获得国际资格认证者,经国际酒店录用后,由经贸部特许劳务派遣公司办理相关手续。就业岗位是澳门各大国际酒店,诸如威尼斯人度假村酒店、大运河购物中心、星际酒店、新濠天地酒店、美高梅酒店、银河酒店等。

在消除劳动力市场就业歧视、实现公平就业方面,澳门于1984年8月首次实施《劳工法》,严格规范劳资关系,并且保障劳工应有的权益。澳门还制定了《就业政策及劳工权利纲要法》《劳资关系法律制度》以及《保障男女劳工在就业上获平等之机会及待遇》等法律。上述法律都对劳动者就业机会平等、禁止就

---

① 参见黄安余:《澳门工会对引进外劳的政策参与》,载《工会理论研究》2012年第5期。

业歧视有明文规定。不仅如此,澳门地区政府还通过实施多项国际劳工公约、国际人权公约,保障劳动者就业平等权利,消除劳动力市场的就业歧视。这些公约包括《就业和职业歧视公约》《就业政策公约》《对男女工人同等价值的工作付予同等报酬公约》《经济、社会、文化权利的国际公约》《公民权利和政治权利国际公约》和《消除一切形式种族歧视国际公约》等。对于就业歧视,不但澳门整体法律已赋予劳工足够的保障,而且在监察方面设有专职部门处理。如果雇主违反法律规定,有关部门会依法惩处,以确保就业公平和劳动力市场健康运行。[①]

第四节 上海经济发展与就业

20世纪70年代末,上海已是全国最大的综合性工业基地。90年代初,中央政府根据国内外形势提出了"以浦东的开发开放为龙头,尽快把上海建设成为国际经济、金融、贸易中心之一",从而将上海推向了改革开放和经济发展的前沿,使上海经济发展开始步入了良性发展期,其不合理的产业结构也发生了相应的改变。在新世纪,上海的发展目标是,建设国际经济、金融、贸易和航运中心,率先全面建成小康社会,基本实现现代化,全面落实科学发展观,大力实施科教兴市主战略,着力增强城市综合竞争力,扩大对外开放,加快科技和体制创新,使经济保持平稳发展,并妥善解决就业问题。

一、上海人口与经济增长

(一)人口规模、结构与质量

上海是我国最大的城市,人口保持了多年持续增长。在不同历史时期,上海人口增长具有不同特点。20世纪60年代中期以前,由于上海行政区划扩大和生育高峰形成,人口出现了高速增长,年平均增长率为5.2%。60年代中期至80年代中期,中央政府执行了控制和紧缩城市人口政策,同时国家实施了计划生育,再加上"文革"期间大批知识青年上山下乡,上海人口出现了缓慢增长,年平均增长率为0.5%。由于国家政策允许知青返沪,再加上生育高峰时期出生的婴儿先后进入生育旺盛期,出生人口有所增加,致使上海在90年代初人口年平均增长率是1.5%。随着改革开放的深入,外省市来沪人口迅速增加,使1990至2000年上海常住人口净增274.60万人,年平均增长率是2.1%。2001至2012年,上海常住人口从1668.33万人增加到2380.43万人,如表7-12所示:

---

① 参见黄安余:《澳门劳动力市场运行与特征》,载《现代经济》2007年第5期。

表 7-12　1978—2012 年上海市人口规模和结构的变化　　　　单位：万人

年份\类别	常住人口	户籍人口	户籍人口按性别分		户籍人口平均寿命(岁)
			男性	女性	
1978	1104.00	1098.28	542.70	555.58	73.35
1985	1233.00	1216.69	609.70	606.99	74.27
1990	1334.00	1283.35	647.13	636.22	75.46
1995	1414.00	1301.37	656.48	644.89	76.03
2000	1608.60	1321.63	665.51	656.12	78.77
2005	1890.26	1360.26	683.51	676.75	80.13
2010	2302.66	1412.32	703.57	708.75	82.13
2012	2380.43	1426.93	709.62	717.31	82.41

资料来源：参见上海市统计局、国家统计局上海调查总队编：《上海统计年鉴—2013》，中国统计出版社 2013 年版，第 28—29 页。

由于《上海统计年鉴—2013》所提供的人口数据有限，难以据此进行人口结构分析，因此笔者主要依据"六普"资料并结合统计年鉴数据对上海人口结构展开简要分析。从性别结构看，2010 年，上海劳动年龄人口中，男性占 52%，女性占 48%，性别比为 108.41，比"五普"时下降 2.06。其中，户籍常住人口中劳动年龄人口性别比为 101.43，比"五普"时下降 3.96；外来常住人口中劳动年龄人口性别比为 117.47，比"五普"时下降 13.31。近年来，外省市女性大量流入，降低了上海劳动年龄人口性别比。从年龄结构看，上海劳动年龄人口规模从"五普"时的 1193.92 万人增加至"六普"时的 1756.67 万人，占总人口比重也从 74.22% 上升至 76.29%。其中，15 至 29 岁青年劳动年龄人口占劳动年龄人口的比重为 35.9%，比"五普"时上升 2.4 个百分点；30 至 44 岁中年劳动年龄人口占劳动年龄人口的比重为 33.7%，下降了 4.8 个百分点；45 至 59 岁年长劳动年龄人口占劳动年龄人口的比重为 30.3%，上升了 2.4 个百分点。值得注意的是，上海 60 岁以上的老年人口数量有所增加，已从 2010 年的 346.97 万人增加至 2012 年的 367.32 万人，占常住人口和户籍人口的比重分别为 15.43% 和 25.74%。其中，60 至 64 岁人口为 122.05 万人，65 至 79 岁人口为 178.24 万人，80 岁及以上人口为 67.03 万人。① 从中可以看出，上海老年人口中高龄人口的数量和比重都有所上升，老龄化发展呈现出高龄化走势。上海中心城区人口老龄化程度高于新建城区和郊区。老龄化程度上升抑制了储蓄、投资和消费，又可

---

① 参见上海市统计局、国家统计局上海调查总队编：《上海统计年鉴—2013》，中国统计出版社 2013 年版，第 34 页。

能影响服务业增长,进而减少对劳动力就业的需求。

从空间分布结构看,上海市近郊和远郊区县就业人口增长幅度远远超过中心城区。在全市各区县中,只有崇明的就业人口总量略有下降,其余各区县的就业人口都有不同程度增加。从中心城区、近郊区、远郊区三次产业就业人口数量的变化看,中心城区的第一、第二产业的就业人口数量有明显下降,而近、远郊县第一产业就业人口数量有明显下降,第二产业就业人口数量都有所上升。在中心城区第二产业就业人数全面减少的背景下,卢湾区和黄浦区就业人数减少幅度位居全市前列,而松江区第二、第三产业就业人数都有明显增加,在全市处于领先水平。可见,上海近郊和远郊区县第三产业发展较快,上海近年来大力推动"三二一"产业结构发展战略初见成效。

从人口质量或教育结构看,上海教育事业的快速发展提高了人口整体文化教育水平与技能。2010年,上海每10万人中具有大学文化程度者为21892人,具有高中文化程度者为20953人,具有初中文化程度者为36519人,具有小学文化程度者为13561人。与"五普"教育统计数据相比,每10万人中具有大学文化程度的人口增加了近1倍。特别是具有研究生以上文化程度人口,从"五普"时的7.62万人上升为42.18万人,每50个常住人口中就有1人接受过研究生教育。值得注意的是,近年来上海市外来人口的平均教育年数增加较快,户籍居民的变化不大,两者之间的教育差距相对缩小。因为在外来人口中,小学及以下的比重下降,高中及以上的比重大幅度上升。随着我国高等教育录取人数的增加,大学生就业难成了全社会关注的问题,相当部分大学生纷纷步入打工市场,与农民工争夺就业岗位。教育是形成人力资本的重要途径,外来人口教育水平的提高意味着他们进入各类劳动力市场的潜在能力不断提高。[①]

综上,上海人口发展存在着三个主要问题,即常住人口增长过快、人口老龄化加快、人口布局不均衡。上海常住人口增长过快,主要是来沪人员快速增长,特别是低端从业人员和非就业人口增长较快。大量外来劳动力涌入降低了上海劳动力的素质。来沪人员主要集中在城郊结合部,给公共服务和社会管理造成了巨大压力。上海人口空间布局与城市发展空间格局不匹配,导致就业和居住过度分离。上海常住人口的空间分布已呈现出郊区化趋势,但人口迁移并没有带动就业的同步转移,就业岗位仍然集中在中心城区,从而增加了公共交通压力。造成这种状况的主要原因是,上海经济快速增长创造了大量的就业机会,直

---

① 参见严善平:《中国大城市劳动力市场的结构转型——对2003年、2009年上海就业调查的实证分析》,载《管理世界》2011年第9期。

接导致外来人口的快速涌入;人口自身发展规律、生育率下降、产业结构层次低、综合环境不足是导致上海人口结构失衡的多重因素;城乡结合部的特殊性和功能布局的非均衡性是导致上海人口分布不合理的重要成因。

上海将控制人口规模,这体现在三个方面:一是控制人口总量和增长速度。保持上海人口规模增长始终处于城市综合承载力的承受范围内,是合理控制人口规模的首要任务。二是调整人口结构。在总量相对稳定的情况下,人口整体效应将主要取决于结构状况。优化上海人口结构,确保人口结构合理,形成与城市功能相适应的人口结构,是合理控制人口规模的重要任务。三是确保人口布局均衡。人口在城市不同功能区的非均衡分布会导致城市运转失调。要确保上海人口分布与城市功能的合理匹配,也是合理控制人口规模的重要内容。[①] 从人口空间结构与未来分布看,上海城市建设重心将向郊区转移,在郊区基本形成与中心城区功能互补、错位发展、联系紧密的新兴卫星城。嘉定新城、松江新城将初步确立长三角地区综合性节点城市地位,将集聚百万以上人口;浦东临港新城、青浦新城、奉贤南桥新城具备较高能级的城市综合集聚辐射功能,将集聚80万以上人口;金山新城、崇明新城对周边地区发展的带动作用将明显增强,将集聚40万以上人口。因此,上海人口未来分布郊区化特征将更加明显。随着上海经济的发展,大城市的集聚效应将得以充分发挥,上海外来人口数量将有可能接近户籍人口数量。有鉴于此,有效地保障来沪人员享受基本公共服务的合法权益,促进本地人口与来沪人员的相互理解和尊重,创造条件让来沪人员更好地融入城市生活是上海未来发展面临的新兴课题。

(二) 经济增长的动态考察

20世纪90年代以来,上海步入了快速发展阶段。1992年以来,经济已连续16年保持两位数增长。"九五"时期经济年均增长率为11.5%。"十五"时期和"十一五"时期分别达到11.9%和11.2%。人均生产总值逐年提高,如表7-16所示。在国民经济保持持续增长的同时,经济增长波动的幅度明显减小,稳定性提高。整个经济保持稳定增长的态势,是上海经济集约化趋向的综合反映。

上海经济快速增长的主要原因在于:其一,结构调整。上海以"三二一"为序调整产业结构,第三产业迅速成长。近年来,上海的铁合金、平板玻璃生产、电解铝、皮革鞣制等行业退出,小化工、钢铁、有色金属、水泥、纺织印染、四大工艺等行业数量明显压缩。钢铁、有色金属、建材等重化工行业占工业总产值的比重

---

① 参见上海市人民政府发展研究中心课题组:《合理控制上海人口规模优化人口结构研究》,载《科学发展》2013年第7期。

明显下降,战略性新兴产业在工业总产值中的比重有所上升。这种产业结构调整既改善了经济增长质量,又收到了节能效果好、污染减排多、城市安全隐患少、行业结构合理等功效。这意味着经济增长由以往主要依靠工业制造业推动,转变为主要由二、三产业共同推动。从服务业内部结构看,金融保险业发展迅速,其增加值占GDP的比重位居第三产业各行业之首,成为第三产业发展的支柱行业。特别是2014年上海公布了《上海产业结构调整负面清单及能效指南》和《上海工业及生产性服务业指导目标和布局指南》,明确了将提升产业能级和产业结构调整相结合、新兴产业发展和产业布局优化相结合的产业发展方向。高层次第三产业快速发展,代表其发展方向的金融保险、商贸流通、通讯服务、房地产、旅游等行业增长较快,服务网络、辐射地域迅速扩大;生产服务性行业中的研究开发、营销推展、融资筹划等服务性部门及其业务增长较快;房地产业、旅游业、信息咨询业等新兴第三产业呈现出良好的发展势头。上海高层次服务型经济特征日趋显现,增强了中心城市综合服务功能。这标志着上海已进入了工业化后期的新阶段。其二,扩大内需效应。特别是2008年11月上海出台八项措施,扩大内需,确保经济稳定较快发展。这些措施是:加快推进城乡一体化基础设施建设;加快推进重大产业项目建设,支持促进企业健康发展;加快科技创新和高技术产业化建设,着力提高自主创新能力;加快推进节能减排工程和生态环境建设;加快做好群众期盼的实事大事,加强以民生为重点的社会建设;加快推进安居工程建设,促进房地产市场稳定健康发展;全面加强筹办世界博览会工作,加快提升城市硬件设施与综合管理水平;全面加强金融风险防范管理,积极拓宽融资渠道。

上海经济发展中的不稳定因素主要有:一是民间投资不足。民营中小企业在资本市场融资、自营进出口权审批等方面还有障碍,发展环境有待改善。二是扩大内需仍以财政投资扩张为主。长期以来,基础设施投资和建设主要是政府行为。政府既要投资建设,又要维护和管理,再加上社会保障支出持续增加,财政已不堪重负。过度依赖政府投资拉动内需,不仅导致政府负担过重,而且无助于政企分开,不利于市场体制发育。三是第三产业内部结构失衡。金融保险、通信、交通、房地产、旅游等产业迅速兴起,产业结构战略性调整取得阶段性成果,中心城市的综合服务功能得到加强。

近几年来,上海经济运行总体特征是:经济增长速度有所放缓,但呈现出逐步逆向回升,创新驱动、转型发展取得明显成效,呈现出第三产业增长快于第二产业、消费增长快于投资增长、利用外资增长快于出口增长、居民收入增长快于经济增长等特征。值得注意的是,虽然上海竭尽全力促进经济的转型与创新发展,但其转型的过程可能比较长。就上海当前经济增长而论,投资仍然是推动经济增长的重要源泉之一,这一点难以在短期内发生根本改变。投资增长可以创造大量的新增就业机会,市场消费也会随着就业增加而增加。这并不意味着重新走上投资拉动增长的发展旧路,而投资质量大大改善的有效投资,对经济的正面影响力超过负面影响力。

二、上海经济社会结构的变迁

(一) 产业结构的变化

20世纪80年代,上海就已认识到产业结构调整对经济增长的意义。"七五"期间,上海进行了工业产业结构和产品结构调整。"八五"和"九五"期间,上海进行了三次产业结构调整,在工业加快发展的同时,积极实施"三二一"产业发展方针,加快产业结构高级化进程。经过多年的发展,产业结构从适应性调整成功地转向了战略性调整,强化了经济中心城市的功能。产业结构调整既适应了经济发展要求,又促进了经济快速增长,收到了结构效益,如表7-13所示:

表7-13　1978—2012年上海市产业结构的变化　　　　　单位:亿元,%

年份\类别	上海市生产总值按三次产业分			上海市生产总值产业构成比重		
	第一产业	第二产业	第三产业	第一产业	第二产业	第三产业
1978	11.00	211.05	50.76	4.0	77.4	18.6
1985	19.53	325.63	121.59	4.2	69.8	26.0
1990	34.24	505.60	241.82	4.4	64.7	30.9
1995	59.82	1419.41	1020.20	2.4	56.8	40.8
2000	76.68	2207.63	2486.86	1.6	46.3	52.1
2005	90.26	4381.20	4776.20	1.0	47.4	51.6
2010	114.15	7218.32	9833.51	0.7	42.0	57.3
2012	127.80	7854.77	12199.15	0.6	39.0	60.4

资料来源:参见上海市统计局、国家统计局上海调查总队编:《上海统计年鉴—2013》,中国统计出版社2013年版,第60、63页。

上海农业在产业结构中的比重逐年降低,从2001至2012年平均为负增长。近年来,农业对经济增长的贡献率也出现了负增长。上海工业培育了六个重点发展工业行业,即电子信息产品制造业、汽车制造业、石油化工及精细化工制造业、精品钢材制造业、成套设备制造业和生物医药制造业。2012年,六个重点发展工业行业的工业生产总值已达到21063.56亿元,占全市比重已达到66.0%。上海高新技术产业主要包括信息化学品制造、医药制造业、航空航天器制造、电子及通信设备制造业、电子计算机及办公设备制造业、医疗设备及仪器仪表制造业。2012年,高新技术产业的工业生产总值已达到6824.99亿元,占全市比重已达到21.4%。① 上海经济增长形成了二、三产业共同推动的新格局。整个产业结构高度化进程加快,是上海经济集约化发展的标志。

上海大力发展金融保险、商贸流通、通讯服务、房地产、旅游等行业,服务网络、辐射地域迅速扩大;生产服务性行业中的研究开发、营销推展、融资筹划等部门及其业务增长迅猛;房地产业、旅游业、信息咨询业等新兴第三产业经过扶植,呈现出良好发展态势。发展金融保险、物流等现代服务业,以及旅游、文化、传媒、信息等市场潜力大、能耗低的新兴服务业,可以使经济增长向二、三次产业协同带动转变。由于商务成本上升,上海普通制造业的市场竞争力减弱,因此制造业的核心竞争力要定位在高科技含量、高附加价值、高资本密集、耗能少、资源节省的先进制造业上。② 同时,上海要主动遵循产业转移规律,这是对外投资能力和城市辐射能力的体现,是确保经济持续发展的需要。

上海推进城郊型农业向都市型农业转化,农业由数量型向质量型转变,生产型向生态型转变,产品型向服务型转变。农业正在转变生产和经营方式,调整农产品结构,实现了每个区县各有特产,形成了一批以园艺场、示范场为主的规模化生产基地。基地提供的商品粮、蔬菜、肉蛋奶等副食品,分别占郊区生产量的65%、80%、90%以上。此外,还建设了一批以农产品产销一体化为主的龙头企业,郊区年销售额500万元以上的该类型企业已达到130多个。一个由农商联营、城乡联锁经营、农副产品批发市场、储运配送中心、产销直挂、个体贩运等多种形式组织的、多层次、多渠道流通框架已基本形成,初步呈现出国际大都市的农业发展格局。

上海产业结构有以下三大特征:第一,与全国产业结构相比,上海居于经济发展的领先地位。第二,与世界有关国家相比,上海已处于相当于新兴工业化国家的发展阶段,诸项数据已较接近或相似,特别是第一产业产值的比重已达到发达国家的水平。第三,上海与新兴工业化国家相比,工业吸纳劳动力比例过大,服务业就业比例偏低。这与上海作为未来国际经济、金融、贸易、航运中心的地位不相称。特别是现代服务发展仍然滞后,与建设国际大都市的战略目标相悖,第三产业无论是能级还是比重都有很大提高。随着周边省份经济的崛起,上海相当一部分产业已呈现优势弱化的态势。因此,推进新一轮产业结构战略性调

---

① 参见上海市统计局、国家统计局上海调查总队编:《上海统计年鉴—2013》,中国统计出版社2013年版,第266、268页。
② 参见刘熀松:《尽快转变上海经济增长方式》,载《解放日报》2005年8月15日。

整,实现结构创新,创造新的产业优势,谋求新的结构效益,仍是上海解决经济结构性矛盾、加快经济集约化进程的突破口。[①]

在上海经济发展过程中,经济成分或所有制结构也随之发生了较大变化。20世纪90年代,公有制经济的生产总值和结构比都处于绝对优势地位,而非公有制经济的份额不足两成。进入新世纪,上海非公有制经济增长较快,其生产总值和结构比在2011年首次超过了公有制经济,如表7-14所示。这既是上海经济结构的重要转变,又带来了劳动力就业结构的变化。

表7-14 1990—2012年上海市所有制结构的变化   单位:亿元,%

类别 年份	公有制经济		非公有制经济	
	生产总值	构成比重	生产总值	构成比重
1990	746.03	95.4	35.63	4.6
1995	2047.57	81.9	451.86	18.1
2000	3409.97	71.4	1361.20	28.6
2005	5256.49	56.9	3991.17	43.1
2010	8662.92	50.5	8503.06	49.5
2011	9585.12	49.9	9610.57	50.1
2012	9954.95	49.3	10226.77	50.7

资料来源:参见上海市统计局、国家统计局上海调查总队编:《上海统计年鉴—2013》,中国统计出版社2013年版,第69页。

(二) 就业结构的变化

随着上海产业结构的转变,其就业结构也发生了较大的变化,变化规律完全符合"配第—克拉克定理",如表7-15所示:

表7-15 1978—2012年上海市劳动力就业结构的变化   单位:%

类别 年份	第一产业	第二产业	第三产业
1978	34.40	44.00	21.60
1990	11.10	59.30	29.60
2005	7.20	38.50	54.30
2010	3.40	40.68	55.92
2011	3.38	40.30	56.32
2012	4.10	56.32	56.46

资料来源:参见上海市统计局编:《上海统计年鉴—2002》,中国统计出版社2002年版,第10页;上海市统计局、国家统计局上海调查总队编:《上海统计年鉴—2013》,中国统计出版社2013年版,第44页的相关数据。

[①] 参见《科学发展观与上海经济增长方式转变》,载《上海改革》2004年第5期。

上海就业结构高级化的原因在于：首先，政策因素的推动。随着改革开放的深化，政府制定了切合实际的发展战略，促进了经济快速发展，就业结构从改革开放初期的"二一三"转变为20世纪90年代初期的"二三一"，再转变为目前的"三二一"结构，推动了第一、二产业就业人口向第三产业转移，从而实现了就业结构高级化发展目标。① 其次，经济因素的影响。随着民众生活水平的提高，民众对物质文化需求不断增加，商业、房产、金融、保险等行业发展较快，而农业、工业的发展则相对缓慢。这体现了市场机制的调节作用，使劳动力就业结构高级化。最后，城市化水平的提高，农村人口大幅度减少。目前，城市化水平达到90%以上，领先于国内其他大城市。这使服务业从缓慢发展的困境中走出来，并以较高的增长速度发展，因此相对其他产业而言，服务业对劳动力需求大，使农业、工业劳动力向服务业转移。②

从就业结构的所有制结构看，上海非公有制经济迅速发展，外资、民资共同推动经济发展的格局初步形成。2001年，上海劳动人口有68%受雇于国有企业和集体企业，仅有32%的劳动者在其他经济单位就业。③ 随着所有制结构的变化，非公有制经济体吸纳劳动力就业数量逐步上升。到2012年底，上海私营企业和个体就业人数已达到712.0万人，占当年上海全社会就业人数1115.50万人的63.83%；其中，制造业就业人数达到130.8万人，建筑业为50.3万人，交通运输、仓储和邮政业为25.2万人，批发零售业为261.9万人，住宿餐饮业为18.1万人，租赁和商业服务业为97.8万人，居民服务和其他服务业为17.5万人。④

（三）城乡结构的变化

上海郊区是上海社会经济发展的重要板块，郊区现代化与整个城市现代化紧密相连。改革开放前，上海和全国一样处于二元结构的发展格局。1984年，上海开始研究城乡一体化问题；1986年，正式将城乡一体化作为经济发展的战略目标。从此，上海城乡关系和城乡结构出现了新变化，初步形成了城乡经济相互渗透、互相推动、协调发展的新格局，具体体现在如下几个方面：

首先，城乡制度、功能和产业融合加快。城乡融合的阻力是传统的制度安排，诸如城乡居民的二元身份、经济的不等价交换、土地管理制度的约束等。因

---

① 参见黄安余：《上海就业结构转化矛盾与就业促进》，载《经济论坛》2007年第15期。
② 参见王裔艳：《"四普"、"五普"比较看上海市在业人口行业构成变化》，载《人口》2003年第2期。
③ 参见上海市统计局编：《上海统计年鉴（2002）》，中国统计出版社2002年版，第52—53页。
④ 参见上海市统计局、国家统计局上海调查总队编：《上海统计年鉴—2013》，中国统计出版社2013年版，第44页；另参见国家统计局编：《中国统计年鉴—2013》，中国统计出版社2013年版，第128页。

此,体制创新是推进上海城乡融合的关键,包括土地管理制度、户籍管理制度、乡镇企业产权制度、城乡统筹的社会保障制度等。城市的功能涵盖了生产功能、服务功能、市场功能、设施功能和管理功能,其基础设施建设和管理必须与之相适应。而郊区城镇基本上是以加工业为主的工业城镇,其形成是农业剩余劳力转移的结果,它成为城市发展模式转换过程中的市区工业和城市人口的转移空间。因此,城镇化与城市化之间的过渡,还有其特定的规模集中、功能培育、设施建设的要求,使之既成为市区功能向郊区拓展和辐射的中间环节,又成为传统农业改造的基地。城乡应遵循产业集群的机理,构筑合理的布局结构和产业链。城乡之间产业链的构建,既有利于提高市区功能层次,又能通过城乡之间形成的相互支撑的经济技术联系,增强城市实力。[①]

其次,郊区定位和经济总量发生了变化。20世纪80年代,郊区定位是坚持农民口粮自给自足,城市鲜活副食品供应立足郊区,建立农副产品生产、城市工业扩散、科技试点和出口创汇。90年代以来,郊区定位转变为城市鲜活副食品供应地、城市大工业转移的腹地、市民休闲度假的绿地。这一转变引起了人们对郊区经济发展的重视。郊区在整个城市发展中的地位已经被提升为重要区域。郊区经济在全市经济总量中的份额逐年上升,发展战略地位突显。

最后,城乡经济联系日益紧密。这种联系主要通过以下途径实现:其一,从流通领域逐渐扩大至生产领域。过去,郊区经济只是作为城市工业的配套行业,是城市工业的延伸和组成部分。目前,郊区工业已经被纳入城市整体工业计划体系之中。特别是随着新兴制造业中心加速向郊区转移,郊区工业化和城市化进程加快,也为第三产业的发展开拓了空间,郊区产业结构发生了较大的变化。其二,城乡相互支持与促进。一方面,郊区基本保障了粮食、油料等农业生产,副食品基地建设取得较大成效;另一方面,大力发展郊区的特强产业,突出郊区城镇的专业化产业特色,并扶持郊区设施农业、观光农业和休闲农业的发展。同时,政府制定的公共财政政策改变以往对城市的倾斜,而向郊区倾斜,增加对经济薄弱地区的公共财政支持,使郊区农民在基础设施、教育、医疗、救助、保障等社会公共事业服务方面,充分享受到改革开放的成果,进而逐步缩小城乡差距。

(四) 收入分配与消费结构

上海收入水平较高,但由于分配政策原因,导致分配结构不合理,呈现出"哑铃型"特征,这是分配领域的主要矛盾。具体表现为:第一,居民收入差距有

---

① 参见朱荣林:《破解城乡二元经济结构的有效途径》,载《文汇报》2005年1月20日。

所扩大,表现为行业收入差距有所扩大,垄断行业职工收入较高;城乡居民收入差距继续扩大,如表 7-16 所示;不同所有制职工收入差距较大等。政府收入过度增长在一定程度上挤压了居民收入。低收入家庭将全部收入用于满足生存需要,即全部用于消费,仍可能不够,几乎无钱可储,投资更是无从谈起。而中等收入家庭一般不会太奢侈,对于投资颇为谨慎,仅可能在股市中投入少量资金,这就决定了中等收入者将大部分收入作为储蓄。高收入家庭消费支出较高,其余收入少量用于储蓄,剩下部分用于投资,因此高收入家庭投资占收入的比重最大。① 第二,中等收入层有所萎缩。上海低收入群体比重较大,中等收入群体比重相对较小。中央提出"扩大中等收入者比重",而上海中等收入者比重下降是新一轮收入分配制度改革应当解决的问题。

上海居民消费结构发生了变化。近年来,食品消费支出占总消费支出的比重在下降,表现为恩格尔系数的降低,如表 7-16 所示。衣着消费支出已下降至较低的水平,持续下降的空间十分有限。家庭设备用品和服务支出以趋于饱和,但更新换代的周期会越来越短,其支出的绝对量和相对量可能出现周期性波动。由于公费医疗制度的改革,居民医疗保健支出呈现增长态势。交通和通信支出成为新的消费增长点,汽车消费成为消费增长的亮点。教育和文化消费持续增长,越来越被更多居民所接受。在住房价格居高不下的背景下,居民住房消费必将增长。当然,消费结构一直处于变动之中,其发展趋势也将逐步高级化。

表 7-16 1980—2012 年上海市人均生产总值、城乡居民家庭人均收入及恩格尔系数的变化

单位:元,%

类别 年份	人均生产总值	城市家庭 人均收入	农村家庭 人均收入	城市家庭恩 格尔系数	农村家庭恩 格尔系数
1980	2725	637	401	56.0	51.7
1985	3811	1075	806	52.1	43.8
1990	5911	2183	1665	56.5	46.4
1995	17779	7172	4246	53.4	44.3
2000	30047	11718	5565	44.5	44.0
2005	49648	18645	8342	35.9	36.8
2010	76074	31838	13746	33.5	37.2
2012	85373	40188	17401	36.8	40.0

资料来源:参见上海市统计局、国家统计局上海调查总队编:《上海统计年鉴—2013》,中国统计出版社 2013 年版,第 64、184 页。

---

① 参见黄婷:《上海市民收入及消费状况的实证分析》,载《上海经济研究》2005 年第 10 期。

三、上海就业矛盾

从历史上看,由于产业结构调整,下岗和失业问题加重,如表7-17所示。20世纪90年代以来,上海加大产业结构调整和企业劳动用工制度改革的力度。国有企业开始大规模分流富余人员,为了使分流工作顺利进行,上海率先设立了再就业服务中心。资金由国家、社会、企业三方共同分担。职工下岗后进入再就业中心,由中心每月发给生活费,代缴养老保险金和失业保险金,并对他们进行转岗培训、提供就业信息,下岗人员实现再就业后就出中心,同时解除与原企业的劳动关系。再就业服务中心的运作对于减轻企业负担,缓解下岗职工直接面对劳动力市场的矛盾发挥了作用。① 上海曾出现下岗人员不愿进中心,因为进中心等于与企业断绝了劳动关系。他们年龄偏大、技能低下,再就业前景暗淡,两年内无法实现再就业就得强制出中心,今后的生活难以保障。由于没有足够的经济实力安排下岗人员,分流工作遇到了较大的困难。

表7-17 1990—2012年上海市城镇登记失业人数和城镇登记失业率的变化

单位:万人,%

年份 \ 类别	城镇登记失业人数	城镇登记失业率
1990	7.7	1.5
2000	20.1	3.5
2005	27.5	—
2009	27.9	4.3
2010	27.7	4.4
2011	27.3	4.2
2012	27.1	4.2

资料来源:参见上海市统计局、国家统计局上海调查总队编:《上海统计年鉴—2013》,中国统计出版社2013年版,第46页;国家统计局编:《中国统计年鉴—2013》,中国统计出版社2013年版,第146页。

2000年,上海传统产业劳动力结构的大规模调整基本结束,再就业中心的存在使劳动力市场难以统一。同时,养老保险和基本医疗保险的社会化基本完成,所以,政府决定撤销再就业服务中心,实现整个就业体制市场化。此后,企业可以根据生产经营需要确定劳动力的使用,如果需要分流合同未满人员,只要按

---

① 参见祝均一、袁志刚主编:《上海就业报告:1995—2000》,上海人民出版社2001年版,第64—66页。

规定支付买断金额即可。① 企业分流富余人员的难度有所减小,职工不愿与企业解除劳动关系的现象有所变化,并且在操作中企业受到的阻力减少。

从现实看,近年来上海就业压力有所增加,对社会和谐可能造成负面影响。在农业剩余劳动力向非农产业转移尚未完全实现、工业部门结构调整与转型升级步伐加快、资本有机构成提高和机器替代劳动加剧,以及世界金融危机和上海经济下滑的综合作用之下,上海创造就业能力和实际就业需求有所下降,使就业和失业矛盾更加突出。主要表现为:其一,受金融危机和经济下滑影响,部分企业出现了经营困难甚至倒闭问题,上海经历了新一轮的失业压力。在未来几年里,上海每年劳动力的供给总量将超过150万人,上海劳动力总量庞大和就业岗位不足的矛盾更加突出,劳动者就业的心理压力加大。其二,就业的结构性矛盾越来越突出,新兴产业部门拥有更高收入增长弹性和市场需求,但相当数量的劳动力因不具备素质和技能难以适应新的就业岗位,出现了典型的结构性失业问题。其三,经济增长对就业的贡献率下降。上海新增就业岗位数量相对减少,从2011年的64.16万个下降至2012年的61.38万个。目前,劳动力市场供需矛盾尖锐,供过于求的现状依然存在,其成因是经济发展与就业增长没有形成良性循环。虽然经济保持了较快的增长速度,但经济结构仍然处于调整时期。经济增长并未带动相应的就业增长,企业用工数量并没有大幅度增加,即使需求有所增加,增加的大部分也是大专以上文化程度的劳动者。由于上海引进人才的力度较大,用人单位的选择范围扩大(整个中国劳动力市场甚至是国际劳动力市场),对劳动者的使用标准提高,劳动力市场的就业竞争日益激烈,对上海劳动力的就业构成挑战。这种就业竞争与经济发展速度没有直接关系。与此同时,基层体力劳动岗位面临着大量农民工的不断挤压,上海劳动力市场的供需矛盾突出,企业对劳动力的排挤程度增加。② 其四,青年就业矛盾更加突出。近年来,上海每年高校毕业生高达15万人,而多数新增毕业生的就业岗位层次趋于下降,高校毕业生面临结构性就业难题。如果这些失业问题长期得不到妥善解决,就会使潜在的矛盾显性化,有可能增加各种社会犯罪。其五,"4050"人员、外来劳动力、被征地农民相互交织,增加了就业难度。由于他们学历较低,职业技能不高,很难在竞争的劳动力市场中求职;同时,自主创业缺乏资金和技术,知识、身体、能力方面均不占优势,因此失业周期长。其中,夫妇双方都下岗,协保或失业的占有一定的比例。长期失业将对这些家庭的收入和生活质量产生影

---

① 参见秦蓓、陆铭等:《论就业体制市场化后的就业重构》,载《上海经济研究》2003年第9期。
② 参见黄安余:《上海就业结构转化矛盾与就业促进》,载《经济论坛》2007年第15期。

响。与此同时,外来劳动力大量涌入上海,再加上征地农民的安置,加剧了就业矛盾。

四、上海就业促进措施

(一) 努力增加就业岗位

从20世纪60年代始,上海经济增长对劳动力的吸纳能力在不断衰减。在产业结构转变过程中,工业对劳动力的吸纳能力下降,导致经济增长对就业增长的贡献率下降。90年代,这种情形得以延续,其原因是复杂的:一是计划经济加速向市场经济转轨,使隐性失业显性化。国有企业就业人员已从1990年的209.9万下降到2002年的71.8万。二是经济结构调整导致劳动力重新配置,引发结构性失业。三是技术和管理进步、资本有机构成提高,导致经济增长的就业弹性系数下降。特别是上海重化工行业快速发展,资本密集型和技术密集型产业加快发展,产业发展对劳动力的需求相对减少。[1]

上海高度重视就业和再就业工作。近年来,尽管经济增长与就业增长出现了相对协调的趋势,但就业结构与产业结构仍存在偏差。当前,就业形势依然严峻,一方面,城镇登记失业率不断上升,表明户籍人口就业压力在上升;另一方面,出现了劳动力向上海加速转移就业的迹象,外来就业人口占全市就业人口的比重有所上升。因此,各级政府必须将促进就业作为重要职责,转变经济增长方式,提高经济增长对就业的贡献率。增加就业岗位的措施主要包括:首先,产业政策与就业政策相协调,把创造就业岗位作为产业发展的重要目标。在发展现代服务业和先进制造业时,要优先发展增加就业的产业,对有利于增加就业的传统产业,只要是符合城市发展方向的,如批发零售业、住宿餐饮业、居民服务业等,政府要予以积极鼓励。其次,大力发展第三产业。第三产业就业份额偏低,其吸纳劳动力的空间还很大。大力促进第三产业发展,是推动经济和就业同步增长的关键,因此要围绕人流、物流、资金流、信息流、技术流,分类指导,重点突破。对与资金流相关的金融保险业,上海要大力营造环境,争取国家把更多的改革试点放到上海。另外,劳动密集型产业对就业的贡献大,因此要采取多种政策扶持发展。再次,大力促进非公经济发展,发挥中小企业对促进就业的作用。改革开放以来,非公经济的发展对缓解上海就业压力发挥了重要的作用,已成为扩大就业的主渠道,而国有、集体单位从业人员数则呈减少趋势。因此,必须大力促进非公经济发展。复次,多渠道、多方式促进就业。政府应鼓励自主就业,推

---

[1] 参见张国华:《促进上海经济和就业同步增长》,载《文汇报》2004年7月23日。

行临时工、小时工、季节工、短期合同工等多样化就业形式。近两年,上海非正规就业从业人员数保持 10% 以上的增长率,但劳权受到侵害的情况时有发生。因此,应通过社区劳动服务组织对非正规就业进行有效的管理,加强劳动力市场建设,提供转岗、求职信息服务,强化供求对口的职业培训。同时,要完善社会保障体系,发挥商业保险的作用,提高非正规就业者应对各项风险的能力。最后,政府出资购买社区公益性岗位,让就业特困人员在社会的帮助下,通过从事力所能及的公益性劳动,获得基本的收入和社会保险。

(二) 加强劳动力市场建设

上海劳动力市场建设主要经历了三个阶段:第一阶段,1993 至 1996 年 6 月,在企业内部扩展就业机会,设法安置改革中产生的富余人员。第二阶段,1996 年 7 月至 1998 年底,进行再就业服务中心的试点和面上推广。第三阶段,1999 年初开始,全面构建市场就业机制,力争用数年实现向劳动力市场的全面过渡。经过改革,劳动力市场发生了较大的变化:一是劳动力市场主体逐步形成,较为普遍地签订劳动合同,初步别了劳动力计划配置方式。随着产业结构调整和现代企业制度改革逐步完成,企业将拥有高度的用人自主权,且用人实现市场化,劳动力自主择业已经成为就业发展的大势所趋。二是就业服务体系初步形成,职业介绍网络覆盖了全市,发挥着信息引导、职业指导和就业安置的功能。三是社会保障制度逐步完善,并且已成为劳动力流动的重要制度支撑。四是劳动法律法规严格执行,劳动监察有所加强。

上海劳动力市场建设的基本框架是"一个核心体制,三个支撑体系"①。一个核心体制就是劳动力资源市场配置的就业体制,即企业能根据生产经营需要,直接通过劳动力市场自主决定用工人数和形式。确保这一体制有效运行的是就业竞争机制、劳动力价格引导机制和政府宏观调控机制。三个支撑体系就是就业促进体系、社会保障体系和监督调控体系。就业促进体系是劳动力市场的载体,社会保障体系是劳动力市场的基础,监督调控体系是劳动力市场的保证。就业促进体系由职业介绍、职业培训和岗位开发三部分组成,其中职业介绍是核心,被称为有形劳动力市场。社会保障体系主要由失业保险、养老保险、医疗保险等组成。其目标是从上海实际出发,从低标准、广覆盖开始,积极稳妥地建立社会保障安全网。其原则是以人为本,根据劳动者不同状态建立社会保障体系,各类社会保障的范围、标准和水平必须与经济发展状况相适应。监督调控体系

---

① 于法鸣主编:《建立市场导向就业机制》,中国劳动社会保障出版社 2001 年版,第 39 页。

主要由法律体系、失业预警体系、劳动力价格指导体系和劳动监察与劳动争议仲裁体系组成。监督调控体系以优先发挥劳动力市场的调节为前提,通过立法、执法和其他行政、经济手段,统一规范劳动力市场运作,减少有可能出现的过度波动和市场失灵,实现劳动力供求平衡和社会就业稳定。政府调控的内容包括劳动力供给及其流动、工资分配等方面。

在劳动力市场法律制度建设方面,上海根据国家制定的相关法律,结合地方实际,逐步形成较为完善的劳动力市场法律体系。未来的法律框架制度是,在劳动关系协调上,劳动基准法规有《上海市最低工资制度》和《上海市特殊工时制度》,集体合同法规有《上海市集体合同条例》,劳动合同法规有《上海市劳动合同条例》;就业促进法规有《上海市促进就业条例》和《上海市就业管理条例》。上海的社会保障法规主要有《上海市社会保险基金管理条例》《上海市工资支付条例》《上海市养老保险条例》《上海市失业保险条例》《上海市医疗保险条例》《上海市工伤保险办法》《上海市生育保险办法》;劳动程序制度方面的法规主要有《上海市劳动监察条例》和《上海市劳动争议处理条例》。

(三) 发展非正规就业

随着大规模的产业结构调整和国有企业改造,上海先后有一百多万国有企业职工需要转岗再就业。面对此种就业形势,政府在1996年从国际劳工组织引进非正规就业概念,旨在拓宽城市就业渠道,缓和就业矛盾。失业者自行组织,在政府和社会的帮助下,通过其劳动获得一定的收入。非正规就业劳动组织,主要通过为社区居民提供各种服务、为企业提供各种临时性服务以及参加城市环境保护等工作实现就业。政府对于非正规就业给予有力支持,主要表现为:第一,建设公益性的三级支持服务体系。上海在市、区县、街道(乡镇)分别建立了服务机构,均属于公益性中介服务组织,受政府委托为非正规就业组织及就业人员提供各类支持性服务,由政府支付运转资金。第二,将非正规就业人员纳入基本社会保险范围,政府给予社会保险费补贴,并帮助他们参加商业风险保险。第三,政府提供免费举办的各类培训,包括开业者培训、业主培训和从业人员培训。第四,政府为就业困难者购买公益性岗位,通过在社区开展保洁、保绿、保安、保养等涉及市民公共利益的劳动,帮助从业人员获得基本收入和社会保障。

上海发展非正规劳动组织,吸收就业人员。发展非正规就业具有重大现实意义:一是有助于消除城市贫困。失业人员加入劳动组织,从事非正规就业,通过诚实劳动获取基本收入和保障,能够减少城市贫困人口数量,有利于建设和谐社会。二是非正规就业是拓宽城市就业渠道的有效途径之一。一方面,非正规就业扎根于社区,它所提供的大量服务推动了服务业的发展;另一方面,各类服务业的发展又创造了大量的就业岗位,为大批年龄大、技能低的劳动者开辟了新的就业领域,缓和了困难群体的就业矛盾。①

(四) 职业培训和职业介绍

上海面对劳动力市场的需求,以市场化的运作机制开展职业培训,并根据不同类型的就业者,展开多层次的职业培训。例如,对新生劳动力实行就业预备制培训,对在职人员按照生产经营和业务工作的要求,开展岗位培训、技术等级培训和转岗培训;特别是对下岗职工进行免费培训;上海失业人员,可以接受免费的再培训课程。上海再培训课程并不是由私营机构提供的,而是由政府设计、出资和直接提供。培训中心设于就业服务中心,培训课每班约有40位学员,但各工种的培训期不同。与此同时,提高培训层次,进行高层次拔尖技术工人的培训,以改善投资环境,适应海国际化大都市发展的需要。为了使职业培训与劳动力市场结合,应在职业培训机构与职业介绍机构之间建立联系。市职业技能训练中心在各区县的职业介绍所,开设职业培训服务窗口,使培训信息与劳动力市场需求信息相互沟通。

上海能否将失业保险经办部门与职业介绍所合并,整合人力资源和社会保障等公共部门资源,构建多层就业服务;整合职业培训和技能鉴定信息;针对就业安置服务需求,通过网络发布用工和创业项目信息,并整合就业服务中介机构信息。为此,应当努力做到:第一,建立信息管理制度,保证就业信息网络正常运行;健全劳动力市场信息公开发布系统,收集职业需求信息,发布空缺就业岗位,开通免费信息查询,使用工和求职者信息对称;建立岗位供求分析报告系统,及时向社会公布结果;建立工资指导价位;构建覆盖街道、社区的统一职业介绍网络,强化职业介绍职能。第二,注重高校毕业生信息联网,试行与高校实行网上双向选择、就业方案认定、就业信息互享、就业政策宣传,实现毕业生就业管理模式转变。第三,建立劳动力市场信息、职业介绍信息与公共就业培训联网,促进政府培训向主动化发展,定期公布劳动力市场供求信息,强化岗位需求对公共就业培训的导向作用。②

---

① 参见黄安余:《上海就业结构转化矛盾与就业促进》,载《经济论坛》2007年第15期。
② 参见上海工程技术大学课题组:《新形势下上海促进就业的机制研究》,载《科学发展》2014年第63期。

结束语
以科学发展观统筹发展与就业

一、以科学发展观统筹发展与就业

改革开放以来,我国经济蓬勃发展,城乡居民生活水平明显提高,取得的成就举世瞩目。但是,在发展的过程中也出现了社会发展滞后于经济增长,城乡二元经济结构和劳动力市场并存,东西部发展差距过大,不同群体、地区和行业之间收入差距扩大,就业和社会保障的压力增大,生态环境、自然资源和经济社会发展的矛盾日益突出等问题,成为阻碍我国经济社会发展的不利因素。[1] 在此背景下,中共十六届三中全会提出了科学发展观,并将其内涵概括为:"坚持以人为本,树立全面、协调、可持续的发展观,促进经济社会和人的全面发展"。科学发展观强调全面协调可持续发展,在理论上对"增长决定论"、"发展代价论"给予了有力回应,提出我国必须超越传统工业化模式,跳出先污染后治理的怪圈,走新型工业化道路的发展思路。[2]

(一)科学发展观坚持以人为本的发展

科学发展观的精髓在于提出了"以人为本"的思想,这是对西方科学精神和中国传统文化融合的结晶。坚持以人为本,就是要以实现人的全面发展为目标,从人民群众的根本利益出发谋求发展,不断满足其日益增长的物质文化需要,切实保障其经济、政治和文化权益,让发展的成果惠及全体国民。[3] 就业是与人民群众根本利益最密切相关的国计民生大事,是实现人的全面发展的前提。国家要实施积极的就业政策,必须将促进扩大就业置于经济社会发展的突出位置;要

---

[1] 参见冯鹏志:《从科学发展观看当代中国发展》,载《光明日报》2004年3月16日。
[2] 参见刘世军:《一次新的理论超越》,载《社会科学报》2005年12月22日。
[3] 参见《充分认识科学发展观的指导意义》,载《人民日报》2004年3月22日。

坚持在发展中解决就业问题,逐步确立有利于扩大就业的经济结构和增长模式,增加就业岗位,加快发展就业容量大的第三产业、中小企业和劳动密集型产业,形成就业增长点;要继续落实就业、再就业的各项优惠政策,加强政府就业指导和服务,促进就业培训,鼓励各类下岗失业人员通过各种方式实现再就业;要重视大学毕业生就业,认真解决就业困难群体的就业,切实维护农民工合法权益,努力创造公平公正的就业环境;在扩大就业容量的同时,要根据经济发展水平兴办社会保障事业;要扩大基本养老、基本医疗和失业保险的覆盖面,完善城市居民最低生活保障;从实际出发,既要逐步扩大保障面,又要合理确定保障水平,实现社会保障的可持续发展;要重视解决农村贫困人口的生活问题,继续推进新型农村合作医疗改革试点,建立和完善疾病预防控制体系和医疗救治体系,努力改善农村医疗卫生条件,并且探索建立农村最低生活保障制度。

人民群众的根本利益还表现为收入分配合理化。因此,要更加注重社会公平,整顿和规范收入分配秩序,合理调整国民收入分配格局;要通过改革税收制度、增加公共支出、加大转移支付力度等措施,支持和扶助欠发达地区和困难群众;要加强对过高收入的税收调节,规范垄断行业收入,严格执行最低工资制度,维护劳动者的合法权益,取缔非法收入;要坚决纠正土地征用中侵害农民利益,城镇拆迁中侵害居民利益,企业重组改制和破产中侵害职工合法权益,拖欠和克扣农民工工资,教育乱收费和药品购销、医疗服务中的不正之风。[①]在追求实现收入分配合理化的过程中,要注重改善国民的生活质量;国家要加大对社会事业的支持力度,完善社会事业投入机制,增加对社会事业的投入,加大对重点领域的科技投入;要加快普及农村九年制义务教育,加强基层群众文化阵地建设。[②]

(二)科学发展观坚持全面协调的发展

科学发展观倡导全面的发展,就是要坚持以经济建设为中心,抓住机遇加快经济发展,保持较快的发展速度。在优化经济结构、提高质量和效益的基础上,转变经济增长方式,调整经济结构,实现速度、结构、质量、效益的统一。[③] 与此同时,全面推进经济、政治、文化建设,实现经济发展和社会全面进步。科学发展观是协调的发展,就是要统筹城乡发展、统筹区域发展、统筹经济社会发展、统筹

---

① 参见《以人为本:科学发展观的本质和核心》,载《广州日报》2004年3月1日。
② 参见《努力构建社会主义和谐社会》,载《人民日报》2004年12月26日。
③ 参见《准确把握科学发展观的基本要求》,载《人民日报》2004年3月27日。

人与自然和谐发展、统筹国内发展和对外开放,[①]推进生产力和生产关系、经济基础和上层建筑相协调,推进经济、政治、文化建设各个方面相协调。

1. 统筹城乡发展

它的实质是促进城乡二元经济结构的转变。这种发展思路深刻把握了二元结构这一重要经济社会特征,不仅在于建设社会主义新农村,还在于实施大中小城市和小城镇协调发展的体系化城市战略。我国正处在深刻的社会转型过程中,从城乡二元经济结构向现代社会经济结构转变,将是今后几十年我国社会经济发展的基本走向。在此进程中,大批农业剩余劳动力向城市转移,寻求就业,这成为政府和社会各界关注的焦点问题。统筹城乡发展,就是要以战略的眼光妥善解决农村剩余劳动力的就业问题,通过工业化,用先进的科技改造农业和农村经济,建立先进的现代农业产业和非农产业,消化和吸收由自身产生的剩余劳动力;通过城市化发展,促使大量农业人口向城镇转移就业。中央在《关于推进社会主义新农村建设的若干意见》中指出:进一步清理和取消各种针对农民流动和进城就业的歧视性规定和不合理限制;建立健全城乡就业公共服务网络,为外出就业的农民提供免费咨询、就业信息、就业指导和职业介绍;严格执行最低工资制度,建立工资保障金等制度,切实解决农民工工资过低和拖欠问题;完善劳动合同制度,加强农民工职业安全卫生保护;逐步建立农民工社会保障制度,依法将他们全部纳入工伤保险范围,探索适合农民工特点的医疗和养老保障。统筹城乡发展的长远目标是城乡一体化和融合度都大大增强。

2. 统筹区域发展

它的实质是实现地区共同发展。保持比较发达地区快速发展的势头和扶持落后地区的发展,都是国家的既定政策。地区差距不仅表现在东部和中西部之间,也表现在省、自治区、直辖市之间,还表现在省、自治区内部地区之间。地区发展差距问题要在工业化、城市化和市场化的发展进程中逐步得到解决。统筹区域发展,从就业的角度看,就是要推动劳动力在区域间的有序流动,清除户籍等不利于劳动力流动的障碍,取消对外来劳动力就业的不合理规定,为劳动力在区域间流动就业创造良好的制度和政策环境。因为劳动力流动对平衡区域发展有一定作用。一方面,劳动力流向发达地区就业,有力地支持了发达地区的建设和发展;另一方面,落后地区劳动力向发达地区流动,使大量的财力从发达地区

---

① 参见《〈中共中央关于完善社会主义市场经济体制若干问题的决定〉辅导读本》,人民出版社2003年版,第2页。

流向落后地区,从而形成了落后地区经济发展的巨大财力支持。落后地区劳动力在发达地区就业,能够提高劳动力的素质,改变劳动者的观念,等等。统筹区域发展的重要目标就是缩小区域之间的发展差距,最终建立区域之间统一的大市场。

3. 统筹经济社会发展

它的实质是在经济发展的基础上实现社会全面进步,增进全体人民的福利。这种发展思路既要在经济结构不断调整、优化和升级的同时,扩大就业容量,增加对社会事业的投入,促进社会进步;又要实现以提高质量和效益为中心的经济增长方式的转变,既能变人口压力为人力资源优势,又能走出一条低能耗、少污染、高效益的新型工业化道路,从而实现人与自然的统筹发展。① 随着改革的深入和温饱问题的解决,经济发展中的社会问题日益凸显。社会发展领域存在的许多问题与经济转轨过程中政府职能不到位有直接关系,需要转变政府职能。社会保障、科学技术、文化教育、公共卫生和医疗等领域有其特殊性,政府必须承担起应负的责任,不能简单地提市场化或产业化的目标和口号。国外的经验和教训表明,社会经济发展的战略目标,不是单纯追求经济增长,而是在经济发展的基础上实现社会全面进步,提高全体人民的福利。充分就业是实现社会全面进步和提高全体人民福利的基本标志。因为就业是人们获取经济利益的最基本途径,同时也是展示个人才能的舞台,是一项基本人权。社会实现了充分就业,说明执政党和政府对民众最基本权益的尊重,这是社会全面进步的标志。反过来讲,衡量社会全面进步,充分就业是不可缺少的指标构成。②

4. 统筹人与自然和谐发展

它的实质是人口适度增长、资源永续利用和保持良好的生态环境。因为现代科技进步及其广泛应用,是通过对自然的征服和无限索取实现人类自身生存和发展的需要,只用经济眼光对待自然,而没有从促进人的全面发展出发,将自然界的多元价值相互综合。过分的功利目标将科学自身限定在解决技术难题层面,忽视了技术社会中人的存在和发展。充分就业跟人与自然和谐发展之间的关系相当密切。因为自然赋予人类的资源是有限的,而有限的资源不但要满足当前人类生存和发展的需要,而且要考虑子孙后代生存和发展的需要。如果人口过度增长,必然造成劳动力的超量供给,这种劳动力的超量供给与有限资源对

---

① 参见林拓:《城市发展》,载《社会科学报》2005年12月22日。
② 参见史及伟、杜辉:《中国式充分就业与适度失业率控制研究》,人民出版社2006年版,第309页。

劳动力有限吸纳之间必然发生冲突,必将阻碍充分就业的实现。如果仅仅考虑当前就业扩张的实现,必然造成对有限资源的超量开发利用,最终破坏生态平衡。这时,人类不但会遭到自然界的惩罚,而且会受到人类自身的惩罚:经济停滞不前,严重失业和贫困将难以避免。① 我国是人均资源比较少的国家,资源约束是伴随工业化、现代化全过程的大问题,工业化和城市化道路的选择,发展模式、发展战略和技术政策的选择,乃至社会生活方式的选择,都必须考虑资源约束和环境承载能力。从古代的屈服和崇拜自然,到产业革命以来大规模征服自然以至破坏自然,发展到现在强调人与自然和谐,这是人类进步的标志。

5. 统筹国内发展和对外开放

它的实质是更好地利用国内外两种资源、两个市场,顺利实现我国经济的振兴。改革开放以来,国内外环境发生了重大变化。在国际上,由于能源资源日趋紧张,生态环境急剧恶化等一系列全球性问题凸现,可持续发展理念逐步成为国际社会的共识。在国内,由于经济社会发展与资源环境的矛盾日益突出,粗放型经济增长方式已难以为继;解决发展不全面、不协调、不平衡的问题日益紧迫;就业压力依然较大,收入分配中的矛盾较多;影响发展的体制机制问题亟待解决,处理好社会利益关系的难度加大。在新的更高发展平台上,必须解决好这些深层次的矛盾和问题,才能继续推进现代化建设。实践的发展,新情况、新问题的出现,必然要求政府在指导发展的理论上有新的概括,以解决前进中的新问题,科学发展观正是在这样的现实背景下提出来的。②

与改革开放初期甚至和十年前相比,我国国际地位正在发生根本性变化,国家面临着完全不同的外部环境。过去,在封闭经济、进出口很少、外汇短缺条件下形成的体制和政策需要改革,许多经济观念也需要更新。目前,适当增加资源密集型产品进口,更多引进先进技术是大有裨益的。在对外经贸关系方面,国家追求的是双赢局面。③ 国家应统筹国内发展和对外开放,解放思想,开拓创新,统筹推进各方面的改革,使各方面改革相互促进;适应全球化深入发展和中国加入世贸组织的新形势,在更大范围、更广领域和更高层次上参与国际经济技术合作和竞争,提高对外开放水平。④ 从就业的角度看,我国能够并应当利用国外劳动力市场。一方面,我国是一个劳动力资源颇为充裕的国家,有向外输出劳动力

---

① 参见史及伟、杜辉:《中国式充分就业与适度失业率控制研究》,人民出版社2006年版,第310页。
② 参见李明灿、程伟礼:《以科学发展观统领经济社会发展全局》,载《人民日报》2005年12月21日。
③ 参见《科学发展观之认识篇:中央为何提出科学发展观?》,载《半月谈》2004年第4期。
④ 参见《准确把握科学发展观的基本要求》,载《人民日报》2004年3月27日。

的能力和要求;另一方面,世界其他国家有能够为我所用的资源,有些国家劳动力短缺,存在输入劳动力的需求。这为我国的劳动力输出提供了契机,能够在一定程度上减轻国内劳动力市场的过量供给,有利于实现充分就业目标。

科学发展观提倡协调发展,还强调妥善处理改革、发展和稳定的关系。改革是推动发展的强大动力,是解放和发展生产力的必由之路。稳定是推进改革和发展的前提。科学发展观要把改革的力度、发展的速度和社会可承受的程度加以统一,把不断改善人民生活作为处理改革、发展和稳定关系的重要结合点,在社会稳定中推进改革发展,通过改革发展促进社会稳定。经济增长、经济发展和社会全面发展之间存在着相互依存、相互补充、相互促进的关系。经济增长、经济发展是社会发展的基础和前提,社会发展则是经济增长、经济发展的目的和保障。只有经济不断发展,才能为社会全面发展提供必要的物质基础,才能有条件增加就业,消除贫困,提高人民群众的生活质量和生活水平,促进社会全面进步。科学发展观要把保持经济快速增长与合理保护环境、科学利用资源结合起来,把经济发展建立在生态良好循环的基础之上,努力实现经济协调发展、社会全面进步、资源永续利用、环境不断改善、生态良性循环的协调统一。①

(三) 科学发展观坚持可持续的发展

可持续发展,就是要促进人与自然的和谐,实现经济发展和人口、资源、环境相协调,坚持走生产发展、生活富裕、生态良好的文明发展道路,保证下代人的永续发展。我国人口众多,资源相对不足,生态环境承载能力弱,这是基本国情。特别是随着经济快速增长和人口的不断增加,能源、水、土地、矿产等资源不足的矛盾越来越尖锐,生态环境的形势十分严峻。高度重视资源和生态环境问题,增强可持续发展的能力,是全面建设小康社会的重要目标之一,也是民族生存与长远发展的根本大计。因此,统筹人与自然和谐发展,就要处理好经济建设、人口增长与资源利用、生态环境保护的关系,推动整个社会走上生产发展、生活富裕、生态良好的文明发展道路。从某种程度上讲,就业的可持续发展是建立在经济和资源可持续发展基础之上的。劳动力资源供给与自然资源对劳动力的有限需求之间达成一致,正是充分就业内在质的要求。

二、从充分就业视角建设和谐社会

科学发展观与社会主义和谐社会,是指以人为主体的社会和谐发展状态,它

---

① 参见《科学发展观之认识篇:中央为何提出科学发展观?》,载《半月谈》2004年第4期。

主要包括人与自然、人与人、人与社会或社会结构之间的和谐，是真正实现经济、政治、社会、文化的全面协调发展。就人与自然的关系而论，人类在合理利用自然资源过程中创造出更多的社会财富，但是不能过度向自然界索取，无节制地开发，既要维护人类自身的利益，又要维护自然界的平衡，使人类社会系统与自然生态系统和谐相处并协调发展。就人与人的关系而论，人际关系的本质是利益关系。人际关系和谐，是指人们之间没有根本的利益冲突，能够各尽所能地劳动，各得其所地生活。但是，在现实社会中，利益矛盾无处不在。建设和谐社会，并非消灭矛盾，而是如何认识和解决矛盾。和谐社会是对不同利益主体的包容和对冲突化解能力的提升。就社会结构的和谐而论，随着社会成员职业和身份的变动，新的社会阶层不断出现，不同社会阶层在收入和利益分配上的差距不断扩大，矛盾和冲突也随之而来。和谐社会应当是各社会阶层之间的和谐共处，发生矛盾通过合法途径妥善化解，在共同利益基础上实现劳动合作和利益共享。[①]

"充分就业"是凯恩斯在《就业、利息和货币通论》中提出的概念，是指"在某一工资水平下，所有愿意接受这种工资的人都能得到工作"。他将失业分为自愿失业和非自愿失业两种。在有了"非自愿失业"概念的基础上，凯恩斯确立了"充分就业"的概念，认为只要解决了非自愿失业者的就业问题，就实现了充分就业。后来，学术界提出了两种观点：一是认为充分就业是指劳动力和生产设备都达到充分利用的状态，即尽可能让那些具有劳动能力并且又需要工作的人都能够实现就业；二是认为充分就业并不是失业率等于零，而是总失业率等于自然失业率。20世纪50年代，西方经济学者认为，失业率不超过3%或4%就可以认定为充分就业。但是，我国学者认为，这种定量分析不适合我国国情，我国城市的自然失业率至少应定在8%左右，这还不包括农村潜在失业率。

科学发展观的全面发展就是以经济建设为中心，全面推进经济、政治、文化建设，促进物质文明、政治文明和精神文明的协调发展，实现经济发展和社会的全面进步。无论从哪种角度讲，充分就业都是落实科学发展观的重要内容和保证。在现实的社会经济活动中，确实存在就业是否充分的问题。没有充分就业，就没有每一个劳动者的良好生活与全面发展，就会影响整个社会经济持续稳定地发展。从社会发展与进步的角度看，充分就业就是保障民众就业的平等性和公平性，民众都有均等机会选择职业。政府对劳动力市场的弱势群体，主要采取扶持就业、促进就业的措施，而不仅仅是社会救济。劳动者就业权益得到保障和

[①] 参见史及伟、杜辉：《中国式充分就业与适度失业率控制研究》，人民出版社2006年版，第322—324页。

实现,有利于整个社会的和谐与稳定。从政治稳定考虑,民众就业权益得到保障,会减少劳动者与政府的冲突,减少和防止反政府行为,有利于社会秩序的稳定和政权的巩固。因此,落实科学发展观和建设和谐社会必然要求实现充分就业。

充分就业的实质,就是使民众的经济利益得以保障,完全体现了以人为本的价值观念。建设社会主义和谐社会是落实科学发展观的内在要求,而科学发展观的价值基础是以人为本,从而决定了和谐社会的价值基础同样是以人为本。劳动者实现充分就业,取决于政府对充分就业工作的重视程度和政府制定、实施的充分就业宏观目标及其相关就业政策的正确性;也取决于社会众多的用人单位在政府充分就业目标政策的指导下,根据本单位的用人需要,最大可能地吸收更多劳动力就业。充分就业的实现使民众增进了对政府和社会的信任,政府和社会取信于民,科学发展观与建设和谐社会才能落到实处。可见,充分就业既是建设和谐社会的群众基础,又是衡量和谐社会建设成果的指标构成。

由此可见,建设和谐社会必须要有充分就业的政策和措施。①

首先,准确把握建设和谐社会与国民就业之间量的关系。充分就业只是国家的一种政策取向和长远发展目标。根据经济学原理,充分就业不等同于完全就业。即使在充分就业目标实现的情况下,仍然会存在一定数量的摩擦性失业、自愿失业等现象。从这个角度看,充分就业与一定的失业率可以并存,只是这种失业率必须严格控制在社会能够承受的范围之内。显而易见,建设和谐社会应当包括实现充分就业这一目标。大量非自愿失业和过高的失业率存在,与和谐社会建设目标是背道而驰的。但是,鉴于我国就业问题的复杂性,在较短的时期内达到充分就业的目标是不现实的,国家的阶段性发展目标应当定位在尽可能促进充分就业上。与实现充分就业相比,促进充分就业所要求的是将失业率控制在合理的范围内,将阶段性发展目标与长远目标有机结合,在促进充分就业有所进展的基础上,最终达到充分就业的目标。

其次,准确把握建设和谐社会与国民就业之间质的关系。与国民就业数量扩张相比,就业质量显得更加重要。就业质量包括就业结构、就业的稳定性、就业的收入水平和就业的社会保障水平等基本要件。在社会总体就业比较充分的基础上,国家要逐步实现充分就业、优化就业结构、提高就业质量的高层次目标。政府要着力调整产业结构、所有制结构、企业结构、技术结构、劳动力素质结构等发展的方向性问题,力求使三次产业的就业结构逐步走向倒金字塔形。从相当

---

① 参见信长星:《制定促进就业战略须着眼于和谐》,载《人民日报》2005年11月2日。

程度上讲,就业结构的调整有利于提高就业弹性,扩大经济增长率对就业的贡献率。没有就业结构的成功调整,就不可能实现充分就业的发展目标。

最后,在建设和谐社会中逐步完善就业促进措施。仅仅有战略目标是不够的,关键还要制定出推进战略目标的具体措施。就我国的国情而论,一是完善就业的法律制度,要将积极的就业政策制度化和法律化。仅仅有《劳动法》是不够的,还要切实执行《就业促进法》。关键问题是增强法律的强制性和约束力,加大执法的力度。二是关注并消除长期性失业现象。失业问题的严重性不但表现为失业率节节升高,而且表现为存在大量长期性失业者,他们难以进入劳动力市场,沦为社会贫困人口和救济人口。国际经验表明,长期失业问题比高失业率更加难以排除,仅仅依赖经济增长促进就业是没有功效的,政府必须用特殊的社会政策加以解决。我国的职业培训与指导远远落后于发达国家,这方面有大量的创新和实践的空间。三是尽可能消除就业歧视,在就业领域率先建成和谐社会。公平就业是建设和谐社会的基本要求之一,就业权利的实现是保障劳动者其他各项合法权益的基础和前提。政府应当不遗余力地消除我国劳动力市场的就业歧视,特别是对农村劳动力的就业歧视和对女性劳动者的就业歧视。由于体制性分割和世俗偏见与积习,导致这两类劳动者遭遇就业歧视,如女性难以获得与男性相同的职位,或者从事相同的工作,或者得到相同的工资待遇。[①] 这种就业上的性别隔离和非国民待遇,成为不同社会群体间冲突的根源之一,直接影响社会的和谐,是未来发展中必须着力解决的问题。

---

① 参见徐林清:《中国劳动力市场分割问题研究》,经济科学出版社2006年版,第31页。

主要参考文献

一、著作类

[1] 《马克思恩格斯全集》第 23 卷,人民出版社 1972 年版。
[2] 《马克思恩格斯全集》第 24 卷,人民出版社 1972 年版。
[3] 《毛泽东选集》第 4 卷,人民出版社 1991 年版。
[4] 《邓小平文选》第 3 卷,人民出版社 1993 年版。
[5] 中共中央文献研究室:《关于建国以来党的若干历史问题的决议注释本》,人民出版社 1983 年版。
[6] 中共中央文献研究室编:《十二大以来重要文献选编》(上),人民出版社 1986 年版。
[7] 中共中央文献研究室编:《十二大以来重要文献选编》(中),人民出版社 1986 年版。
[8] 中共中央文献研究室编:《十三大以来重要文献选编》(上),人民出版社 1991 年版。
[9] 中共中央文献研究室编:《十三大以来重要文献选编》(中),人民出版社 1991 年版。
[10] 中共中央文献研究室编:《十四大以来重要文献选编》(上),人民出版社 1996 年版。
[11] 中共中央文献研究室编:《十五大以来重要文献选编》(上),人民出版社 2000 年版。
[12] 江泽民:《全面建设小康社会,开创中国特色社会主义事业新局面》,人民出版社 2002 年版。
[13] 胡锦涛:《高举中国特色社会主义伟大旗帜为夺取全面建设小康社会新胜利而奋斗》,人民出版社 2007 年版。
[14] 《〈中共中央关于完善社会主义市场经济体制若干问题的决定〉辅导读本》,人民出版社 2003 年版。
[15] 国家统计局编:《中国统计年鉴——2013》,中国统计出版社 2013 年版。
[16] 周天勇主编:《新发展经济学》,经济科学出版社 2001 年版。
[17] 张培刚主编:《新发展经济学》,河南人民出版社 1999 年版。
[18] 叶静怡编著:《发展经济学》,北京大学出版社 2003 年版。
[19] 景维民主编:《转型经济学》,南开大学出版社 2003 年版。
[20] 何承金主编:《劳动经济学》,东北财经大学出版社 2002 年版。
[21] 张建武:《劳动经济学:理论与政策研究》,中央编译出版社 2001 年版。

[22] 张德远编著:《西方劳动经济学》,上海财经大学出版社1999年版。
[23] 杨河清主编:《劳动经济学》,中国人民大学出版社2005年版。
[24] 袁志刚:《失业经济学》,上海人民出版社1997年版。
[25] 袁志刚、方颖:《中国就业制度的变迁》,山西经济出版社1998年版。
[26] 祝均一、袁志刚主编:《中国就业报告:1995—2000》,经济科学出版社2002年版。
[27] 袁志刚主编:《上海就业报告》,上海人民出版社2001年版。
[28] 史及伟、杜辉:《中国式充分就业与适度失业率控制研究》,人民出版社2006年版。
[29] 潘光军:《中国就业问题的宏观经济研究》,中国财政经济出版社2006年版。
[30] 辜胜阻:《当代中国人口流动与城镇化》,武汉大学出版社1994年版。
[31] 陆学艺主编:《当代中国社会流动》,社会科学文献出版社2004年版。
[32] 徐平华:《就业与增长:走向和谐社会的中国就业战略》,江西人民出版社2006年版。
[33] 吴鹏森编著:《现代社会保障概论》,上海人民出版社2004年版。
[34] 谢志强等主编:《社会政策概论》,中国水利水电出版社2005年版。
[35] 程延园主编:《劳动关系学》,中国劳动社会保障出版社2005年版。
[36] 谢良敏、吕静编著:《劳动法条文新释新解》,法律出版社2004年版。
[37] 于法鸣主编:《培训与就业》,中国劳动社会保障出版社2005年版。
[38] 马良华、郑志耿:《经济增长、充分就业和农业发展——兼对中国长期经济增长问题的研究》,浙江人民出版社2004年版。
[39] 李薇辉、薛和生主编:《劳动经济问题研究——理论与实践》,上海人民出版社2005年版。
[40] 刘社建:《中国就业变动与消费需求研究》,中国社会科学出版社2005年版。
[41] 郭金龙:《经济增长方式转变的国际比较》,中国发展出版社2000年版。
[42] 厉无畏、王振主编:《转变经济增长方式研究》,学林出版社2006年版。
[43] 唐思文:《现代资本主义经济研究与借鉴》,中国金融出版社1994年版。
[44] 胡鞍钢等:《扩大就业与挑战失业》,中国劳动社会保障出版社2002年版。
[45] 夏耕:《中国城乡二元经济结构转换研究》,北京大学出版社2005年版。
[46] 国务院研究室课题组:《我国所有制结构变革的趋势和对策》,中国经济出版社1994年版。
[47] 丁红卫:《经济发展与女性就业:亚洲典型国家实证研究》,中国市场出版社2007年版。
[48] 陈少晖:《从计划就业到市场就业:国有企业劳动就业制度的变迁与重建》,中国财政经济出版社2003年版。
[49] 宋湛:《中国劳动力市场动态调节研究》,经济科学出版社2004年版。
[50] 刘燕斌:《面向新世纪的全球就业》,中国劳动社会保障出版社2000年版。
[51] 李亚伯:《中国劳动力市场发育论纲》,湖南人民出版社2007年版。
[52] 王积业:《我国二元结构矛盾的工业化战略选择》,中国计划出版社1996年版。
[53] 姚先国主编:《劳动力产权与劳动力市场》,浙江大学出版社2006年版。

[54] 黎煦:《中国劳动力市场变迁的产权经济分析》,浙江大学出版社 2006 年版。
[55] 查瑞传主编:《人口学百年》,北京出版社 1999 年版。
[56] 刘子操:《城市化进程中的社会保障问题》,人民出版社 2006 年版。
[57] 周琳琅:《统筹城乡发展:理论与实践》,中国经济出版社 2005 年版。
[58] 郭金丰:《城市农民工人社会保障制度研究》,中国社会科学出版社 2006 年版。
[59] 徐林清:《中国劳动力市场分割问题研究》,经济科学出版社 2006 年版。
[60] 杨宜勇等:《劳动就业体制改革攻坚》,中国水利水电出版社 2005 年版。
[61] 杨宜勇:《中国转轨时期的就业问题》,中国劳动社会保障出版社 2002 年版。
[62] 李培林、张翼、赵延东:《就业与制度变迁:两个特殊群体的求职过程》,浙江人民出版社 2000 年版。
[63] 邓大松、方晓梅等:《失业对策论》,中国劳动社会保障出版社 2002 年版。
[64] 游钧主编:《2005 年:中国就业报告——城乡统筹就业》,中国劳动社会保障出版社 2005 年版。
[65] 蔡昉主编:《2002 年:中国人口与劳动问题报告——城乡就业问题与对策》,社会科学文献出版社 2002 年版。
[66] 王洪春、张占平、申越魁:《新人口学》,中国对外经济贸易出版社 2002 年版。
[67] 李竞能编著:《现代西方人口理论》,复旦大学出版社 2004 年版。
[68] 杨先明等:《劳动力市场运行研究》,商务印书馆 1999 年版。
[69] 张象枢主编:《人口、资源与环境经济学》,化学工业出版社 2004 年版。
[70] 王宗烘、余松锵编著:《台湾科技教育与经济发展》,厦门大学出版社 1992 年版。
[71] 黄宝祚:《劳工问题》,台湾五南图书出版有限公司 1988 年版。
[72] 林洁珍、廖柏伟:《移民与香港经济》,香港商务印书馆 1998 年版。
[73] 孙永泉、陈明智:《急变中的劳动市场》,香港商务印书馆 1997 年版。
[74] 香港劳工处:《劳工处长报告》,香港政府印务局 2002 年版。
[75] 上海统计局、国家统计局上海调查总队编:《上海统计年鉴——2013》,中国统计出版社 2013 年版。
[76] 中国劳动和社会保障部、国际劳工局:《中国就业论坛:全球对话与共识》,中国劳动社会保障出版社 2004 年版。
[77] 郭庆、胡鞍钢:《中国工业经济问题初探》,中国科学技术出版社 1991 版。
[78] 国际劳工局编:《世界就业报告:1998—1999 年》,中国劳动社会保障出版社 2000 年版。
[79] 〔美〕诺思:《制度、制度变迁与经济绩效》,刘守英译,上海三联书店出版社 1994 年版。
[80] 〔美〕西奥多·W.舒尔茨:《人力投资》,贾湛、施伟等译,华夏出版社 1990 年版。
[81] 〔英〕约翰·梅纳德·凯恩斯:《就业、利息和货币通论》,宋韵声译,华夏出版社 2005 年版。
[82] 〔美〕罗斯托:《经济增长的阶段》,郭熙琛等译,中国社会科学出版社 2001 年版。
[83] 〔美〕罗斯托:《从起飞进入维持增长的经济学》,贺力平、刘大洪等译,四川人民出版社

1988 年版。

[84]〔美〕阿瑟·刘易斯:《二元经济论》,施炜等译,北京经济学院出版社 1989 年版。

[85]〔美〕罗纳德·科斯:《企业·市场与法律》,盛洪等译,上海三联书店 1990 年版。

[86]〔法〕勒帕日:《美国新自由主义经济学》,李燕生译,北京大学出版社 1985 年版。

[87] 黄安余:《台湾经济转型中的劳工问题研究》,人民出版社 2010 年版。

[88] 黄安余:《经济转型中的中国劳动力市场》,上海人民出版社 2010 年版。

二、论文类

[1] 童星、李显波:《论发展的可能性和条件——以发展社会学和发展经济学的比较为视角》,载《社会科学研究》2004 年第 3 期。

[2] 李若建:《流失与更替:工人、农民数量与结构变动分析》,载《河南社会科学》2004 年第 3 期。

[3] 刘庆唐:《论就业结构规律》,载《劳动经济论文集》,中国劳动社会保障出版社 2003 年版。

[4] 郭克莎:《人均 GDP 1000 美元后的长期发展进程》,载《开放导报》2005 年第 1 期。

[5] 陆学艺:《当代中国社会结构的变迁》,载《社会科学报》2006 年 9 月 7 日。

[6] 国家统计局农调总队课题组:《城乡居民收入差距及其决定因素研究》,载《中国农村经济》1995 年第 1 期。

[7] 王振中:《当前的收入分配差距问题不容忽视》,载《经济经纬》2005 年第 6 期。

[8] 白津夫:《"十一五"经济增长中的十大矛盾》,载《社会科学报》2005 年 12 月 15 日。

[9] 白津夫:《"十一五"期间我国经济增长中的主要矛盾》,载《经济参考报》2005 年 9 月 3 日。

[10] 吴敬琏:《经济增长方式难转:吴敬琏直陈三大障碍》,载《每日经济新闻》2005 年 11 月 29 日。

[11] 吴敬琏:《经济增长拒绝"粗放型"》,载《青岛日报》2004 年 8 月 16 日。

[12] 吴敬琏:《政府转型:经济增长方式转变的唯一出路》,载《江南论坛》2004 年第 12 期。

[13] 张军扩:《"七五"期间经济效益的综合分析》,载《经济研究》1991 年第 4 期。

[14] 赵德馨:《中国经济 50 年发展的路径、阶段与基本经验》,载《中国经济史研究》2000 年第 1 期。

[15] 胡鞍钢、郑京海:《中国全要素生产率为何明显下降》,载《中国经济时报》2004 年 3 月 26 日。

[16] 胡鞍钢:《关于降低我国劳动力供给与提高劳动力需求重要途径的若干建议》,载《中国软科学》1998 年第 11 期。

[17] 马凯:《经济增长方式的转变》,载《科学决策》2005 年第 4 期。

[18] 马凯:《树立和落实科学发展观,推进经济增长方式的根本性转变》,载《宏观经济研究》2004 年第 3 期。

[19] 夏业良:《我国创节约型社会刻不容缓,经济增长方式要转变》,载《新民周刊》2004 年

12月。
- [20] 刘彪、王东京:《经济发展阶段论》,载《经济研究》1990年第10期。
- [21] 刘树成:《论中国经济周期波动的新阶段》,载《经济研究》1996年第11期。
- [22] 刘树成:《论中国经济增长与波动的新态势》,载《中国社会科学》2000年第1期。
- [23] 厉以宁:《经济增长方式转变为何缓慢》,载《北京日报》2005年2月28日。
- [24] 张卓元:《适当放慢经济增速,致力转变经济增长方式》,载《人民论坛》2006年第5期。
- [25] 刘怀德:《经济增长方式及其转变的经济学分析》,载《当代财经》2000年第12期。
- [26] 洪银兴、沈坤荣、何旭强:《经济增长方式转变研究》,载《江苏社会科学》2000年第2期。
- [27] 洪银兴:《经济转型和转型经济理论研究》,载《学术月刊》2004年第6期。
- [28] 周立杰:《我国经济增长质量的比较分析》,载《华北水利水电学院学报》(社会科学版)1999年第4期。
- [29] "构建社会主义和谐社会问题研究"课题组:《构建和谐社会与转变经济增长方式》,载《经济研究参考》2005年第21期。
- [30] 林书香:《科学发展观与经济增长方式转变》,载《联合日报》2005年4月20日。
- [31] 林吉双:《我国本轮经济增长存在的问题及对策》,载《改革》2005年第2期。
- [32] 卫兴华、侯为民:《中国经济增长方式的选择与转换途径》,载《经济研究》2007年第7期。
- [33] 陈毅然:《从三方面推进转变经济增长方式》,载《文汇报》2005年7月30日。
- [34] 胡乃武、张海峰:《转变经济增长方式与增加就业的关系》,载《经济理论与经济管理》2001年第3期。
- [35] 孙景宇:《经济转型进程测度:比较与研究方向》,载《经济科学》2004年第5期。
- [36] 崔建华:《中西混合经济模式比较分析》,载《天津社会科学》2002年第3期。
- [37] 李京文、李军:《当代中国宏观经济模型与经济发展》,载《中国社会科学院研究生院学报》2000年第2期。
- [38] 安福仁:《建立中国市场经济模式的理论思考》,载《东北财经大学学报》2000年第2期。
- [39] 庞晓波、赵振全:《体制变迁的经济效应及其对我国经济增长问题的解释》,载《数量经济技术经济研究》2000年第3期。
- [40] 周业安:《政府在金融发展中作用——兼评"金融约束论"》,载《中国人民大学学报》2000年第2期。
- [41] 任太增:《邓小平混合经济思想初探》,载《毛泽东思想研究》2001年第5期。
- [42] 施放等:《我国混合经济模式的改革探讨》,载《经济问题探索》2000年第1期。
- [43] 何立胜:《混合经济的运行机理及产权制度分析》,载《社会科学》1999年第11期。
- [44] 张秀喜:《混合所有制应成为我国国民经济运行的主体》,载《工业技术经济》1999年第5期。
- [45] 张长翠:《再论政府在市场经济中的定位问题——兼谈"东亚模式"》,载《调研世界》2000年第1期。

[46] 王树春:《现代市场经济与政府经济职能》,载《南开经济研究》2000年第1期。

[47] 蔡昉:《中国劳动力市场发育与就业变化》,载《经济研究》2007年第7期。

[48] 蔡昉、都阳、王美艳:《户籍制度与劳动力市场保护》,载《经济研究》2001年12期。

[49] 蔡昉:《人口转变、人口红利与经济增长可持续性——兼论充分就业如何促进经济增长》,载《人口研究》2004年第2期。

[50] 张明龙:《新中国50年劳动就业制度变迁纵览》,载《天府新论》2000年第1期。

[51] 王国荣:《经济增长与就业机制、模式、观念的变革》,载《上海社会科学院学术季刊》2001年第3期。

[52] 张善余:《中国劳动人口就业形势的差异分析》,载《人口学刊》2004年第2期。

[53] 戴家干:《社会主义初级阶段的我国劳动力资源分析》,载《北京师范大学学报》(社会科学版)1998年第1期。

[54] 李恩平:《从制度变迁理论看劳动者就业观念转变》,载《生产力研究》1998年第6期。

[55] 冯建力、宁焰主编:《就业教育基础》,科学出版社2005年版。

[56] 赖小琼:《论经济增长与就业增长》,载《厦门大学学报》(哲学社会科学版)2001年第3期。

[57] 赖小琼、余玉平:《成本收益视线下的农村劳动力转移——托达罗模型的反思与拓展》,载《当代经济研究》2004年第2期。

[58] 赖德胜:《论劳动力市场的制度性分割》,载《经济科学》1996年第6期。

[59] 周天勇、胡锋:《托达罗人口流动模型的反思和改进》,载《中国人口科学》2007年第1期。

[60] 王郁昭:《农民充分就业是走出二元经济结构的关键》,载《中国经济时报》2005年9月30日。

[61] 李强:《影响中国城乡流动人口的推力与拉力因素分析》,载《中国社会科学》2003年第1期。

[62] 陈俊生:《关于农村劳动力剩余和基本对策》,载《人民日报》1995年1月28日。

[63] 喻桂华、张春煜:《中国的产业结构与就业问题》,载《当代经济科学》2004年第5期。

[64] 费孝通:《我看到的中国农村工业化和城市化道路》,载《浙江社会科学》1998年第4期。

[65] 张车伟、王德文:《农民收入问题性质的根本转变——分地区对农民收入结构和增长变化的考察》,载《中国农村观察》2004年第1期。

[66] 姜永涛:《乡镇企业和小城镇,做好两大战略结合这篇文章》,载《经济日报》1999年4月14日。

[67] 王玉华:《中国乡镇企业新产业区的发展理念与特征分析》,载《地理学与国土研究》2000年第3期。

[68] 罗汉、李雪梅:《乡镇企业产权制度改革问题探讨》,载《云南民族学院学报》(哲学社会科学版)2000年第3期。

[69] 苑鹏、钟声远:《乡镇企业的产业结构调整:优化结构,实现结构升级》,载《中国农村经

济》2000 年第 6 期。
[70] 罗卫东:《反常二元经济结构与我国就业问题》,载《杭州大学学报》1998 年第 2 期。
[71] 姚裕群:《论就业目标体系》,载《人口学刊》2001 年第 5 期。
[72] 谌新民:《中国劳动力流迁的动因与成本分析》,载《中国人口科学》1999 年第 2 期。
[73] 朱启臻等:《对城乡劳动力就业不平等的再思考》,载《经济与管理研究》2004 年第 3 期。
[74] 刘尔铎:《改革我国户籍制度实现城乡统一劳动市场》,载《劳动经济与劳动关系》2002 年第 2 期。
[75] 郭正林:《当前就业与职业平等状况考察》,载《社会科学报》2004 年 4 月 22 日。
[76] 杨立雄:《"进城"还是"回乡"——农民工社会保障政策的路径选择》,载《社会保障制度》2004 年第 6 期。
[77] 申明浩、周林刚:《农民就业选择制约因素分析》,载《财经研究》2004 年第 1 期。
[78] 李建民:《中国劳动力市场多重分割及其对劳动力供求的影响》,载《中国人口科学》2002 年第 2 期。
[79] 杨云彦、陈金永:《转型劳动力市场的分层与竞争——结合武汉的实证分析》,载《中国社会科学》2000 年第 5 期。
[80] 赵增耀:《内部劳动市场的经济理性及其在我国的适应性》,载《经济研究》2002 年第 3 期。
[81] 张展新:《劳动力市场的产业分割与劳动人口流动》,载《中国人口科学》2004 年第 2 期。
[82] 柳思维:《进一步破除城乡分割体制加快农村城市化的探讨》,载《湖南商学院学报》2000 年第 2 期。
[83] 谭友林:《中国就业压力的空间格局与区域经济发展》,载《人口研究》1999 年第 6 期。
[84] 杨翠迎:《中国社会保障制度的城乡差异与统筹改革思路》,载《浙江大学学报》(人文社会科学版)2004 年第 3 期。
[85] 莫荣:《统筹城乡就业是政府工作的一项重要职责》,载《中国党政干部论坛》2007 年第 4 期。
[86] 杨宜勇:《完善劳动力市场的政策着力点》,载《中国党政干部论坛》2007 年第 4 期。
[87] 张丽宾:《逐步完善统筹城乡就业的法制环境》,载《中国党政干部论坛》2007 年第 4 期。
[88] 刘伟:《统筹城乡就业是发展中国家实现发展的实质所在》,载《中国党政干部论坛》2007 年第 4 期。
[89] 〔美〕盖尔·约翰逊:《中国农业调整:问题和前景》,载《经济学家》1999 年第 6 期。
[90] 徐小霞、张翠娥:《弱势在延续:农民工在子女教育过程中的角色分析》,载《青年探索》2005 年第 4 期。
[91] 姚先国:《论我国就业压力的分流与转化》,载《中国劳动科学》1990 年第 11 期。
[92] 姚先国:《劳动力的双轨价格及经济效应》,载《经济研究》1992 年第 4 期。
[93] 姚先国、黎煦:《劳动力市场分割:一个文献综述》,载《劳动经济与劳动关系》2005 年第 3 期。

- [94] 姚先国、郑亚莉:《我国劳动力市场发育的障碍及其克服》,载《管理教育学刊》1994年第3期。
- [95] 杨成:《人力资本投资的特性》,载《社会科学报》2000年1月20日。
- [96] 毛炳寰:《制度创新与持续性就业——我国转型时期的失业政策选择》,载《劳动经济》2001年第1期。
- [97] 马晓河:《新农村建设是统筹城乡发展的战略举措》,载《社会科学报》2005年12月1日。
- [98] 冯立天:《中国人口政策的过去、现在和未来》,载《人口研究》2000年第4期。
- [99] 侯文若:《中国人口政策评估》,载《人口研究》1988年第6期。
- [100] 翟振武:《中国人口规模与年龄结构矛盾分析》,载《人口研究》2001年第3期。
- [101] 关秀芳:《发展社区老年服务是构建老年社会的重要环节》,载《南方人口》1997年第4期。
- [102] 《人口研究》编辑部:《对成年独生子女意外伤亡家庭问题的深层思考》,载《人口研究》2004年第1期。
- [103] 桂世勋:《人口问题》,载《社会科学报》2005年12月22日。
- [104] 张路雄:《改革财政体制,攻坚教育不公》,载《社会科学报》2005年12月8日。
- [105] 谢作栩:《新阶段我国高等教育应从数量增长转向质量提高》,载《社会科学报》2005年12月8日。
- [106] 周琳琅:《论城乡统筹发展中的农村劳动力转移》,载《学术论坛》2005年第4期。
- [107] 曲福田、高艳梅、姜海:《我国土地管理政策:理论命题与机制转变》,载《管理世界》2005年第4期
- [108] 黄任民等:《就业岗位的绝对增加与相对增加》,载《经济理论与经济管理》1998年第5期。
- [109] 范东佐、朱述宾:《试论教育、劳动力供求与经济发展的关系》,载《江苏教育学院学报》(社会科学版)1996年第3期。
- [110] 谢大伟:《台湾的人口问题与人口政策》,载《杭州师范学院学报》1991年第2期。
- [111] 郑启五:《台湾省人口出生率下降因素剖析》,载《中国人口科学》1992年第5期。
- [112] 茅家琦:《混合经济制度加强了台湾经济的总体活力》,载《南京大学学报》1995年第2期。
- [113] 陈士诚:《台湾社会结构变动初析——关于台湾社会特征的探讨》,载《台湾研究》1998年第3期。
- [114] 单玉丽:《台湾的人口问题与经济发展》,载《福建社科情报》1990年第6期。
- [115] 叶秀亮:《香港经济前景及财政预算》,载香港《信报》2002年3月6日。
- [116] 郭森浩:《输入劳工,症结何在?》,载香港《经济导报》1991年第2226期。
- [117] 高君慧:《香港劳工短缺纾缓办法的探讨》,载香港《经济导报》1989年第22期。
- [118] 刘煜松:《尽快转变上海经济增长方式》,载《解放日报》2005年8月15日。

[119] 王裔艳:《"四普"、"五普"比较看上海市在业人口行业构成变化》,载《人口》2003年第2期。
[120] 朱荣林:《破解城乡二元经济结构的有效途径》,载《文汇报》2005年1月20日。
[121] 秦蓓、陆铭等:《论就业体制市场化后的就业重构》,载《上海经济研究》2003年第9期。
[122] 张国华:《促进上海经济和就业同步增长》,载《文汇报》2004年7月23日。
[123] 黄婷:《上海市民收入及消费状况的实证研究》,载《上海经济研究》2005年第10期。
[124] 冯鹏志:《从科学发展观看当代中国发展》,载《光明日报》2004年3月16日。
[125] 刘世军:《一次新的理论超越》,载《社会科学报》2005年12月22日。
[126] 林拓:《城市发展》,载《社会科学报》2005年12月22日。
[127] 李明灿、程伟礼:《以科学发展观统领经济社会发展全局》,载《人民日报》2005年12月21日。
[128] 信长星:《制定促进就业战略须着眼于和谐》,载《人民日报》2005年11月2日。
[129] 李国平、吴爱芝、孙铁山:《中国区域空间结构研究的回顾及展望》,载《经济地理》2012年第4期。
[130] 陆学艺:《中国社会阶级阶层结构变迁60年》,载《中国人口、资源与环境》2010年第7期。
[131] 刘伟、蔡志洲:《产业结构演进中的经济增长和就业——基于中国2000—2013年经验的分析》,载《学术月刊》2014年第6期。
[132] 叶召霞:《俄罗斯社会保障制度的变迁》,载《西伯利亚研究》2012年第1期。
[133] 常兴华:《波兰、匈牙利等国收入分配现状与政策的考察报告》,载《经济研究参考》2010年第25期。
[134] 吴丽萍:《论人权背景下农民工就业歧视的户籍根源》,载《经济论坛》2011年第4期。
[135] 蔡继明、高宏:《垄断和竞争行业的比较生产力与收入差距——基于广义价值论的分析》,载《学术月刊》2014年第4期。
[136] 刘树成:《2011年和"十二五"时期中国经济增长与波动分析》,载《经济学动态》2011年第7期。
[137] 彭耀桃、刘芳:《高经济增长率下低就业的原因及政策建议》,载《重庆理工大学学报》(社会科学版)2010年第4期。
[138] 蔡武:《劳动力市场分割、劳动力流动与城乡收入差距》,载《首都经济贸易大学学报》2012年第6期。
[139] 洪一云:《试论教育与中国劳动力市场分割下代际流动的关系》,载《企业导报》2013年第3期。
[140] 乔明睿、钱雪亚、姚先国:《劳动力市场分割、户口与城乡就业差异》,载《中国人口科学》2009年第1期。
[141] 吴愈晓:《劳动力市场分割、职业流动与城市劳动者经济地位获得的二元路径模式》,载《中国社会科学》2011年第1期。

［142］范雷:《城市化进程中的劳动力市场分割》,载《江苏社会科学》2012年第5期。

［143］吴亮:《关于西部地区缓解城乡就业矛盾对策探讨》,载《内蒙古煤炭经济》2010年第2期。

［144］党国英:《农村产权改革:认知冲突与操作难题》,载《学术月刊》2014年第8期。

［145］沈琴琴、张艳华:《中国劳动力市场多重分割的制度经济学分析》,载《西安交通大学学报》(社会科学版)2010年第2期。

［146］李怡乐:《关于中国劳动力市场分割的政治经济学解读》,载《科学·经济·社会》2012年第2期。

［147］苏永照:《劳动力市场分割的可持续性研究》,载《经济理论与经济管理》2010年第2期。

［148］邹少霏、苗雪艳:《农民工职业培训体系建设的路径选择》,载《中国成人教育》2010年第2期。

［149］姜涛、李福来:《返乡农民工职业培训的问题与对策研究》,载《湖南农业科学》2010年第3期。

［150］陈利君、陈雪松:《印度IT产业发展现状及其原因——基于国家竞争优势理论的分析》,载《东南亚南亚研究》2010年第4期。

［151］陈心颖:《海峡两岸贸易对台湾就业水平的影响——基于VAR模型分析》,载《上海财经大学学报》2012年第1期。

［152］陈广汉、邓鑫:《2012年香港经济发展回顾与展望》,载《当代港澳研究》2013年第10辑。

［153］谢宝剑:《香港四大支柱产业结构对就业结构的影响及发展分析》,载《暨南学报》(哲学社会科学版)2013年第7期。

［154］何海翔:《政府、学校、企业联动:香港高校就业指导的经验》,载《思想政治教育》2011年第12期。

［155］张红军、丁辉:《九十年代后香港就业保障机制的形成及特点》,载《重庆科技学院学报》2012年第23期。

［156］冯祥武:《反就业歧视法律:香港走在亚洲前列》,载《中国社会科学报》2011年7月19日。

［157］艾音方:《香港劳工市场及其发展》,载《国际工程与劳务》2004年第8期。

［158］郭宇强:《澳门的就业结构特征分析》,载《特区经济》2009年第4期。

［159］严善平:《中国大城市劳动力市场的结构转型——对2003年、2009年上海就业调查的实证分析》,载《管理世界》2011年第9期。

［160］上海市人民政府发展研究中心课题组:《合理控制上海人口规模优化人口结构研究》,载《科学发展》2013年第7期。

［161］上海工程技术大学课题组:《新形势下上海促进就业的机制研究》,载《科学发展》2014年第63期。

后 记

2008年1月,《经济发展与劳动就业》(第一版)由北京大学出版社正式出版。自发行以来,本书一直是劳动与社会保障本科专业"发展与就业"课程的教材。经过八年多的使用,的确需要修订再版。其理由如下:其一,我国经济和社会环境发生了较大变化,劳动力就业出现了诸多新问题,有些立论在当时条件下尚能成立,时过境迁就显得不合时宜。由于部分劳动法律的修订,有些观点随之不能成立,必须进行修正或删除。在此期间,我国学术界也提出了一些新观点和新思想,修订再版可以更好地吸收新近的研究成果。其二,书中使用的统计数据已明显陈旧,不能反映最新的经济发展与劳动就业动态,需要及时更新。在更新统计数据时,笔者需要兼顾数据的动态性和新颖性两大方面。动态性体现了统计数据的完整性、历史性,读者从中能看出其动态变化的过程,而非孤立地呈现数据。当然,不可能、也不必呈现每年的数据。新颖性主要是指拥有最新的统计数据。笔者使用《中国统计年鉴——2013》,其最新统计数据只能到2012年。其三,有些使用单位和读者建议修订再版。客观而论,本书使用范围较广,上海市和全国一些高校选择了本书作为教材。四川、河北等省份将本书作为"劳动就业概论"自学考试指定用书。部分高校认为,本书使用时间过长,应当修订,否则有可能影响教学质量。一些用书单位和读者来信反映,书中很多统计数据过时,有些理论内容过深,不完全适合本科教学,应当予以调整。获悉这些信息后,笔者感到有压力,要尽力将本书修正再版。其四,北京大学出版社王业龙主任、杨丽明编辑对本书较为关注,先后两次与笔者研究修正再版事宜,鼓励并催促笔者尽快将之修订再版。因为工作十分琐碎和繁忙,笔者一再拖延,深感愧疚。

在《经济发展与劳动就业》(第二版)即将出版之际,笔者要衷心感谢用书单位和读者诸君的批评建议!在多年的教学实践中,每届学生总会留下一些宝贵的意见,笔者在修订时吸收了部分合理化建议,在此向他们表示感谢!北京大学出版社王业龙主任和杨丽明编辑为本书的出版和再版付出了辛勤的劳动,向他们表示深深的敬意!特别是要感谢夫人吴本慧女士默默的奉献!

黄安余

2016 年 3 月 20 日于上海松江大学城